완역 한서 ❺ **열전**列傳 1

漢書

완역 ⑤
한서 漢書
列傳
열전 1

반고 지음 • 이한우 옮김

21세기북스

〖 옮긴이의 말 〗

우선 중국 한(漢)나라의 역사서인 반고(班固)의 『한서(漢書)』를 우리말로
옮겨 세상에 내놓는다.

편년체(編年體)와는 구별되는 기전체(紀傳體)로 사마천(司馬遷)의 『사기
(史記)』는 이미 여러 사람들에 의해 국내에 번역이 돼 있는데 아직 어떤 번
역본도 대표 번역의 지위를 얻지 못하고 있다. 아마도 번역상의 문제 때문
일 것이다.

고대에서부터 한나라 무제(武帝)까지를 범위로 하는 『사기』와 달리 『한
서』는 오직 한나라만을 대상 범위로 하고 있어 흔히 단대사(斷代史)의 효
시로 불리기도 한다. 서(書)란 곧 사(史)다. 『서경(書經)』도 그렇지만 적어도
『한서(漢書)』와 『당서(唐書)』의 이름에서 보듯이 중국의 오래된 역사서 서
술 방식인 기전체라는 것은 본기와 열전(列傳)으로 돼 있다는 뜻인데, 그밖
에도 표(表)와 지(志)가 포함돼 있다. 서(書)란 곧 사(史)였다.

『당서』 편찬에 참여했던 당(唐)나라 역사학자 유지기(劉知幾)는 중국 역
사학의 전통을 체계적으로 정리한 『사통(史通)』에서 옛날부터 그가 살았

던 당나라 때까지의 역사서를 여섯 유파로 분류했다.

첫째가 상서가(尙書家)다. 『상서(尙書)』란 바로 육경(六經)의 하나인 『서경(書經)』을 가리킨다.

둘째는 춘추가(春秋家)다. 공자가 지은 『춘추(春秋)』를 가리킨다. 편년체 역사의 원조다.

셋째는 좌전가(左傳家)다. 좌구명(左丘明)이 『춘추』를 기반으로 해서 역사적 사실을 보충한 것이다.

넷째는 국어가(國語家)다. 『국어(國語)』는 좌구명이 『좌씨전(左氏傳)』을 쓰기 위해 각국의 역사를 모아 찬술(撰述)한 것으로, 주어(周語) 3권, 노어(魯語) 2권, 제어(齊語) 1권, 진어(晋語) 9권, 정어(鄭語) 1권, 초어(楚語) 2권, 오어(吳語) 1권, 월어(越語) 2권으로 돼 있다. 주로 노(魯)나라에 대해 기술한 『좌씨전』을 '내전(內傳)'이라 하는 데 비해 이를 '외전(外傳)'이라고 한다. 사마천이 좌구명을 무식꾼으로 몰았다 하여 '맹사(盲史)'라고도 한다. 또 당나라 유종원(柳宗元)이 『비국어(非國語)』를 지어 이 책을 비난하자 송(宋)나라의 강단례(江端禮)가 『비비국어(非非國語)』를 지어 이를 반박하는 등, 그후로도 학자들의 논쟁이 끊이지 않았다.

다섯째는 사기가(史記家)다. 사마천의 『사기』를 가리킨다. 이 책은 기전체(紀傳體)의 효시로 불린다. 그러나 지나치게 문장의 꾸밈에 치중하고 사실의 비중을 낮췄다는 비판이 줄곧 제기됐다.

여섯째는 한서가(漢書家)다. 반고의 단대사 『한서』를 말한다.

그런데 유지기는 책의 결론에서 "상서가 등 4가의 체례는 이미 오래전에 폐기되었다. 본받아 따를 만한 것으로는 단지 『좌전』과 『한서』 2가만 있을 뿐이다"라고 단정 지었다. 즉, 편년체는 『좌씨전』, 기전체는 『한서』만이 표준이 될 만하다는 것이다. 그후에 사마광(司馬光)은 『좌씨전』의 전통에 서서 『자치통감(資治通鑑)』을 편찬했고, 나머지 중국의 대표적 역사서들은 한결같이 『한서』를 모범으로 삼아 단대기전(斷代紀傳)의 전통을 따랐다. 참고로 사마천의 『사기』는 통고기전(通古紀傳)이라고 한다.

그후에도 중국 역사학계에서는 편년체와 기전체 중에 어느 것이 좋은 역사 서술이냐를 놓고서 지속적인 논쟁이 이어졌고, 동시에 사마천과 반고 중 누가 더 뛰어난 역사가인지를 두고서도 지속적인 논쟁이 이어졌다. 편년체와 기전체의 우열 논쟁은 조선 세종 때 고려의 역사를 정리하는 문제를 두고도 치열하게 진행됐다. 결국 세종은 어느 한쪽의 손을 들어주지 않은 채 기전체 『고려사(高麗史)』와 편년체 『고려사절요(高麗史節要)』를 다 편찬하도록 했다. 그만큼 쉽지 않은 문제인 것이다.

그러면 중국에서 『한서』와 『사기』의 우열 논쟁은 어떻게 진행돼왔는가? 이에 대해서는 옮긴이의 생각보다는 『반고평전(班固評傳)』(진기태·조영춘 지음, 정명기 옮김, 다른생각)에 있는 내용을 간략히 정리하는 것으로 대신하고자 한다. 그에 앞서 『논어(論語)』 「옹야(雍也)」 편에 나온 공자의 말을 읽어둘 필요가 있다.

"바탕이 꾸밈을 이기면 거칠고 꾸밈이 바탕을 이기면 번지레하니, 바탕과 꾸밈이 잘 어우러진 뒤에야 군자답다[質勝文則野 文勝質則史 文質彬彬 君子]."

『후한서(後漢書)』를 지은 범엽(范曄)은 이미 사마천과 반고를 비교해 이렇게 말한 바 있다.

"사마천의 글은 직설적이어서 역사적 사실들이 숨김없이 드러나며, 반고의 글은 풍부한 내용을 담고 있어서 역사적 사실들을 상세하게 서술하고 있다."

송나라 작가 양만리(楊萬里)는 또 더욱 운치 있는 말을 남겼다.
"이백(李白)의 시는 신선과 검객들의 말이며, 두보(杜甫)의 시는 전아(典雅)한 선비와 문사(文士)의 말이라고 할 수 있다. 이들을 문장에 비유하자면 이백은 곧 『사기』이며, 두보는 곧 『한서』다."

『반고평전』은 『한서』가 후한 초에 발간된 이래 지식인들의 필독서가 된 과정을 이렇게 요약한다.
"『한서』는 동한 시기에 조정 당국과 학자들 사이에서 매우 높은 지위를 차지했다. 이후 반고를 추종하고 『한서』에 주석을 다는 사람들이 끊임없이 증가하여 『한서』의 지위가 계속 높아지자 전문적으로 『한서』를 가르치고 배우는 데까지 이르렀으며, 마침내 오경(五經)에 버금하게 됐다."

남북조(南北朝)시대를 거쳐 당나라에 이르면 『한서』에 주석을 단 저작들이 20여 종에 이른다. 당나라 안사고(顔師古)는 '한서서례(漢書敍例)'라는 글에서 3국, 양진(兩晉), 남북조시대까지 『한서』를 주석한 사람들로 복건(服虔), 응소(應劭), 진작(晉灼), 신찬(臣瓚) 등 23명의 학자들을 열거하고 있다. 이는 곧 이때에 이미 『한서』가 『사기』에 비해 훨씬 더 중시되고 있었음을 보여준다. 물론 여기에는 『한서』의 경우 고문자(古文字)를 많이 사용한 데 반해 『사기』는 고문자를 별로 사용하지 않고, 그나마 인용된 고문자조차 당시에 사용하던 문자로 번역했기 때문에 많은 주석이 필요치 않은 이유도 작용했다.

그리고 안사고가 주석을 단 이후에 『한서』는 비로소 더 이상 배우기 어려운 책이 아닌 것으로 인식됐고 주석도 거의 사라졌다.

당나라 때 『사기』를 연구해 『사기색은(史記索隱)』을 지은 사마정(司馬貞)은 "『사기』는 반고의 『한서』에 비해 예스럽고 질박한 느낌이 적기 때문에 한나라와 진(晉)나라의 명현(名賢)들은 『사기』를 중시하지 않았다"고 말했다. 이런 흐름은 명(明)나라 때까지 이어져 학자 호응린(胡應麟)은 "두 저작에 대한 논의가 분분해 정설은 없었지만, 반고를 높게 평가하는 사람이 대략 열에 일곱은 됐다"고 말했다.

물론 사마천의 손을 들어주는 학자도 있었다. 진(晉)나라의 장보(張輔)는 이렇게 말했다. "세상 사람들은 대부분 반고가 뛰어나다고 말한다. 하지만 나는 이것이 잘못이라고 본다. 사마천의 저술은 말을 아껴 역사적 사실들을 거론해 3,000년 동안에 있었던 일을 서술하면서 단지 50만 자로 표현해냈다. 그러나 반고는 200년 동안에 있었던 일을 80만 자로 서술했으니, 말의 번거로움과 간략함이 같지 않다."

　　이런 흐름 속에서 반고의 편을 드는 갑반을마(甲班乙馬)라는 말도 생겨났고, 열고우천(劣固優遷)이라는 말도 생겨났다.

　　그러나 우리의 입장에서는 굳이 이런 우열 논쟁에 깊이 관여할 이유는 없다. 장단점을 보고서 취할 것은 취하고 버릴 것은 버리면 그만이다. 송나라 때의 학자 범조우(范祖禹)는 사마광의 『자치통감』 편찬에도 조수로 참여한 인물이었는데, 그의 말이 우리의 척도라 할 만하다.

　　"사마천과 반고는 뛰어난 역사가의 인재로서 박학다식하고 사건 서술에 능하여 근거 없이 찬미하거나 나쁜 점을 감추지 않았다. 그러므로 그들의 저서는 1,000년 이상을 전해오면서 사라지지 않았다."

『한서』 번역은 그저 개인의 취향 때문에 고른 작업이 아니다. 그것은 지금 우리가 처해 있는 상황과 깊은 관련이 있다.

첫째, 중국의 눈부신 성장이다. 그것은 곧 우리에게 위험과 기회를 동시에 가져다준다는 점에서 말 그대로 위기(危機)이다. 기회로 만드는 길은 분명하다. 중국을 정확히 알고서 그에 맞게 대처해가는 것이다. 중국을 정확히 아는 작업은 크게 두 가지 방향에서 이뤄질 수밖에 없다. 지금 당장 일어나고 있는 중국의 정치, 경제, 문화, 사회의 변동을 깊고 넓게 파악하는 것이다. 이것은 어느 한 사람의 노력으로 될 일이 아니며, 우리 사회의 전반적인 정보 및 지식의 종합 대응력을 높이는 데 달려 있다. 또 하나는 중국의 역사를 깊이 들어가서 정확하게 아는 일이다. 옮긴이의 이 작업은 바로 그 방향으로 나아가기 위한 첫걸음이라 여긴다.

둘째, 우리의 역사적 안목과 현실을 보는 시야를 깊고 넓게 하는 데 『한서』가 크게 기여한다고 보았기 때문이다. 그것이 중국의 역사라는 점과는 별개로, 오래전에 이와 같은 치밀하고 수준 높은 역사를 저술할 능력을 갖췄던 반고의 식견은 지금도 여전히 우리에게 절실히 필요한 안목이다. 역사에서 중요한 것은 무엇을 취하고 무엇을 버리느냐에 달려 있는데, 그런 점에서 반고는 여전히 우리의 스승이 될 수 있다.

셋째, 우리에게 필요한 고전의 목록에 반드시 『한서』를 포함시키고 싶은 욕심이 있었다. 서양의 역사 고전은 읽으면서 우리가 속한 동양의 고전을 소홀히 여겨서는 안 된다. 사실 그렇게 된 이유 중의 하나는 이 분야에 대한 제대로 된 번역서가 없기 때문이기도 하다. 그래서 우리 다음 세대들은 중국에 대한 단편적인 지식보다는 이 같은 정사(正史), 특히 저들의 제국 건설의 역사를 깊이 파고듦으로써 중국 혹은 중국인을 그 깊은 속내에서 읽어내주기를 바라는 바람으로 이 작업에 혼신의 힘을 다했다.

넷째, 다소 부차적인 이유가 되겠지만, 일본에는 『한서』가 완역돼 있는데 우리는 열전의 일부만이 편집된 채 번역된 것이 전부라는 지적 현실에 대한 부끄러움이 이 작업을 서두르게 한 원동력의 하나가 됐다는 점을 말하고 싶다.

이 책이 나오게 되기까지 많은 분들의 도움과 성원이 있었다. 21세기북스 김영곤 대표의 결단이 없었다면 이 책은 세상에 나오지 못했을 것이다. 이 자리를 빌려 깊이 감사드린다. 그리고 함께 공부하는 즐거움을 누리고 있는 우리 논어등반학교 대원들에게 진심으로 고맙다는 말을 전하고 싶다.

22년 동안 재직한 조선일보의 방상훈 사장님을 비롯해 선후배님들에게도 깊은 고마움을 전한다. 또 2016년 조선일보를 그만두고 강의와 저술에 뛰어든 이래로 물심양면의 지원을 아끼지 않으시는 LS그룹 구자열 회장님께 진심으로 감사드린다.

아마도 이 책의 출간을 가장 기뻐해주셨을 분은 돌아가신 아버님과 장인어른, 그리고 고 김충렬 선생님이신데 아쉽다. 하늘나라에서나마 축하해주시리라 믿는다. 학문적 기초를 닦게 해주신 이기상 교수님께도 감사드린다. 그리고 내 글쓰기의 든든한 원동력인 가족들에게 고마움을 전한다.

2020년 4월 상도동 보심서실(普心書室)에서

탄주(灘舟) 이한우(李翰雨) 삼가 쓰다

【 차례 】

| 일러두기 |

1. 『한서(漢書)』에는 안사고(顏師古)를 비롯한 많은 학자들의 원주가 붙어 있다. 아주 사소하거나 지금의 맥락에서 중요성이 떨어지는 것 외에는 가능한 한 원주를 다 옮겼다(원주는 해당 본문에 회색 글자로 〔○ 〕처리해 넣었다). 그리고 인물과 역사적 배경이 중요하기 때문에 문맥에서 필요한 범위 내에서 충실하게 역주(譯註)를 달았다.

2. 간혹 역사적 흐름에 대한 설명이 필요한 경우 간략한 내용을 주로 달았다. 그러나 독자들의 해석과 평가에 영향을 미치지 않도록 최소한의 범위에서만 언급했다. 단어 수준의 풀이가 필요한 경우에는 별도의 역주로 처리하지 않고 괄호 안에 짧게 언급했다.

3. 『논어(論語)』를 비롯해 동양의 고전들을 인용한 경우가 많은데, 기존의 번역에서는 출전을 거의 밝히지 않았다. 그러나 『한서(漢書)』의 경우 특히 열전(列傳)에서 인물들을 평가할 때 『논어』를 비롯한 유가의 경전들을 빈번하게 인용하기 때문에 그 속에 중국 고전들이 얼마나 자연스럽게 녹아 있는지를 살피는 것이 중요하다. 그래서 확인 가능한 고전 인용의 경우 주를 통해 그 전거를 밝혔다.

4. 분량이 워낙 방대하기 때문에 설사 앞서 주를 통해 언급한 바 있더라도 다시 찾아보는 번거로움을 덜기 위해 중복이 되더라도 다시 주를 단 경우가 있음을 밝혀둔다.

5. 한자는 대부분 우리말로 풀어쓰고 대괄호([ ]) 안에 독음과 함께 한자를 표기했다. 그래서 '천명(天命)'이라고 표기한 경우도 있지만 대부분 '하늘의 명[天命]'이라는 방식으로 표기했다. 또한 한자 단어의 경우 독음을 붙여쓰기로 표기하여 한문 문장을 이해하는 데 도움이 되도록 했다.

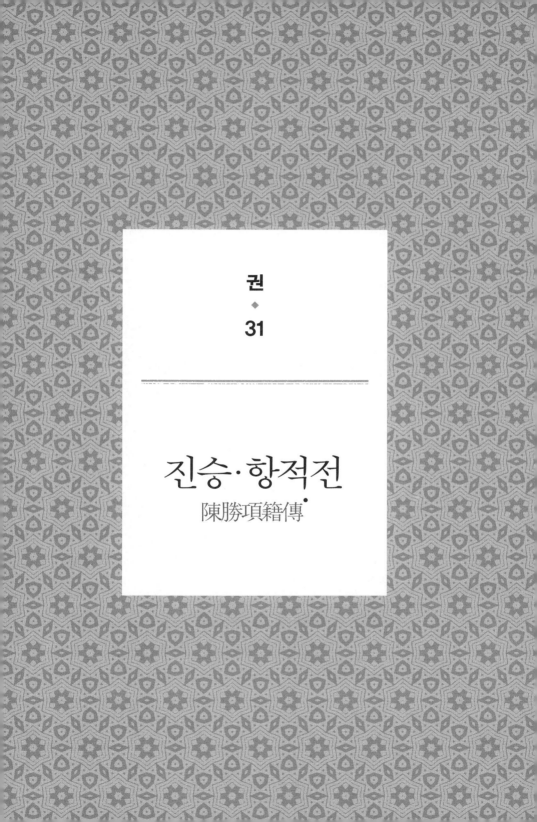

권
◆
31

진승·항적전
陳勝項籍傳

● 복건(服虔)이 말했다. "전(傳)의 차례는 그 시기의 앞뒤일 뿐 뛰어남[賢], 사리를 앎[智], 공로[功]의 크고 작음에 따른 것이 아니다." 사고(師古)가 말했다. "비록 차례가 시기의 앞뒤에 따른 것이라고 하지만 또한 일의 유형[事類]으로 서로 묶기도 했다. 예를 들면 강충(江充)이나 식부궁(息夫躬)을 괴통(蒯通)과 같은 전에 포함시키고, 가산(賈山)을 노온서(路溫舒)와 같이 다루고, 엄조(嚴助)와 가연지(賈捐之)를 같이 다룬 것 등이 바로 그러한 것이다."

진승(陳勝, ?~기원전 208년)은 자(字)가 섭(涉)이며 양성(陽城-현)〔○ 사고(師古)가 말했다. 「지리지(地理志)」에 따르면 여남군(汝南郡)에 속한다.〕 사람이다. 오광(吳廣)은 자가 숙(叔)이며 양가(陽夏)〔○ 사고(師古)가 말했다. "「지리지(地理志)」에 따르면 회양(淮陽)에 속한다.〕 사람이다. 승(勝)은 어릴 때부터 일찍이 사람들과 함께 품팔이[傭=雇] 농사를 하며 지냈다. 일을 마치면[輟=止] 밭 가운데 언덕[壟]에 올라가 아주 길게 한탄을 하며 (주변 사람들에게) 말했다.

"만일 우리가 부귀해지더라도 서로 잊지 맙시다〔○ 사고(師古)가 말했다. "일단 한 사람이라도 부귀해진다면 너, 나를 가리지 말고 모두 서로를 잊지 말자는 말이다.〕!"

같은 품팔이꾼들은 웃으면서 답했다.

"우리야 품팔이 농사꾼일 뿐인데 어찌 부귀해진단 말인가?"

승은 크게 탄식하며 말했다.

"아! 제비나 참새[燕雀] 따위가 어찌 큰 기러기나 고니[鴻鵠]〔○ 사고(師古)가 말했다. "기러기는 큰 새로 물에 살며 고니는 한 번 날면 1,000리를 간다."〕의 뜻을 알겠는가!"

진(秦)나라 2세황제 원년(元年)(기원전 209년) 가을 7월에 마을 문[閭=里門]의 좌측에 사는 사람들이 징발돼 (변경인) 900명이 어양(漁陽)에 수자리를 나가게 됐는데[戍]〔○ 사고(師古)가 말했다. "마을 문의 좌측[閭左]에 사는 사람들을 징발해 모두 수자리에 내보냈는데 이와 관련된 풀이는 「식화지(食貨志)」에 실려 있다."〕승과 광(廣) 둘 다 둔장(屯長)[1]이 됐다. 행군해 기(蘄-현)의 대택향(大澤鄕)에 이르렀을 때, 마침 하늘에서 큰 비가 내려 길이 통하지 않게 되는 바람에 아무리 계산을 해도 이미 (어양에) 정해진 기한에 이를 수가 없었다[失期]. 정해진 기한을 지키지 못하면 (군)법상으로 참형(斬刑)에 해당됐기 때문에 승과 광은 마침내 모의해 말했다.

"이제는 도망쳐도 죽고 큰 계책[大計-모반]을 도모해도 죽게 됐으니 같이 죽을 것이라면 나라를 세우다가 죽는 게 좋을 것이다."

승이 말했다.

"천하가 진(秦)나라 때문에 고통받은 지가 오래됐다. 내가 듣건대 2세는 막내아들[少子=末子]로 마땅히 자리에 나아갈 사람이 아니기 때문에 마땅히 자리에 나아가야 할 사람은 공자(公子) 부소(扶蘇)라고 했다. 또 부소

---

1   변경(邊境) 지역에서 오랑캐의 습격에 대비해 둔성(屯城)을 쌓고, 그 수비를 위해 대개 지모(智謀)와 용력(勇力)이 있어 변란에 대처할 수 있는 자를 뽑아 둔장(屯長)으로 삼았다.

는 (진시황에게) 수차례 간언을 올린 까닭에 자리에 나아갈 수가 없었고, 상(上-진시황)께서는 그를 (장군으로 삼아) 외곽으로 내보내 병사들을 이끌게 했다고 한다. 지금은 혹 아무런 죄도 없는데 2세가 그를 죽였다고 들었다. 백성들은 대부분 그가 뛰어나다[賢]고 들었지만 그의 죽음을 알지 못하고 있다[○ 사고(師古)가 말했다. "그랬기 때문에 승과 광은 거사를 하면서 기만해 스스로 부소라 칭한 것이다."]. (한편) 항연(項燕, ?~기원전 233년)² 이 초(楚)나라 장수가 돼 여러 차례 공을 세우고 병졸들을 아껴주었기 때문에 초나라 사람들이 고맙게 여겼다. 그래서 어떤 사람들은 (항연이 이미 죽었는데도) 아직 살아 있다고 생각하고 있다. (그러니) 지금 진실로 내가 무리를 이끌고서 천하의 수창자가 된다면[倡=唱] 마땅히 호응하는 사람들이 많을 것이다."

광도 그러리라고 여겼다. 이에 점을 치러 갔다[行卜]. 점쟁이[卜者=易者]는 그들의 속뜻을 알아차리고서 이렇게 말했다.

"족하(足下)의 일은 이루어져 공업을 이루게 될 것이오. 그러나 족하는 이 점괘를 귀신에게 맡겨야 할 것입니다[卜之鬼乎][○ 사고(師古)가 말했다. "점쟁이는 일이 성공하겠지만 그러나 반드시 귀신에게 의탁해야 가능할 수 있다고 말한 것이다."]."

승과 광은 기뻐하며 귀신에게 맡기리라 생각하고서 말했다.

---

2 전국시대 말기 초(楚)나라 하상(下相) 사람으로 항량(項梁)의 아버지이고 항우(項羽)의 할아버지다. 초왕(楚王) 부추(負芻) 4년 진(秦)나라 장수 왕전(王翦)이 초나라 군대를 대파했다. 그가 창평군(昌平君)을 세워 초왕으로 삼고 회남(淮南)에서 진나라에 대한 반기를 들었다. 다음 해 왕전과 몽무(蒙武)가 초나라를 공격했을 때 패하고 전사했다. 또는 자살했다고도 한다.

"이 점괘는 우리에게 우선 대중을 위엄으로 제압할 것을 가르치고 있다."

마침내 비단에 붉은 글씨로[丹書=朱書] '진승이 왕(王)'이라고 쓰고서 사람들이 그물로 잡은[罾] 물고기의 배 속에 그것을 넣어두었다. 병졸들이 그 물고기를 사서 익혀 먹으려 할 때 그 글이 나오자 모두 그것을 기이하게 여겼다. 또 몰래[間=竊] 광으로 하여금 숙위지 근처에 있는 숲속[叢林] 사당에 숨어들어가게 한 다음 밤에 불을 피우고 여우 소리[狐鳴]를 내어 소리치게 했다.

"위대한 초나라가 흥해 진승이 왕이 되리라."

병졸들은 모두 밤에 놀라 두려움에 떨었다. 다음 날 아침 병졸들 사이에서는 승과 광을 가리켜보았다[指目]〔○ 사고(師古)가 말했다. "두 사람을 지목하며 몰래 살펴보았다는 뜻이다."〕. 승과 광은 평소[素] 부하들을 아껴주니[愛人] 사졸들 중에 두 사람에게 쓰이고자 하는 자들이 많았다. 위(尉)의 장(長)〔○ 사고(師古)가 말했다. "이때는 수자리 서는 사람들을 이끄는 책임자를 말한다."〕이 술에 취했을 때 광은 고의로[故] 여러 차례나 도망치고 싶다고 말해 위의 장을 분노케 해 모욕감을 느끼게 함으로써 그의 무리들이 격노하기를 기대했다. 위의 장은 과연 광에게 매질을 했다. 그가 검을 뽑으려 하자 광은 일어나 그 칼을 빼앗아 그를 죽였다. 승은 광을 도와 위의 장 두 사람을 그 자리에서 죽였다. 따르던 무리들을 불러 영을 내려 말했다.

"공(公) 등은 비를 만나 모두 이미 정해진 기한에 이를 수가 없게 됐으나 마땅히 참형을 당할 것이다. 설사 참형을 당하지 않게 된다 하더라도 수자리 병사로 있다 보면 분명 10명 중에 6, 7명은 죽게 될 것이다. 어쨌거

나 (우리를 따를 경우) 사나이[壯士]로서 죽지 않으면 그것으로 그만이고,
죽더라도 큰 이름을 남기게 될 것이다. 왕후와 장상(將相)의 씨가 어찌 따
로 있단 말인가[侯王將相 寧有種乎]?"

무리들은 입을 모아 말했다.

"삼가 영을 받들겠습니다."

이에 두 사람은 거짓으로 각각 부소와 항연을 사칭하니 백성들의 기대
에 따르게 됐다. 상의 오른쪽 어깨 부분을 걷고서[袒右]〔○ 사고(師古)가
말했다. "일반 사람들과 구별하기 위함이었다."〕 나라를 대초(大楚)라 칭
하고 단(壇)을 쌓아 맹서를 한 다음 (앞서 죽인) 위(尉)의 머리를 희생으
로 삼아 제사를 올렸다. 승은 스스로를 세워 장군이 됐고 광은 도위(都尉)
가 됐다. 대택향을 공격해 그것을 뽑아버렸다[拔]. 그곳 병사들을 거둬들
여 기(鄿)를 공격해 떨어뜨렸다[下]. 이어 부리(符離) 사람 갈영(葛嬰)을 시
켜 병사들을 이끌고, 기의 동쪽을 돌며 질(銍), 찬(酇), 고(苦), 자(柘), 초(譙)
〔○ 사고(師古)가 말했다. "이 다섯 곳은 모두 현(縣)의 이름이다."〕를 치게
해 모두 떨어뜨렸다. (이런 식으로) 행군해 (각지의) 병사들을 거둬들이면
서 진(陳)에 다다랐을 때 병거는 600승(乘)에서 700승, 기병은 1,000여, 보졸
은 수만 명이었다. 진(陳)을 공격하니 그곳의 군수나 현령³ 모두 그곳에 없
었고 오직 군의 승(丞)만이 초문(譙門)〔○ 사고(師古)가 말했다. "이는 진에
있는 성문일 뿐 초현의 성문이 아니다. 초현은 이미 전에 함락됐다."〕 안에
서 맞서 싸웠지만 이기지 못하고 승은 전사했다. 마침내 (승과 광은) 진에

---

3   이 당시 진현(陳縣)은 초군(楚郡)에 속해 있었다.

들어가 점거했다. 여러 날에 걸쳐 그곳의 삼로(三老)와 호걸 등을 불러 모아 앞으로의 일을 모의했다. 이들은 모두 말했다.

"장군은 몸소 갑옷[堅=堅甲]을 입고 무기[銳=利兵]를 들어 무도한 자들을 물리치고 사나운 진나라 관리들[暴秦]을 주살해 다시 초나라의 사직을 세우셨으니 그 공로는 왕이 되기에 충분합니다."

승은 마침내 세워져 왕이 돼 나라 이름을 장초(張楚)〔○ 유덕(劉德)이 말했다. "이는 장대초국(張大楚國-초나라를 장대하게 만들었다는 뜻)이라는 뜻이다." 장안(張晏)이 말했다. "이에 앞서 초나라는 진나라에 멸망돼 이미 없어졌고 지금 초를 (다시) 세웠으니 앞에 장(張-늘이다)을 붙인 것이다." 사고(師古)가 말했다. "장의 설이 옳다."〕라 했다. 이에 진나라 관리의 사나움[暴]에 시달리던 여러 군현들이 모두 일어나 그 장리(長吏)[4]들을 죽이고서 곧장 승(勝)에게 호응했다. 마침내 광(廣)을 임시 왕[假王]으로 삼아 여러 장수들을 감독하게 해 서쪽으로 형양(滎陽)을 쳤다[擊].진(陳) 사람인 무신(武臣, ?~기원전 208년),[5] 장이(張耳, ?~기원전 202년)[6], 진여(陳餘,

---

4 진나라는 군현제를 실시했는데 군수와 현령을 가리킨다.

5 진승이 왕을 칭한 뒤 장군에 임명되자 장이(張耳)와 진여(陳餘)를 좌우 교위(左右校尉)로 삼고, 병사 3,000을 이끌고 북쪽으로 조(趙) 땅을 공략한 뒤 한단(邯鄲)으로 진격해 스스로 조왕(趙王)이 됐다. 진승이 주문(周文)을 도와 서쪽으로 진(秦)나라를 공격하라는 명령을 거역하고, 북쪽으로 연(燕)과 대(代)를 공격하고 남쪽으로는 하내(河內)를 차지했는데, 나중에 부장(部將) 이량(李良)에게 살해됐다.

6 진여와 함께 병사를 일으켜 문경지교(刎頸之交)를 맺었다. 진나라 말에 진섭(陳涉)이 반란을 일으키자 진여와 함께 교위(校尉)가 돼 무신(武臣)을 따라 조(趙) 땅을 정벌했다. 무신이 조왕(趙王)이 되자 우승상(右丞相)에 올랐고 진여는 대장군(大將軍)이 됐다. 항우(項羽)를 따라 입관

?~기원전 205년)[7]에게 영을 내려 조(趙) 땅을 돌게 했고[徇], 여음(汝陰) 사람 등종(鄧宗)에게는 구강군(九江郡)을 돌게 했다. 이런 때를 맞아[當] 초나라 병사들 중에 수천 명씩 모여든 자들이 이루 다 셀 수가 없을 정도였다.

갈영은 동성(東城)〔○ 사고(師古)가 말했다. "동성은 현 이름인데 「지리지(地理志)」에 따르면 구강군(九江郡)에 속한다."〕에 이르러 양강(襄疆)을 세워 초왕(楚王)으로 삼았다. 그후에 승(勝)이 이미 (왕으로) 세워졌다는 말을 듣고서 그로 인해 양강을 죽이고 돌아와 보고했다. 진(陳)에 이르렀을 때 승은 영을 죽이고 위(魏)사람 주불(周市)[8]에게 명해 북쪽으로 위 땅〔○ 사고(師古)가 말했다. "이는 곧 양(梁)의 땅이며 하동(河東)의 위(魏)가 아니다."〕을 돌아보게 했다. 광(廣)은 형양(滎陽)을 에워쌌다. (그러나) 이유(李由)가 삼천(三川)의 군수가 돼 형양을 지키니 광은 그곳을 함락시킬 수가 없었다. 승은 나라의 호걸들을 불러[徵=召] 함께 계책을 짜서 상채(上蔡) 사람 방군(房君)〔○ 정씨(鄭氏)가 말했다. "방군이란 관직명이다." 사고(師古)가 말했다. "방군이란 봉읍의 이름이지 관직명이 아니다."〕 채사(蔡

(入關)해 항우가 분봉할 때 상산왕(常山王)에 봉해졌다. 나중에 진여와 사이가 벌어져 진여가 공격하자 고조 유방(劉邦)에게 투항했다. 한신(韓信)과 함께 조(趙)나라 군대를 격파하고 지수(泜水)에서 진여를 죽여 조왕(趙王)에 봉해졌다.

7 장이와 함께 조나라를 재건하고 조왕 헐을 옹립했으나, 항우의 18제후왕 분봉에서 조왕 헐이 대왕으로 밀려나고 장이가 항산왕에 봉해지자 반발해 장이를 쫓아내고, 조왕 헐을 도로 조나라 왕으로 세웠다. 한나라 장수 한신의 공격을 받아 패사했다.

8 주시로 읽기도 한다.

賜)를 상주국(上柱國)[9]으로 삼았다.

　주문(周文)〔○ 문영(文穎)이 말했다. "주문은 곧 주장(周章)이다."〕은 진(陳)의 뛰어난 사람[賢人]인데, 일찍이 항연(項燕)의 군대의 시일(視日)〔○ 여순(如淳)이 말했다. "시일이란 일시(日時)의 길흉을 통해 거동 여부를 점치는 관리다."〕이 돼 춘신군(春申君)〔○ 응소(應劭)가 말했다. "초나라 재상 황헐(黃歇)이다."〕을 섬겼고, 스스로 병법을 익혔노라고 말했다. 승은 그에게 장군의 도장을 주고서 서쪽으로 진(秦)나라를 치게 했다. 행군 도중에 병사들을 모아들이면서 관(關-함곡관)에 이르렀고 수레 1,000승과 병사 10만 명을 거느리고 희(戱)〔○ 사고(師古)가 말했다. "희는 강의 이름으로 신풍(新豐)의 동쪽에 있다. 상세한 풀이는 「고제기(高帝紀)」에 있다."〕에 이르러 포진했다[軍]. 진나라 조정은 소부(少府)[10] 장한(章邯, ?~기원전 205년)[11]에게 영을 내려 여산(驪山)의 죄수와 집집마다의 노비들을 풀어주어[免] 모두 징발해 초군을 치게 해 그들을 크게 무찔렀다. 주문은 달아나 관을 탈출해 조양(曹陽)〔○ 진작(晉灼)이 말했다. "정(亭)의 이름인데 홍농(弘農)의 동쪽 30리에 있으며 위(魏)나라 무제(武帝)가 고쳐 호양(好陽)이라 불렀다."〕에 머물러 주둔했다. 2개월여 후에 장한이 그들을 뒤쫓아 무찌르자 다시 민지(黽池)로 달아났다. 10여 일 후에 장한이 쳐서 주문의 군대를

9　초나라 관직명이다.

10　관직명으로 산과 바다, 연못과 늪지의 세금을 관장했다.

11　진(秦) 2세황제(二世皇帝) 3년(기원전 207년) 거록(鉅鹿) 전투에서 항우에게 패한 뒤 투항했다. 항우를 따라 입관(入關)한 뒤 옹왕(雍王)에 봉해졌다. 초한(楚漢) 전쟁 때 유방(劉邦)을 공격하다가 패하자 자살했다. 장감으로 읽기도 한다.

크게 깨뜨렸다. 주문이 스스로 목을 찌르니 초군은 드디어 싸움을 포기했다[不戰].
부전

(한편) 무신은 한단(邯鄲)에 이르러 스스로를 세워 조왕(趙王)이 됐고, 진여를 대장군으로 삼고, 장이와 소소(召騷)를 좌우의 승상으로 삼았다. 승(勝)이 화가 나서 무신 등의 가족을 붙잡아 그들을 주살하려고 했다. 주국(柱國)이 말했다.

"진(秦)이 아직 망하지 않았는데 조왕과 그 장상들의 가족들을 주살한다면 이는 또 하나의 진나라[一秦]를 낳는 셈이니,[12] 오히려 이번 기회에 그를 (왕으로) 세워주는 것만 못합니다."
일진

승은 이에 사자를 보내 조(趙)(왕의 즉위)를 축하하고 무신 등의 가족들을 옮겨 궁중에 묶어두었다[繫][○ 사고(師古)가 말했다. "궁중으로 옮겨 살게 한 것은 예우함을 보여준 것이다. 그러나 붙잡아두고서 보내지 않았으니 그 때문에 묶어두었다고 한 것이다."]. 그리고 장이의 아들 오(敖)를 봉해 성도군(成都君)으로 삼고, 조(趙)의 병사들로 하여금 신속하게[亟=急] 관(關)으로 들어가라고 재촉했다[趣=促]. 조왕과 그 장수 및 재상들이 서로 함께 모의해 말했다.
극   취 촉

"왕께서 조의 왕이 되신 것은 초의 뜻이 아닙니다. 초는 일단 진을 주멸하게 되면 반드시 조에 군대를 보낼 것입니다. 이에 대한 계책으로는 서쪽으로 군대를 보내지 않는 것만 한 것이 없으니 사자를 북쪽으로 보내 연(燕) 땅을 순행케 함으로써 우리 땅을 넓혀야 합니다. 조가 남쪽으로 대하

---

12 폭정으로 인해 새로운 적국을 하나 더 만드는 셈이라는 뜻이다.

(大河-황하)에 의지하고 북쪽으로는 연과 대의 땅을 소유한다면, 초가 비록 진에 승리한다고 해도 감히 조를 제압할 수 없고, 만약에 진에 승리하지 못한다면 반드시 조를 중히 여길 것입니다. 조가 진과 초의 피폐함을 잇는다면[承]¹³ 천하에 대한 뜻을 얻을 수 있을 것입니다."

조왕은 그렇다고 여겨 그 때문에 서쪽으로 군대를 보내지 않고 옛 상곡(上谷-군)의 졸사(卒士)¹⁴ 한광(韓廣, ?~기원전 206년)¹⁵에게 장병을 딸려 보내 북쪽으로 연 땅을 순행케 했다. 연 땅의 귀족과 호걸들은 한광에게 말했다.

"초와 조는 모두 이미 왕을 세웠습니다. 연이 비록 작지만 또한 만승(萬乘)의 나라이니 장군이 세워져 왕이 되시기를 바랍니다."

한광이 말했다.

"광(廣-자기 자신)의 어머니는 조에 계시기 때문에 그럴 수가 없다."

연 땅 사람들이 말했다.

"조는 바야흐로 지금 서쪽으로는 진(秦)을 걱정하고 남쪽으로는 초(楚)를 걱정하고 있어 그 힘으로는 우리를 제어할 수 없습니다. 또 초나라의 강대함으로도 감히 조왕과 장상들의 가족을 해칠 수가 없는데, 지금 조가

---

13 두 나라가 싸우다가 피폐해진 상황을 잘 이용한다는 뜻이다.

14 조사(曹士)라고도 하는데 하급 관리다.

15 초한전쟁기의 인물이며 항우가 세운 열여덟 제후왕 중 하나다. 원래는 상곡군의 하급 관리였다. 무신은 옛 조나라의 영역을 평정하고 장초에서 독립해 조나라 왕이 된 후 한광을 장수로 삼아 옛 연나라 땅을 거두게 했다. 한광은 옛 연나라의 귀족들과 유력 인사들에게 추대돼 연나라 왕으로 자립했다.

홀로 어찌 감히 장군의 가족을 해칠 수 있겠습니까?"

한광은 그렇다고 여기고서 마침내 스스로를 세워[自立] 연왕(燕王)이
됐다. 여러 달이 지나서 조는 연왕의 어머니와 가족을 받들어 돌려보냈다.
이때 여러 장수들이 땅을 순행한 것은 이루 다 헤아릴 수가 없다. 주불은
북쪽으로 적(狄)[○ 사고(師古)가 말했다. "현의 이름인데 후한의 안제(安
帝) 때 이름을 임제(臨濟)로 바꿨다."]에 이르렀는데, 적 사람 전담(田儋, ?~
기원전 208년)[16]이 적의 현령을 죽이고 스스로를 세워 제왕(齊王)이 돼 도
리어 주불을 쳤다. 불의 군대는 뿔뿔이 흩어져 위(魏) 땅으로 돌아와서 위
의 후예인 옛 영릉군(甯陵君) 구(咎)를 세워 위왕(魏王)으로 삼았다[○ 응
소(應劭)가 말했다. "6국의 후예를 세워 당(黨)을 심고자 한 것이다."]. (그런
데 그때) 구는 승이 있는 곳에 있었기 때문에 위로 갈 수가 없었다. (그래
서) 위 땅은 이미 평정됐기 때문에 (사람들은) 불을 세워 왕으로 삼으려
했으나 불은 받아들이지 않았다. 사자가 다섯 차례나 오고 간[反=回還]
끝에 승은 마침내 영릉군을 세워 위왕으로 삼아 그를 자기 나라로 보내주
었다. 주불은 (위나라의) 재상이 됐다. 장군 전장(田臧) 등이 서로 함께 모
의해 말했다.

"주장(周章)의 군대는 이미 깨졌지만 진나라 군대가 장차 이르려 하고
있으니 지금까지 우리는 형양의 성을 지켜 함락되지 않을 수 있었으나 진
나라 군대가 오게 되면 반드시 크게 패할 것이다. 이곳에는 적은 병력만

---

16 진(秦)나라 말기의 인물이다. 진나라 말기의 혼란기를 틈타 진나라에 반기를 들어 제나라를 재
건하고 왕이 됐으나 진나라 장군 장한(章邯)에게 패해 죽었다.

남겨두어도[遺=留] 형양을 충분히 지킬 수 있으니, 정예병들은 모두[悉=盡] 진나라 군대와 맞서 싸우도록 하자. 지금 임시 왕[假王-오광]은 교만한 데다가 군사의 일을 알지 못해 더불어 계책을 함께할 수 없으니 그를 주살하지 않으면 일이 실패로 돌아갈까 두렵다.”

이리하여 서로 진왕(陳王)의 영이라고 속여[矯=詐] 오광을 주살해 그 목을 승에게 바쳤다. 승은 사자를 보내 전장에게 초의 영윤의 인장을 내려주도록 하고 상장(上將)으로 삼았다. 전장은 이에 이귀(李歸) 등 여러 장수들에게 형양의 성을 지키게 하고, 자신은 정예병을 이끌고 서쪽으로 가서 오창(敖倉)에서 진나라 군대를 맞아 교전을 했는데, 전장은 죽고 군대는 깨졌다. 장한이 진격해 이귀 등을 형양의 성 아래에서 쳐서 깨뜨렸고 이귀는 죽었다.

양성(陽城) 사람 등열(鄧說)이 병사를 이끌고 담(郯)〔○ 사고(師古)가 말했다. “동해현(東海縣)이다.”〕에 주둔하고 있는데 장한의 별장이 쳐서 깨뜨리니 등열은 진(陳)으로 달아났다. 질(銍) 사람 오봉(五逢)이 병사를 이끌고 허(許)에 주둔하고 있는데 장한이 쳐서 깨뜨렸다. 오봉 역시 진으로 달아났다. 승이 등열을 주살했다.

승이 처음에 (왕으로) 세워졌을 때 능(淩) 사람 진가(秦嘉), 질(銍) 사람 동설(董緤), 부리(符離) 사람 주계석(朱雞石), 취려(取慮) 사람 정포(鄭布), 서(徐) 사람 정질(丁疾) 등이 각기 일어나〔○ 장안(張晏)이 말했다. “능은 사수현(泗水縣)이다. 질과 부리는 패현(沛縣)이다. 취려와 서는 임회현(臨淮縣)이다.”〕 병사를 이끌고 동해군수를 담(郯)에서 둘러쌌다. 승이 이를 듣고서 마침내 무평군(武平君) 반(畔)을 장군으로 삼아 담의 성 아래에 있는 군대를 감독하게 했다. 진가는 스스로를 세워 대사마가 됐는데 남에게 소속되는 것을 싫어해 군의 장교들에게 말했다.

"무평군은 나이도 어리고 군사의 일도 알지 못하니 그의 명령을 들어서는 안 된다."

그러고는 왕명이라고 속이고서[矯] 무평군 반을 죽였다.

장한이 이미 오봉을 깨뜨리고 진(陳)을 치니 주국 방군(房君)이 전사했다. 장한은 이어 진군해 진의 서쪽에 있던 장하(張賀)의 군대를 쳤다. 승도 나아와 싸움에 임했지만 그의 군대는 깨졌고 장한은 전사했다.

납월(臘月)〔○ 장안(張晏)이 말했다. "진(秦)의 여름 9월이다." 신찬(臣瓚)이 말했다. "건축(建丑)의 달(12월)이다." 사고(師古)가 말했다. "『사기(史記)』에 이르기를 '호해(胡亥) 2년 10월에 갈영을 주살했고, 11월에 주문이 죽었고, 12월에 진섭이 죽었다'고 했으니 찬의 설이 옳다."〕에 승이 여음(汝陰)으로 갔다가 돌아와 하성보(下城父)〔○ 사고(師古)가 말했다. "지명으로 성보현 동쪽에 있었다."〕에 이르렀을 때 그의 측근 장가(莊賈)가 승을 죽이고 진(秦)에 항복했다. 탕(碭)에 장사 지내고 시호는 은왕(隱王)이라 했다.

승의 옛 연인(涓人)[17]이었던 장군 여신(呂臣)이 창두군(蒼頭軍)을 만들어 신양(新陽)〔○ 사고(師古)가 말했다. "현의 이름으로 여남군(汝南郡)에 속한다."〕에서 일어나 진(陳)을 공격해 떨어뜨리고, 장가를 죽이고서 다시 진(陳)을 초나라로 삼았다.

애초에 승은 질(銍) 사람 송류(宋留)로 하여금 병사들을 이끌고서 남양

---

17 초나라 관직명으로 빈객을 접대하는 일을 맡았다.

(南陽)을 평정하고 무관(武關)[18]으로 진입하도록 영을 내렸다. 류(留)는 이미 남양을 장악했지만[徇] 승이 죽었다는 소식을 듣고서 남양은 다시 진나라 영토가 됐다. 류는 무관에 들어갈 수 없게 되자 이에 동쪽으로 신채(新蔡)에 이르렀다가 진나라 군대와 마주치니 류는 이에 군대를 거느리고 진에 항복했다. 진의 군대는 류를 역전(驛傳)을 통해 함양으로 보내 류를 거열형에 처해 군중들에게 경계로 삼도록 했다[徇=行示].

진가(秦嘉) 등은 승의 군대가 패했다는 소식을 듣고서 이에 경구(景駒)를 세워 초왕으로 삼고 병사를 이끌고 방예(方與-현의 이름)[○ 사고(師古)가 말했다. "與는 (발음이 여가 아니라) 예(豫)다."]로 가서[之=往] 진나라 군대를 제음(濟陰)성 아래에서 치려고 했다. 공손 경(慶)을 제왕(齊王)에게 사신으로 보내 힘을 합쳐 함께 전진하고자 했다. 제왕이 말했다.

"진왕(陳王)이 싸움에서 져 그가 죽었는지 살았는지 알 수 없는데 초는 어찌 우리에게 청하지도 않고 왕을 세울 수 있는가?"

공손 경이 말했다.

"제가 초에 청하지도 않고 왕을 세웠는데 초가 무슨 까닭으로 제에 청해 왕을 세우겠습니까? 또 초가 앞장서서 일을 주창했으니[首事][○ 사고(師古)가 말했다. "가장 먼저 병사를 일으켰다[起兵]는 말이다."] 천하에 영을 내리는 것은 마땅합니다."

전담은 공손 경을 죽여버렸다.

진의 좌우 교위[校]가 다시 진(陳)을 공격해 그것을 떨어뜨렸다. 여(呂)

---

18 진나라의 남쪽 관문이다.

장군(-여신(呂臣))은 달아났다가 흩어진 병사들을 다시 거둬 파(番)의 도적 떼〔○ 사고(師古)가 말했다. "파(番)는 파양현(番陽縣)이다. 이곳에서 도적질을 한다고 해서 번의 도적 떼라 한 것이다. 그후에 파(番) 자는 파(鄱) 자로 고쳤다."〕영포(英布)와 서로 만나 진의 좌우 교위를 공격해, 그들을 청파(靑波)에서 깨뜨리고 다시 진을 초에 편입시켰다. 마침 항량은 회왕(懷王)의 손자 심(心)을 세워 초왕으로 삼았다.

진승이 왕 노릇 한 것은 모두 6개월이다. 애초에 왕이 됐을 때 그와 함께 품팔이[傭=雇]_{용 고} 농사를 지었던 한 친구가 그 소식을 듣고서, 마침내 진(陳)에 가서 궁문을 두드리며 "나는 섭(涉)[19]을 만나보고 싶소"라고 하니 궁문 수비대장[令]_영이 그를 포박하려 했다. 스스로 여러 차례 변명을 하자 (수비대장은 그를) 마침내 내버려두었지만〔○ 사고(師古)가 말했다. "여러 차례 변명을 했다[辯數]_{변 수}는 것은 자신의 성명을 말하고 아울러 자신이 섭과 옛날에 함께 지냈던 일들을 말하니 수비대장은 그를 내버려두고서 포박하지 않았다는 뜻이다."〕끝내 통과시켜주지는 않았다. 승이 궁 밖으로 나오자 그는 길을 막고서 "섭아!"라고 소리쳤고, 이에 승은 그를 만나보고서 수레에 태워[載]_재 돌아갔다. 궁에 들어가 어전과 휘장[帷帳]_{유장}을 보고서 그 손님이 말했다.

"엄청나구나[夥],[20]_과 섭이 왕이 되더니 이 깊디깊은[沈沈]_{침침} 궁궐이여!" 초나라 사람들은 많은 것[多]_다을 과(夥)라고 했기 때문에 천하 사람들은 이

---

19 진승의 자(字)다.

20 과(夥)는 '화'로도 읽는다.

이야기를 전하며 "엄청나도다, 섭이 왕이 된 일이여[涉爲王]!"라고 했으니
섭 위왕
이는 진섭으로 말미암아 시작된 것이다. 그 손님은 (궁궐을) 들고 나면서
더욱더 의기양양해져 승의 옛날이야기를 떠들어댔다. 어떤 사람이 (승에
게) 말하기를 "저 손님은 어리석고 무지한 데다가 헛소리[妄言]를 떠들어
망언
대니 왕의 위신이 가벼워집니다"라고 하자 승은 그 손님의 목을 베었다.
옛날부터 알았던 이런저런 사람들이 모두 스스로 승과의 인연을 끊어대
다가 이 일이 있고부터는 승과 가깝다고 하는 사람들이 없어졌다. 주방(朱
防)을 중정(中正-인사 담당)으로 삼고, 호무(胡武)를 사과(司過-사찰 담당)
로 삼아 여러 신하들을 감찰하는 일을 주관하게 했다. 여러 장수들이 각
지역을 순회하고 돌아오면 두 사람이 그 결과를 감찰해 영(令)을 제대로
시행하지 않았을 경우 잡아넣어 벌을 주었다. (이들은) 가혹한 감찰을 충
성스러움이라 여겼다. 그들이 보기에 잘못됐다고 생각할 경우 담당 관리
에게 (명을) 내리지 않고 문득 자신들이 직접 처리했다. 승은 그들을 믿고
썼기 때문에[信用] 여러 장수들은 승을 제 몸처럼 아끼며 의탁하지[親附]
신용   친부
않았다. 이것이 그가 패망하게 된 까닭이다.

승은 비록 이미 죽었지만 그가 임명해 남겨둔 제후와 장상들이 결국
진나라를 멸망시켰다. 고조(高祖) 때 승을 위해 무덤을 지키는 관리가 탕
(碭)에 설치돼 지금까지 제사를 지내고 있다[血食]. 왕망이 패망하고서야
혈식
마침내 그 제사는 끊어졌다〔○ 사고(師古)가 말했다. "지금까지 제사를 지
내고 있다[至今血食]는 말은 사마천이 『사기(史記)』에서 했던 말 그대로다.
지금 혈식
망이 패하고서야 마침내 그 제사는 끊어졌다는 말은 반고의 말이다."〕.

항적(項籍)은 자(字)가 우(羽)이며 하상(下相)〔○ 위소(韋昭)가 말했다. "임회현(臨淮縣)이다."〕 사람이다. 처음에 일어났을 때 나이 24세였다. 그의 막내 작은아버지[季父]는 량(梁)인데, 량의 아버지는 곧 초나라의 명장 항연(項燕)이라는 사람이다. 집안이 대대로 초나라의 장군들이었고 항(項)〔○ 사고(師古)가 말했다. "지금의 항성현(項城縣)이다."〕에 봉해졌기 때문에 항씨(項氏)를 성(姓)으로 삼았다.

적(籍)은 어릴 적에 글을 배웠으나 다 이루지 못한 채 중도에 접었고[去], 검술을 배웠으나 역시 다 이루지 못한 채 중도에 접었다. 량이 그에게 화를 내니 적이 말했다.

"글은 성과 이름만 적을 줄 알면 충분합니다. 검술은 한 사람만 상대하는[敵] 것이라 배울 필요가 없으니 만인을 상대하는 법을 배우고자 할 뿐입니다."

이에 량은 그의 뜻이 기이하다[奇]고 여겨 마침내 그에게 병법을 가르쳤다. 적은 크게 기뻐했으나 그 (병법의) 취지만 대략 알고서는 이 역시 끝까지 배우지는 않았다. 량은 일찍이 역양(櫟陽-현)에 갇힌[逮] 적이 있었는데, 이때 기(蘄-현)의 옥연(獄掾)[21] 조구(曹咎)에게 청해 역양의 옥사(獄史) 사마흔(司馬欣)에게 편지를 보냄으로써 일을 모두 잘 마무리할[已=止] 수 있었다. 량은 일찍이 사람을 죽이고서 원수를 피해 적과 함께 오중(吳中)[22]으로 갔다. 오중의 뛰어난 사대부들은 모두 량의 밑에서 나왔다[皆出梁下]

---

21 옥관(獄官)으로서 연(掾)은 아전이나 하급 관리를 뜻한다.

22 지금의 소주(蘇州)다.

〔○ 사고(師古)가 말했다. "모두 (량에게) 미치지 못했다[不及]는 말이다."〕. (그래서) 매번 큰 요역이나 장례가 있게 되면 량이 일을 주관했고[主辦], 은밀하게[陰=竊] 병법을 써서 빈객과 자제들을 배치하고 지휘해[部勒] 그들의 재능을 알아두었다. 진시황제가 동쪽으로 회계(會稽)를 유람하고 절강(浙江)〔○ 응소(應劭)가 말했다. "강수(江水)가 회계산에 이르면 절강이 된다."〕을 건널 때 량과 적은 그것을 지켜보게 됐다. 적이 말하기를 "저 자리를 차지해 대신할 수 있으리라"고 하자 량은 그 입을 막으며 "헛소리하지 마라! 족멸을 당할 것이다[族=族誅]"라고 말했다. 량은 이 일로 인해 적을 기이하다고 여겼다. 적은 키가 8척 2촌이고 힘은 쇠솥을 들어 올렸으며[扛=擧], 재주와 기운은 다른 사람들을 넘어섰다. 오중(의 자제들)은 모두 적을 꺼려 했다[憚].

진(秦) 2세 원년(기원전 209년)에 진승이 일어났다[起]. 9월에 회계군의 겸직 군수[假守=兼守] 통(通)〔○ 진작(晉灼)이 말했다. "(육가(陸賈)의)『초한춘추(楚漢春秋)』에 따르면, 그의 성(姓)은 은(殷)이다."〕은 평소 량을 뛰어나다고 여겨[賢], 마침내 그를 불러 함께 일을 계획했다. 량이 말했다.

"바야흐로 지금은 강서(江西)가 모두 진나라에 반란을 일으켰으니, 이는 진실로[亦] 하늘이 진나라를 멸망시키려는 때라 할 것이오. 먼저 움직이면 남을 제압할 수 있고 뒤에 움직이면 남에게 제압당할 것이오."[23]

---

23 사마천의 『사기(史記)』에는 이 말을 항량이 아니라 은통이 한 것으로 돼 있다. 아마도 반고가 뒤에 사료를 확인하는 과정에서 바로잡은 것으로 보인다. 그리고 일본의 『한서(漢書)』 번역자 오다케 다케오[小竹武夫]는 역주에서 강서(江西)가 후대의 강북(江北)이라 해 번역문에서도 강북이라고 했다. 그러나 여기서는 원문에 따라 강서라고 옮겼다.

군수가 탄식하며 말했다.

"선생[夫子]은 초나라의 명문 장군 집안이라고 듣기는 했지만 진정 족하(足下)뿐이군요."

량이 말했다.

"오(吳-오중)에는 뛰어난 장수 환초(桓楚)가 있어 지금은 달아나 택중(澤中)에 있는데 사람들은 그가 어디에 있는지를 알지 못하고 오직 적(籍)만이 그곳을 알고 있지요."

량은 이에 적으로 하여금 칼을 갖고 처소 밖에서 기다리도록 했다. 량이 다시 들어와 군수와 대화하며 말하기를 "청컨대 적을 불러서 환초를 불러오라는 명을 받도록 하시지요"라고 했다. 적이 들어오자 량은 적에게 눈을 깜박이며[眴] 말했다.

"이때다."

적은 드디어 칼을 뽑아 군수를 쳐서 목을 벴다. 량은 군수의 머리를 들고서 그의 인끈을 허리에 찼다. 군수의 부하들은 모두 놀라 우왕좌왕했는데 적이 쳐서 죽인 사람만 100명에 이르렀다[數十百人][○ 사고(師古)가 말했다. "수십백인(數十百人)이란 80~90 내지(乃至) 100이다. 다른 경우에도 모두 이와 같다."]. 부중(府中)[24]은 모두 혼이 빠져[讋=失氣] 엎드린 채 감히 다시 일어나지를 못했다. 량은 이에 예전부터 알던 세력가 관리[豪吏]들을 불러서 이런 일을 일으키게 된 까닭을 일깨워주고[諭=曉告] 드디어 오중의 병사들을 일으켰다. 사람을 보내 군에 소속된 현들을 거두고 정예병

---

24 군수부(郡守府)를 가리킨다.

8,000명을 얻고서 오중의 호걸들을 부서에 배치해 교위, 후(候), 사마(司馬) 등으로 삼았다. 한 사람이 관직을 얻지 못했다고 스스로 와서 말했다. (이에 대해) 량이 말했다.

"지난번에[某時] 누군가의 상사(喪事)가 났을 때 그대에게 일을 주도하라고 했는데 제대로 처리하지 못했기 때문에 그대를 임용하지 않은 것이다."

사람들은 이에 모두가 승복했다. 량은 회계의 장수가 되고 적은 비장(裨將)이 돼 소속된 현들을 장악했다[徇=號令].

진 (2세황제) 2년에 광릉(廣陵) 사람 소평(召平)이 진승을 위해 광릉을 장악하려 했으나 아직 함락시키지 못하고 있었다. (그런데) 진승이 패해 달아났고, 진나라 장군 장한(章邯)이 곧 들이닥칠 것이라는 소문을 듣고는 즉각 강을 건너 진왕(陳王-진승)의 명령을 조작해[矯] 량을 제배해, 초의 상주국으로 삼고서 "강동(江東)은 이미 평정됐으니 서둘러 군대를 이끌고서 서쪽으로 나아가 진나라를 쳐라"라고 했다. 량은 이에 8,000 군사를 이끌고 강을 건너 서쪽으로 갔다. (그런데) 진영(陳嬰)이 이미 동양(東陽-현)을 함락시켰다는 소식을 듣고는 사신을 보내 연합해 함께 서쪽으로 진격하고자 했다. 진영이라는 사람은 원래 동양의 영사(令史)[25]로 현에 살았는데 평소 신의가 있어 장자(長者)로 불렸다. 동양의 젊은이들은 그 현령을 죽이고 서로 수천 명이 모여 우두머리[長]를 세우고자 했으나 마땅히 쓸 만한 사람이 없어 마침내 진영에게 그 역할을 맡아줄 것을 청했다. 진영은 자신이 그럴 능력이 없다며 사양했으나 결국 억지로 그를 우두머리로 삼

---

25 현령 휘하의 관리를 뜻하는데 진영은 동양현의 옥리(獄吏)였다.

으니 현에서 그를 따르는 자가 2만 명이나 됐다. 젊은이들은 영을 세워 왕으로 삼고자 해 다른 군대와 구별하기 위해 (푸른 띠나 모자를 하고서) 창두(蒼頭)라 하고서 특별히 봉기한 뜻을 드러냈다. 영의 어머니가 영에게 말했다.

"내가 너[乃=汝]의 집안으로 시집온 이래 너의 조상들 중에 일찍이 귀하게 된 분이 없다고 들었다. (그런데) 지금 갑자기[暴] (왕이라는) 큰 이름을 얻는다는 것은 상서롭지 못하다. 남 밑에 있는 것[所屬]이 나으니 (그렇게 되면) 일이 이루어지고 나서 후(侯)에 봉해질 수도 있고, 일이 실패하더라도 쉽게 화를 면할 수 있을 것이다. (하지만) 너는 세상 사람들이 지목하는 그런 사람이 아니다."

영은 마침내 감히 왕이 되지 않고서 그 군관들에게 말했다.

"항씨(項氏)는 대대로 장군의 집안이며 초나라에서 명성이 있으니 지금 큰일[大事]을 일으키고자 한다면 장차 그 사람이 아니고서는 안 될 것이다〔○ 사고(師古)가 말했다. "재주가 없는 사람이 장군이 돼서는 싸움에서 이길 수 없다는 말이다."〕. 우리가 명문세족[名族]에 의지한다면[倚=依] 진나라를 멸망시키는 일은 틀림없이 이뤄질 것이다."

무리들은 그를 따랐고 마침내 그는 병사들을 이끌고 량의 휘하에 들어왔다. 량이 회수(淮水)를 건너자 영포(英布)와 포장군(蒲將軍)도 그 병사들을 이끌고 휘하에 들어왔다. (이리하여) 모두 6만~7만 군대가 하비(下邳-현)에 진을 쳤다[軍].

이때 진가(秦嘉)는 이미 경구(景駒)를 세워 초왕으로 삼고 팽성의 동쪽에 진을 치고서 량(의 군대)을 막고자[距] 했다. 량은 장교[軍吏]들에게 말했다.

"진왕(陳王)이 가장 먼저[首] 일을 일으켰으나 전세가 불리하게 돼 지금
은 어디에 있는지 알 수가 없다. (그런데) 지금 진가가 진왕을 배반하고 경
구를 세웠으니 대역무도한 일이다."

그러고서 병사들을 이끌고 진가를 쳤다. 가(嘉)의 군대가 패해 달아나
자 호릉(胡陵-현)까지 뒤쫓아갔다. 가가 돌아와 싸웠으나 하루 만에 가는
죽었고 그의 군대는 항복했다. 경구는 달아났으나 양(梁)²⁶ 땅에서 죽었다.
량은 이미 진가의 군대를 합병해 호릉에 진을 치고는 장차 군대를 이끌
고서 서쪽으로 나아가려 했다. 장한이 율(栗)[○ 사고(師古)가 말했다. "현
의 이름이다. 패군(沛郡)에 속한다."]에 이르자 량은 별장 주계석(朱雞石)
과 여번군(餘樊君)을 시켜 맞서 싸우도록 했다. 여번군은 전사했다. 주계석
은 패전해 호릉으로 달아났다. 량은 이에 병사를 이끌고 설(薛-현)에 들어
가 주계석을 주살했다. 량은 그에 앞서 우(羽)로 하여금 별도로 양성(襄城)
을 공격하게 했는데 양성은 수비가 군건해 함락시키지 못했다. (그러나 마
침내) 이미 뽑아버리자 모두 파묻어버리고서[阬] 돌아와 량에게 보고했다.
진왕이 확실히[定] 죽었다는 소식을 듣고서는 여러 별장들을 설현에 모이
게 하고서 일을 계획했다. 이때 패공(沛公-유방) 또한 패(沛)에서 와서 이
회의에 참석했다.

거소(居鄛)[○ 사고(師古)가 말했다. "현의 이름이다. 여강군(廬江郡)에

---

26 전국시대 위(魏)나라 지역으로 지금의 하남성 동부 일대다.

속한다. 춘추시대 때 소(巢)나라다.") 사람 범증(范增, 기원전 277~204년)[27]은 나이가 70세로 평소 기이한 계책을 세우기를 좋아했는데 량에게 가서 유세해 말했다.

"진승이 패망한 것은 진실로 마땅합니다[○ 사고(師古)가 말했다. "그의 계책이 옳지 못했기 때문에 당연히 패망할 수밖에 없었다는 말이다."]. 저 진(秦)이 육국(六國)을 멸망시켰는데 초나라가 가장 억울하게 아무런 죄도 없이 당했으니, 회왕(懷王)이 진나라에 들어가서 돌아오지 못한 이후로 초나라 사람들은 지금까지도 그를 불쌍하게 여기고 있습니다. 그 때문에 남공(南公)이 말하기를 '초나라에 비록 세 집만 남아 있다 하더라도 진나라를 멸망시킬 나라는 반드시 초나라일 것이다'라고 했습니다[○ 복건(服虔)이 말했다. "남공은 남쪽 지방의 노인이다." 소림(蘇林)이 말했다. "단지 세 집만 남게 되더라도 그 원한이 깊어 충분히 진나라를 멸망시킬 수 있다는 말이다."]. (그런데) 지금 진승이 가장 먼저 일을 일으켰으나 초나라(왕실)의 후예를 세우지 않았기 때문에 그 세력이 오래가지 못했습니다. 지금 그대[君]께서는 강동(江東)에서 일어나시니, 벌 떼처럼 일어난[蜂起] 초나라의 장수들이 모두 다투어 그대에게 귀의하는 것[附=歸]은, 그대가 대대로 초나라 장수 집안이며, 능히 다시 초나라의 후예를 (왕으로) 세울 수 있을

---

27 진(秦)나라 말 농민군이 일어났을 때 항량(項梁)에게 초(楚)나라 귀족의 후예를 세워 널리 호소하라고 권했다. 항량이 죽자 항우의 휘하에 들어가 훌륭한 계책을 많이 제안해 항우로부터 아보(亞父)라는 칭호를 받으면서 존중됐다. 여러 번 유방(劉邦)을 죽이라고 충고했지만 끝내 받아들여지지 않았고, 오히려 유방의 반간계(反間計)로 항우의 의심을 사 직책을 잃고 권한을 빼앗기자, 울분을 못 이겨 떠나다가 등창이 도져 도중에 병사했다.

것이라고 여기기 때문입니다."

이에 량은 마침내 초나라 회왕의 손자 심(心)[28]을 찾아냈는데 그는 백성들 사이에서[民間] 남의 집 양치기를 하고 있었다. 그를 세워 초나라 회왕이라고 했으니 이는 백성들의 바람을 따른 것이다. 진영은 상주국이 돼 5개 현을 봉읍으로 받았다. 그는 회왕과 함께 우이(盱台)에 도읍했다. 량은 스스로를 무신군(武信君)이라 불렀고 군대를 이끌고 가서 항보(亢父)[29]를 공격했다.

애초에 장한이 이미 제왕(齊王) 전담(田儋)을 임치(臨菑)〔○ 사고(師古)가 말했다. "「고제기」와 「전담전」에서는 모두 임제(臨濟)라고 했는데 여기서만 임치라고 한 것을 볼 때 아마도[疑] 이것은 잘못인 듯하다."〕에서 죽이자 전가(田假)는 다시 스스로를 세워 제왕이 됐다. 담의 동생 영(榮)은 달아나 동아(東阿)[30]를 지켰고 장한은 뒤쫓아가서 그곳을 둘러쌌다. 량은 병사를 이끌고 동아를 구원해 동아에서 진나라 군대를 크게 깨뜨렸고, 영은 즉각 군대를 이끌고 돌아와 왕인 가(假)를 내쫓았다. 가는 초나라로 달아났고 가의 재상 전각(田角)은 조(趙)나라로 달아났다. 각의 동생 한(閒)은 (제나라의) 장수였지만 조나라에 머물면서 감히 돌아가지 못했다. 영은 담의 아들 시(市)를 세워 제왕으로 삼았다. 량은 이미 동아의 성 아래 군대를 깨뜨리고 드디어 진나라 군대를 뒤쫓았다. (제나라에) 여러 차례 사자

---

28 웅심(熊心)이다.

29 산동의 한 지방이다.

30 산동 지역이다.

를 보내 함께 서쪽으로 진격할 것을 촉구했다[趣=促]. 영이 말했다.

"초가 전가를 죽이고 조가 전각과 전한을 죽이면 그때 가서 군대를 보내겠다."

량이 말했다.

"전가는 동맹국[與國]의 왕이었다가 곤궁하게 돼 와서 내게 귀부했으니 차마 죽이지 못하겠다."

조나라도 각과 한을 죽이는 문제로 제와 거래하려 하지[市] 않았다. 제나라는 끝내 군대를 보내 초나라를 돕지 않았다. 량은 우와 패공으로 하여금 별도로 성양을 공격하게 해 그곳을 도륙했다. 서쪽으로 나아가 복양(濮陽)의 동쪽에서 진나라 군대를 깨뜨리자 진나라 병사들은 복양으로 철수했다. 패공과 우는 정도(定陶)를 공격했다. 정도가 함락되지 않자 그곳을 포기하고 서쪽으로 땅을 공략해 옹구(雍丘)에 이르러 진나라 군대를 크게 깨뜨리고 이유(李由)[31]를 목 벴다. 돌아와 외황(外黃-현)을 공격했으나 외항은 함락되지 않았다.

량은 동아(東阿)에서 일어나 정도에 거의 이르러 다시 진나라 군대를 깨뜨렸고, 우 등도 이유(李由)를 목 베자 더욱 진나라를 가벼이 여겨 교만해진 낯빛[驕色]이 있었다. 송의(宋義)가 간언해 "싸움에서 이기면 장수는 교만해지고 병졸들은 게을러져 실패하게 됩니다. 지금 조금 게을러지고 있는데 진나라 군대는 날로 늘어나고 있으니 신은 군(君)께서 이 점을 두려워해야 한다고 여깁니다"라고 말했으나 량은 듣지 않았다. 그러고는 송

---

31 이사(李斯)의 아들로 이때 삼천군수(三川郡守)로 있었다.

의를 제나라에 사자로 보냈는데 길 가던 도중 제나라 사자 고릉군(高陵君) 현(顯)[32]과 마주쳤다[遇]. 송의가 "공께서는 장차 무신군을 만나시려는 것입니까?"라고 하자 현은 "그렇소"라고 답했다. 의(義)가 말했다.

"신이 논하건대[論] 무신군의 군대는 반드시 패할 것입니다. 공께서 천천히[徐=緩] 가신다면 화를 면할 것이고 빨리[疾=急] 가신다면 화를 당할 것입니다."

진나라는 과연 일거에 병사를 일으켜 장한을 도와[益] 한밤중에 함매(銜枚)[33]를 하고서 초나라를 쳐 정도에서 크게 깨뜨리니 량은 죽었다. 패공과 우는 외황을 버리고 진류(陳留-현)를 공격했으나 진류의 방어가 견고해 함락시키지 못했다. 패공과 우는 서로 모의하기를 "지금은 량의 군대가 패해 사졸들이 두려워하고 있다"라고 하고서는 마침내 여신(呂臣)과 함께 병사들을 이끌고 동쪽으로 향했다. 여신은 팽성 동쪽에, 우는 팽성 서쪽에, 그리고 패공은 탕(碭)에 진을 쳤다.

장한은 이미 량의 군대를 깨뜨리고 나자 초나라 땅에 있는 군대는 걱정할 필요가 없다고 여기고 마침내 황하를 건너 북쪽으로 조나라를 쳐서 크게 깨뜨렸다. 이런 때를 당해 조나라는 헐(歇-조헐)이 왕이었고, 진여가 장군이었으며, 장이가 재상으로 있었는데, (모두) 도망쳐 거록성으로 들어

---

32 성은 알 수 없고 이름이 현이다. 고릉은 그가 봉해진 곳인데 고릉은 낭야현에 있다.

33 행진(行陣)할 때에 군사(軍士)의 입에 떠들지 못하도록 나무젓가락 같은 하무를 물리던 일을 가리킨다.

갔다. 진나라 장수 왕리(王離)[34]와 섭한(涉閒)은 거록을 에워쌌고, 장한은 그 남쪽에 진을 치고서 용도(甬道)를 쌓아 (왕리와 섭한의 군대에) 군량미를 보내주었다. 진여의 장졸 수만 명은 거록의 북쪽에 진을 쳤는데 이를 일컬어 하북군(河北軍)이라 한다.

송의가 마주쳤던 제나라 사자 고릉군 현은 초나라 회왕을 보고서 이렇게 말했다.

"송의는 무신군이 반드시 패할 것이라고 논했는데 며칠 후 과연 패했습니다. 군대가 싸움을 하기도 전에 미리 패배의 조짐[徵=徵兆=證]을 보았으니 병사(兵事)를 안다[知兵]고 할 만합니다."
(徵 정, 徵兆 징조, 證 증)
(知兵 지병)

왕은 송의를 불러 함께 일을 토의하고[計事]는 그에 대해 기뻐하면서 상장군으로 삼았다. 우는 노공(魯公)에 봉해지고 차장(次將)이 됐으며 범증은 말장(末將)이 됐다. 여러 별장들이 모두 (송의에게) 소속됐고 경자관군(卿子冠軍)[35]이라 불렀다. 북쪽으로 조나라를 구원하러 떠나 안양(安陽)〔○ 사고(師古)가 말했다. "지금의 상주(相州) 안양현(安陽縣)이다."〕에 이르렀을 때 (송의의 군대는) 머물고서 더 이상 진군하지 않았다. 진(秦) 3년에 우가 송의에게 말했다.

"지금 진나라 군대가 거록을 에워싸고 있으니 서둘러 병사들을 이끌고 강을 건너가, 초는 그 밖을 치고 조는 안에서 호응한다면 진나라 군대를

---

34 왕전(王翦)의 손자다.

35 경자는 당시 남자에 대한 좋은 칭호로 공자(公子)와 같으며, 관군은 여러 군대들을 모두 거느리는 우두머리라는 뜻이다.

깨뜨리는 것은 확실합니다."

송의가 말했다.

"그렇지 않소. 무릇 소의 등을 쳐서 등에[虻]를 잡을[搏=擊] 수 있지만 이[蝨]는 죽일 수 없는 법이오〔○ 소림(蘇林)이 말했다. "등에는 진나라를 비유한 것이고 이는 장한 등을 비유한 것으로, 크고 작은 것은 세력이 같지 않으니 진나라를 멸망시키고자 한다면 마땅히 장한 등은 일단 내버려 둬야 한다는 말이다." 여순(如淳)이 말했다. "오히려 본래는 큰 힘으로 진나라를 정벌하려 하니 조나라를 구원할 수가 없다는 말이다." 사고(師古)가 말했다. "이는 손으로 소의 등을 칠 경우 그 위에 있는 등에는 죽일 수 있지만 이는 잡을 수 없다는 말로, 지금 장병들이 바야흐로 진나라를 멸망시키고자 하니 장안과의 싸움에 온 힘을 다할 수 없다는 말이다. 혹은 사로잡지도 못하고 헛되이 힘을 허비할 수 있다는 것이다. 여씨의 설이 (사실에) 가깝다."〕. 지금 진나라가 조나라를 공격하는데 진이 싸워서 이긴다 해도 병사들은 피곤할 것이니[罷=疲] 나는 그 틈[敝]을 이용할 것이고, 진이 이기지 못할 경우에는 내가 군사를 이끌고 북을 치며 행군해〔○ 사고(師古)가 말했다. "북을 치며 행군한다는 것은 아무런 두려움이 없다는 말이다."〕 서쪽으로 나아가면 반드시 진나라를 겪을 것이오. 따라서 먼저 진나라 및 조나라와 싸우는 것보다 나은 방책은 없소. 무릇 경무장한 정예병[輕銳]을 치는 것에서는 내가 그대보다 못하겠지만 앉아서 책략[籌策]을 부리는 데 있어서는 공이 나만 못할 것이오."

그러고 나서 군중에 영을 내려[下令] 말했다.

"사납기가 호랑이 같고, 고집스러워 꼬여 있기[很]가 양과 같으며, 탐욕스럽기가 승냥이 같고, 억세어서 부릴 수 없는 자들은 모두 목을 벨 것이다.”

자신의 아들 양(襄)을 보내 제나라를 돕게 하고 몸소 그를 무염(無鹽-현)까지 전송해 성대한 연회[高會=大會]를 베풀며 술과 음식을 먹었다. 날
은 춥고 큰 비가 내려 사졸들이 추위에 떨며 굶어야 했다. 우가 말했다.

“장차 온 힘을 다해[戮力] 진나라를 공격해야 하는데 오랫동안 머물며
행군하지 않고 있다. 지금 흉년이 들어 백성들은 궁핍하고, 사졸들은 콩과
채소로 겨우 연명하며, 군대에는 남아 있는 군량미가 없는데도, 이런 판국
에 성대한 연회를 열어 술과 음식을 먹을 뿐, 병사를 이끌고 강을 건너 조
나라 식량을 먹으며 함께 힘을 합쳐 진나라를 치지도 않으면서 그저 말하
기를 ‘그들이 지친 틈을 이용할 것이다’라고만 말하고 있다. 무릇 진나라의
강대함으로 이제 막 일어난 조나라를 공격한다면 그 기세는 반드시 조나
라를 꺾을 것이다. 조나라가 꺾이고 진나라가 강대해진 뒤에 무슨 틈을 이
용한다는 말인가! 또 우리나라 병사들이 이제 막[新] 패전한 터라 왕께서
자리에 편안히 앉아 계시지 못하시고서[坐不安席], 나라 안[境內](의 병사
들)을 통틀어 장군에게 속하게[屬=委] 하셨으니 나라의 안위는 이번 일에
달려 있다. (그런데) 지금 사졸들을 챙기지는[卹=恤] 않고 사사로운 정만
따르니[36] 사직을 지켜낼 신하가 아니로다.”

우는 아침 일찍 상장군 송의에게 문안을 드리러 장막으로 가[即=就]
거기서 의의 목을 베었다. 군중에 영을 내어 말했다.

“송의는 제나라와 더불어 초나라를 배반할 모의를 했기에 초왕께서 은

---

36 송의가 아들 송양을 보내 제나라를 돕도록 한 일을 말한다.

밀히 적(籍)에게 영을 내려 그를 주살토록 하셨다.”

여러 장수들은 두려움에 떨며[讋=失氣] 복종했고 아무도 감히 다른 소
리를 하지[枝梧] 못했다. 모두가 말했다.

“맨 먼저[首] 초나라를 세운 것은 장군의 집안입니다. 이제 장군께서 난
신[亂]을 주살했습니다.”

이에 서로 함께 우를 임시[假] 상장군으로 삼았다〔○ 사고(師古)가 말했
다. “아직 회왕의 명을 받지 못했기 때문에 임시라고 한 것이다.”〕. 사람을
시켜 송의의 아들을 뒤쫓게 해 제나라에 이르러 그를 죽였다. 환초로 하
여금 왕에게서 명을 받아오게 했다. 이에 왕은 사자를 보내 우를 상장군
으로 삼았다.

우가 이미 경자관군을 죽이고 나자 위엄은 초나라를 진동시켰고 그 명
성은 제후들에게까지 전해졌다. 이에 당양군, 포장군으로 하여금 병사 2만
명을 이끌고 강을 건너 거록을 구원하도록 했다. 싸움은 조금 유리했지만
진여가 다시 구원병을 요청했다. 우는 마침내 모든 병사들을 이끌고 강을
건넜다. 일단 강을 건너고 나자 배를 모두 가라앉히고, 솥과 시루를 깨뜨
렸으며, 막사를 다 불지른 다음 사흘치 식량만 휴대함으로써 병사들에게
반드시 죽기를 각오하고 싸울 것이며, 돌아갈 마음이 전혀 없다는 것을 보
여주었다[視=示]. 이에 거록에 도착하자마자 왕리(王離)를 에워싸고 진나
라 군대와 마주쳐 아홉 차례 싸워서, 그들의 (수송로인) 용도(甬道)를 끊어
크게 깨뜨려, (진나라 장수) 소각(蘇角)을 죽이고 왕리를 포로로 잡았다.
섭한은 항복하지 않고 스스로 몸에 불을 질러 자살했다. 이런 때를 맞아
초나라 군대는 제후들 중에 으뜸이었다[冠]. 제후들의 군대 중에서 거록

을 구원하러 온 것은 10여 진영[壁]이었으나 감히 함부로 군대를 움직이지 못했다. 초나라 군대가 진나라 군대를 칠 때에도 제후들은 모두 진영을 지키며 위에서 지켜보았다. 초나라 병사들은 한 명이 10명을 대적하지 못하는 자가 없었고 함성 소리는 하늘과 땅을 움직일 정도였다. 제후들의 군대는 사람마다[人人] 두려움에 떨었다. 이에 초가 진나라 군대를 이미 깨뜨리고 나자 우는 제후군의 장수들을 불러 원문(轅門)〔○ 장안(張晏)이 말했다. "군대가 행군할 때에는 수레로 군진을 만들었는데 수레의 끌채[轅]를 서로 향하게 해 문처럼 만들었기 때문에 원문(轅門)이라 했다."〕으로 들어오게 했는데, 무릎걸음으로 나아오면서 감히 고개를 들어 쳐다보지도 못했다. 우는 이로 말미암아 처음으로 제후군의 상장군이 되니 병사들은 모두 그에게 속하게 됐다.

장한(章邯)은 극원(棘原)〔○ 진작(晉灼)이 말했다. "지명으로 거록(鉅鹿)의 남쪽이다."〕에 진을 치고, 우는 장남(漳南)[37]에 진을 치고, 서로 대치하면서[相持] 아직 싸우지는 않았다. 진나라 군대는 여러 차례 물러났고[却=退] 2세황제는 사람을 보내 장한을 꾸짖었다[讓=責]. 장한은 죄를 입게 될까 두려워 장사(長史) 흔(欣)을 시켜 (2세황제에게) 명을 청하게 했다. (흔이) 함양에 이르러 사마문(司馬門)〔○ 사고(師古)가 말했다. "무릇 사마문이라고 하는 것은 궁궐 안에 병위(兵衛)가 있는 곳으로 사방에 다 사마가 있다. 사마란 군사의 일을 주관하는 것이니 궁 밖에 있는 문을 총괄해서 사마문이라고 부른다."〕에 3일 동안 머물렀으나 조고가 그를 불러보지

---

37 장수(漳水)의 남쪽으로 장수는 평향(平鄕)의 서남쪽으로 흐른다.

[見=引見] 않으며 불신하는 마음을 품고 있었다. 장사 흔은 두려워 군진으로 돌아올 때 감히 올 때의 길로 가지 못했다. 조고는 과연 사람을 시켜 흔을 뒤쫓게 했으나 미치지 못했다. 흔이 군진으로 돌아와 보고해 말했다.

"일을 제대로 할 만한 자가 없었습니다. 상국 조고가 나라를 장악하고 [顓國] 자기 마음대로 결정을 하고 있었습니다. 지금 싸워서 이기면 고(高)는 우리의 공로를 시기할 것이고 이기지 못하면 죽음을 면할 수 없습니다. 바라건대 장군께서는 이를 심사숙고하셔야 할 것입니다."

진여도 장한에게 글을 보내 이렇게 말했다.

'백기(白起)는 진나라 장수가 돼 남쪽으로 언영(鄢郢)을 정벌하고[井=征] 북쪽으로 마복(馬服)을 파묻어[○ 사고(師古)가 말했다. "언영은 초나라 도읍이다." 복건(服虔)이 말했다. "마복은 조괄(趙括)이다. 아버지 사(奢)는 조(趙)나라 장수로 공이 있어 마복(馬服)의 칭호를 받았다. 그래서 대대로 그렇게 부른 것이다."] 성을 공격하고 땅을 빼앗은 것이 이루 다 헤아릴 수가 없는데도 결국은 죽음을 당했습니다[賜死]. 몽념(蒙恬)은 진나라 장수가 돼 북쪽으로 융인(戎人)을 쫓아내고 유중(楡中)[○ 사고(師古)가 말했다. "즉, 지금의 유림(楡林)이며 옛날의 상군(上郡) 경계 지역이다."] 지역 수천 리를 개척했으나 끝내 양주(陽周)³⁸에서 목이 달아났습니다. 어째서이겠습니까? 공이 많아 진나라가 능히 다 봉해줄 수가 없자 법을 핑계 삼아 그들을 주살한 것입니다. 지금 장군께서는 진나라 장수가 된 지 3년이 됐는데 잃어버린 병력이 이미 10만을 헤아리고 있고 제후들이 다투어 일어

---

38 상군에 속하는 현이다.

나는 것은 점점 많아지고 있습니다. 저 조고는 평소 아첨만 일삼은 지가 이미 오래됐는데, 지금 일이 다급해지고 또한 2세황제가 자신을 주살할까 두려워하기 때문에 법을 핑계로 장군을 주살함으로써 (자신에 대한) 책임 추궁을 틀어막고[塞責], 사람을 보내 장군을 대신하게 함으로써 그 화에 서 벗어나려고[脫=免] 하는 것입니다. 장군께서는 밖에 머문 지가 오래돼 안으로 (조정과의) 틈이 많아 공로가 있다 해도 주살을 당할 것이고 공로 가 없어도 주살될 것입니다. 또 하늘이 진나라를 망하게 할 것이라는 것 은 어리석은 자나 지혜로운 자를 막론하고서 다 알고 있습니다. (그런데) 지금 장군께서는 안으로는 능히 직간을 할 수 없고, 밖으로는 망국의 장 수가 돼 홀로 서서 오래도록 존속하기를 바라시니 어찌 슬프지 않겠습니 까! 장군께서는 어찌 병사를 돌려 제후들과 손을 잡고서 남면하고 고(孤) 를 칭하려 하지 않으십니까?[39] 이렇게 하시는 것과 몸을 허리 자르는 도끼 [鈇質=鈇鑕]에 엎어지게 하고 처자는 살육당하는 것 중에서 어느 것이 낫 겠습니까?'

장한은 의심을 품게 돼[狐疑] 몰래 군후(軍候) 시성(始成)을 우에게 보 내 밀약을 맺고자 했다. 밀약이 아직 이뤄지기 전에 우는 포(蒲)장군을 시 켜 병사들을 이끌고 삼호(三戶)〔○ 복건(服虔)이 말했다. "장수(漳水)의 나 루터다."〕를 건너가 장수 남쪽에 주둔케 하고서 진나라와 싸움을 벌여 다 시 그들을 깨뜨렸다. 우는 모든 군사를 이끌고 우수(汙水)〔○ 사고(師古)가 말했다. "우수는 업(鄴)의 서남쪽에 있다. 汙의 음은 (오가 아니라) 우(于)

---

39 남면한다는 것이나 고를 칭한다는 것이나 다 왕이 된다는 말이다.

다."] 변에서 진나라 군대를 쳐서 크게 깨뜨렸다.

한(邯)이 우에게 사자를 보내 밀약을 맺고자 했다. 우는 군리를 불러 모의해 말했다.

"군량이 적으니 협약을 받아들일까 합니다."

군리들이 모두 말하기를 "좋습니다"라고 했다. 우는 이에 원수(洹水)의 남쪽 은허(殷墟)에서 만날 것을 약속했다. 이미 맹약을 맺자 장한은 우를 만나 눈물을 흘리며 조고에 대해 이런저런 이야기를 했다. 우는 이에 장한을 세워 옹왕(雍王)으로 삼고 군중에 두었다. 장사 흔(欣)을 상장(上將)으로 삼아 진나라 군대를 거느리고 앞장서게 했다.

한(漢)나라 원년에 우는 제후들의 병사 30여만을 이끌고 행군해 땅을 빼앗으며 하남(河南)에 이르렀고 드디어 서쪽으로 신안(新安)〔○ 사고(師古)가 말했다. "지금의 곡주(穀州) 신안성(新安城)이 그곳이다."〕에 도착했다. 그 전에[異時] 제후의 장교와 병사들이 요역과 변경 수자리에 동원돼 관중의 진나라 땅[秦中]을 지날 때 진나라 군진의 상황은 엉망이었다. 장교와 병사들 대부분은 이렇게 수군거렸다.

"장(章)장군 등이 우리를 속여 제후들에게 투항하게 했는데 지금 만일 관중에 들어가 진나라를 깨뜨린다면 크게 좋은 일이다. 그러나 곧장 그렇게 할 수 없으면 제후들은 우리를 포로로 잡아서 동쪽으로 퇴각할 것이니, (그리되면) 진나라는 또 우리의 부모와 처자를 다 주륙할 것이다."

여러 장수들이 몰래 그 계책을 듣고서 우에게 보고했다. 우는 이에 영포(英布)와 포장군을 불러 계책을 말했다.

"진나라 장병들이 여전히 수가 많은 데다 그들이 마음으로 복종한 것은 아니니, 관중에 이르러 우리 말을 듣지 않는다면 틀림없이 사태는 위급해질 것이다. 그들을 쳐서 장한, 장사 흔, 도위 동예(董翳)만을 데리고 진나라로 들어가는 것이 나을 것이다."

이에 야밤에 진나라 군대를 쳐서 군사 20여만 명을 (신안성 남쪽에) 파묻었다.

(우가) 함곡관에 이르렀을 때 병사들이 지키고 있어 들어갈 수가 없었다. (게다가) 패공이 이미 함양을 도륙했다[屠]는 소식을 듣고서 우는 크게 화가 나 당양군(當陽君)으로 하여금 관을 치게 했다. 우가 드디어 들어가서 희수(戲水) 서쪽 홍문(鴻門)에 이르러 패공이 관중의 왕이 돼 혼자서 진나라 부고(府庫)의 진귀한 보물들을 차지하려고[有=取] 한다는 소식을 들었다. 아보(亞父) 범증도 크게 화가 나 우로 하여금 패공을 칠 것을 권했다. 병사들을 잘 먹이고서 다음 날 아침 싸우려고 했다. 우의 계부 항백(項伯)은 평소 장량(張良)과 친했다[善=親]. 량은 이때 패공을 따르고 있었는데 항백이 밤에 그것을 량에게 말했다. 량은 그와 함께 패공을 만나보았고 패공은 백(伯)을 통해 자신의 억울함을 우에게 해명하도록 했다. 다음 날 패공은 100여 기를 이끌고 홍문에 이르러 우에게 사죄하고서 스스로 해명했다.

"진나라 부고를 봉쇄하고 군대를 패상으로 돌려 대왕을 기다리며 관문을 막고서 다른 도적에 대비한 것이지 감히 은혜를 배반하려 한 것이 아닙니다."

우의 마음은 이미 풀어졌으나 범증은 패공을 해치려 했는데 장량과 번쾌(樊噲)에 힘입어 (패공은 어려움을) 면할 수 있었다. 이 일은 「고제기(高

帝紀)」에 실려 있다.

며칠 후 우는 마침내 함양을 도륙하고, 진나라의 항복한 왕 자영(子嬰)을 죽였으며, 그 궁실들을 불태웠는데 불은 3개월 동안 꺼지지 않았다. 또 보물과 재화들을 거둬들였고 부녀자들을 약취한 다음 동쪽으로 돌아갔다. 진나라 백성들은 기대를 잃어버렸다[失望]〔○ 사고(師古)가 말했다. "패공은 관에 들어와 절검(節儉)을 자처하며 법삼장(法三章)을 약속하고 진나라와는 반대되는 정사를 펼쳤다. 반면 항우는 도륙하고 불지르며 그 잔혹함을 마구 풀어놓았기 때문에 관중의 백성들은 모두 기대했던 바를 잃어버렸다는 말이다."〕. 이에 한생(韓生)[40]이 우에게 유세해 말했다.

"관중은 산으로 가로막히고 강이 띠를 이뤄 사방이 막혀 있는 땅이지만 토지는 비옥하니 여기를 도읍으로 삼으면 패자[伯=霸]가 될 수 있습니다." 우는 진나라 궁실이 이미 모두 불타버린 것을 보았고, 또 고향 생각이 나서 동쪽으로 돌아가고 싶어, "(여기서) 부귀를 얻고자 고향으로 돌아가지 않는 것은 비단옷을 입고 야밤에 돌아다니는 것이나 마찬가지다〔○ 사고(師古)가 말했다. "다른 사람들이 봐주지 않는다면 영광도 아무 소용없다는 말이다."〕"라고 말했다. 한생이 말했다.

"사람들이 초나라 사람은 원숭이에게 사람의 의관을 씌운 것과 같다〔○ 장안(張晏)이 말했다. "비록 사람의 의관을 쓰고 입었다고 해도 그 마음은 사람과 다르다는 말이다."〕고 하더니 과연 그렇구나!"

우는 이를 듣고서 한생의 목을 벴다.

---

40 초나라 간의대부(諫議大夫)다.

애초에 회왕(懷王)은 여러 장수들에게 약속하기를 가장 먼저 함곡관에 들어가는 자를 그 땅의 왕으로 삼겠다고 했다. 우는 이미 약속을 어겼다. (우가) 사람을 시켜 회왕에게 (자신에게 충성하라는) 명을 받아오게 했다. (그러나) 회왕은 "약속대로 하라"고 했다. 우는 이에 말했다.

"회왕이란 우리 집안의 무신군(武信君)이 세운 자일 뿐 아무런 공적이 없는데 어떻게 약속을 자기 마음대로 할 수 있는가? 천하에서 처음 군사를 일으켰을 때[發難=起兵] 임시로[假] 제후의 후예들[41]을 세워 진나라를 정벌했던 것이다. 그러나 갑옷을 입고 무기를 쥐고 처음 거사해, 들판에서 뙤약볕과 비바람을 맞으며[暴露] 지낸 지 3년 만에 진나라를 멸하고, 천하를 평정한 것은 모두 장상 여러분과 이 적(籍)의 힘이오. 회왕은 공이 없지만 진실로 마땅히 그 땅을 나눠 그곳의 왕으로 삼아야 할 것이오."

여러 장수들은 모두 "좋소"라고 했다. 우는 이에 회왕을 높여 의제(義帝)[42]로 삼고 말하기를 "옛날의 임금 된 자는 그 땅이 사방 1,000리로 반드시 강의 상류에 거처했다"라고 하고서 그를 장사(長沙)로 옮기고 참(郴)을 도읍으로 삼게 했다. 마침내 천하를 나눠 제후들을 임금으로 삼았다.

우와 범증은 패공을 의심했으나 이미[業已=旣] 화해했고[講解=和解], 또 약속을 어기는 것이 꺼림칙한 데다가, 제후들이 자신들을 배반할 것을 두려워해 몰래 모의해 "파(巴)와 촉(蜀)의 길은 험하고 진나라의 옮겨온 백성들이 모두 그곳에 거주하고 있다"며 마침내 "파와 촉 역시 관중의 땅이

---

41 한성(韓成), 전가(田假), 조헐(趙歇) 등을 가리킨다.

42 의롭다는 뜻이 아니라 의붓아버지[義父]와 같아서 가짜 혹은 거짓 황제라는 뜻이다.

다"라고 말했다. 그래서 패공을 세워 한왕(漢王)으로 삼고 파와 촉 그리고 한중(漢中)의 왕으로 삼았다. 그러고 나서 관중을 셋으로 나눠 항복한 진나라 장수들을 왕으로 삼아 한으로 가는 길[漢道]을 가로막고자 했다.[43] 이에 장한을 세워 옹왕(雍王)으로 삼아 함양 서쪽의 왕이 되게 했다.[44] 장사 사마흔은 옛날에 역양(櫟陽)의 옥리였는데, 일찍이 량(梁-항량)에게 은덕을 베푼 적이 있었고, 도위 동예(董翳)는 본래 장한에게 항복할 것을 권유한 바 있었다. 그래서 흔을 세워 새왕(塞王)으로 삼아 함양의 동쪽에서 황하에 이르는 지역의 왕이 되게 했고, 예를 세워 적왕(翟王)으로 삼아 상군(上郡)의 왕이 되게 했다. 그리고 위왕(魏王) 표(豹)를 옮겨 서위왕(西魏王)으로 삼아 하동(河東)의 왕이 되게 했다. 하구(瑕丘)의 신양(申陽)이라는 자는 장이(張耳)의 총애하는 신하였는데, 먼저 하남을 함락하고 황하변에서 초나라 군사를 맞이했다. 양을 세워 하남왕으로 삼았다. 조(趙)나라 장수 사마앙(司馬卬)은 하내(河內)를 평정하고 여러 차례 공을 세웠다. 앙을 세워 은왕(殷王)으로 삼아 하내의 왕이 되게 했다. 조왕 헐(歇)을 옮겨 대(代)의 왕이 되게 했다. 조나라 재상 장이는 평소 뛰어나고 또 관중에 따라 들어왔으므로 세워서 상산왕(常山王)으로 삼아 조의 땅의 왕이 되게 했다. 당양군(當陽君) 영포(英布-경포)는 초나라 장수가 돼 늘 군대의 으뜸[冠=首]이었기에 포를 세워 구강왕(九江王)으로 삼았다. 파군(番君) 오예(吳芮)는 백월을 이끌고 제후들을 도와 관중에 따라 들어왔으므로 예

---

43 진나라 장수들을 통해 유방을 견제한 것이다.

44 봉해주었다는 말이다.

를 세워 형산왕(衡山王)으로 삼았다. 의제의 주국(柱國-관직명) 공오(共敖)는 군사들을 이끌고 남군(南郡)을 쳐서 공이 많았으므로 이에 세워 임강왕(臨江王)으로 삼았다. 연왕(燕王) 한광(韓廣)을 옮겨 요동왕(遼東王)으로 삼았다. 연나라 장수 장도(臧荼)는 초나라 군대를 따라서 조나라를 구원했고 관중에 들어왔으므로 도를 세워 연왕으로 삼았다. 제왕(齊王) 전시(田市)를 옮겨 교동왕(膠東王)으로 삼았다. 제나라 장수 전도(田都)는 제후군들과 함께 조나라를 구원했고 관중에 들어왔으므로 도를 세워 제왕으로 삼았다. 옛날에 진나라가 멸망시켰던 제왕(齊王) 건(建)의 손자 전안(田安)은 우가 막 황하를 건너 조나라를 구원할 때 제북(濟北)의 여러 성들을 함락시킨 뒤에 병사를 이끌고 우에게 투항했기에 안을 세워 제북왕으로 삼았다. 전영(田榮)이라는 자는 항량을 배반하고서 흔쾌히 초나라를 도와 진나라를 치려 하지 않았기 때문에 왕으로 봉해지지 못했다. 진여(陳餘)는 장수의 인장[將印]을 버리고 관중에 들어올 때 따라오지 않았지만 평소 뛰어나다는 평판이 있었고, 조나라에 대해서는 공이 있었으므로 그가 남피(南皮)에 있다는 소식을 듣고 그 부근의 세 현(縣)을 봉지로 주었다. 번군의 장수 매현(梅鋗)은 공이 많았기 때문에 10만 호의 후(侯)에 봉했다. 우는 스스로를 세워 서초패왕(西楚覇王)이 됐고, 구군(九郡)을 초나라 땅으로 삼았으며, 팽성(彭城)을 도읍으로 정했다.

제후들은 각각 (자신들의) 봉국으로 나아갔다[就國]. 전영은 우가 제왕(齊王) 시(市-전시)를 교동으로 옮기고 (제나라 장수) 전도(田都)를 제왕으로 세웠다는 소식을 듣고 크게 노해, 끝내 시를 교동으로 옮기지 않고 제나라 군대를 이끌고 반란을 일으켜 도(都)를 맞아서 쳤다[迎擊]. 도는 초나라로 달아났다. 시는 우가 두려워 마침내 교동으로 달아나 봉국으로 나아갔다.[45] 영은 화가 나서 그를 뒤쫓아 즉묵(卽墨)에서 그를 죽이고 스스로를 세워 제왕에 올랐다. (그리고 영은) 팽월(彭越)에게 장군의 인장을 주고 양(梁) 땅에서 반란을 일으키게 했다. 월은 이에 제북왕 전안(田安)을 쳐서 죽였다. 전영은 드디어 병탄해 삼제(三齊)[46]의 땅의 왕이 됐다. 이때 한왕은 (한중에서) 돌아와 삼진(三秦)[47]을 평정했다. 우는 한(漢)이 관중을 평정하고 다시 동쪽으로 갔다는 것〔○ 사고(師古)가 말했다. "바야흐로 관중을 나가 초나라를 치고자 한 것을 말한다."〕과 제(齊)와 양(梁)이 반란을 일으켰다는 소식을 듣고 크게 화가 나서, 이에 옛 오(吳)의 영(令) 정창(鄭昌)을 한왕(韓王)으로 삼아 한(漢)을 막게 하고, 소공(蕭公) 각(角) 등으로 하여금 팽월을 치게 했다. 조(趙)나라는 소공 각 등을 패퇴시켰다. 이때 장량은 한(韓)을 순회하고서 항왕에게 편지를 보내 말했다.

'한왕은 직분을 잃었기 때문에 관중을 얻고자 하는 것이니 만일 약속대로 (관중을 주어) 거기서 그치게 한다면 감히 동쪽으로 나아가지 않을 것입니다.'

또 제나라와 양나라가 반란을 일으킨 경위에 관해 우에게 편지를 보내

---

45 우의 명대로 교동왕에 올랐다는 말이다.

46 제와 제북과 교동을 가리킨다.

47 관중의 세 나라로, 항우가 관중을 옹(雍)·새(塞)·적(翟) 셋으로 나눠 진나라의 항복한 장군을 봉해주었기 때문에 삼진이라 불렀다.

니 우는 이 편지로 인해 서쪽으로 가려던 뜻⁴⁸을 버리고 북쪽으로 제나라를 쳤다. 병력을 구강왕 포(布)에게 요구했다[徵=要]. 포는 병을 핑계로 가지 않고 장수들을 시켜 수천 명을 이끌고 가게 했다. 2년 후에 우는 몰래 구강왕 포로 하여금 의제를 살해하게 했다. 진여는 장동(張同)과 하열(夏說)을 시켜 제나라 왕 영(榮-전영)을 설득해 말했다.

"항왕은 천하를 호령하는 데 공평하지가 않습니다. 그리고 이제 옛 왕들은 안 좋은 땅[醜地]의 왕으로 삼고, 자신이 거느리는 여러 신하들과 장군들은 좋은 땅[善地]의 왕으로 삼으면서, 우리의 옛 주인인 조왕(趙王)을 북쪽으로 내쫓아 마침내 대(代) 땅에 살게 하니, 여(餘-진여)는 반대하고 있습니다. 듣건대 대왕께서는 군사를 일으켜 장차 의롭지 못한 일은 따르지 않는다고 들었으니, 바라건대 대왕께서는 여에게 병사를 빌려주시어 상산왕(常山王)을 쳐서, 그 땅에 조왕을 다시 회복하게 해주시어, 조나라로 하여금 제나라를 지키는 울타리와 병풍[打蔽=藩屛]이 되게 하소서."

제왕은 이를 허락하고서 군대를 보내 조나라로 가게 했다. 진여는 모두 세 현의 병사들을 이끌고 제나라와 힘을 합쳐 상산왕을 쳐서 크게 깨뜨렸다. 장이는 도망쳐 한나라로 돌아갔다. 진여는 옛 조왕 헐을 대 땅에서 맞이해 조나라로 돌아왔고 조왕은 그로 인해 여(餘)를 세워 대왕(代王)으로 삼았다. 우는 성양(城陽)에 이르렀고 전영도 군사를 이끌고 나와 크게 싸웠다[會戰]. 영은 패해[不勝] 평원(平原)으로 달아났고 평원의 백성들이 그를 죽였다. 우는 드디어 북쪽으로 가서 제나라 성곽과 가옥들을 불태워

---

48 한(漢)을 치려 했던 뜻을 가리킨다.

없애고[燒夷], 항복한 병졸들을 모두 파묻어버렸고 노약자와 부녀자들은 포로로 붙잡았다. 제나라를 순행하고서 북해에 이를 때까지 지나는 곳마다 모두 몰살시켜버렸다. 제나라 사람들은 서로 모여 반란을 일으켰다. 이에 전영의 동생 횡(橫)은 도망쳤던 병졸 수만 명을 거둬들여 성양에서 반란을 일으켰다. 우는 그 때문에 남아서 연이어 전투를 벌였으나 아직 떨어뜨리지[下] 못했다.

한왕(漢王)은 다섯 제후〔○ 사고(師古)가 말했다. "상산, 하남, 위(魏), 한(韓), 은(殷)을 가리킨다. 풀이는 「고제기(高帝紀)」에 있다."〕의 병력을 비롯해 모두 56만 명을 겁박해[劫] 동쪽으로 초나라 정벌에 나섰다. 우는 이를 듣고서 즉각 여러 장군들에게 제나라를 치게 했고 자신은 정예병 3만을 이끌고 남쪽으로 노(魯)를 따라 호릉(胡陵)으로 나아갔다. 한왕의 군대는 모두 이미 팽성을 깨뜨렸고, 그 재물과 미인들을 거둬들였으며, 날마다 술잔치를 열어 성대한 모임을 가졌다[高會]. 우는 이에 소(蕭)를 따라 새벽에 한군(漢軍)을 치고 동쪽으로 나아가 팽성에 이르렀고, 한낮에 한군을 크게 깨뜨렸다. 한군이 모두 달아나자 곡수(穀水)와 사수(泗水)까지 뒤쫓았다〔○ 신찬(臣瓚)이 말했다. "이 두 강 사이에 패군 팽성이 있다."〕. 한군은 모두 남쪽 산속으로 달아났고 초군도 뒤쫓아 영벽(靈壁)의 동쪽 수수(雎水)〔○ 사고(師古)가 말했다. "雎의 발음은 (휴가 아니라) 수(雖)다."〕 가에 이르렀다. 한군은 퇴각했고 초군에게 쫓겨 수많은 병사들이 죽었다. 한나라 병졸 10여만이 모두 수수 속으로 들어가자 그 때문에 수수의 흐름이 멈추었다〔○ 사고(師古)가 말했다. "많이 죽어 강물을 막은 것이다."〕. 한왕은 이에 수십 기(騎)만 거느리고 달아났다. 상세한 이야기는 「고제기(高帝

紀)」에 실려 있다. 태공(太公)과 여후(呂后)는 몰래 가서[間] 한왕을 구하려
다가 도리어 초군과 마주쳤다. 초군에게 붙잡혀 초군의 부대로 함께 돌아
가자 우는 늘 그들을 군중(軍中)에 두었다.

한왕은 흩어진 병사들을 조금씩[稍] 거뒀고, 소하도 관중의 병졸들을
징발해 모두 이끌고 형양(滎陽)에 이르러 (형양 남쪽에 있는) 경읍(京邑)과
색읍(索邑) 사이에서 전투를 벌여 초군을 패퇴시켰다. 초는 이 때문에 형
양을 지나서 서쪽으로 갈 수가 없었다. 한군은 형양에서 용도(甬道)를 쌓
아 오창(敖倉)의 곡식을 조달했다. 한(漢) 3년에 우는 여러 차례 쳐서 한의
용도를 끊으니 한왕은 식량이 부족해 화친을 청해 형양 서쪽을 한의 영토
로 삼겠다고 했다. 우는 이 요청을 들어주려 했다. 역양후(歷陽侯) 범증(范
增)이 말했다.

"한군은 해치우기 쉬울 뿐입니다. 만일 지금 장악하지 않으면 뒤에 반
드시 후회할 것입니다."

우는 이에 서둘러 형양을 에워쌌다. 한왕은 이를 걱정해 마침내 진평에
게 황금 4만 근을 주고서 초나라 임금과 신하를 이간질했다[間]. 상세한
이야기는 「진평전(陳平傳)」에 실려 있다. 항우는 이 때문에 범증을 의심해
조금씩 그의 권력을 빼앗았다. 범증이 화내어 말했다.

"천하의 일은 대체로 정해졌으니 이제 군왕께서 몸소 하실 수 있을 것
입니다. 바라건대 저를 사직해[骸骨] 돌아갈 수 있게 해주십시오."

(우는 이를 허락했는데) 행렬이 팽성에 이르기 전에 등에 등창[疽=
癰創]이 나서 죽었다.

이에 한나라 장수 기신(紀信)이 거짓으로 한왕을 대신해 나아가 항복해

초군을 속이니 한왕은 수십 기(騎)를 얻어 서쪽 문으로 탈출했다. (한왕은 어사대부) 주하(周苛)〔○ 사고(師古)가 말했다. "苛의 음은 하(何)다."〕, 종공(樅公), 위표(魏豹)로 하여금 형양을 지키도록 했다. 한왕은 서쪽으로 가서 관중에 들어가 병사들을 거두어, 다시 (남쪽으로) 완(宛)과 섭(葉) 사이로 나아가 구강왕 경포(黥布)와 함께 행군하며 병사들을 거두었다. 우는 이를 듣고서 즉각 병사들을 이끌고 남쪽으로 갔다. 한왕은 굳게 성벽을 지키며 [堅壁] 맞서 싸우지 않았다.
전벽

이때 팽월은 수수(睢水)를 건너 (초나라 장수) 항성(項聲), 설공(薛公)과 하비(下邳)에서 전투를 벌여 설공을 죽였다. 우는 이에 동쪽으로 팽월을 쳤다. 한왕도 군사들을 이끌고 북쪽으로 가서 성고(城皐)에 진을 쳤다. 우는 이미 팽월을 깨뜨려 도망치게 만들었고, 군대를 이끌고서 서쪽으로 형양성을 함락시키고, 주하를 삶아 죽이고[亨=烹] 종공을 살해했으며, 한왕(韓王) 신(信)을 포로로 잡고 진격해 성고를 에워쌌다. 한왕(漢王)은 몸을 가볍게 하고 서둘러 달아났고, 단지 등공만이 한왕과 함께 탈출할 수 있었다. 북쪽으로 황하를 건너 수무(修武)에 이르러 장이(張耳)와 한신(韓信)의 군대를 따랐다. 초나라 군대는 드디어 성고를 뽑아버렸다. 한왕은 한신의 군대를 얻어 잠시 머물러 있으면서 노관(盧綰), 유고(劉賈)로 하여금 백마(白馬)나루를 건너 초나라 땅으로 들어가게 하니 이들은 팽월을 도와 함께 연(燕)〔○ 사고(師古)가 말했다. "연현(燕縣)이다. 동군(東郡)에 속한다."〕의 성곽 서쪽에서 초나라 군대를 쳐서 깨뜨렸고, 그들이 쌓아놓은 군량미를 불태웠으며, 양(梁) 땅에 있는 10여 개의 성을 공격해 함락시켰다. 우는 이를 듣고서 해춘후(海春侯) 대사마 조구(曹咎)에게 일러 말했다.

"신중한 태도로 성고를 지켜라. 한군(漢軍)이 싸움을 걸어와도[挑戰] 자
중하며 결코 맞서 싸우지 말라. 저들로 하여금 동쪽으로 더 전진하지 못
하게만 해도 좋은 것이다. 나는 15일 안에 반드시 양(梁) 땅을 평정하고 다
시 장군을 따라갈 것이다."

이에 군대를 이끌고 동쪽으로 갔다.

한(漢) 4년 우는 진류(陳留)와 외황(外黃)을 쳤는데 외황은 함락되지 않
았다[不下]. 여러 날이 걸려 외황을 함락시키자 우는 나이 15세 이상의 남
자는 모두 성동(城東)으로 끌고 와서 다 파묻으려 했다. 외황 현령의 사인
(舍人)의 13세 된 아들이 우에게 가서 설득해 말했다.

"팽월이 강압적으로 외황을 겁박했기 때문에 외황 사람들은 두려워서
일단 항복하고는 대왕을 기다렸습니다. 대왕께서 오셔서는 또 모두 파묻
으려고 하시니 백성들이 어찌 귀부하고자 하는 마음이 있겠습니까! 여기
서부터 동쪽으로 양 땅 10여 개 성이 모두 두려워서 결코 기꺼이 항복하지
않을 것입니다."

우는 그 말이 옳다고 여겨 마침내 파묻으려 했던 외황 사람들을 모두
용서해주었다. 그러자 동쪽으로 수양(睢陽)에 이르기까지 모두 그 소식을
듣고서 다투어 우에게 투항했다.

한군이 과연 여러 차례 초군에게 싸움을 걸었지만 초군은 나오지 않았
다. (한군에서) 사람을 시켜 대엿새 동안 초를 욕하게 하자 대사마가 화가
나서 병사들로 하여금 범수(氾水)[49]를 건너게 했다. 병졸들의 반이 건넜을

---

49 『사기(史記)』에는 사수(汜水)로 돼 있다.

때 한군이 쳐서 초군을 크게 깨뜨렸고, 초나라의 금옥과 보화를 모두 차지했다. 대사마 구(咎), 장사 흔(欣)은 모두 범수 가에서 목을 찔러 자살했다. 구는 원래 기현(蘄縣)의 옥연(獄掾-옥리)이었고, 흔은 옛 새왕(塞王)이었는데, 우는 그들을 신임했다. 우는 수양에 이르러 구 등이 패했다는 소식을 듣고는 군대를 이끌고 돌아왔고, 한군은 종리매(鍾離眛)[50]를 형양의 동쪽에서 포위하고 있었는데, 우의 군대가 도착하자 한군은 초가 두려워 모두 (광무산의) 험준한 지역으로 달아났다. 우도 또한 광무(廣武-산)에 군진을 치고 서로 대치했는데[相守], 마침내 높은 대[高俎][51]를 만들어 그 위에 태공을 올려두고서 한왕에게 고해 말했다.

"지금 당장 항복하지 않으면 나는 태공을 삶아버리겠다[亨=烹]."

한왕이 말했다.

"나는 너[若=汝]와 함께 북면해[52] 회왕에게 명을 받고 약속해 형제가 됐으니 나의 아버지[翁=父]는 너의 아버지이기도 하다. 반드시 너[乃]의 아버지를 삶겠다고 한다면 다행히 그 탕국을 나에게도 한 그릇 나눠주기를 바란다."

우는 화가 나서 태공을 죽이려 했다. 항백이 말했다.

"천하의 일이란 아직 다 알 수가 없습니다. 장차 천하를 차지하려는 자는 가족은 돌아보지 않으니 설사 그를 죽인다 한들 좋을 것이 없고 단지

---

50 항우의 맹장이다.

51 조(俎)란 제사 때 희생을 올려놓는 도마 모양의 제기를 뜻하기도 한다.

52 신하의 입장을 취했다는 말이다. 임금 자리에 있는 것은 반대로 남면한다고 한다.

원한만 더할 뿐입니다."

우가 그 말을 따랐다. 그러고 나서 사람을 보내 한왕에게 말했다.

"천하가 흉흉한 것은 부질없이 우리 두 사람 때문이다. 바라건대 왕(-한왕)과 겨뤄 자웅을 가리고 천하의 백성들을 애꿎게 힘들게 하지 말자."

한왕이 웃으며 거절해 말했다[謝曰].
사왈

"나는 차라리 지혜를 다툴지언정 힘을 다툴 수는 없다."

우는 장사(壯士)로 하여금 가서 싸움을 걸게 했다. 한군에는 말을 타고 활을 잘 쏘는 누번(樓煩)이 있었는데, 초군이 싸움을 걸어오자 세 번 겨뤄[三合], 누번이 갑자기[輒] 활을 쏘아 그를 죽였다. 우가 크게 화가 나 몸
삼합   첩
소 갑옷을 입고 창을 들고서 싸움을 걸었다. 누번이 활을 쏘려 했으나 우가 눈을 크게 부릅뜨고[瞋目=張目] 꾸짖었다. 누번은 눈을 들어 제대로 바
진목   장목
라볼 수가 없었고, 손 또한 화살을 발사시킬 수 없어, 도망쳐 요새로 돌아들어와서는 감히 다시는 나가지 못했다. 한왕이 사람을 보내 몰래[間=微]
간   미
그가 누구인지를 알아보았더니 그가 곧 우였다. 한왕은 크게 놀랐다. 이에 우가 한왕과 서로 광무산 골짜기[間=澗]를 사이에 두고 이야기를 나눴다.
간   간
한왕은 우의 열 가지 죄를 꾸짖었다[數=責]. 상세한 이야기는 「고제기(高
수   책
帝紀)」에 실려 있다. 우가 화가 나서 숨겨두었던 쇠뇌[弩]를 쏘아 한왕에게
노
부상을 입혔다. 한왕은 성고로 들어갔다.

이때 팽월이 양 땅에서 여러 차례 반란을 일으켜 초군의 식량을 끊어버렸고 또 한신은 제나라를 깨뜨리고서 장차 초나라를 치려 했다. 우는 사촌형 항타(項佗)〔○ 사고(師古)가 말했다. "「고제기(高帝紀)」에서는 항성(項聲)이라 했는데 여기서는 항타라고 했다. 기와 전이 다른데 왜 이렇게

됐는지는 알지 못한다.")를 대장으로 삼고 용저(龍且)를 비장(裨將)으로 삼아 제나라를 구원하도록 했다. 한신은 용저를 쳐서 죽였고 성양까지 추격해 가서 제왕 광(廣)을 사로잡았다. 신(信)은 드디어 스스로를 세워 제왕(齊王)이 됐다. 우가 이를 듣고서 화가 나 무섭(武涉)을 신에게 가게 해서 설득했다. 상세한 이야기는 「한신전(韓信傳)」에 실려 있다.

이때 한(漢)의 관중의 병력은 더욱 진출했고 식량이 많았던 반면 우의 병력은 식량이 모자랐다. 한왕은 후공(侯公)을 보내 우를 설득했고, 우는 마침내 한왕과 약속해 천하를 둘로 나눠, 홍구(鴻溝) 서쪽을 한나라 영토로, 동쪽을 초나라 영토로 하고서 한왕의 부모와 처자를 돌려보냈다. 이미 약속이 이뤄지자 우는 군대를 철수해[解] 동쪽으로 갔다. 한(漢) 5년에 한왕은 군대를 진군시켜 우를 쫓아 고릉(固陵)에 이르렀는데 다시 우에게 패배를 당했다. 한왕은 장량(張良)의 계책을 써서 제왕 신(信)과 건성후(建成侯) 팽월의 군대를 불러들였고, 유고(劉賈)의 군대도 초나라 땅에 들어가 수춘(壽春)을 에워쌌다. 대사마 주은(周殷)이 초나라에 반기를 들어 구강의 병력을 일으켜 유고를 따랐고, 또한 경포를 맞이해 제(齊)와 양(梁)의 제후들과 모두 (해하(垓下)에서) 크게 회합했다.

우는 해하에서 방벽을 구축했으나 군사는 적고 식량은 다 떨어졌다. 한나라는 제후의 군사들을 이끌고[帥=率] 우를 여러 겹으로[數重] 둘러쌌다. 우는 밤에 한군이 사방에서 모두 초나라의 노래를 부르는 것[四面皆楚歌]을 듣고서 마침내 놀라서 말했다.

"한군이 이미 초나라 땅을 모두 차지했다는 것인가? 어찌 이리도 초나라 사람들이 많다는 말인가!"

한밤중에 일어나 장막 안에서 술을 마셨다. 우(虞)라는 성씨의 미인이 있어 늘 총애를 받으며 따라다녔고, 또 추(騅)라는 이름의 준마가 있어 늘 그것을 타고 다녔다. 마침내 우는 강개한 심정으로 비통함을 노래하며 스스로 시를 지어 읊었다.

"힘은 산을 뽑고 기개는 온 세상을 덮을 만한데[力拔山兮 氣蓋世]
역발산 혜 기개세
때가 불리하니 추(騅)가 나아가지 않는구나![時不利兮 不逝]
시 불리 혜 불서
추가 나아가지 않으니 어찌해야 할까?[騅不逝兮 可奈何]
추 불서 혜 가 내하
우(虞)야! 우야! 너[若=汝]는 어떻게 하느냐?[虞兮虞兮 奈若何]"
약 여 우 혜 우 혜 내 약 하

노래를 여러 차례 부르니 미인이 창화(唱和)했다. 우가 몇 줄기[數行] 눈
수행
물을 흘리자 좌우에 있던 자들도 모두 눈물을 흘렸고, 아무도 우러러 쳐다볼 수가 없었다.

이에 우가 드디어 말에 올라타니 휘하 장수[麾下]〔○ 사고(師古)가 말했
휘하
다. "휘(麾)는 대장의 기(旗)다."〕 중 말을 타고 따르는 자는 800여 명이었고, 밤에 곧장 포위를 뚫고 남쪽으로 나가서 내달렸다. 날이 밝자[平明]
평명
한군은 그때서야 그것을 알아차리고 기병대장[騎將] 관영(灌嬰)으로 하여
기장
금 5,000기병을 이끌고 우를 뒤쫓게 했다. 우가 회수(淮水)를 건넜을 때 말을 타고 따라온 사람은 100명뿐이었다. 우가 음릉(陰陵)〔○ 맹강(孟康)이 말했다. "현의 이름으로 구강군(九江郡)에 속한다."〕에 이르러 길을 잃게 됐는데 이때 한 농부에게 물어보니 농부는 속여서[紿=欺] 말하기를 "왼쪽으
태 기
로 가시오"라고 했다. 왼쪽으로 갔다가 마침내 큰 늪[大澤]에 빠지게 됐고,
대택

그래서 한군은 그들을 바짝 따라잡았다. 우는 다시 군사를 이끌고 동쪽으로 가서 동성(東城)에 이르렀는데 겨우 28기뿐이었다. 추격하는 쪽은 수천이라 우는 스스로 생각하기에[自度] 벗어날[脫=免] 수가 없다고 여기고 한 기병들에게 말했다.

"내가 군사를 일으켜 지금까지 8년이 됐다. 몸소 70여 차례 전투를 벌여 마주친 적들을 깨뜨렸고, 공격한 적들은 굴복시켜 일찍이 패배한 적이 없어, 마침내 천하를 제패해[伯=覇] 차지했다. 그러나 지금은 결국 이런 지경에 빠졌으니 이는 하늘이 나를 망하게 한 것이지 싸움을 잘못한 죄가 아니다. 오늘 진정 결사적으로 통쾌하게 싸워서 반드시 세 번 승리하고, 적장을 참살해 적의 깃발을 꺾어, 마침내 내가 죽은 후에라도 제군(諸君)들에게 내가 싸움을 잘 못한 죄가 아니라 하늘이 나를 망하게 한 것임을 알게 하고 싶노라."

이에 자신의 기병을 이끌고 사방으로 내려가게 해 포위한 군진을 뚫도록 했다. 한군의 기병이 겹겹이 포위하고 있었다. 우는 자신의 기병들에게 말했다.

"나는 그대들을 위해 저 장수를 베겠다."

그러고는 기병들로 하여금 사방으로 말을 달려 내려가게 하고서 산의 동쪽 세 군데에서 나누어 만나기를 기약했다. 이어서 우가 크게 소리치며 아래로 내달리니 한군은 모두 쓰러졌고 드디어 한군의 장군 한 명을 죽였다. 이때 양희(楊喜)가 (한군의) 낭기(郞騎)로 있었는데, 그가 우를 뒤쫓자 우가 몸을 돌려 그를 크게 질타했고, 희의 군사와 말은 모두 크게 놀라 몇 리 밖으로 달아났다. 우는 (산의 동쪽) 세 군데에서 자신의 기병들을 만났다. 한군은 우가 어디에 있는지를 알지 못해 군사를 셋으로 나눠 다시 그 일대를 포위했다. 우는 이에 말을 내달려 다시 한군의 도위(都尉) 한 명을 목 베고 100여 명을 죽인 뒤에 다시 그의 기병들을 모아보니 2명의 기병만이 죽었을 뿐이었다. 이에 기병들에게 말했다.

"어떤가?"

기병들은 모두 엎드려서 말했다.

"대왕의 말씀대로 됐습니다."

이에 우는 드디어 군사를 이끌고 동쪽으로 가서 오강(烏江)〔○ 신찬(臣瓚)이 말했다. "우저(牛渚)에 있다."〕을 건너려고 했다. 오강의 정장(亭長)이 배를 강 언덕에 대고 기다리다가 우에게 말했다.

"강동(江東)이 비록 작지만 땅은 사방 1,000리요 백성들이 수십만이니 충분히 그곳에서 왕 노릇을 하실 수 있을 것입니다. 바라건대 대왕께서는 속히 건너십시오. 지금 오직 신에게만 배가 있어 한군이 이곳에 도착해도 강을 건널 수 없을 것입니다."

우가 웃으면서 말했다.

"마침내 하늘이 나를 망하게 하려는데 강을 건넌들 무엇하랴! 또 적(籍)이 강동의 자제 8,000명과 함께 강을 건너 서쪽으로 갔었는데 지금 한 사람도 돌아오지 못했으니, 설사[縱] 강동의 부형들이 나를 불쌍히 여겨 왕으로 삼아준다고 한들 내가 무슨 면목으로 그들을 보겠는가? 설사 그들이 아무 말도 하지 않는다 해도 나 홀로 마음에 부끄럽지 않겠는가?"

정장에게 일러 말했다.

"나는 그대가 큰 사람[長者]임을 알겠노라. 나는 이 말을 5년 동안 탔는데 이 말에 대항할 적은 없으며 일찍이 하루에 1,000리를 달렸다. 내 차마 이 말을 죽일 수가 없어 그대에게 내려주겠노라."

마침내 기병들에게 영을 내려 모두 말에서 내리게 하고는 걸어서 손에 짧은 무기만 들고 싸움을 벌여 우 혼자 죽인 한군이 수백 명이었다. 우도 10여 군데 부상을 당했다. 한군의 기사마(騎司馬) 여마동(呂馬童)을 돌아보며 "너는 예전에 나의 부하가 아니었더냐?"라고 하자 여마동은 그를 바라보면서 왕예(王翳)에게 우를 손가락으로 가리키며 "이자가 항왕입니다"라고 했다. 우는 이에 말하기를 "내가 듣건대 한왕이 내 머리를 1,000금과 1만 호의 읍으로 사려고 한다고 하니 내가 그대들을 위해 도움을 주리라" 하고는 마침내 스스로 목을 찔렀다[自剄=自刎]. 왕예는 우의 머리를 차지
자경 자문
했고, 나머지 기병들은 서로 짓밟으며 우의 몸을 차지하려고 쟁탈하다가 서로 죽인 자가 수십 명이었다. 맨 마지막에는 양희와 여마동, 그리고 낭중 여승(呂勝)과 양무(楊武)가 각각 그 몸의 한 쪽씩을 차지했다. 그래서 그 땅[53]을 나눠 그것으로 다섯 사람을 봉해주니 모두 열후(列侯)가 됐다.

한왕은 마침내 노공(魯公)이라는 봉호를 내리고 우를 곡성(穀城)에 안장했다. 여러 항씨(項氏) 일족들을 모두 주살하지 않았다. 항백(項伯) 등 4명을 봉해 열후로 삼았고 유씨(劉氏) 성을 내려주었다.

찬(贊)하여 말했다.
"옛날에 가생(賈生)이 『과진론(過秦論)』에서 이렇게 말했다.

---

53 상으로 내건 1만 호를 가리킨다.

'진(秦)나라 효공(孝公)⁵⁴은 효산(殽山)과 함곡관(函谷關)의 견고함에 의지해 옹주(雍州)⁵⁵를 틀어쥐고서, 임금과 신하가 서로를 굳게 지키며 주(周)나라 왕실을 엿보았으니, 이는 자리를 말아 올리듯 차근차근[席捲] 천하를 차지해, 온 세상[宇內]을 감싸서 들어 올리고[包擧], 사해(四海)를 주머니 속에 넣어, 주둥이를 잡아매듯 몽땅 가지겠다[囊括]는 뜻과 팔방[八荒=八紘=八方]을 집어삼킬 마음이 있었던 것이다. 이런 때를 맞아 상군(商君)⁵⁶이 효공을 도와 안으로는 법률과 제도를 세우고, (백성들로 하여금) 농사일과 베짜기[耕織]에 힘쓰게 하며 전쟁 준비를 가다듬고, 밖으로는 연횡책(連橫策)[連衡]⁵⁷을 써서 제후들끼리 서로 다투게 했다. 이에 진나라 사람들은 팔짱을 낀 채 서하(西河)의 외곽을 거저 차지하게 됐다.

효공이 죽자 혜왕(惠王)과 무왕(武王)이 유업(遺業)을 이어받아, 효공의 책략에 입각해 남쪽으로는 한중(漢中)을 삼켰고, 서쪽으로는 파(巴)와 촉(蜀)을 빼앗았으며, 동쪽으로는 기름진 땅을 도려냈고, 요충지가 되는 여러 군(郡)을 거둬들였다. (그래서) 제후들은 크게 두려워하며 동맹을 맺고

---

54 전국시대 진나라의 임금으로 진시황의 6대조이며, 재위 기간은 기원전 361~338년이다. 진나라는 효공 때 비로소 강대해져 훗날 진시황이 천하를 통일하는 밑거름이 됐다.

55 당시 관중(關中)의 요충지였다.

56 공손앙(公孫鞅)이다. 위나라 사람으로 법가(法家)를 숭상했으며, 효공에게 출상해 상(商)에 봉해졌기 때문에 상군(商君) 혹은 상앙(商鞅)이라고 한다.

57 진나라에 대해 그 동쪽에 있는 한, 위, 연, 조, 제, 초의 여섯 나라가 각각 진나라와 동맹을 맺어 진나라의 보호를 통해 안전을 도모하라는 외교술책이다. 진나라의 장의(張儀)가 주창한 것인데, 실은 이들 여섯 나라의 불화를 조장해서 서로 싸우게 하려는 술책이다.

[會盟=結盟] 진나라를 약화시킬 수 있는 방안을 모의했다. 그리하여 온
갖 진기한 기물들과 귀중한 보물, 산물이 풍부한 기름진 땅을 아끼지 않
고 내놓아 천하의 선비들을 초빙했으며, 합종책(合縱策)을 써서 서로 하나
로 똘똘 뭉쳤다. 이런 때를 맞아 제(齊)나라에는 맹상군(孟嘗君)이, 조(趙)
나라에는 평원군(平原君)이, 초(楚)나라에는 춘신군(春申君)이, 위(魏)나라
에는 신릉군(信陵君)이 있었는데, 이들 네 군(君)은 모두 밝고 사리를 알면
서도 충성스럽고 믿음직했으며[明知而忠信], 너그럽고 두터워 다른 사람을
사랑해[寬厚而愛人], 뛰어난 이를 높이고 선비를 중하게 여겼다[尊賢重士].
이들은 합종책을 (따르기로) 약속하고 연횡책을 버리고서 한(韓), 위(魏),
연(燕), 초(楚), 제(齊), 조(趙), 송(宋), 위(衛), 중산(中山)의 군사들을 하나로
합쳤다. 이에 여섯 나라[六國]의 인재[士]로는 영월(甯越-조나라 사람), 서
상(徐尙-송나라 사람), 소진(蘇秦),[58] 두혁(杜赫-주나라 사람) 등이 있어 전
략[謀]을 세웠고, 제명(齊明-동주의 신하로 뒤에 진, 초, 한에 출사), 주최
(周最-동주의 공자(公子)), 진진(陳軫-하나라 혹은 초나라 사람), 소활(召滑
-초나라 신하), 누완(樓緩-위나라 대신), 적경(翟景-위나라 사람), 소려(蘇
厲-소진의 아우), 악의(樂毅-연나라 소왕(昭王)의 장수) 등은 각국의 의견
을 서로 통하게 했으며, 오기(吳起-위나라 사람), 손빈(孫臏-제나라 사람으
로 손무(孫武)의 후예), 대타(帶佗-초나라 장수), 아량(兒良), 왕료(王廖), 전
기(田忌-제나라 장수), 염파(廉頗-조나라 장수), 조사(趙奢) 등의 밝은 장
수[明]들이 군사를 이끌었다. 이들은 일찍이 (진나라의) 10배나 되는 땅과

---

58 낙양 사람으로 여섯 나라의 합종책을 주창한 장본인이다.

100만 대군을 갖고서 함곡관을 치며[叩=擊] 진나라를 공격했다. 진나라 사람들이 관문을 활짝 열고서 적군을 끌어들이니 (한, 위, 연, 초, 제, 조, 송, 위, 중산의) 아홉 나라 병사들은 우왕좌왕하며 도망을 치면서 감히 앞으로 나아가지 못했다. 진나라는 화살 한 대, 화살촉 한 개도 쓰지 않았는데도 천하의 제후들은 이미 곤경에 빠졌다. 이에 합종책은 흩어지고 약속은 깨져 그들은 앞다퉈 땅을 도려내어[割地] 진나라에 바쳤다. 진나라는 여력을 갖게 되자 쇠약해진 아홉 나라를 제압했고, 도망치는 패잔병들을 추격해 죽이니 나뒹구는 시체가 100만에 이르렀고, 흐르는 피에 큰 방패가 둥둥 떠다닐 정도였다. 진나라는 자신의 이익에 입각해 편리한 대로 천하를 마음대로 요리하면서 (제후들의) 산과 강을 갈가리 나눠서 찢어놓으니, 그나마 강한 제후국은 항복을 청했고, 약한 제후국은 입조(入朝)했다.[59] (뒤이은) 효문왕(孝文王)과 장양왕(莊襄王)에 이르러서는 재위 기간[享有]이 아주 짧았고[日淺] 나라에 아무런 일도 없었다.[60]

진시황[秦王] 때에 이르러 그는 여섯 임금[六世]의 유업[餘烈=遺業]을 이어 뛰어난 계책[長策]을 발휘하며 세상을 장악해나갔다. 동주와 서주[二周]를 집어삼켰고,[61] 제후들을 멸망시켜 스스로 황제의 자리[至尊]에

---

59 신하의 예를 갖추고서 진나라 조정에 들어와 조현했다는 말이다.

60 진나라 소양왕(昭襄王)이 죽자 그의 아들 효문왕이 왕위를 물려받았지만 탈상한 지 사흘 만에 죽고, 그의 아들 장양왕이 즉위했으나 그 또한 3년 만에 죽고(재위 기간 기원전 249~247년), 그 뒤에 진시황이 즉위했다.

61 진시황은 두 주나라를 멸망시키고서 3개의 주군(州郡)으로 개편했다.

올라 천하[六合]를 제압했다. 그리고 회초리와 몽둥이[棰朴]를 쥐고서[62] 천하에 채찍질과 매질을 가하니 황제의 위엄은 온 세상을 벌벌 떨게 만들었다. 남쪽으로 백월(百越)[63]의 땅을 취해 계림군(桂林郡)과 상군(象郡) 2개의 군을 만드니 백월의 임금은 머리를 숙이고 목에 줄을 걸고 와서 진나라 옥리[下吏]에게 자신의 목숨을 내맡겼다. 이에 몽념(蒙恬)으로 하여금 북쪽에 만리장성을 쌓아 변경을 지키게 했고, 흉노를 700여 리 밖으로 몰아내니 오랑캐들은 감히 남쪽으로 내려와 말을 기르지 못했고, 흉노의 병사들은 감히 활을 당겨 진나라에 원한을 갚을 생각을 하지 못했다. 이에 (진시황은) 선왕들의 도리를 폐기하고 백가의 학설들을 불태움으로써 백성들[黔首]을 어리석게 만들었다. 또 이름난 성들을 무너뜨리고 호걸과 준재들을 죽였으며, 천하의 병기들을 함양(咸陽)으로 거둬들여, 그것들을 녹여서 종을 만들거나 동상[金人] 12개를 만들어 백성들을 약화시켰다. 그런 다음에 화산(華山)을 깎아 성곽을 만들었고, 황하의 물줄기를 끌어들여 해자(垓字)를 파고, 억장(億丈)의 길이나 되는 높은 성에 거처하면서 깊이를 알 수 없는 골짜기를 굽어보며 방비를 굳게 했다. 훌륭한 장수와 강한 쇠뇌가 요충지를 지키고, 믿을 만한 신하와 정예부대가 날카로운 창칼을 들고 오가는 사람들을 엄중하게 검문하니 천하는 이미 평정됐다. 진시황은 마음속으로 관중(關中)의 굳건함은 철벽 성곽 1,000리와 같으니 그 자손들

---

62 법가의 사상을 써서 형벌 제도를 강화했다는 말이다.

63 절강(浙江), 복건(福建), 광동(廣東), 광서(廣西), 월남(越南) 등지를 포괄하며 고대에 월족이 살던 지역으로 그 종족이 많았기 때문에 백월(百越)이라고 했다.

이 만세토록 제왕이 될 수 있는 업적이라고 여겼다.

진시황이 이미 죽고서도[沒]_몰[64] 진나라의 남은 위력[餘威]_{여위}으로 인해 풍속이 다른 먼 곳까지 떨쳤다. 진승(陳勝)은 깨진 항아리의 주둥이를 창문으로 삼고 새끼줄을 늘어뜨려 문을 대신하는[甕牖繩樞]_{옹유 승추} (가난한) 집의 자식이었으며, 미천한 백성으로서 수자리에 징발된 무리였다. 재주와 능력은 보통의 사람[中人]_{중인}에도 미치지 못했고, 공자나 묵적(墨翟)과 같은 뛰어남[賢]_현도 없었으며, 도주(陶朱)[65]나 의돈(猗頓)과 같은 부(富)를 지니지도 못했다.

그런 그가 사졸들의 행렬에 끼어서 행군 중에 반란을 일으켰는데, 그는 지칠 대로 지쳐서 흩어졌던 병사들을 거느리고 수백 명의 사람들을 통솔해 가던 길을 바꿔 진나라를 공격했던 것이다. 나무를 베어서 무기로 삼고, 장대를 높이 세워서 깃발로 삼았는데도 천하의 사람들이 구름처럼 모여들어 호응하고, 양식을 짊어진 채로 그림자처럼 따랐다. 마침내 산동(山東)의 호걸들이 한꺼번에 들고 일어나서 진나라의 왕족[秦族]_{진족}을 멸망시켰다.

저 (진나라의) 천하는 작지도 약하지도 않았고, 옹주의 땅도 효산과 함곡관의 견고함도 예전과 조금도 다르지 않았다. 반면 진승의 지위는 제

---

64 가의는 줄곧 진시황을 진왕(秦王)이라고 칭했고, 따라서 그의 죽음에 대해서도 붕(崩)이라고 하지 않고 그냥 몰(沒)이라고 했다.

65 월(越)나라의 재상 범여(范蠡)를 가리킨다. 월나라 임금 구천(勾踐)을 도와서 오(吳)나라를 멸망시켰으며, 뒤에 벼슬을 버리고 도(陶) 땅에 은거하면서 거부가 되자 세상 사람들이 그를 도주공(陶朱公)이라고 불렀다.

(齊), 초(楚), 연(燕), 조(趙), 한(韓), 위(魏), 송(宋), 위(衛), 중산(中山)의 임금
들보다 존귀하지 않았으며, 그가 거사에 썼던 호미와 고무래, 창과 창자루
는 굽은 창과 긴 창보다 날카롭지 않았다. 또 변방 수비로 유배된 무리들
은 이들 아홉 나라의 병사들보다 강하지 못했으며, 계책과 사려, 행군과
용병의 계략에서도 예전의 모사(謀士)들[66]과 비교가 되지 않았다. 그러나
성공과 실패는 크게 달랐으며, 이룩한 공업(功業)은 완전히 상반됐다.

만약 시험 삼아 산동의 제후국들과 진섭의 영토의 크기를 비교해보
고, 여섯 나라와 진섭의 권세와 병력을 비교해본다면 같은 차원에서 말할
수 있는 것이 못 된다. 그렇지만 진나라는 작은 국토를 갖고서 만승 천자
의 위세에 이르렀고 팔주(八州)를 불러들여서 동급인 여섯 제후국으로부
터 조회(朝會)를 받은 것이 100여 년이 됐다. 그런 후에 온 천하를 한 집으
로 삼고, 효산과 함곡관을 궁궐의 담으로 삼았던 것인데, 일개 필부가 난
을 일으키자 칠묘(七廟)[67]가 무너지고, 천자가 남의 손에 죽임을 당해[68] 천
하의 웃음거리가 된 것은 무엇 때문인가? 그것은 어짊과 의로움을 베풀지
않았고, 천하를 차지할 때와 천하를 지킬 때[攻守]의 정세가 달랐기 때문
이다.'[69]

---

66 여섯 나라가 진나라에 대항할 때의 맹산군, 소진, 손빈, 염파 등을 가리킨다.

67 효공에서부터 진시황까지의 종묘를 말한다.

68 진시황의 손자 자영이 항우에게 죽임을 당한 것을 말한다.

69 진덕수(眞德秀)는 『문장정종(文章正宗)』에서 이렇게 말했다. "가의(賈誼)가 진나라를 논한 것을
가만히 살펴보니 본말(本末)이 잘 갖춰져 있고, 두 가지 사항으로 결론을 잘 내려 지극하다고
할 수 있다. 그러나 가의의 뜻은 공수(攻守)라는 말을 통해 두 가지 길을 제시하는 데 있다. 즉,

'주생(周生)〔○ 문영(文穎)이 말했다. "주나라 때의 뛰어난 이[賢者]다."〕
도 말하기를 "순(舜)(임금)의 눈은 아마[蓋] 두 겹 눈동자[重瞳子]였을 것
이다"[70]라고 했는데 또 듣건대 항우도 두 겹 눈동자라고 한다. (그러나) 우
(羽)가 어찌 그의 먼 후예[苗裔]이겠는가? (그렇다면) 어찌 그가 흥기한 것
이 갑작스럽겠는가[暴]? 무릇 진(秦)나라가 그 정사를 잘못하자[失政] 진
섭(陳涉)이 처음 난을 일으켰고, (뒤이어) 호걸들이 봉기해 서로 다투었으
니, 그 수를 이루 다 헤아릴 수 없었다. 그러나 우는 조금의 세력도 갖고
있지 않으면서도 (진나라 말기의) 대세를 올라타 민간에서 일어난 지 3년
만에 마침내 다섯 제후를 거느리고 진나라를 멸망시켰다.[71] (그리고 나서)
천하를 나누고 찢어 왕과 후를 봉하니 정사는 항우에게서 나왔고 스스로
를 패왕(霸王)이라 불렀다. 그 왕위가 비록 끝까지 가지는 않았지만 이는
가까운 옛날[近古]에는 일찍이 없었던 것이다. 우가 관중(關中-함곡관)을
버리고 초나라를 그리워했으며, 의제(義帝)를 내쫓고 스스로 왕이 돼 왕과
후들이 자신을 배반한 것을 원망하기에 이르자 사정은 어렵게 됐다. (항우

하나는 권모술수를 써서 차지하는 것[攻]이고, 다른 하나는 어짊과 의로움을 써서 그 뒤를 지
키는 것[守]이다. 한나라의 초창기에 뛰어난 인물이 사태를 보는 바가 대체로 이러했다. 그래서
육가(陸賈)는 역취순수(逆取順守)를 말했던 것이고, 가의도 또한 차지하고 지키는 것에 있어서
정세의 차이에 관한 설을 제시한 것이니, 어찌 삼대(三代)가 천하를 얻은 것이 이런 두 가지 도
리를 썼기 때문인가? 이는 가의의 배움이 신한(申韓-신불해와 한비자의 법가를 가리킨다.)에
많은 영향을 받은 때문이다."

70 순임금은 2개의 눈동자[兩眸]를 갖고 있었기 때문에 두 겹 눈동자[重瞳子]라고 한 것이다.

71 이때 산동에는 여섯 나라가 있었는데 제, 조, 한, 위, 연의 다섯 나라가 항우를 따라 함께 일어
나 진나라를 정벌했기 때문에 다섯 제후라고 말한 것이다.

는) 스스로 공을 자랑하고 자기 개인의 지혜[私智]만을 앞세워 옛것을 스
승으로 삼지 않으며, 패왕의 공업이라고 부르면서 힘으로 천하를 정복하고
경영하려 하다가 5년 만에 마침내 나라를 망치고, 몸은 동성(東城)에서 죽
으면서도 아직 깨닫지 못한 채 스스로를 꾸짖지[自責] 않았으니 이는 잘못
이다. 그리고 끝내 억지를 부리기를 '하늘이 나를 망하게 한 것이지 싸움
을 잘 못한 죄는 아니다'고 했으니 어찌 잘못된 일이 아니겠는가?'[72]

---

72 주생(周生) 이하는 사마천의 『사기(史記)』 「항우본기(項羽本紀)」 말미에 있는 태사공(~사마천)
의 사평(史評)을 그대로 인용한 것이다.

권

◆

32

장이·진여전
張耳陳餘傳

장이(張耳)는 대량(大梁)¹ 사람으로 어릴 때 위(魏)나라 공자 무기(毋忌)
〔○ 사고(師古)가 말했다. "무기는 6국 시절의 신릉군(信陵君)이다."〕를 만나
빈객이 됐다. 일찍이 망명(亡命)해〔○ 사고(師古)가 말했다. "명(命)이란 명
(名)이다. 무릇 망명(亡命)이라고 하는 것은 자신의 명적(名籍-호적)에서 벗
어나 도망치는 것을 말한다."〕 외황(外黃)에서 떠돌이 생활을 했다. 외황의
한 부자에게 딸이 있었는데, 너무 아름다웠고 (혼인해) 지아비를 보잘것없
는 노비처럼 여기다가[庸奴] 집으로 도망쳐와서 아버지의 빈객에게 의탁
        용노
했다. 아버지의 한 빈객이 그녀에게 말했다.

"반드시 뛰어난 지아비[賢夫]를 얻고 싶거든 장이를 따르라!"
                    현부
그 딸은 이 말을 따라서 남편에게 이혼[決=訣別]을 요구하고서 장이에
                        결 결별

---

1   위(魏)나라의 수도로 하남 개봉(開封)이다.

게 시집갔다[嫁]. 여자의 집에서는 이(耳)를 두텁게 받들어 돈을 대주었기
때문에, 이는 그 돈으로 1,000리 밖에 있는 빈객들까지 부를 수가 있었고,
벼슬[宦=官]은 외황의 현령(縣令)이 됐다.

진여(陳餘)도 대량 사람으로 유술(儒術-유학)을 좋아했다. 조(趙)나라
고형(苦陘-힘든 산비탈이라는 뜻)〔○ 장안(張晏)이 말했다. "고형(苦陘)은
후한의 장제(章帝)가 그 이름이 추하다 해 한창(漢昌)으로 바꿨다."〕에서 노
닐렀는데 그곳의 부자인 공승씨(公乘氏)가 자기 딸을 아내로 맞게 했다. 여
(餘)는 나이가 어려 이(耳)를 아버지처럼 섬겼는데[父事] 두 사람 사이는
서로 목이 달아나도 좋은 사귐[刎頸交]〔○ 사고(師古)가 말했다. "문(刎)은
끊다[斷]는 뜻이다. 문경교(刎頸交)란 서로 의탁하고 약속한 바가 너무나도
굳건해 설사 목이 달아나고 머리가 잘려도 조금도 돌아보지 않는 사귐을
말한다."〕이었다.

고조(高祖)가 포의(布衣-평민 혹은 서민)였을 때 일찍이 이(耳)를 따라
다니며 떠돌았다. 진(秦)나라가 위(魏)나라를 멸하고서 이에게는 1,000금,
여(餘)에게는 500금의 상금을 걸었기 때문에 두 사람은 성과 이름을 바꾸
고 함께 진(陳)나라로 가서 마을의 감문(監門)으로 있었다〔○ 사고(師古)가
말했다. "감문이란 병졸 중에서도 낮은 자리로 천한 자리에 있으면서 스
스로를 숨겼다[自隱]는 말이다."〕. 마을 관리가 일찍이 여를 지나치게 매질
하자 여는 일어나려고 했는데, 이가 그를 눌러 그대로 매를 맞게 했다. 관
리가 떠나자 이는 여를 꾸짖어[數=責] 말했다.

"애초에 내가 그대와 말했던 것이 무엇이오? 지금 하찮은 모욕[小辱]을
당했다고 해서 일개 관리에게 죽으려는 것이오?"

여는 사죄했다.

진섭(陳涉)이 기현(蘄縣)에서 일어나 진(陳)나라에 이르자 이와 여는 이름을 써 올려 만나볼 것을 청했다[上謁]. 섭과 그의 좌우 측근들은 평소에 이와 여가 뛰어나다[賢]는 말을 자주 들었던 터라 만나보고는 크게 기뻐했다.

진나라 호걸이 섭을 설득하며 말했다.

"장군은 견고한 갑옷을 입고 예리한 무기를 손에 쥐고 사졸들을 이끌어, 포악한 진(秦)나라를 주벌하고 초(楚)나라의 사직을 다시 세웠으니 그 공로와 다움[功德]은 왕이 될 만합니다."

섭이 (이 문제를) 두 사람에게 묻자 두 사람은 답했다.

"장군께서는 눈을 부릅뜨고 용맹을 떨치시어[張膽] 1만 번 죽어도 한 번의 삶을 돌아보지 않을 계책을 내고 천하를 위해 (진나라의) 잔학함을 없애고 계십니다. (그런데) 처음으로 진나라에 이르시고 이곳의 왕이 되신다는 것은 천하에 사사로움을 드러내 보이시는 것입니다. 바라건대 장군께서는 이곳의 왕이 되지 마시고 서둘러 군대를 이끌고 서쪽으로 가셔서 사람을 보내 여섯 나라의 후손들을 세워주시어 스스로 장군을 위한 당여가 되게 하십시오. 이렇게 하면 들판에서는 교전하는 병사가 없어지고 포악한 진나라를 주벌해 함양(咸陽)을 근거지로 삼아 제후들에게 호령할 수 있게 되니, 그렇게 되면 제업(帝業)은 (저절로) 이루어지는 것입니다. (그런데) 만일 지금 진나라에서 홀로 왕이 되신다면 천하가 흩어질까[解]〔○ 사고(師古)가 말했다. "천하의 인심이 뿔뿔이 떨어져나간다는 말이다."〕 두렵습니다."

섭은 이 말을 듣지 않고 드디어 자신을 세워 왕이 됐다.

이와 여는 다시 진왕(陳王)을 설득해 말했다.

"대왕께서 양(梁)²과 초(楚)의 병사를 들어 (서쪽으로) 함곡관으로 들어가려고 힘쓰고 계시지만 아직 황하 이북[河北]을 거둬들이지 못하고 있습니다. 신들은 일찍이 조(趙)나라에서 노닐었기 때문에 그곳의 호걸들을 서로 잘 알고 있으니 바라건대 기습부대[奇兵]를 써서 조나라 땅을 공략하십시오."

이에 진왕은 자신과 친한 진나라 사람 무신(武臣)을 장군으로 삼고 이와 여를 좌우 교위로 삼아 병졸 3,000명을 주어 백마진(白馬津)에서 황하를 건너게 했다. 이들은 여러 현들에 이를 때마다 그곳의 호걸들을 설득해 말했다[○ 등전(鄧展)이 말했다. "하북현(河北縣)에 이르러 설득해 말한 것이다."].

"진(秦)나라는 정치를 어지럽히고 형벌을 가혹하게 해 천하를 해치고 망하게 해[殘滅], 북쪽으로는 장성(長城-만리장성)의 노역이 있고 남쪽으로는 오령(五領)의 수자리가 있어, 안팎으로 소란스럽고 백성들은 지치고 쇠약해져 있는데, 집집마다 세리가 사람 수를 세어가며 세금을 거둬들여 군비로 쓰다 보니, 재물은 바닥이 나고 힘은 다해 이중으로 가혹한 법을 시행하므로 천하의 부자지간도 서로 안심할 수가 없습니다[○ 사고(師古)가 말했다. "아버지와 아들도 서로 신뢰하며 길러줄 수가 없다는 말이다."]. (그런데) 지금 진왕께서 팔뚝을 걷어붙이고[奮臂] 천하를 위해 앞장서시니

---

2 위(魏)나라를 가리킨다.

호응하지 않는 자가 없어 집집마다 스스로 떨쳐 일어나고, 각각 자신들의 원한을 풀고, 현에서는 그 현령과 현승을 죽이고, 군에서는 그 군수와 군위(郡尉)를 죽였습니다. 지금 왕께서는 큰 초나라의 세력을 넓혀 진(陳)나라에서 왕이 되시어 오광(吳廣)과 주문(周文)을 백만 병사의 장수로 삼아 서쪽으로 진나라를 치게 했습니다. 이런 때에도 제후에 봉해지는 업적을 이루지 못하는 사람은 호걸이라 할 수 없을 것입니다. 무릇 천하의 힘으로 무도한 임금을 쳐서 부형의 원수를 갚고, 땅을 떼어 받아 제후에 봉해지는 업적을 이루려면 이번이 단 한 번의 기회입니다."

호걸들은 모두 이 말이 옳다고 생각했다. 마침내 행군하던 도중에 병사들을 불러 모아 수만 명을 얻었으며 (무신은 스스로를) 무신군(武信君)이라고 불렀다. 조나라의 10여 개 성을 떨어뜨렸는데 나머지 성들은 모두 방어를 하며 쉽게 함락되지 않았다. 이에 군대를 이끌고 동북쪽으로 가서 범양(范陽)을 쳤다. 범양 사람 괴통(蒯通)이 그곳의 현령 서공(徐公)을 설득해 무신군에게 항복시켰고, 또 무신군을 설득해 제후의 인장으로 범양현령에 봉해주었다. 상세한 이야기는 「괴통전(蒯通傳)」에 실려 있다. 조나라 땅에서는 이 소식을 듣고 싸우지도 않고서 항복해온 곳이 30여 개 성이었다.

한단(邯鄲)에 이르러 이와 여는 주장(周章)의 군대가 함곡관에 들어가 희(戲)에 이르렀다가 퇴각했다는 소식을 들었고, 또 여러 장수들이 진왕을 위해 여러 곳을 공략했으나[徇], 그중 많은 장수들이 참소와 비방으로 죄를 얻어 주살됐다는 말도 들었다. 진왕이 자신들을 장군으로 삼지 않고 교위로 삼은 데 원망을 품어 마침내 무신을 설득해 말했다.

"진왕은 여섯 나라의 후손을 세워주지 않을 것입니다. (그런데) 지금 장군께서는 조나라의 수십 성을 함락시키고 홀로 떨어져[介=隔] 하북에 머물러 계신데 직접 왕이 되시지 않고서는 이곳을 진정시킬 수 없을 것입니다. 또 진왕은 참소를 듣기 때문에 설사 돌아가서 (승전을) 보고하더라도 화를 면하지 못할까 봐 걱정스럽습니다. 바라건대 장군께서는 때를 놓쳐서는 안 될 것입니다."

무신은 마침내 이 말을 따라[聽=從] 드디어 스스로를 세워 조왕(趙王)이 됐다. 여를 대장군으로, 이를 승상으로 삼았다.

사람을 시켜 진왕에게 이를 알리자 진왕은 크게 화를 내며 무신 등의 가족들을 모두 죽이고자 군대를 발동해 조나라를 치려 했다. 상국(相國) 방군(房君)이 간언해 말했다.

"진(秦)나라가 아직 망하지 않았는데 지금 또 무신 등의 가족들을 주살한다면 이는 또 하나의 진나라를 만드는 셈입니다. 오히려 그걸 핑계 삼아[因] 조왕을 축하해주고 서둘러 군대를 이끌고 서쪽으로 진나라를 치는 것이 더 낫습니다."

진왕은 그 계책을 따라 무신 등의 가족들을 궁중으로 옮겨 가둬두고, 이(耳)의 아들 오(敖)를 봉해 성도군(成都君)으로 삼았다. 사자를 보내 조나라를 축하하고 병사를 재촉해[趣=促] 서쪽 함곡관으로 들어갔다. 이와 여는 무신을 설득해 말했다.

"왕께서 조나라 왕이 되신 것은 초나라(=진왕)의 본뜻이 아니며, (진왕이 축하를 보낸 것은) 단지 계책에 따라 왕을 축하한 것입니다. 초나라가 일단 진나라를 멸망시키고 나면 반드시 조나라에 병사를 집중시킬 것입니다. 바라건대 왕께서는 서쪽으로 출병하지 마시고, 북쪽의 연(燕)과 대(代)를 공략하고, 남쪽의 하내(河內)를 거둬들여 스스로를 넓히셔야 합니다. 조나라는 남쪽으로 대하(大河)에 의지하고 있어 북쪽으로 연과 대를 차지한다면 설사 초나 진나라를 이긴다 해도 반드시 감히 조나라를 제압하지 못할 것입니다."

조왕은 그것이 옳다고 여겨 서쪽으로 출병하지 않으면서 한광(韓廣)으로 하여금 연을 공략하게 하고, 이량(李良)으로 하여금 상산(常山)을, 장염(張黶)으로 하여금 상당(上黨)을 공략하게 했다.

한광이 연나라에 이르자 연나라 사람들은 그것을 계기로 광(廣)을 세워 연왕(燕王)으로 삼았다. 조왕은 이에 장이, 진여와 함께 북쪽으로 연의 국경 땅을 공략했다. 조왕은 몰래[間] 밖에 나왔다가 연나라 군대에게 붙잡혔다[所得=所獲]. 연은 그를 가두고 땅을 나누자고 했다〔○ 사고(師古)가 말했다. "그를 겁박해 조나라 땅을 나눠 연나라에 넘김으로써 화해하려고 한 것이다."〕. (그래서 조나라의) 사자가 갔지만 연나라는 그때마다 죽여버리고 굳세게 땅을 요구했다. 이와 여는 이를 걱정했다. 허드렛일을 하는 한 병사가 같은 막사의 병사들과 헤어지며 말했다.

"내가 두 공을 위해 연나라를 설득해 조왕을 모시고 돌아오겠다."

막사 안의 사람들은 모두 비웃으며 말했다.

"사자로 간 사람이 10명이 넘었지만 다 죽었는데 네[若=汝]가 어떻게 왕을 데리고 올 수 있단 말인가?"

마침내 (그는) 연의 성벽을 향해 달려갔다[走=趣]. 연나라 장수가 그를 보자 그는 장수에게 물었다.

"신이 무엇을 하고자 하는지 아십니까?"

연나라 장수가 말했다.

"너야 왕을 구하고자 할 뿐일 테지."

그가 말했다.

"당신은 장이와 진여가 어떤 사람인지 아십니까?"

연나라 장수가 말했다.

"뛰어난 사람[賢人]이다."

그가 말했다.

"그들은 속으로 무엇을 하고 싶어 할까요?"

"자기 왕을 구하고 싶을 뿐이겠지."

조나라 병사는 웃으면서 말했다.

"당신은 두 사람이 하려는 바를 모르십니다. 저 무신과 장이와 진여는 말채찍[箠=馬撾]을 휘둘러 조나라의 수십 개 성을 떨어뜨렸고〔○ 장안(張晏)이 말했다. "군사력을 사용하지 않았다는 말이다."〕 또한 각자는 남면(南面)해 왕 노릇을 하고자 합니다. 무릇 신하와 주군의 지위를 어찌 같다고 말할 수 있겠습니까? 돌이켜 보면 그 형세가 안정되던 초창기에는 우선 나이가 많고 적음을 기준으로 해서 먼저 무신을 세움으로써 조나라 사람들의 마음을 얻은 것입니다. (그런데) 지금 조나라 땅이 이미 다 항복하고 나자 두 사람도 역시 조나라를 나눠 왕이 되고자 하지만 때가 아직 오지 않았을 뿐입니다. 그런데 당신은 조나라 왕을 붙잡아두고 있으니 생각건대 이 두 사람은 명분상으로는 왕을 구한다고 하고 있지만 실제로는 연나라가 그를 죽여주기를 바라고 있습니다. 그리되면 이 두 사람은 조나라를 나눠 왕이 될 것입니다. 무릇 조나라 하나만으로도 연나라를 가벼이 여기는데[易=輕=狎], 하물며 두 뛰어난 왕이 왼쪽에서 손을 내밀고 오른
          이   경   압
쪽에서 붙잡아[左提右挈=提携=扶持] 왕을 죽인 책임을 따진다면 연나라
          좌제 우설   제휴   부지
를 멸망시키는 일은 쉬울 것입니다."

연나라는 일리가 있다고 생각해 마침내 조왕을 돌려보냈다. 그 병사는 마차를 몰아 (왕을 태우고서) 돌아왔다.

이량(李良)이 이미 상산(常山)을 평정하고 돌아와 조왕에게 보고하니 조왕은 다시 량(良)을 시켜 태원(太原)을 공략하게 했다. 석읍(石邑)에 이르렀을 때 진(秦)나라 군대가 정형(井陘)을 막고 있어 나아갈 수가 없었다. 진나라 장수는 2세(황제)의 사신이라고 사칭하고서 량에게 편지를 보냈는데 봉함하지도 않은 채[不封]〔○ 장안(張晏)이 말했다. "그 내용이 누설되게
                          불봉
해 임금과 신하가 서로 의심하게 하려고 한 것이다."〕 이렇게 쓰여 있었다.

'량은 일찍이 나를 섬겨 현달하게 되는 행운을 얻었으니 진실로 능히 조나라를 버리고 진나라를 위한다면 량의 죄를 용서하고 량을 높은 자리에 올려주겠노라.'

량은 이 편지를 보고서 의심해 믿지 않았고 한단으로 가서[之=往] 군
                                    지 왕
사를 청했다. (한단에) 아직 도착하지 않았을 때 길에서 조왕의 누이와 마주쳤는데 100기(騎)가 그 뒤를 따르고 있었다. 량은 멀리서 바라보고는 왕의 행차라고 여겨 길가에 엎드렸다. 왕의 누이는 술에 취해 자신의 장군(-량)을 알아보지 못하고 기병을 시켜 량에게 사례하게 했다. 량은 평소 귀한 신분이었기 때문에 일어났을 때 자신을 따르는 부하들을 보기가 부끄러웠다. 부하 중의 한 명이 이렇게 말했다.

"천하가 진나라에 반란을 일으켰으니 능력이 있는 자가 먼저 왕이 되는 것입니다. 또 조왕은 본래 장군 밑에 있던 사람인데 지금 저 계집[女兒]은 장군을 보고서도 수레에서 내리지 않았으니 쫓아가 죽일 것을 청하옵니다."

량은 진나라의 편지를 갖고 있었기 때문에 조나라에 반란할 욕심이 있었지만 아직 결단을 내리지 못하고 있었는데, 이 일로 화가 나 사람을 보내 왕의 누이를 쫓아가 죽이고는 드디어 한단으로 쳐들어갔다. 한단에서는 이 일을 알지 못한 채 결국 무신을 죽여버렸다. 조나라 사람들 중에는 장이와 진여의 눈과 귀가 돼주는 자들이 많았기 때문에 두 사람은 탈출할 수 있었다. 병사를 거두어보니 수만 명에 이르렀다. 빈객이 있어 이와 여에게 유세해 말했다.

"두 분은 나그네[羈旅=寄客]이시니 조나라에 기대려 해도 홀로 서기는 어려울 것입니다. (6국 시대의) 조왕의 후손을 세워 마땅함[誼]으로 그를 돕는다면 공을 이룰 수[就功=成功] 있을 것입니다."

조헐(趙歇)을 찾아내 그를 세워 조왕으로 삼고 신도(信都)에 자리 잡았다[○ 장안(張晏)이 말했다. "헐은 조나라의 먼 후예[苗裔]다. 신도는 양국(襄國)이다."].

이량은 군대를 진격시켜 진여를 쳤으나 여가 량을 꺾었다. 량은 달아나 장한(章邯)에게 몸을 맡겼다. 장한은 군대를 이끌고 한단에 이르러 그곳 백성들을 모두 하내로 옮기고 그 성곽들은 (무너뜨려) 평지로 만들었다[夷=平]. 장이는 조왕 헐과 함께 달아나 거록성(鉅鹿城)으로 들어갔고 왕리는 그들을 둘러쌌다. 진여는 북쪽으로 가서 상산의 병사들을 모아 수만 명을 얻어 거록의 북쪽에 진을 쳤다[軍=陣]. 장한은 거록의 남쪽 극원(棘原)에 진을 치고서 강을 따라 용도(甬道)를 쌓아 왕리에게 군량미를 보냈다[饟=餉]. 왕리의 군대는 먹을 것이 많아지자 거록을 급히 공격했다. 거록성 안은 먹을 것이 떨어져 이는 여러 차례 사람을 보내 진여를 (전진하도록) 불렀으나 여는 병력이 적어 진나라에 맞설 수 없다고 스스로 판단해[自度] 감히 전진하지 못했다. 여러 달이 흐르자 이는 크게 화가 나 여에게 원망을 품게 돼 장염(張黶)과 진석(陳釋)을 보내 여를 꾸짖어[讓=責] 말했다.

"애초에 나는 그대와 서로 목이 달아나도 좋은 사귐[刎頸交]을 맺었소. 그런데 지금 왕과 내가 얼마 안 가서[旦暮] 죽게 생겼는데도 그대는 수만 명의 병사를 거느리면서도 기꺼이 도우려 하지 않고 어찌 진나라 군대에 달려들어 함께 죽으려 하지 않는 것이오? 장차 열 중에 한두 명만 온전할 것이오."

여가 말했다.

"(내가) 그대와 함께 죽지 않으려는 것은 조왕과 장군(張君)을 위해 진나라에 보복을 하기 위함이오. 지금 함께 죽어버리면 고기를 호랑이에게 건네주는[餧] 것과 같을 터이니 무슨 도움이 되겠소?"

장염과 진석이 말했다.

"일이 이미 급하니 함께 죽어 신의를 세워야지 어찌 뒷날의 염려만 생각합니까?"

여가 말했다.

"내 생각은 아무런 도움이 되지 않는구려!"

마침내 5,000 병사로 하여금 장염과 진석을 따르게 해 먼저 진나라 군대와 맞붙었으나[嘗=試][○ 사고(師古)가 말했다. "마치 맛을 보듯 싸웠다는 뜻이다."] 전원 몰살당했다.

이런 때를 맞아 연, 제, 초나라는 조나라가 위급하다는 소식을 듣고서 모두 달려와서 구원했다. 장오도 북쪽으로 대(代)의 군사를 거둬 1만여 명을 얻어 달려와서 모두 진여의 옆에 성벽을 쌓았다. 항우의 병사가 여러 차례 장한의 용도를 끊었기 때문에 왕리의 군대는 먹을 것이 떨어졌다. 항우는 병사들을 모두 이끌고서 황하를 건너 장한의 군대를 깨뜨렸다. 제후들의 연합군이 과감하게 진나라 군대를 쳐서 드디어 왕리를 사로잡았다. 이에 조왕 헐과 장이는 거록성을 탈출할 수 있었다. 여와 서로 만나 여를 꾸짖고 장염과 진석이 있는 곳을 물었다. 여가 말했다.

"염과 석은 죽기를 각오해야 한다고 신을 꾸짖었소. 그래서 신은 5,000명을 거느리고 가서 먼저 진나라 군대와 일전을 하도록 했는데 모두 몰살당했소."

이는 믿지 못하고 그를 죽이려 하면서 여에게 여러 차례 캐물었다. 여는 화를 내며 말했다.

"그대가 신을 이렇게 심하게 꾸짖으리라고는[望=責望] 생각지 못했소. 신이 어찌 장군 자리에서 물러나는 것을 어려워하겠소[重=難]?"

마침내 인끈을 풀어 이에게 주니 이는 감히 받지 못했다. 여가 일어나서 뒷간에 가니 빈객이 이를 설득해 말했다.

"하늘이 주는 것을 받지 않으면 도리어 화를 받게 됩니다. 지금 진장군이 당신에게 인끈을 주었는데 받지 않았습니다. 하늘을 거스르면 상서롭지 못하니 서둘러 그것을 받으십시오."

이는 마침내 그 인끈을 차고서 여의 부하들을 거둬들이려 했다. 여는 돌아와서 이가 인수를 돌려주지 않는 것을 원망하며 서둘러 그곳을 나왔다. 이는 드디어 여의 병사들을 거둬들였다. 여는 다만 휘하의 수백 명만 데리고 함께 황하의 물가에 가서 물고기를 잡으며 지냈다. 이로 말미암아 (두 사람 사이에) 틈이 벌어지게 됐다.

조왕 헐은 다시 신도에 머물렀다. 이는 항우를 따라 함곡관에 들어갔다. 항우는 여러 후들을 세워주었는데 이는 예전에[雅=故] 여러 곳을 돌아 다녔기에[遊] 많은 이들이 그를 추천했다〔○ 사고(師古)가 말했다. "예전에 많은 곳을 돌아다니며 영웅호걸들과 친분을 맺어 그 때문에 많은 이들이 그를 칭송했다는 말이다."〕. 항우는 평소에도 이가 뛰어나다는 말을 들었기에 마침내 조나라를 나눠 이를 상산왕(常山王)으로 삼고 신도를 다스리게 했다. 신도는 이름을 양국(襄國)이라고 바꿨다.

여의 빈객 다수가 항우를 설득해 말했다.

"진여와 장이는 한 몸으로 조나라에 공로가 있습니다."

우는 여가 함곡관에 따라 들어오지 않았다고 여겼고 그가 남피(南皮)에 있다는 말을 듣고서 즉각 남피 주변 3개 현을 그에게 봉읍으로 주었다. 그러고 나서 조왕 헐은 대(代)의 왕으로 삼았다.

이가 봉국으로 가자 여는 더욱 화가 나서 말했다.

"이와 나는 공로가 같은데 지금 이는 왕이 됐고 나 혼자 후(侯)가 됐다."

제왕(齊王) 전영(田榮)이 초나라에 반란을 일으키려 하자 여는 이에 하열(夏說)을 보내 영(榮)을 설득해 말했다.

"항우는 천자의 우두머리[宰]가 됐으면서 공평하지 못해, 여러 장수들을 다 좋은 땅의 왕으로 봉하고, 옛 왕들은 옮겨서 나쁜 땅의 왕이 되게 했고, 그래서 지금 조왕은 마침내 대(代)에 있습니다. 바라건대 왕께서 신에게 병사를 빌려주신다면 남피는 (대나라를 위해) 울타리[扞蔽=藩屛]가 될 것입니다."

전영은 자기 당여를 심고[樹黨] 싶어 했기 때문에 마침내 병사를 보내 여를 따르게 했다. 여는 3개 현의 군사 모두를 이끌고서 상산왕 이를 기습했다. 이는 패해 달아나면서 이렇게 말했다.

"한왕은 나와 오랜 친분[故]이 있지만[○ 장안(張晏)이 말했다. "한왕은 포의(布衣) 시절 늘 이를 따라다녔다."] 항왕이 강대한 데다가 나를 세워주었으니 나는 초나라로 가고자 한다."

(제나라 사람) 감공(甘公)이 말했다.

"한왕이 함곡관에 들어왔을 때 5개의 별이 동정(東井)에 모였습니다. 동정이란 진나라의 분야[分]입니다. 그곳에 먼저 도달하는 사람이 반드시 왕이 될 것입니다. 초나라가 비록 강대하기는 하지만 훗날 반드시 한나라에 속하게 될 것입니다."

(이리하여) 이는 한(漢)으로 달아났다. 한나라는 정말로 돌아와서 삼진(三秦)을 평정했고 이때는 마침 장한을 폐구(廢丘)에서 포위하고 있었다. 이가 한왕을 알현하자 한왕은 그를 두텁게 대해주었다.

여는 이미 이를 깨뜨리고 나서 조나라 땅을 모두 거둬 대에서 조왕을 맞이해 다시 조왕으로 삼았다. 조왕은 여에게 고마운 마음을 가져[德=德澤] 그를 세워 대왕(代王)으로 삼았다. 여는 조왕이 약하고 나라가 평정된 초창기라 남아서 조왕을 도우며 하열을 상국으로 삼아 대나라를 지키게 했다.

한나라 2년 (한나라는) 동쪽으로 초나라를 치려고 조나라에 사신을 보내 함께 칠 것을 제안했다. (이에) 여가 말했다.

"한나라가 장이를 죽이면 그때 가서 따르겠소."

이에 한나라는 이와 비슷한 사람을 찾아내 그 목을 베어 여에게 보내니 여는 마침내 군대를 보내 한나라를 도왔다. 한나라는 팽성 서쪽에서 패했고 여도 이가 거짓으로 죽었다는 것을 듣고서 즉각 한나라를 배반했다. 한나라는 이와 한신을 보내 정형(井陘)에서 조나라를 깨뜨리고 지수(泜水) 가에서 여의 목을 벤 다음 조왕 헐을 뒤쫓아 양국(襄國)에서 죽였다.

4년 여름에 이를 세워 조왕으로 삼았다. 5년 가을에 이가 훙(薨)하자 경왕(景王)이라는 시호를 내려주었다. 아들 오(敖)로 하여금 뒤를 잇게 해 세워 왕으로 삼았고 고조의 장녀 노원공주(魯元公主)에게 장가들게 해[尙] 공주는 왕후가 됐다.

7년 고조가 평성(平城)에서부터 조나라를 지날 때 조왕은 아침저녁으로 직접 음식을 올리고 몸을 크게 낮춰 사위로서의 예를 갖췄다. (그런데) 고조는 양다리를 상 위에 내뻗고 욕을 해대며 그에게 아주 오만한 태도를 보였다. 조나라 재상 관고(貫高)와 조오(趙午)는 60세가 넘었고 옛날에 이의 빈객이었는데 화를 내며 말했다.

"우리 왕은 유약한[孱][○ 맹강(孟康)이 말했다. "기주(冀州) 사람들은 나약(懦弱)한 것을 잔(孱)이라고 한다."] 왕이다."

그러고는 오(敖)를 설득해 말했다.

"(지금은) 천하의 호걸들이 다투어 일어나 능력이 있는 자가 먼저 왕이 되는 때입니다. 지금 왕께서는 황제를 심히 공손하게 섬기는데 황제가 왕을 대하는 것은 예가 없으니 청컨대 왕을 위해 그를 죽여야겠습니다."

오는 손가락을 깨물어[齧] 피를 내면서 말했다.

"그대들은 어찌 그리 함부로 말을 하는가! 그리고 선왕께서 나라를 잃었을 때 황제에 힘입어 나라를 되찾을 수 있어 그 은덕이 자손들에게까지 흐르고 있으니, 가을 터럭[秋毫]만 한 것도 모두 제(帝)의 힘 때문이오. 바라건대 그대들은 두 번 다시 그런 말을 입 밖에 내지 마시오."

관고 등 10여 명은 서로 이렇게 말했다.

"우리들이 잘못한 것이오. 우리 왕께서는 그릇이 큰 분[長者]이라 은덕을 배반하지 않소. (하지만) 장차 우리들은 의리상 우리 왕께서 모욕당하는 것을 그대로 둘 수가 없소. 지금 제가 우리 왕을 모욕해 그 때문에 우리가 그를 죽이려는 것이니 그것이 어찌 우리 왕을 더럽히는 것이겠소? 일이 이루어지면 공은 모두 왕께 돌리고 일이 실패하면 오직 우리가 책임질 뿐이오."

8년 상(上)은 동원(東垣)에서 돌아오는 길에[○ 사고(師古)가 말했다. "동원에서 한왕 신(信)과 여(餘)의 무리를 쳤다."] 조나라를 지나갔다. 관고 등이 이때 박인현(柏人縣)에서 벽 사이에 사람을 숨겨두고 뒷간에서 상이 오기를 기다리고 있었다. 상은 그곳을 지나다가 묵고 가려고 했는데 마음이 동요돼 물었다.

"이 현의 이름이 무엇인가?"

"박인(柏人)입니다."

"박인(柏人)이면 다른 사람에게 협박을 당한다[迫]는 뜻이도다!"

묵지 않고 떠났다.

9년 관고에 원한을 품고 있던 사람이 그 음모를 알고서 이를 고발했다. 이에 상은 조왕과 여러 반란자들을 붙잡았다. 조오 등 10여 명은 모두 다투어 스스로 목을 찔렀는데[自剄=自刎] 관고만이 홀로 화를 내며 꾸짖어 말했다.

"누가 공들에게 이렇게 하라고 했는가? 지금 왕께서는 진실로 아무런 모의도 하지 않았는데 함께 붙잡혔소. 공들이 죽어버리면 누가 마땅히 왕은 반란을 하지 않았다는 것을 밝힐 것이오?"

마침내 죄인을 싣는 수레에 실려[檻車] 왕과 함께 장안에 도착했다. 고는 옥리에게 말했다.

"오직 우리들[吾屬=吾等]만이 한 것이지 왕은 알지 못하오."

옥리가 몽둥이로 수천 대를 치고 쇠로 살을 찔러 몸이 성한 데가 없었는데 끝내 다른 말을 하지 않았다. 여후(呂后)가 왕은 노원공주와의 관계 때문에라도 이런 일을 했을 리가 없다고 여러 차례 말을 했다. 상은 화를 내며 말했다.

"장오가 천하를 차지하게 된다면 어찌 당신 딸과 같은 여자가 한둘이겠소?"

정위(廷尉)가 관고를 조사한 결과를 보고하자 상은 이렇게 말했다.

"장사(壯士)로구나! 누가 그를 아는 자가 없는가? 사사로운 것을 갖고서 물어보게 하라."

중대부 설공(泄公)이 말했다.

"신이 평소 그를 알고 있습니다. 이 사람은 진실로 조나라에서 명예와 의로움을 중히 여기고, 남에게 침범을 당하지 않으며, 한 번 하겠다고 한 것[然諾]은 반드시 지키는 사람입니다."

상은 설공으로 하여금 부절을 가지고 대로 만든 가마[箯輿]를 타고 가서 관고를 만나보게 했다. 고가 설공을 올려다보자 고생하는 것을 위로하며 평소처럼 친근하게 대했다. 함께 이야기를 나누다가 장왕(張王)이 결단코[果=決] 모의에 참여하지 않았는지를 물었다. 고가 말했다.

"사람이라면 어찌 각자가 자신의 부모와 처자식을 아끼지 않겠소? 지금 나는 삼족이 다 죽게 된 죄를 선고받았는데 어찌 왕과 내 가족을 바꿀 수 있겠소? 생각건대 왕은 진실로 모반하지 않았고 오직 우리들이 그것을 한 것이오."

이 일을 일으키게 된 이유와 원인, 그리고 왕은 이 사정을 알지 못한다는 것을 갖추어 말했다[道=言]. 이에 설공은 갖추어 상에게 그대로 보고했고 상은 마침내 조왕을 풀어주었다.

상은 고가 능히 스스로 한 번 하겠다고 한 것[然諾]을 반드시 지키는 사람이라는 점을 뛰어나게 여겨[賢] 설공으로 하여금 그를 용서해주도록 하니 가서 일러 말했다.

"장왕은 이미 풀려났고 상께서는 족하를 아름답게 여겨[多] 족하를 풀어주라고 하셨소."

고가 말했다.

"내가 죽지 않았던 까닭은 장왕께서 모반하지 않았다는 것을 알리기 위함일 뿐이었소. 이제 왕께서 이미 풀려나셨으니 나의 책임은 다했소. 그리고 남의 신하 된 자로서 찬탈하고 시해하려 했다는 이름을 가지고 어찌 얼굴을 들고서 다시 상을 섬길 수 있겠소이까!"

그러고는 고개를 들고 목을 끊어[絶亢] 죽었다.
_{절항}

오(敖)는 풀려나 예전대로 노원공주와 결혼생활을 이어갔고 선평후(宣平侯)에 봉해졌다. 이에 상은 장왕의 여러 빈객들이 뛰어나다[賢]고 여겨
_현
모두 제후의 재상이나 군수 등으로 삼았다. 상세한 이야기는 「전숙전(田叔傳)」에 실려 있다. 효혜(孝惠), 고후(高后), 문(文), 경(景) 때에 이르러 장왕의 빈객들의 자손은 모두 2,000석 관리가 됐다.

애초에 효혜 때 제(齊)의 도혜왕(悼惠王)이 성양군(城陽郡)을 노원공주에게 바치고 공주를 높여 태후로 삼았다〔○ 사고(師古)가 말했다. "제나라의 태후로 삼아 어머니의 예로 섬겼다는 말이다."〕. 고후 원년에 노원(魯元) 태후가 훙했다. 6년 후에 선평후 오가 또 훙했다. 여태후는 오의 아들 언(偃)을 세워 노왕(魯王)으로 삼았다. 이는 그의 어머니가 제왕의 태후였기 때문이다. 또 그의 나이가 어리고 고아인 데다가 유약한 것을 불쌍히 여겨, 이에 오의 전처의 아들 2명을 봉해 수(壽)는 낙창후(樂昌侯), 치(侈)는 신도후(信都侯)로 삼았다. 고후가 붕하자 대신들이 여러 여씨들을 주살했고 노왕과 두 후도 폐위시켰다. 효문이 즉위해 다시 옛 노왕 언을 남궁후(南宮侯)로 삼았다. 그가 훙하자 아들 생(生)이 뒤를 이었다. 무제 때 생이 죄가 있어 작위를 빼앗겨 봉국도 없어졌다. 원광(元光) 연간 중에 다시 언의 손자 광국(廣國)을 봉해 수릉후(睢陵侯)〔○ 사고(師古)가 말했다. "睢의 발음은 (휴가 아니라) 수(雖)다."〕로 삼았다. 그가 훙하자 아들 창(昌)이 뒤

를 이었다. 태초(太初) 연간 중에 창이 불경죄에 걸려 작위를 빼앗겨 봉국
도 없어졌다. 효평 원시(元始) 2년 단절된 가문을 다시 이어 오의 현손 경
기(慶忌)를 봉해 선평후(宣平侯)로 삼아 1,000호를 식읍으로 내려주었다.

찬(贊)하여 말했다.

"장이와 진여는 세상에서 말하는 뛰어난 이[賢]이고, 그의 빈객과 병졸
들도 모두 천하의 준걸들이어서, 그들이 사는 나라에서 경상(卿相)의 자
리를 차지하지 않은 자가 없다. 그렇지만 이와 여는 처음에 모든 것이 부
족하고 힘들던 시절[約時] 목숨을 걸고서 신의를 약속했는데 어찌 앞으
로 올 일을 알았으랴! 나라를 근거지로 삼아 권력을 다투게 되기에 이르
자 결국 서로 멸망했으니, 어찌 옛날에는 서로 그리워하며 서로를 써주던
열렬함[慕用之誠]이 있었는데, 뒤에는 서로 등을 돌려 멀어졌는가[戾=戾=
違]! 권세와 이욕[勢利]의 사귐에 대해서는 옛 (뛰어난) 사람들이 수치스럽
게 여긴다고 했는데 대개 이를 가리켜 말한 것이리라."

권

◆

33

위표·전담·
한왕신전

魏豹田儋韓王信傳

위표(魏豹)는 옛 위(魏)나라〔○ 사고(師古)가 말했다. "6국 시대의 위(魏)나라를 가리킨다."〕의 공자(公子)다. 그의 형 위구(魏咎)는 옛 위나라 때 봉작을 받고 영릉군(甯陵君)이 됐는데 진(秦)나라가 위나라를 멸하면서 서인(庶人-평민)이 됐다. 진승이 왕으로 있을 때 구(咎)는 가서 그를 따랐다. 승은 위나라 사람 주불(周市)을 시켜 위나라 땅을 공략했고[徇=略] 주나라 땅이 이미 함락되자 불(市)을 세워 위나라 왕으로 삼으려 했다. 불이 말했다.

"천하가 혼란할 때 마침내 충신이 나옵니다〔○ 사고(師古)가 말했다. "혼란한 때를 맞아 충신은 마침내 그 절의를 드러낼 수 있다는 말이다. 노자(老子)의 『도경(道經)』에 '국가가 혼란하면 충신이 있게 된다[國家昏亂有忠臣]'라는 말이 있다."〕. 지금 천하가 함께 진나라에 반란을 일으키고 있으니 그 마땅함으로 볼 때 위왕의 후손을 세우는 것이 곧 좋을 것입니다."

제(齊)와 조(趙)나라는 각각 수레 50승(乘)씩을 보내 주불(周市)을 세워 왕으로 삼으려 했다. 불은 이를 받아들이지 않고 진(陳)나라에서 위구를 맞아들이려고 다섯 번이나 왕복을 하니[反=回還] 진왕(陳王-진승)은 마침 내 구를 보내 세워 위왕(魏王)으로 삼았다.

장한은 이미 진왕(陳王)을 깨뜨리고 나서 군대를 진격시켜 임제(臨濟)에서 위왕을 쳤다. 위왕은 주불(周市)을 보내 제와 초나라에 구원을 청하게 했다. 제와 초나라는 각각 항타(項佗)와 전파(田巴)를 보내 군대를 이끌고 불을 따라가서 위나라를 돕게 했다. 장한은 드디어 불 등의 군대를 쳐서 깨뜨리고 불을 죽인 다음 임제를 에워쌌다. 구(咎)는 그 백성들을 위해 (장한에게) 항복을 약속했다. 항복의 조건이 이뤄지자 구는 자살했다[○ 사고(師古)가 말했다. "다만 자기 백성들을 온전히 보전하려 함이었고 그 자신은 항복하지 않은 것이다."].

위표는 도망쳐 초나라로 달아났다. 초나라 회왕(懷王)은 표에게 수천 병사를 주어 다시 위나라 땅을 공략하게 했다. 항우는 이미 진(秦)나라 군대를 깨뜨리고 나서 장한을 항복시켰고 표를 시켜 위의 20여 개 성을 함락시키자 그를 세워 위왕으로 삼았다. 표는 정예병을 이끌고 항우를 따라 함곡관에 들어갔다. 우(羽)는 제후들을 봉해주면서 (자신은) 양(梁) 땅을 차지하고 싶어 마침내 표를 하동으로 옮겨 평양(平陽)에 도읍하게 하고 서위왕(西魏王)으로 삼았다.

한왕(漢王)이 삼진을 평정하고 돌아오면서 임진(臨晉)에서 황하를 건널 때 표는 나라를 갖고서 귀순했고[屬], 마침내 뒤를 따라 팽성에서 초나라를 쳤다. 한왕이 패배해 형양으로 물러날 때 표는 어머니의 병구완을 해야 한다며 귀국을 청했고, 자기 나라에 도착하자 황하의 나루를 끊고서 한나라에 반기를 들었다. 한왕은 역생(酈生)에게 말했다.

"부드러운 얼굴을 하고서 가서 그를 설득해보라."

역생이 가자 표는 사절하며 말했다.

"인간이 한세상을 산다는 것은 마치 흰 망아지[白駒]가 틈새를 지나는
것과 같소[○ 사고(師古)가 말했다. "아주 빠르다[速疾]는 말이다. 흰 망아
지란 햇빛[日景]이다. 틈새란 벽의 사이를 말한다."]. (그런데) 지금 한왕은
오만해 다른 사람을 업신여기고 제후와 신하들을 노비 부리듯이 함부로
욕하고 꾸짖어 위아래의 예절이 없으니, 나는 차마 두 번 다시 그를 보고
싶지가 않소이다."

한왕은 한신(韓信)을 보내 표를 쳐서 마침내 그를 붙잡아 역마로 형양
에 보냈고 그 땅은 하동군, 태원군, 상당군으로 삼았다. 한왕은 표로 하여
금 형양을 지키게 했다. 초나라가 형양을 에워싸 상황이 급하게 되자 주가
(周苛, ?~기원전 204년)[1]가 말했다.

"나라를 배반했던 왕과 함께 수비를 하기는 어렵습니다."

드디어 표를 죽였다.

전담(田儋)은 적현(狄縣) 사람으로 옛 제(齊)나라[○ 사고(師古)가 말했

---

1   유방(劉邦)과 같은 패현(沛縣) 사람이다. 유방을 따라 내사(內史)가 되고 어사대부(御史大夫)로
    옮겼다. 초한전쟁 때 위표(魏豹), 종공(樅公)과 함께 형양(滎陽)을 지켰다. 초나라가 형양을 포위
    하자 위표가 일찍이 한나라에 배반했다면서 먼저 그를 살해했다. 나중에 항우(項羽)가 형양을
    함락하자 포로로 잡혔다. 항우가 항복을 권하면서 상장군(上將軍)으로 임명하겠다고 제안했
    다. 그러나 항복하지 않다가 팽사(烹死)됐다.

다. "이 또한 6국 시대의 제(齊)나라를 가리킨다."〕왕 전씨(田氏)의 후손이
다. 담(儋)의 사촌동생 영(榮)과 영의 동생 횡(橫)은 모두 호걸로 집안이 막
강해 능히 사람들을 거둘 수 있었다. 진섭(陳涉-진승)이 주불을 시켜 (위
나라) 땅을 침략하게 해 북쪽으로 적현에 이르렀는데 적현의 성은 잘 지켜
지고 있었다. 담은 거짓으로[陽=僞] 자신의 노비를 묶어 젊은이들을 데리
고 관아 뜰에 가서 노비를 죽여야 한다고 아뢰었다〔○ 사고(師古)가 말했
다. "옛날에는 노비를 죽이려면 모두 마땅히 관에 아뢰어야 했고 실은 담
은 현령을 죽이려 했기 때문에 그래서 거짓으로 노비를 묶고 가서 아뢴
것이다."〕. 적현의 현령이 나오는 것을 보자 곧바로 현령을 쳐서 죽인 다음
에 세력 있는 관리[豪吏]의 자제들을 불러놓고 말했다.

"제후들이 모두 진(秦)에 반란을 일으켜 스스로 일어나고 있으니 제나
라는 옛날에 세워진 나라로 이 담은 전씨이므로 마땅히 왕이 돼야 한다."

드디어 스스로를 세워 제왕(齊王)이 돼 군대를 일으켜 주불을 쳤다. 불
의 군대가 돌아가자 담은 군대를 이끌고 동쪽으로 가서 제나라 땅을 공략
해 평정했다.

진나라 장수 장한이 임제에서 위왕 구(咎)를 둘러싸자 사태가 위급해졌
다. 위왕이 제나라에 구원을 청하자 담(儋)은 병사들을 이끌고 위나라를
도왔다. 장한이 밤에 나뭇가지로 입을 틀어막고[銜枚] 쳐서 제와 초나라의
군대를 크게 깨뜨리고 임제 성 아래에서 담을 죽였다. 담의 사촌동생 영
(榮)은 담의 남은 병사들을 거두어 동쪽 동아(東阿)로 달아났다.

제나라 사람들은 담이 죽었다는 소식을 듣자 이에 옛 제왕 건(建)의 동
생 전가(田假)를 세워 왕으로 삼았고, 전각(田角)은 재상, 전한(田閒)은 장

군으로 삼아 제후들에 맞섰다[距].
거

영이 동아로 달아나자 장한은 뒤쫓아가 그를 에워쌌다. 항량은 영이 위급하다는 소식을 듣고서 곧바로 병력을 이끌고 가서 동아의 성벽 아래에서 장한을 쳐 깨뜨렸다. 장한은 달아나 서쪽으로 갔고 항량은 기세를 몰아 그를 뒤쫓았다. 한편 영은 제나라가 가(假)를 왕으로 세운 것에 화가 나 마침내 군사를 이끌고 돌아가 가를 쳐서 내쫓았다. 가는 초나라로 달아났다. 재상 각(角)은 조(趙)나라로 달아났다. 각의 동생 한(閒)은 그 전에 조나라를 구원하러 갔었기 때문에 감히 돌아갈 수가 없었다. 영은 마침내 담(儋)의 아들 시(市)를 세워 왕으로 삼고 자신은 재상이 됐으며, 횡(橫)이 장군이 돼 제나라 땅을 평정했다.

항량은 계속 장한을 뒤쫓았지만 장한의 군대는 더욱 강성해져 항량은 제나라에 사신을 보내 군대를 보내와 함께 장한을 칠 것을 촉구했다[趣=
취
促]. (이에 대해) 영이 말했다.
촉

"초나라가 전가를 죽이고 조나라가 각과 한을 죽이면 곧바로 출병하겠소."

초나라 회왕이 말했다.

"전가는 함께했던 나라의 왕인데 사정이 곤궁해져 나라에 의탁하고 있으니 그를 죽이는 것은 마땅하지 않소[不誼=不義]."
불의   불의

조나라 또한 전각과 전한을 죽이면서까지 제나라에 환심을 사고[市]
시
싶지 않았다. 제왕이 (사신을 통해) 말했다.

"살무사[蝮=虺]에게 손이 물리면[螫] 손을 자르고 발이 물리면 발을 자
복 훼   석
릅니다[○ 응소(應劭)가 말했다. "손발을 물렸을 경우 그 부분을 잘라내지

않으면 죽는다는 말이다.")]. 어째서이겠습니까? 그렇게 안 하면 몸을 상하게 되기 때문입니다. 전가, 전각, 전한은 초나라와 조나라에게 손이나 발같은 가까움이 있는 것도 아닌데 무슨 까닭으로 죽이지 않는 것입니까? 장차 진나라가 다시 천하에서 뜻을 얻게 된다면 앞장서서 군사를 일으켜 정권을 세웠던 자들은 당연히 죽일 것이고 그 무덤까지 파헤칠 것입니다."

초와 조 두 나라는 제의 말을 듣지 않았고 제나라도 화가 나서 끝내 병사들을 보내주지 않았다. 장한은 과연 항량을 꺾고 그를 죽였으며 초나라 병사들을 깨뜨렸다. 초나라 병사들은 동쪽으로 달아났고 장한은 황하를 건너 거록에서 조나라를 에워쌌다. 항우는 이로 말미암아 영에게 원망을 품었다.

우(羽)는 일단 조나라를 구원하고 나서[存=救] 장한을 항복시켰고 서쪽으로 가서 진나라를 멸망시키고 제후들을 세워 왕으로 삼았다. 이때 제왕 시(市)를 옮겨 교동(膠東)의 왕으로 고쳐 삼았고 즉묵(卽墨)에 도읍하도록 했다[治=都]. 제나라 장군 전도(田都)는 우를 따라서 함께 조나라를 구원했고 그대로 함곡관에 들어갔기 때문에 도를 세워 제왕(齊王)으로 삼고 임치(臨菑)에 도읍하도록 했다. 옛 제왕 건(建)의 손자 전안(田安)은 항우가 황하를 건너 조나라를 구원해줄 때, 안(安)은 제북(濟北)의 여러 성들을 함락시킨 뒤 병사들을 이끌고 항우에게 항복했기 때문에, 우는 안을 세워 제북왕으로 삼고 박양(博陽)에 도읍하도록 했다. 영(榮)은 항량의 뜻을 따르지 않고 초나라가 진나라를 공격할 때 기꺼이 돕지 않았기 때문에 왕이 되지 못했다. 조나라 장군 진여 또한 직책을 잃어 왕이 되지 못했다. 두 사람 모두 항우에게 원망을 품었다.

(항우가 자기 나라로 돌아가자 제후들도 각자 자기 나라로 돌아갔다. 이에)[2] 영은 사람을 시켜 군대를 이끌고 가서 진여를 도와 조나라 땅에서 반란을 일으키게 하고는 자신도 군대를 동원해 전도(田都)를 치자 도(都)는 초나라로 달아났다. 영은 제왕 시를 만류해 교동으로 가지 못하게 했다. 시의 좌우에 있던 신하들이 말했다.

"항왕은 강하고 포악하니 왕께서 봉국에 나아가지[就國] 않으시면 분명 위태로우실 것입니다."

시는 두려워하다가 마침내 도망쳐[亡] 봉국에 나아갔다. 영은 화가 나서 뒤쫓아가 즉묵에서 시를 쳐서 죽였고, 돌아와서 제북왕 안을 공격해 죽인 뒤 스스로를 세워 왕이 돼 삼제(三齊)의 땅[○ 사고(師古)가 말했다. "제(齊)와 제북(濟北), 그리고 교동(膠東)의 땅을 가리킨다."]을 모두 집어삼켰다.

항왕은 이를 듣고서 크게 화가 나 마침내 북쪽으로 제나라를 쳤다. 영은 군대를 동원해 성양(城陽)에서 맞섰다. 영의 군대가 패해 평원(平原)으로 달아나자 평원 백성들이 영을 죽였다. 항우는 드디어 제나라 성곽들을 불태워 평지로 만들었고[夷=平], 지나는 곳마다 사람들을 모두 도륙하고 건물들을 파괴했다. 제나라 사람들은 서로 모여 (항우에게) 반란을 일으켰다. 영의 동생 횡(橫)은 제나라의 흩어진 병사들을 거두어 수만 명을 모아 성양에서 항우를 반격했다. 한편 한왕(漢王)은 제후들을 거느리고 초나라를 꺾은 뒤에 팽성에 들어갔다. 항우는 이 소식을 듣고서 마침내 제나

---

2 이 문장은 사마천의 『사기(史記)』 「전담열전(田儋列傳)」에는 있는데 반고는 생략했다.

라를 내버려두고[釋=解] 돌아가 팽성에서 한나라를 치니, 그로 인해 연이어 한나라와 싸우면서 형양에서 서로 맞섰다[距]. 그리하여 횡은 다시 제나라의 성읍을 차지하고 나서 영의 아들 광(廣)을 세워 왕으로 삼고서 그의 재상이 되니 정사의 크고 작은 일들[巨細]이 모두 횡에 의해 결정됐다.

(전횡이) 제나라를 평정한 지 3년이 지났을 때 그는 한나라 장수 한신(韓信)이 군대를 이끌고 동쪽으로 제나라를 치려 한다는 말을 듣고서 제나라는 화무상(華毋傷)과 전해(田解)로 하여금 역하(歷下)〔○ 장안(張晏)이 말했다. "제남(濟南) 역산(歷山) 아래를 말한다."〕에 군진을 치고 한나라와 맞서게 했다. 이런 때를 맞아 한나라 사신 역이기(酈食其)가 가서 왕 광(廣)과 재상 횡(橫)을 설득해 서로 연대해 강화할 것[連和]을 설득했다. 횡은 옳다고 여기고 마침내 역하의 수비를 풀고 술잔치를 열면서 장차 사신을 보내 한나라와 화평을 맺으려 했다. 이때 한신은 평원(平原)을 건너 역하에 있던 제나라 군대를 기습해서 깨뜨리고 잇달아 임치로 들어갔다. 왕 광과 재상 횡은 역생(酈生-역이기)이 자신들을 속였다[賣=欺]며 그를 삶아 죽였다[亨=烹]. 곽은 동쪽의 고밀(高密)로 달아났고, 횡은 박(博)〔○ 소림(蘇林)이 말했다. "태산(泰山)의 박현(博縣)이다."〕으로 도망쳤으며, 수상(守相)〔○ 사고(師古)가 말했다. "임시로 재상의 일을 맡은 사람을 말한다."〕 전광(田光)은 성양으로 달아났고, 장군 전기(田旣)는 교동에 군진을 쳤다. 초나라가 용저(龍且)로 하여금 제나라를 구원하도록 하니 제왕과 고밀에서 만나 연합군을 형성했다. 한나라 장수 한신과 조참(曹參)은 용저를 깨뜨려 죽였으며 제왕 광을 사로잡았다. 한나라 장수 관영(灌嬰)은 수상 광(光)을 뒤쫓아 사로잡고 박(博)에 이르렀다. 한편 횡은 왕이 죽었다는 말을 듣고

서 스스로를 세워 왕이 된 다음에 돌아가 영(嬰)을 쳤는데 영의 군사가 영(嬴)〔○ 진작(晉灼)이 말했다. "태산(泰山) 영현(嬴縣)이다."〕 성 아래에서 횡의 군대를 꺾었다. 횡은 양(梁)나라로 달아나 팽월에게 귀순했다. 월은 이때 양나라 땅에 있으면서 가운데 입장을 지키며[中立] 한나라 편을 들기도 하고 초나라 편을 들기도 했다. 한신은 이미 용저를 죽이고 이어 병사를 이끌고 나아가 교동에서 전기를 깨뜨려 죽였으며, 관영은 천승(千乘) 땅에서 제나라 장군 전흡(田吸)을 깨뜨려 죽이니 드디어 제나라 땅이 평정됐다.

(그로부터 1년 후에) 한나라는 항적을 멸망시키고 한왕은 세워져 황제가 됐으며 팽월을 양왕(梁王)으로 삼았다. 횡은 주살될까 두려워해 그 무리 500여 명과 함께 바다로 가서 섬에서 살았다. 고제(高帝)는 이 소식을 듣고서 횡의 형제들은 본래 제나라를 평정한 바 있는 데다가 제나라 사람들 중에 뛰어난 이들이 대거 그를 따르니 지금 바다에 있는 자들을 거두지 않을 경우 뒤에 반란이 있을 것을 걱정해 마침내 사자를 보내 횡의 죄를 용서하고 그를 불러오게 했다. 횡은 사죄하며[謝] 말했다.

"신은 폐하의 사신 역이기를 삶아 죽였고, 지금 듣건대 그의 동생 상(商)이 한나라의 장수가 됐고 뛰어나다 하니, 신은 두려워 감히 조서를 받지 못하겠습니다. 부디 그냥 평민으로 남아 바다의 섬이나 지키며 살게 해주십시오."

사자가 돌아와 보고하자 고제는 마침내 위위(衛尉) 역상(酈商)에게 조서를 내려 말했다.

"제왕 횡이 이곳에 들어왔을 때 감히 그를 따르는 사람을 불안하게 만드는 자가 있다면 그 일족을 멸할 것이다[族夷=族滅]."
_{족이   족멸}

이에 다시 사자에게 부절을 지니고 가서 조서의 뜻을 자세하게 설명하고 이렇게 말하도록 했다.

"횡이 오게 되면 큰 인물은 왕으로 삼고 작은 인물은 곧 후(侯)로 삼을 것이다(○ 사고(師古)가 말했다. "큰 인물이란 횡 자신이고 작은 인물은 그를 따르는 무리들[徒屬]이다."). 오지 않으면 군대를 발동해 주살할_{도속}
것이다."

횡은 마침내 자신의 빈객 3명과 함께 역마를 타고서[乘傳] 낙양에 이르_{승전}
렀다. 시향(尸鄕) 역에 이르렀을 때 횡은 사자에게 말했다.

"남의 신하 된 자가 천자를 알현하는 것이니 마땅히 몸을 씻고 머리를 감아야 합니다."

그곳에 멈추어 머물렀다. 그리고 빈객들에게 말했다.

"횡은 애초에 한나라 왕과 더불어 왕 노릇을 하면서[南面] 스스로를 고_{남면}
(孤-왕의 자칭)(○ 사고(師古)가 말했다. "임금이 스스로를 고(孤)라고 부르는 것은 대개 겸손을 표하기 위함이다. 노자(老子)의 『덕경(德經)』에 이르기를 '귀함은 천함을 근본으로 삼고 높음은 낮음을 기본으로 삼는다'라고 했으니 이 때문에 제후나 왕은 스스로를 일러 고(孤), 과(寡), 불곡(不穀)이라고 하는 것이다.")라고 했는데, 지금은 한왕은 천자가 되고 횡은 도망친 포로[亡虜]가 돼 북면해 그를 섬기게 됐으니, 그 치욕스러움[媿]이 참으로_{망로}   _괴
너무도 심하구려. 또 나는 남의 형을 삶아 죽였는데 그 동생과 어깨를 나란히 하면서 같은 군주를 섬겨야 하니 비록 그가 천자의 명령을 두려워해 감히 나를 괴롭히지는 못한다고 해도 내 홀로 마음속에 부끄러움이 없겠소? 또 폐하께서 나를 보고자 하는 까닭은 그저 내 얼굴과 모습을 한 번 보고자 하는 것에 지나지 않을 뿐이오. 폐하께서 낙양에 계시니 지금 내 목을 베어 30리를 말로 내달리게 하면 모습은 아직 썩지 않아 오히려 알아볼 수 있을 것이오."

드디어 스스로 목을 찔러 빈객으로 하여금 자신의 목을 받들고 사자를 따라가서 그것을 고제에게 바치게 했다. 고제가 말했다.

"아! 다 이유가 있었구나! 평민 집안에서 일어나 형제 3명이 번갈아 왕이 됐으니 어찌 뛰어나지 않겠는가!"

그를 위해 눈물을 흘리고는 두 빈객을 제배해 도위(都尉)로 삼고 병졸 2,000명을 동원해 왕의 예로써 횡을 장사 지냈다.

이미 장례가 끝나자 두 빈객은 그 무덤 곁에 구덩이를 파고 둘 다 목을 찔러 횡의 뒤를 따랐다. 고제는 이를 듣고서 크게 놀랐으며 횡의 빈객들이 모두 뛰어난 자들이라고 여겼다. 그리고 그 나머지 500명이 여전히 바다 가운데에 있다고 들었다며 사자를 시켜 그들을 불러오게 했는데 횡이 죽었다는 소식을 전해 듣고는 그들도 모두 자살했다. 이를 통해 마침내 전횡 형제는 능히 선비들의 마음을 얻고 있었음을 알 수가 있다.

한왕(韓王) 신(信)은 옛 한나라 양왕(襄王)의 첩이 낳은 손자[孽孫=庶孫]로 키가 8척 5촌이다. 항량(項梁)이 초나라 회왕(懷王)을 세웠을 때 연(燕), 제(齊), 조(趙), 위(魏)나라는 모두 이미 이전의 왕이 다시 왕이 됐지만 오직 한나라에서만 후손이 없었기 때문에, 그래서 한나라의 공자 횡 양군(橫陽君) 성(成)을 세워 한왕으로 삼아 한나라 땅을 눌러 평정하고자

[撫定] 했다. (그런데) 항량이 정도(定陶)에서 (싸우다가) 죽자 성(成)은 회왕에게 달아났다. (이에) 패공(沛公-유방)은 군대를 이끌고 양성(陽城)을 쳤고 장량을 한나라의 사도(司徒)로 삼아 한나라 땅을 공략하게 했는데 이때 신(信)을 얻어 한나라 장수로 삼으니 신은 자신의 병사들을 거느리고 패공을 따라 무관(武關)에 들어갔다.

패공이 한왕(漢王)이 되자 신은 그를 따라 한중(漢中)에 들어가 마침내 한왕을 설득해 말했다.

"항왕(項王-항우)은 여러 장수들을 왕으로 삼았는데 왕(王-한왕 유방) 께서만 홀로 이곳에 머물러 계시니 이는 내친 것[遷]입니다. (이곳의) 사졸들은 모두 산동(山東) 사람이므로 발꿈치를 들어[竦] 고향으로 돌아가고 싶어 할 것이니 칼날을 동쪽으로 돌리신다면 천하(의 패권)를 다툴 수 있을 것입니다〔○ 사고(師古)가 말했다. "「고제기(高帝紀)」와 「한팽영노오전(韓彭英盧吳傳)」에서는 둘 다 이 설득의 말을 초왕(楚王) 한신(韓信)이 한 것으로 돼 있는데, 이 전에서는 다시 한왕(韓王) 신(信)이 한 말로 적고 있으니 어찌 역사가(-반고)가 착오를 할 수 있는가? 혹시 두 사람이 똑같이 큰 뜻을 함께 권유한 때문일까?"〕."

한왕은 돌아와 삼진(三秦)을 평정하고서 마침내 신이 왕이 되는 것을 허락했다. 그에 앞서 그를 한나라 태위(太尉)로 삼아 병사들을 이끌고 한나라 땅을 공략하게 한 바 있었다.

항적(項籍-항우)이 봉해준 여러 왕들은 모두 자신들의 봉국으로 나아갔지만 한왕 성(成)은 항우를 따르지 않아 공로가 없었기 때문에 봉국을 받아 나아가지 못하고 다시 봉해져 양후(穰侯)〔○ 문영(文穎)이 말했다.

"양(穰)은 남양현(南陽縣)이다."]가 됐다가 뒤에 피살됐다. 항적은 한(漢)나라가 신을 보내 한나라 땅을 공략하게 했다는 소식을 듣고서 마침내 옛날에 적(籍)이 오나라에서 노닐 때 그곳 현령이었던 정창(鄭昌)을 한왕으로 삼아 한(漢)에 맞서도록 했다. 한나라 2년에 신은 한나라 땅 10여 개 성을 공략해 평정했다. 한왕(漢王)이 하남에 이르렀을 때 신은 한왕 창(昌)을 습격했고 창은 한나라에 항복했다. 이에 신을 세워 한왕(韓王)으로 삼았고 신은 늘 한나라 병사를 이끌고 한왕(漢王)을 따랐다. 한왕은 신으로 하여금 주가(周苛) 등과 함께 형양(滎陽)을 지키게 했는데 초나라가 그곳을 깨뜨리자[拔] 신은 초나라에 항복했다. 신이 초에 항복했다가 다시 한나라로
발
돌아오자 한나라는 다시 그를 한왕으로 삼았고 결국 한왕(漢王)을 따라 항적을 쳐서 깨뜨렸다. 5년 봄에 신(信)과 부절을 쪼개어[剖符] 영천(潁川)
부부
의 왕으로 삼았다.[3]

6년 봄 상(上)은 신이 장대하고 무재(武才)가 있는데, 북쪽으로는 공(鞏)〔○ 사고(師古)가 말했다. "지금의 공현(鞏縣)이다."]과 낙(雒)과 가깝고 남쪽으로 완(宛)과 섭(葉)〔○ 사고(師古)가 말했다. "남양(南陽)의 두 현이다."]에 인접해 있으며, 동쪽에는 회양(淮陽)이 있어 모두 천하에서 강성한 군대[勁兵]만 있는 곳이라, 마침내 고쳐 태원군(太原郡)을 한국(韓國)으로 삼아
경병
신을 옮겨 오랑캐를 막게 하고, 진양(晉陽)을 도읍으로 정해주었다. 신이 글을 올려 말했다.

'나라가 변방과 접해 있어[被=帶] 흉노가 자주 쳐들어오고 진양은 요새
피 대

---

3 한왕으로 삼고서 이에 영천을 도읍으로 정해주었다는 말이다.

와의 거리가 머니 청컨대 마읍(馬邑)을 다스리게 해주십시오.'[4]

상은 허락했다.

가을에 흉노 묵돌(冒頓)이 크게 쳐들어와 신을 둘러싸자 신은 여러 차
례 사자를 보내 오랑캐에게 화친을 구했다. 한나라는 군대를 보내 그를 도
왔으나 신이 여러 차례 몰래[間=私] (흉노에) 사자를 보내자 두 마음을 품
은 것으로 의심했다. 상은 신에게 서신을 보내 그를 꾸짖었다[責讓].

'오직 죽기를 각오했다고 해서 용맹스러운 것은 아니며 오직 살려고만
한다고 해서 유능한 것은 아니오. 적이 마읍을 공격한 것은 군왕이 그것
을 굳건하게 지키기에 힘이 딸려서인 것이오? 안위와 존망이 걸린 땅이라
해도 충신(忠信) 하는 마음이 있다면 지켜낼 수 있을 터인데 그렇지 못한
듯 해 짐이 이렇게 군왕을 꾸짖는 것이오.'

신은 서신을 받고서 목이 날아갈까 두려워 그로 인해 흉노와 함께 한
나라를 치기로 약속하고서 마읍을 오랑캐에 내주어 항복하고 태원을
쳤다.

7년 겨울에 상이 몸소 가서 동제(銅鞮)〔○ 사고(師古)가 말했다. "상당군
(上黨君)의 현(縣)이다."〕에서 신의 군대를 쳐서 깨뜨리고 그 장수 왕희(王
喜)의 목을 벴다. 신은 흉노로 달아났다. 그의 장수 백토(白土)〔○ 장안(張
晏)이 말했다. "현의 이름이며 상군(上郡)에 속한다."〕 사람 만구신(曼丘臣)
과 왕황(王黃)이 조나라의 먼 후예[苗裔] 조리(趙利)를 세워 왕으로 삼았
고, 다시 신의 흩어진 병사들을 거두어 신과 묵돌과 함께 모의해 한나라

---

4 마읍을 도읍으로 삼게 해달라는 요청이다.

를 치기로 했다. 흉노는 좌현왕(左賢王)과 우현왕(右賢王)에게 기병 1만여 기를 이끌고 왕황 등과 함께 광무(廣武)〔○ 사고(師古)가 말했다. "태원의 현(縣)이다."〕 남쪽에 주둔하게 한 다음 진양(晉陽)으로 내려와, 진양에 이르러 한나라 병사와 싸웠는데 한나라 군대가 그들을 크게 깨뜨려 이석(離石)〔○ 사고(師古)가 말했다. "서하(西河)의 현(縣)이다."〕까지 쫓아가 다시 그들을 깨뜨렸다. 흉노는 다시 누번(樓煩) 서북쪽에서 병사들을 모았고, 한나라는 전차와 기병[車騎]으로 흉노를 치니 흉노는 계속 패하며 달아났고, 한나라는 승세를 타고서 북쪽으로 뒤쫓았다. 묵돌이 대곡(代谷)에 머물러 있다는 소식을 듣고서 상은 진양에 있으면서 사람을 시켜 묵돌을 감시하게 했는데, 첩자가 돌아와 보고하기를 "쳐도 좋습니다"라고 했다. 상은 드디어 평성(平城)에 이르러 백등산(白登山)에 올랐다. 흉노의 기병들이 상을 포위하자 상은 마침내 사람을 시켜 연지(閼氏-선우의 아내)에게 많은 선물을 보내고서[厚遣] 말했다.

"지금 한나라 땅을 얻는다 해도 오히려 (흉노는) 그곳에서 살 수가 없으니 장차 두 임금이 서로 횡액을 당할 필요가 있겠습니까?"

7일 만에 오랑캐의 기병들이 점점 물러났다. 하늘에 안개가 덮여 한나라는 사람을 시켜 오가게 했는데도 오랑캐는 알아차리지 못했다[不覺]. 호군중위(護軍中尉) 진평(陳平)이 상에게 말했다.

"오랑캐는 병사들을 온전하게 하려고만 합니다. 강한 쇠뇌에 화살을 2개씩 메긴 뒤에 밖을 향하게 하고 천천히 걸어서 포위를 벗어나십시오."

(고조가) 평성으로 들어가자 한나라 구원병도 도착했다. 오랑캐 기병은 결국 포위를 풀고 돌아갔고 한나라도 역시 군대를 풀어 돌아갔다. 신은 흉

노를 위해 군대를 이끌고 오가면서 변경을 침략했고 왕황 등으로 하여금 진희(陳豨)를 설득해 길을 잘못 들게[誤] 만들었다.[5]

11년 봄에 신은 다시 오랑캐 기병과 함께 삼합(參合)〔○ 사고(師古)가 말했다. "대군(代郡)의 현(縣)이다."〕에 쳐들어와 머물렀다. 한나라는 시(柴)장군〔○ 응소(應劭)가 말했다. "시무(柴武)다."〕을 시켜 그들을 치게 했고 신에게 서신을 보내 말했다.

'폐하께서는 너그럽고 어지시어[寬仁] 제후들이 비록 반란을 하거나 도망을 쳐도 일단 돌아오면 곧바로 옛 지위와 명호를 되찾아주시고 주벌하지 않았습니다. 대왕께서도 잘 아시는 바입니다. 지금 왕께서는 싸움에 져 흉노로 달아났을 뿐 큰 죄는 아니니 서둘러 스스로 돌아오십시오.'

신이 답을 보냈다.

'폐하께서는 여항(閭巷-시골 길거리)에서 저[僕]를 뽑아 임금 자리에 올려[南面] 스스로를 고(孤)라 칭하게 해주셨으니 이는 저의 행운이었습니다. 형양의 일은 제가 능히 죽지 못하고 항적에게 붙잡혔으니 이것이 첫 번째 죄입니다. 적이 마읍에 쳐들어왔을 때 제가 능히 견고하게 지키지 못해 성을 내주고 항복했으니 이것이 두 번째 죄입니다. 지금은 도리어 오랑캐를 위해 병사를 이끌고 한나라 장군들과 맞서 한순간의 목숨을 다투고 있으니 이것이 세 번째 죄입니다. 무릇 대부 종(種)과 범려(范蠡)〔○ 사고(師古)가 말했다. "두 사람 다 월왕(越王) 구천(句踐)의 신하들이다."〕는 하나의

---

5 얼마 후에 고제의 아버지 태상황이 죽자 고제는 진희를 불러들였으나, 진희는 가지 않고 도리어 대나라와 조나라를 들어 반란을 일으켰다.

죄도 없었는데 몸은 죽었습니다. 그런데 저는 세 가지 죄가 있는데도 살기를 바란다면 이는 오자서(伍子胥)가 오나라에서 쓰러져 죽은 것과 같을 것입니다. 지금 저는 산골짜기로 도망쳐 숨어다니며 아침저녁으로 오랑캐들에게 목숨을 구걸하고 있습니다. 그러니 제가 한나라로 돌아가기를 바란다는 것은 마치 앉은뱅이[痿人]가 일어서기를 잊지 못하고 장님이 보기를 잊지 못하는 것과 같으니 형세상으로 불가할 뿐입니다.'

드디어 싸움이 벌어졌다. 시장군은 삼합을 도륙했고[屠] 신의 목을 베었다.

(그에 앞서) 신이 흉노에 들어갔을 때 태자와 함께 갔는데 퇴당성(頹當城)에 이르렀을 때 아들을 낳았기 때문에 그 이름을 퇴당이라고 했다. 한의 태자도 아들을 낳아 영(嬰)이라고 했다. 효문제 때에 이르러 퇴당과 영이 자신의 무리들을 이끌고 항복했다. 한나라는 퇴당을 봉해 궁고후(弓高侯), 영을 봉해 양성후(襄城侯)로 삼았다. 오초(吳楚)의 반란 때 궁고후의 공로는 여러 장수들 중에 으뜸이었다[冠=首]. 봉국은 아들에게 전해지고 손자에게 이르렀는데 손자에게 자식이 없어 봉국은 끊어졌다[國絶]. 영의 손자는 불경죄를 지어 후(侯)의 신분을 잃었다. 퇴상의 서손 언(嫣)은 황제의 총애를 받아 이름이 당대에 두드러졌다. 언의 동생 열(說)은 교위(校尉)로 흉노를 쳐서 용액후(龍額侯)에 봉해졌다. 뒤에 주금(酎金)을 어긴 죄에 연루돼 후(侯)의 신분을 잃었다가 다시 대조(待詔)[6]로서 횡해(橫海)장군이돼 동월(東越)을 쳐서 깨뜨려 안도후(按道侯)에 봉해졌다. 태초(太初) 연간

6　조칙(詔勅)의 수발을 담당하던 관리다.

에 유격(遊擊)장군이 돼 오원(五原) 밖 여러 성들에 주둔했으며, 돌아와 광록훈(光祿勳)이 됐고, 태자궁에서 무고를 위한 목각 인형[蠱]을 파내어 태자에게 살해됐다. 아들 흥(興)이 뒤를 이었으나 무고(巫蠱) 사건에 연루돼 주살됐다. 상이 말하기를 "유격장군은 나랏일로 인해 죽었고, 논해 연루시킬 이유가 없다"라고 해 마침내 흥의 동생 증(增)이 다시 봉해져 용액후가 됐다. 증은 어릴 때 낭(郎-낭관)이었다가 제조(諸曹) 시중 광록대부를 거쳐 소제(昭帝) 때 전장군(前將軍)에 이르렀고 대장군 곽광(霍光)과 함께 계책을 정해[定策] 선제(宣帝)를 세워 1,000호가 더 봉해졌다. 본시(本始) 2년에 다섯 장군이 흉노를 정벌할 때 증은 3만 기병을 이끌고 운중(雲中)에서 출진해 100여 급을 벴고 예정된 기한에 돌아왔다. 신작(神爵) 원년 장안세(張安世)를 대신해 대사마 거기장군이 됐고 상서(尙書)의 일을 통솔했다. 증은 그 집안이 대대로 존귀했고 어려서 충신이었으며 세 주상을 섬겨 조정에서 중하게 여겼다. 사람됨이 너그럽고 온화하며[寬和] 스스로를 잘 다잡아[自守], 온후한 얼굴과 겸손한 말로 위를 받들고 아랫사람들을 대해 뜻을 잃는 바가 없고, 몸을 지켜 총애를 굳건히 했지만 능히 좋은 건의를 올리는 바[所建明]는 없었다. 오봉(五鳳) 2년에 훙했고 시호는 안후(安侯)였다. 자보(子寶)가 뒤를 이었는데 아들이 없어 봉국도 없어졌다[國除=國絶]. 성제(成帝) 때 끊어진 공신의 집안을 다시 일으켜 증의 형의 아들 자잠(子岑)이 용액후가 됐다. 그가 훙하자 아들 지궁(持弓)이 뒤를 이었다. 왕망이 패망하면서 마침내 봉작은 끊어졌다.

찬(贊)하여 말했다.

"주나라 왕실이 이미 무너지고 춘추(春秋)시대의 말기에 이르러 제후들은 거의 줄어들어 없어졌지만 신농, 황제, 요임금, 순임금[炎黃唐虞]의 먼 후예들은 오히려 자못 남아 있는 자들이 있었다. 진(秦)나라가 6국을 멸망시키자 그나마 상고(上古)시대의 남아 있던 유업[遺烈=遺業]은 땅바닥을 쓸 듯[掃地] 다 사라졌다. 초한(楚漢) 때가 되자 호걸들이 서로 왕이 됐지만 오직 위표(魏豹), 한신(韓信), 전담(田儋) 형제만이 옛 나라들[7]의 자손이었는데, 그러나 이들은 모두 그들 자신에 이르러 다 끊어졌다. 횡(橫)의 지조와 절의는 빈객들이 그 의로움을 사모할 정도였지만 오히려 자립할 수 없었으니 어찌 천명이 아니겠는가? 한씨(韓氏)는 궁고후부터 귀하게 현달했는데 대개 주나라의 유업이 가까이에 남아 있었기 때문일 것이리라!"[8]

---

7 전국시대 나라들을 가리킨다.

8 한씨(韓氏)는 주나라 왕실의 희성(姬姓)에서 파생돼 나왔다는 말이다.

한신·팽월·영포·노관·오예전

韓彭英盧吳傳

한신(韓信)은 회음(淮陰) 사람이다. 집은 가난했고 행실에 이렇다 할 것이 없어[無行] 관리로 추천될 수도 없었고, 또 장사를 해서 살아갈 능력도 없었기에 늘 남을 따라다니며 얻어먹고 지냈다[寄食]. 그 어머니가 돌아가셨을 때도 장례를 제대로 지내지 못해 결국 고지대의 메마른 땅에 겨우 묘를 만들었는데, 그 주변에 1만 가구를 둘 수 있게 했다〔○ 사고(師古)가 말했다. "그가 큰 뜻을 품고 있었다는 말이다."〕. 신(信)이 하향(下鄉)〔○ 장안(張晏)이 말했다. "하향은 회음에 속한다."〕의 남창(南昌) 정(亭-행정단위)의 정장의 집에서 밥을 얻어먹고 있을 때 정장의 처가 그것을 싫어해[苦=厭], 마침내 새벽에 밥을 지어 이불 속에서 먹어 치우고는[蓐食] 식사 시간에 신이 가도 밥을 차려주지 않았다. 신도 그 뜻을 알고서는 스스로 발길을 끊어버렸다. 성 아래에 가서 낚시를 하는데 한 빨래하는 아주머니가 그를 불쌍히 여겨 밥을 주었는데, 결국 빨래하는 수십 일 동안 계속 밥을 주었다. 신은 빨래하는 아주머니에게 말했다.

"내 반드시 아주머니에게 은혜를 갚겠소."

아주머니는 화를 내며 말했다.

"대장부가 제 힘으로 밥도 먹지 못해 내가 왕손(王孫)〔○ 소림(蘇林)이 말했다. "왕손이란 마치 경칭으로 공자(公子)라고 하는 것처럼 (별 뜻 없이) 한 말이다."〕을 불쌍히 여겨 밥을 드린 것뿐인데 어찌 보답을 바라겠소?"

회음의 한 젊은이는 또 신을 모욕하며 이렇게 말했다.

"비록 키가 커서 칼을 잘도 차고 다니는지 몰라도 겁쟁이일 뿐이다."

많은 사람들이 보는 데서 신을 욕보이며 말했다.

"네가 나를 죽일 수 있다면 찔러보아라. 만일 그리 할 수 없다면 내 가랑이 밑으로 기어서 가라[跨下]."

이에 신은 물끄러미 바라보다가[孰視=熟視] 몸을 구부려[俛=俯] 가랑이 밑으로 기어갔다. 단번에 시장 사람들은 모두 웃으면서 신을 겁쟁이라고 생각했다.

항량이 회수(淮水)를 건널 때 신은 마침 칼 한 자루만 들고서 항량을 따라서 그 깃발 아래 있었으나 아무런 직함도 맡은 것이 없었다. 량이 패하자 다시 항우에게 소속돼 낭중(郎中)이 됐다. 신은 여러 차례 항우에게 계책을 올렸으나 우는 그것을 쓰지 않았다. 한왕이 촉(蜀)에 들어가자 신은 초나라를 도망쳐 한나라에 귀의했는데 이렇다 할 직함을 맡은 적이 없었기에 연오(連敖)[1]가 됐다. (한 번은) 법에 걸려들어 참형을 당하게 됐는

---

1 곡식 창고를 담당하는 보잘것없는 초나라 관직명이다.

데, 같은 죄명의 13명이 이미 목이 달아났고, 이제 신의 차례가 되자 이때 신은 마침내 고개를 들어 위를 바라보다가 마침 등공(滕公)〔○ 사고(師古)가 말했다. "하후영(夏侯嬰)이다."〕과 눈이 마주치자 이렇게 말했다.

"상께서는 천자가 되려고 하지 않으십니까? 어찌 장사를 목 베려 하십니까!"

등공은 그 말이 기이하고 모습도 장해 그를 풀어주고[釋=放] 목을 베지 않았다. 함께 이야기를 나눠보고는 크게 기뻐해 한왕에게 그의 이야기를 했다. 한왕은 그를 치속도위(治粟都尉)로 삼았지만 아직 그를 비범한 인물로 여기지는 않았다.

(한신은) 소하(蕭何)와 여러 차례 이야기를 나눴는데 하(何)는 그를 비범한 인물이라 생각했다. 남정(南鄭)[2]에 이르기까지 여러 장수들 중에 길에서 도망친 자가 수십 명이었다. 신도 헤아리기를[度=計量] 하 등이 이미 여러 차례 상에게 천거를 했는데도 자신을 쓰지 않는다고 여기고서 곧바로 달아났다. 하는 신이 도망쳤다는 소식을 듣고서 미처 상에게 보고도 하지 않은 채 직접 그를 뒤쫓았다. 어떤 사람이 상에게 말했다.

"승상 하가 달아났습니다."

상은 몹시 화를 냈는데 마치 좌우의 양손을 잃은 듯했다. 며칠이 지나 하가 와서 아뢰었다[謁]. 상은 화도 나고 기쁘기도 해[且怒且喜] 하를 꾸짖어[罵=責] 말했다.

"그대[若=汝]가 도망친 것이었다면 어째서 그랬소?"

___

2   유방이 영토로 받은 한중(漢中)의 수도다.

하가 말했다.

"신은 감히 도망친 것이 아니라 도망간 자를 뒤쫓았을 뿐입니다."

상이 말했다.

"뒤쫓은 자가 누구인가?"

말했다.

"한신입니다."

상이 다시 꾸짖으며 말했다.

"여러 장수들 중에 도망친 자가 이미 수십 명인데 공은 아무도 뒤쫓지를 않았소. 그런데 신을 뒤쫓았다 하니 이는 거짓말이오."

하가 말했다.

"다른 장수들은 쉽게 얻을 수 있지만 한신과 같은 인물은 나라의 인재들 중에 견줄 만한 자가 없습니다. 왕께서 반드시 한중의 왕으로만 오래 머물고자 하신다면 신을 써야 할 일은 없습니다만 반드시 천하를 놓고 다투시려 한다면 신이 아니고서는 함께 일을 도모할 사람이 없습니다. 생각 건대 왕께서 어느 쪽을 결정하시느냐에 달려 있는 문제입니다."

왕이 말했다.

"나도 역시 동쪽으로 가려고 할 뿐이지[3] 어찌 답답하게[鬱鬱] 이런 곳에 오래 머물러 있을 수가 있겠소?"

하가 말했다.

"왕께서 반드시 동쪽으로 가려고 계획하고 계시다면 신을 쓰십시오. 그

---

3   천하를 놓고 다투고자 한다는 말이다.

러면 신은 남아 있을 것입니다. 그러나 신을 쓰지 않으시면 신은 결국 떠나갈 것입니다."

왕이 말했다.

"내가 공을 보아서 그를 장수로 삼겠소."

하가 말했다.

"장수로 삼는다 해도 신은 남아 있지 않을 것입니다."

왕이 말했다.

"그러면 대장군으로 삼겠소."

하가 말했다.

"참으로 다행스럽습니다."

이에 왕은 신을 불러 (그를 대장군에) 제배하려고 했다. 하가 말했다.

"왕께서는 평소 사람들을 우습게 알고[嫚] 무례하시어 지금도 대장군을 제배하면서 마치 어린아이를 부르듯이 하시니 이 때문에 곧 신이 떠났던 것입니다. 반드시 그를 제배하고자 하신다면 좋은 날을 골라 재계하고 단장(壇場)을 설치해 예를 갖춘다면[具禮] 마침내 가능할 것입니다."

(단장을 설치하는 것을 보고서) 여러 장수들은 모두 기뻐하며 사람마다 각각 자신이 대장군이 될 것으로 생각했다[以爲]. 제배를 하게 되자 마침내 그 장본인은 한신이었고 군대의 모든 사람들이 다 깜짝 놀랐다. 신이 제배를 마치고 자리에 올랐다. 왕이 말했다.

"승상이 여러 차례 장군에 대해 말을 했는데 장군은 무엇으로써 과인에게 계책을 가르칠 것이오?"

신은 감사 인사를 한 다음 왕에게 물었다.

"지금 동쪽으로 가서[東鄕=東嚮] 천하의 권력을 다툴 사람은 항왕이
아니겠습니까?"

왕이 말했다.

"그렇소."

신이 말했다.

"대왕께서는 스스로 생각하시기에[自料] 용맹스럽고, 세차고, 어질고,
굳센[勇悍仁彊] 면에서 항왕과 비교할 때 누가 낫겠습니까?"

한왕은 침묵한 채 오랫동안 있다가 말했다.

"내가 그만 못하오."

신은 두 번 절하고서 하례를 올리며 말했다.

"맞습니다[唯]. 신도 대왕께서 항왕만 못하다고 여깁니다. 그러나 신은
일찍이 항왕을 섬긴 적이 있으니 항왕의 사람됨[爲人]에 대해 말씀드리고
자 합니다. 항왕이 작심하고 소리를 내지르면 1,000명이 모두 꼼짝 못합
니다만 그러나 뛰어난 장수에게 능히 일을 믿고 맡기지 못하니 이는 다만
[特=但] 필부의 용맹[匹夫之勇]일 뿐입니다. 항왕은 사람을 만나볼 때 공
손하고 조심하며 말투도 아주 친근해[姁姁], 누가 병에 걸리기라도 하면
눈물을 흘리면서 음식을 나눠줍니다만, 그러나 자기가 부리는 사람이 공
로가 있어 봉작을 내려야 할 때가 되면 인장이 닳아서 깨질 때까지 만지
작거리며 차마 내주지를 못하니, 이것이 이른바 아녀자의 어짊[婦人之仁]
입니다. 항왕이 비록 천하를 제패해 제후들을 신하로 삼고 있지만 관중(關
中)에 머무르지 않고 팽성(彭城)을 도읍으로 삼았습니다. 또 의제(義帝)와
의 약속을 저버리고 자신과 가깝거나 아껴주는[親愛] 정도에 따라 제후

들을 왕으로 삼았으니 불공평한 처사였습니다. 제후들은 항왕이 의제를 강남으로 내쫓는 것을 보고서 그들도 또한 모두 자신들의 나라로 돌아가 자기 임금을 내쫓고 스스로 좋은 땅을 차지하고 왕이 됐습니다. 항왕이 지나가는 곳이면 잔혹하게 멸망되지 않는 곳이 없어 백성들 사이에 많은 원망이 맺혔고, 백성들은 기꺼이 따르려 하지 않고 단지 그의 위세에 겁먹어 마지못해 복종할 뿐입니다. 명목상으로는 비록 패자(覇者)일지 몰라도 실제로는 천하의 마음을 잃고 있기 때문에, 그래서 그 강대함은 쉽게 약해질 것이라고 말하는 것입니다. 지금 대왕께서 진실로 그의 도리와 반대로 하시어 천하의 무재와 용맹이 뛰어난 이들을 믿고 쓰신다면 어찌 주멸하지 못할 자들이 있겠습니까? 천하의 성읍에 공로가 있는 신하들을 봉해준다면 어느 누가 복종하지 않겠습니까? 의로운 병사를 명분으로 내세워 동쪽으로 가고 싶어 하는 병사들을 이끈다면 사방으로 흩어져 달아나지 않을 적이 어디 있겠습니까? 또 삼진(三秦)의 왕들[○ 사고(師古)가 말했다. "장한(章邯), 사마흔(司馬欣), 동예(董翳)를 가리킨다."]은 진나라 장수들이었기 때문에 진나라 자제들을 거느린 지 여러 해가 돼 죽거나 도망친 자들을 이루 다 헤아릴 수가 없고, 또 군사의 무리들을 속여 제후들에게 항복하게 했습니다. 신안(新安)에 이르러 항왕은 진나라의 항복한 병사 20여만 명을 속여 구덩이에 파묻었고, 오직 한(邯), 흔(欣), 예(翳)만이 거기서 벗어날[脫=免] 수 있었습니다. 진나라의 부모, 형제들은 이 세 사람을 원망해 그 한이 뼛속에 사무쳐 있습니다. 지금 초나라는 위력을 써서 이 세 사람을 왕으로 삼았지만 진나라 백성들은 아무도 그들을 존중하지 않습니다. 대왕께서는 무관(武關)에 들어가셨을 때 가을 터럭만큼도 해를 끼치지 않았고, 진나라의 가혹한 법률을 없앴으며, 백성들과 약속해 법삼장(法三章)만 두기로 하셨으니, 진나라 사람들 중에 대왕께서 진(秦)나라 왕이 되기를 바라지 않는 사람이 없었습니다. 제후들 사이의 약속에 따라 대왕께서는 마땅히 관중의 왕이 되셔야 하고 관중의 백성들도 모두 이를 알고 있습니다. 왕께서 직책을 잃고 촉(蜀)으로 가시자[之=往] 관중의 백성들 중에 한스러워하지 않는 이가 없었습니다. 지금 왕께서 병사들을 일으켜 동쪽으로 가신다면 삼진은 격문을 돌리는 것[傳檄]만으로도 평정될 것입니다[○ 사고(師古)가 말했다. "군사를 동원할 필요도 없다는 말이다."]."

이에 한왕은 크게 기뻐하며 스스로 신을 너무 늦게 얻었다고 생각했다. 드디어 신의 계책을 들어 여러 장수들에게 공격할 지점을 나누어 맡도록 했다[部署].

한왕은 군대를 일으켜 동쪽의 진창(陳倉)으로 나아가 삼진을 평정했다. (한나라) 2년에 관(關-함곡관)을 나와 위(魏)나라와 하남(河南)을 거두었고, 한(韓)과 은(殷)나라의 왕은 둘 다 항복했다. 제(齊)와 조(趙)나라를 시켜 함께 초나라 팽성을 치게 하니, 한(漢)나라 군사들은 패배해 흩어져 돌아왔다. 신이 다시 군대를 동원해 한왕과 형양(滎陽)에서 만나 다시 경(京)과 삭(索) 사이에서 초나라를 쳐서 깨뜨리니, 초나라 군대는 서쪽으로 나아갈 수가 없게 됐다.

한나라 군대가 팽성에서 패배해 물러나자 새왕(塞王) 흔(欣-사마흔)과 적왕(翟王) 예(翳-동예)는 한나라에서 도망쳐 초나라에 항복했고 제(齊), 조(趙), 위(魏)나라도 모두 배반하고 초나라와 화친을 맺었다. 한왕은 역생(酈生-역이기)을 보내 위왕 표(豹)를 설득했으나 표가 듣지 않으니 이에 신을 좌승상으로 삼아 위나라를 쳤다. 신이 역생에게 물었다.

"위(魏)나라는 (어째서) 주숙(周叔)을 대장으로 삼지 않는 것인가?"

역생이 말했다.

"백직(栢直)이 있기 때문일 것입니다."

신이 말했다.

"풋내기[豎子]일 뿐이오."
　　　　수자

드디어 병사를 진군시켜 위나라를 쳤다. 위나라는 포판(蒲阪)에 주력부대를 배치하고 임진(臨晉)을 막았다. 신은 이에 자신이 마치 대군을 거느리고 있는 것처럼 보이게 하려고 배를 이어 임진에서 황하를 건널 것처럼 하고는 군대를 숨겨 하양(夏陽)에서 목앵부(木罌缶)⁴로 건너게 한 다음 (위나라 수도) 안읍(安邑)을 습격했다. 위왕 표는 놀라서 군대를 이끌고 신의 군대에 맞섰다[迎=對]. 신은 드디어 표를 사로잡아 하동을 평정하고 사람을
　　　　　　　　영　대
보내 한왕에게 청했다.

"바라건대 병력 3만 명만 더 주신다면 신은 북쪽으로 연(燕)과 조(趙)를 들어내고, 동쪽으로 제(齊)를 치고, 남쪽으로 초(楚)의 군량미 길을 끊고서, 대왕과 서쪽의 형양에서 만났으면 좋겠습니다."

한왕은 3만 명을 주었고 장이를 함께 보내 조(趙)와 대(代)를 치게 했다. 대를 깨뜨리고서 (대의 재상) 하열(夏說)을 알여(閼與)⁵에서 사로잡았다. 신이 위와 대를 항복시키자 한왕은 즉각[輒] 사람을 보내 그 정예병들
　　　　　　　　　　　　　　　　　　　　　　　첩

4　나무로 만든 통이다.

5　연여로 읽기도 한다.

을 거둬들인 다음에 형양으로 가서 초나라를 막도록[距] 했다.
_거

신과 이(耳-장이)는 병력 수만 명을 거느리고 동쪽으로 가서 정형(井陘)을 내려와 조나라를 치려고 했다. 조왕과 성안군(成安君) 진여(陳餘)는 한왕이 장차 자신들을 습격하려 한다는 소식을 듣고서 병사들을 정형의 어귀에 모이게 했는데 그 병력을 20만이라고 불렀다. 광무군(廣武君) 이좌거(李左車)가 성안군을 설득해 말했다.

"듣건대 한나라 장수 한신은 서하를 건너서 위왕을 사로잡고, 하열을 붙잡아 알여를 새로이 피로 물들였다[喋血]고 합니다. 이제 마침내 장이의 도움을 받아 토의하기를 조나라를 함락시키기로 했다고 하니, 이는 승세를 타고서 자기 나라를 떠나 멀리서 싸우려는 계책으로 그 예봉을 감당하기가 어려울 듯합니다. 신이 듣건대 '1,000리 길을 따라 식량을 제공하게 되면 병사들에게는 주린 빛이 돌고, 땔나무를 하고 풀을 베어야 밥을 먹을 수 있으면 군사들은 저녁밥을 배불리 먹어도 아침까지 못 간다'라고 했습니다. 지금 정형으로 가는 길은 (폭이 좁아) 수레 두 대가 나란히 갈 수 없고, 기병도 대열을 지어 갈 수가 없는데, 이런 길이 수백 리나 되니 그 형세상으로 식량은 분명히 뒤쪽에 있을 것입니다. 바라건대 족하께서 신에게 기습병력 3만 명을 빌려주시면 지름길을 타고 가서 그들의 군수 지원부대[輜重]를 끊어버리겠습니다. 족하께서는 도랑을 깊이 파고 요새를 높_{치중}게 지키기만 하고 결코 맞붙어 싸우지 마십시오. 저들은 앞으로 나와 싸울 수가 없고, 물러가려 해도 돌아갈 수가 없을 것이니, 이때 우리 기습병력이 저들의 뒤를 끊고 들판에는 저들이 약탈할 만한 식량을 없애버리면, 열흘도 되지 않아 두 장수의 머리를 휘하에 바칠 수 있을 것입니다. 바라건대 군(君)께서는 신의 계책에 뜻을 두셔야지 그렇게 하지 않는다면 반드시 두 사람에게 사로잡힐 것입니다."

성안군은 유자(儒者)이기 때문에 항상 스스로를 의로운 군대[義兵]라 칭하며 속임수나 기이한 계책을 쓰지 않았기 때문에 이렇게 말했다.

"내가 듣건대 병법에 이르기를 '병력이 적의 열 배일 경우에는 적을 포위하고, 두 배일 경우에는 싸우라'라고 했소. 지금 한신의 군사가 수만 명이라고 하지만 실은 그럴 수가 없고, (게다가) 1,000리나 와서 우리를 기습하려 하니 실제로 지쳐 있을 것이오[罷=疲]. 지금 이와 같은데 피하고서 공격하지 않는다면 훗날 큰 적이 있게 될 경우에는 어떻게 맞서겠소? (그리 되면) 제후들이 우리를 겁쟁이라 부르며 쉽게 와서 우리를 정벌하려 들 것이오."

성안군은 광무군의 계책을 듣지 않았다. 신은 정탐[間人=間諜]을 시켜 그쪽의 군대 사정을 몰래 알아보게 했는데 돌아와서 보고하기를 광무군의 계책을 쓰지 않기로 했다고 하자 크게 기뻐하며 마침내 과감하게 병사들을 이끌고 드디어 (정형의 좁은 길을 따라) 내려왔다. 정형의 어귀에서 30리 안 되는 곳에 머물러 휴식을 취했다[舍=息]. 밤중에[夜半] 전령을 발동해 경무장한 기병 2,000명을 뽑아 사람마다 한 개의 붉은 깃발을 가지고 샛길을 따라서 산속에 숨어[萆=蔽] 조나라 군대를 살펴보게 하고서 경계해 말했다.

"조나라는 우리가 달아나는 것을 보면 반드시 성벽을 비운 채로 우리를 쫓아올 것이니 그때 잽싸게 안으로 들어가 조나라 깃발을 뽑고 한나라 깃발을 세워라."

비장(裨將)을 시켜 병사들에게 먹을 것을 전해주도록 한 다음에 이렇게 말했다.

"오늘 조나라를 깨뜨리고서 모두 함께 모여 먹도록 하자[會食]."

여러 장수들은 모두 반신반의하면서도[嘸然] 겉으로는[陽=表] 호응해 말했다.

"알겠습니다."

신이 군리(軍吏-장교)에게 말했다.

"조나라는 이미 먼저 유리한 곳에 자리 잡고서 성벽을 만들었고, 또 저들은 (우리의) 대장기와 북을 보기 전에는 결코 먼저 우리의 선봉[前行]을 치지 않을 것이니 이는 우리가 험한 길에 막혀 돌아갈까 봐 걱정하기 때문이다."

마침내 병사 1만 명을 먼저 출동시켜 앞으로 나아가서 물을 등지고 진을 치게 했다[背水陣]. 조나라 군대는 이를 바라보며 크게 비웃었다. 날이 밝아오자 신은 대장기를 세우고 북을 쳤는데 병사들이 북소리에 따라 정형의 어귀로 나아가니 조나라는 성벽을 열고 공격을 가해 큰 싸움이 아주 오랫동안 계속됐다. 이에 신과 장이는 북과 깃발을 버리고 강변의 진지로 달아나니 다시 격전이 벌어졌다. 조나라 군대는 성벽을 비우고서 다투어 한나라의 북과 깃발을 차지하려고 했고, 신과 이를 뒤쫓았다. 신과 이가 이미 강변의 진지로 들어오자 한나라 군대는 모두 죽기를 각오하고[殊=絶=必死] 달려드니 (조나라 군대는) 이길 수가 없었다. 신이 이미 출동시킨 기습 병력 2,000기는 조나라 군대가 성벽을 비워놓은 채 전리품을 챙기기에 바쁜 것을 엿보고서[候], 곧장 말을 달려 조나라 성벽 안으로 들어가 조나라 깃발들을 뽑아버리고 한나라의 붉은 깃발 2,000개를 세웠다. 조나라 군대는 이미 신과 이 등을 붙잡을 수 없게 되자 성벽으로 돌아가려고 했으나 성벽에는 전부 한나라의 붉은 깃발이 휘날리고 있어, 모두 크게 놀라 이미 한나라가 조나라 왕과 장수를 깨뜨렸다고 여기고서 마침내 혼란에 빠져 도망쳐 달아났다. 조나라 장수들은 그들의 목을 벴지만 막을 수가 없었다. 이에 한나라 병사들이 힘을 합쳐 공격해 조나라 군대를 깨뜨리고 병사들을 포로로 잡았으며, 성안군을 지수(泜水) 변에서 목 베고, 조왕 헐을 사로잡았다[禽=虜].

신은 이에 군에 영을 내려 광무군의 목을 베지 말라고 하면서 그를 산 채로 잡아오는 자에게는 천금을 주고 사겠다고 했다. 얼마 뒤에 광무군을 포박해 휘하에 데리고 온 자가 있었는데, 신은 그 포박을 풀어주고 동쪽을 보고 앉게 한 다음에 자신은 서쪽을 향해 마주 보고 앉았는데, 이는 스승의 예로 그를 섬긴 것이다.

여러 장교들[校]은 적의 머리와 포로를 바치고서 모두 축하한 뒤에 바로 신에게 물었다.

"병법에 '산과 언덕을 오른쪽으로 해 등지고 물과 못을 앞으로 해 왼쪽에 두라'라고 했는데, 이번에 장군께서는 신들에게 도리어 물을 등지고 진을 치게 하고서[背水陣] 말씀하시기를 '조나라를 깨뜨리고서 모두 함께 모여 먹도록 하자[會食]'라고 하시기에 신들은 마음속으로 받아들일 수가 없었습니다[不服]. 그러나 마침내 그렇게 해서 이겼으니 이는 무슨 전술입니까?"

신이 말했다.

"이는 병법에 있는 것인데 내가 볼 때는 여러분들께서 잘 살피지 못한 것일 뿐이오. 병법에서 말하지 않았소? '죽을 곳에 빠뜨린 다음에야 살릴 수가 있고 망할 곳에 내던진 다음에야 살아남을 수 있다'라고. 또 나는 평소에 사대부를 길들여 고분고분하게 할 수 있었던 것도 아니고, 병법에 이른바 '저잣거리에 있는 사람들을 내몰아서[敺=驅] 싸우게 한 것'이니, 그 형세상으로 죽을 땅에 두어 사람들마다 각자 자신을 위해 싸우게 하지 않고서 살 땅을 내어준다면 모두 달아나버릴 텐데 어떻게 이들을 쓸 수 있겠소?"

여러 장수들은 모두 탄복해 말했다.

"우리들이 미칠 수 있는 바가 아닙니다."

이에 광무군(廣武君)에게 물었다.

"저[僕]는 북쪽으로 연(燕)을 공격하고 동쪽으로 제(齊)를 정벌하려 하는데 어떻게 하면[何若=何如] 공을 세울 수 있겠습니까?"

광무군이 사양하며 말했다.

"신이 듣건대 '망한 나라의 대부는 나라를 존속시키는 일은 도모할[圖=謀] 수 없고, 패한 군대의 장수는 용맹을 말할 수 없다'라고 했습니다. 이런 신이 어찌 그런 큰 일을 헤아릴[權] 수 있겠습니까?"

신이 말했다.

"제가 듣건대 백리해(百里奚)가 우(虞)나라에 있을 때 우나라가 망하자 진(秦)나라에 가서 진나라의 대부가 됐습니다. 그는 우나라에서는 어리석었다가 진나라에서는 지혜로운 사람이 된 것이 아니라, (임금이) 그를 썼는지 안 썼는지, 그리고 그의 말을 들어주었는지 들어주지 않았는지의 차이일 뿐입니다. 만일 성안군이 당신의 계책을 들었다면 저도 사로잡혔을 것입니다. 저는 마음을 다해[委心] 계책을 따를 것이니 바라건대 당신은 저의 청을 사양하지 말아주십시오."

광무군이 말했다.

"신이 듣건대 지혜로운 사람도 천 번 생각하면 반드시 한 번은 실수가 있고, 어리석은 자도 천 번 생각하면 또한 한 번은 얻는 경우가 있다고 했습니다. 그래서 말하기를 '헛소리나 해대는 자[狂夫]의 말이라도 빼어난 이는 그것을 잘 가려서 듣는다'라고 했습니다. 신의 계책이 충분히 쓸 만한 것인지 두렵기는 합니다만 어리석은 충정이나마 다 해보려 합니다. 죽은 성안군은 백전백승의 계책을 갖고 있었는데도 하루 사이에 잘못을 저질러 군대는 호(鄗)〔○ 이기(李奇)가 말했다. "상산현(常山縣)이다. (후한의) 광무제가 이곳에서 즉위하고서 이름을 고쳐 고읍(高邑)이라고 했다."〕성 아래에서 패배하고, 그 몸은 지수 가에서 죽었습니다. 지금 족하께서는 위왕(魏王)을 포로로 잡고, 하열(夏說)을 사로잡았으며, 열흘도 안 돼 하루아침에 조(趙)나라 20만 대군을 깨뜨렸고, 성안군의 목을 벴습니다. 이름은 온 나라 안에 퍼졌고 위엄은 제후들을 떨게 했으며, 일반 백성들은 농사일을 멈추고[輟=止] 아름다운 옷을 입고 맛있는 음식을 먹으며 장군의 명을 귀 기울여 기다리지 않는 이가 없습니다. 그런데 병사들은 피로하고 지쳐서 실로 부리기가 어렵습니다. (그런데) 지금 족하께서는 피로하고 지친 병사들을 일으켜 튼튼하게 지키고 있는 연나라 성 아래로 쳐들어가려 하시니 이쪽의 내부 실상만 드러낸 채 힘이 다하게 돼 싸우려 해도 힘이 모자라 뽑아버릴 수가 없고 시간만 끌다 보면 군량미마저 다[單=盡] 바닥날 것입니다. 만일 연나라가 항복하지 않을 경우 제나라는 분명 국경을 튼튼히 해 스스로를 강화시킬 것입니다. 이 두 나라가 서로 버티게 되면 유방과 항우[劉項]의 권세는 어느 쪽이 우세하게 될지 가려지지 않을 것입니다. 신의 어리석음으로 볼 때 그 방안은 진실로 지나칩니다."

신이 말했다.

"그러면 어떤 계책이 있겠소?"

광무군이 대답했다.

"마땅히 지금의 계책으로는 병사들을 쉬게 하고 100리 안에서는 소고기와 술로 날마다 잔치를 벌여 사대부를 대접하, 북쪽 연나라로 향하게 하는 것이 좋습니다. 그런 연후에 수레 한 대에 사자를 실어 보내 짤막한 글을 받들고 가서 연나라에 가게 한다면 연나라는 분명 감히 듣지 않을 수 없을 것입니다. 연나라를 복종시키고 나서 동쪽으로 제나라에 가면 설사 거기에 지혜로운 자가 있다 한들 진실로 제나라를 위한 계책을 세울 수 없을 것입니다. 이렇게 되면 천하의 일은 얼마든지 도모할 수 있을 것입니다. 군사의 일에 먼저 소리를 내고 뒤에 실행에 옮긴다[先聲而後實]는 것은 바로 이를 두고 하는 말입니다."

신이 말했다.

"좋소. 삼가 가르침을 받들겠소이다."

이에 광무군의 계책을 써서 사자를 연나라에 보내니 연나라는 바람에 휩쓸리듯 복종했다. 이에 사신을 보내 한(漢)에 보고하고 그 기회에 장이를 조(趙)의 왕으로 삼아 그 나라를 어루만지게 해줄 것을 청했다. 한왕(漢王)은 그것을 허락했다.

초나라는 여러 차례 기습병[奇兵]을 보내 황하를 건너 조나라를 쳤고,
(조나라) 왕 이(耳)와 신은 여기저기를 오가며 조나라를 구원하면서 그 기
회에 가는 곳마다 조나라의 성읍을 평정하고, 병사들을 징발해 한나라를
도왔다. 초가 바야흐로 급히 형양에서 한왕을 포위하자 한왕은 탈출해 남
쪽으로 가서 완(宛)과 섭(葉)〔○ 사고(師古)가 말했다. "완과 섭은 둘 다 현
의 이름이다."〕 사이에서 구강왕 포(布-경포)를 자기편으로 만들고, 성고
(成皐)로 들어가니 초나라는 다시 이곳을 급히 포위했다. 4년에 한왕이 성
고를 나와 황하를 건너 홀로 등공(滕公)만을 데리고 수무(修武)에 있는 장
이의 군대를 따라서 수무에 이르러 역사에서 하룻밤을 묵었다. 새벽에 스
스로를 한나라의 사신이라 말하고서 말을 내달려 (조나라) 성벽으로 들어
갔다. 장이와 한신은 아직 일어나지 않았는데 (한왕은) 곧바로 그들이 누
워있는 곳으로 들어가 인장과 부월을 빼앗은 뒤에 여러 장수들을 불러 모
아 다시 그들을 배치했다. 신과 이는 일어나고서야 마침내 한왕이 홀로 와
있는 것을 보고서 크게 놀랐다. 한왕은 두 사람의 군대를 빼앗은 뒤에 곧
바로 영을 내려 장이로 하여금 조나라를 지키게 했고, 신을 제배해 상국
(相國)으로 삼아 조나라 병사들 중에 아직 징발되지 않은 자들을 거두어
제나라를 치게 했다.

　신은 병사들을 이끌고 동쪽으로 가서 아직 평원(平原-나루)을 건너지
않았는데, 그때 한왕이 역이기를 시켜 이미 제나라를 설득해 함락시켰다
는 말을 들었다. (그래서) 신은 (제를 치는 일을) 멈추려 하자 괴통(蒯通)이
신을 설득하며 제나라를 쳐야 한다고 했다. 상세한 이야기는 「괴통전(蒯通
傳)」에 실려 있다. 신은 그의 계책이 옳다고 여겨 드디어 황하를 건너 (제

나라) 역성(歷城) 아래의 군대를 습격하고서[襲] 임치에 이르렀다. 제왕(齊
王-전광)은 고밀(高密)로 달아나 초나라에 사신을 보내 구원을 청했다. 신
은 이미 임치를 평정하고서 동쪽으로 (제왕을) 추격해 고밀의 서쪽에 이르
렀다. 초나라는 용저(龍且)를 장군으로 삼아 20만 병사를 보내 제를 구원
했다.

제왕과 용저가 군대를 연합해 신과 싸우려 하는데 아직 교전은 벌어지
기 전이었다[未合]. 어떤 사람이 용저에게 유세해 말했다.

"한나라 군사는 멀리서부터 싸우러 왔기 때문에 끝까지 싸우려 할 것
이므로 날카로운 기세를 당할 수가 없습니다. (반면) 제와 초나라는 자기
땅에서 싸우기 때문에 병사들은 쉽게 패해 흩어질 것입니다〔○ 사고(師古)
가 말했다. "자기 집이 가까워 다들 집으로 돌아갈 생각만 한다는 뜻이
다."〕. 성벽을 높이 쌓고서 제왕으로 하여금 그가 신임하는 신하를 보내 제
나라가 잃어버렸던 성들을 이쪽으로 불러들이는 것이 더 낫습니다. 그 성
들에서 왕이 계시고 초나라가 구원하러 왔다는 소식을 들으면 반드시 한
나라에 반기를 들 것입니다. 한나라 군대는 2,000리나 떨어져 있는 제나
라에 와 있으니 제나라 성들이 모두 반기를 든다면, 그 기세상으로 식량
을 얻을 수가 없을 테니 싸우지 않고서도 항복시킬 수 있을 것입니다."

용저가 말했다.

"나는 평소 한신의 사람됨을 알고 있는데 쉽게 이랬다저랬다[與] 하는
자일 뿐이다. 떠돌이 아낙네에게 얻어먹으며 스스로 생계를 꾸려갈 능력
도 없고, 다른 사람의 가랑이 사이로 기어간 자로 다른 사람을 제압할 용
기도 없는 자이니 두려워할 필요가 없다. 또 제나라를 구원하러 와서 (싸

우지도 않고) 그를 항복시킨다면 나에게는 무슨 공로가 있겠는가? 지금 싸워서 그를 이기면 제나라의 절반은 얻을 수 있는데〔○ 사고(師古)가 말했다. "싸움에 이기고 나면 제나라의 땅 절반에 스스로 봉해질 것이라고 혼자서 생각한 것이다."〕어찌 싸우지 않을 수 있겠는가?"

드디어 전투가 벌어져 유수(濰水)〔○ 사고(師古)가 말했다. "낭야군(琅邪郡) 북쪽 기현(箕縣)에서 발원해 동북쪽으로 대창(臺昌)을 지나 바다로 흘러들어간다."〕를 사이에 두고 신의 군대와 마주해 진을 쳤다. 신은 이때 사람들을 시켜 1만여 개의 주머니에 모래를 가득 채워 유수의 상류를 막도록 하고서 군대를 이끌고 반쯤 건너 용저를 쳤다. 겉으로[陽] 이기지 못하는 척하고서 도로 달아났다. 용저는 과연 기뻐하며 말했다.

"신이 겁쟁이라는 것을 내 잘 알고 있었다."

드디어 신의 군대를 뒤쫓아 유수를 건넜다. 신은 사람을 보내 앞서 막아두었던 모래주머니 둑을 허물게 했고 (얼마 안 가서) 강물이 크게 밀어닥쳤다. 용저의 군대는 절반 이상이 건너지 못했고 곧바로 급히 쳐서 용저를 죽였다. 동쪽에 있던 용저의 군대는 흩어져 달아났고 제왕 광(廣)도 도망쳤다. 신은 북쪽으로 성양(城陽)까지 뒤쫓아 광을 사로잡았다. 초나라의 병사들이 모두 항복하자 드디어 제나라를 평정했다. 사자를 보내 한왕(漢王)에게 말했다.

"제나라는 과장과 속임수에 능하고 자주 마음을 바꾸며 말을 뒤집는 나라인 데다가 남쪽으로는 초나라와 가까우니[邊=近], 임시 임금[假王]을 세워 눌러주지 않으면 그 정세를 안정시킬 수 없습니다. 지금 권력이 가벼워 그것을 안정시키기에 충분치 못하니 신이 스스로를 세워 임시 임금이 될 것을 청합니다."

이런 때에 초나라는 마침 형양에서 한왕을 급히 에워쌌는데 마침 사자가 도착하자 사자가 들고 온 편지를 펴보고는 한왕은 크게 화가 나서 욕을 하며 말했다.

"나는 이런 곤경에 빠져 아침저녁으로 바라기를 네[而=汝]가 와서 나를 도와줬으면 하는데 정작 스스로를 세워 왕이 되고 싶어 하다니!"

장량과 진평은 몰래[伏] 한왕의 발을 밟고는 그것을 핑계로 사과하는 척하며 귀에 대고 속삭였다.

"한나라는 바야흐로 불리하니 어찌 신이 스스로 왕이 되려는 것을 막을 수 있겠습니까? 이번 기회에 그를 세워 왕으로 삼고 잘 대해주어 그로 하여금 직접 (제나라를) 지키게 하는 것이 더 낫습니다. 그렇지 않을 경우 변란이 일어날 것입니다."

한왕도 이를 깨닫고서 다시 꾸짖어 말했다.

"대장부가 제후들을 평정했으면 곧바로 진짜 임금[眞王]이 될 뿐이지 어찌 임시 임금 노릇을 한단 말인가!"

장량을 보내 신을 세워 제나라 임금[齊王]으로 삼고 그의 병사들을 징발해 초나라를 치게 했다. 초나라가 용저를 잃고 난 후 항왕(項王)은 두려움에 빠져 우이(盱台) 출신의 무섭(武涉)으로 하여금 가서 신을 설득하게 했다.

"족하께서는 어찌하여 한나라를 배반하고 초나라와 함께하지 않는 것입니까? 초왕과 족하는 오랜 친분이 있습니다. 게다가 한왕은 결코 믿을 만한 사람이 아닙니다. 그의 몸이 항왕의 수중에 장악된 적이 여러 번인데, 그러나 벗어나기만 하면 약속을 어기고 다시 항왕을 공격하고 있으니 그를 가까이하거나 믿어서는 안 되는 것이 이와 같습니다. 지금 족하께서는 비록 스스로 한왕과 더불어 철석같은 믿음으로 함께하고 있으나 결국은 한왕에게 사로잡히는 신세가 될 것입니다. 족하께서 지금까지 이렇게라도 살아 있을 수 있는 것은 항왕이 살아 있기 때문입니다. 항왕이 곧 망하고 나면 그다음은 족하의 차례입니다. 어찌 초나라와 손을 잡고서 천하를 셋으로 나눠 왕이 되려 하지 않습니까? 지금 이런 기회를 버리고 스스로 한나라를 철석같이 믿어 초나라를 치다니 어찌 사리를 아는 자가 진정 이렇게 할 수가 있습니까?"

신은 거절하며 말했다.

"신(臣)은 여러 해 동안 항왕을 섬긴 적이 있는데, 벼슬은 낭중(郎中)에 지나지 않았고, 지위는 집극(執戟)에 지나지 않았으며, 말을 해도 들어주지 않았고, 계책을 내도 써주지 않았기에 초나라를 배반하고 한나라에 귀의했습니다. 한왕은 나에게 상장군의 인끈을 주었고, 수만 명의 대군도 내주었으며, 자기 옷을 벗어 나에게 입혔고, 자기가 먹을 것을 나에게 내주었으며, 말을 하면 들어주었고, 계책을 내면 써주어 나는 이 자리에 이를 수가 있었습니다. 무릇 남이 나를 깊이 가까이 대해주고 믿어주는데 그를 배반한다면 그것은 상서롭지 못한 것입니다. 이 신을 대신해 항왕에게 거절의 말을 전해주신다면 고맙겠습니다."

무섭이 이미 떠나가고 나자 괴통(蒯通)은 천하의 권력이 신(信)에게 있음을 알고서 천하를 셋으로 나누는 계책을 갖고서 깊이 설득했다(정족(鼎足)해 왕이 된다는 계책이다.). 상세한 이야기는 「괴통전(蒯通傳)」에 실려 있다. 신은 차마 한나라를 배신하지 못했고, 또 스스로의 공로가 크다고 여겨, 한왕이 자신의 제나라를 빼앗지 않을 것으로 보았기 때문에 결국 괴통의 계책을 따르지 않았다.[6]

한왕은 고릉(固陵)에서 패배했을 때 장량의 계책을 써서 신을 불렀고 신의 장병들을 징발해 해하(垓下)에서 만났다. 항우가 죽자 고조는 신의 군대를 습격해 빼앗은 다음 신을 옮겨 초왕(楚王)으로 삼고서 하비(下邳)를 도읍으로 삼게 했다.

신은 (자신의) 나라[國=領國]에 이르자 밥을 먹여주고 빨래를 해주었던 아주머니를 불러 1,000금을 내려주었다. 또 하향(下鄕)의 정장(亭長)에게 100전(錢)을 주면서 말했다.

"그대는 소인이다. 은혜를 베풀다가 중도에 그만두었다[不竟=中斷]."

자신을 욕보인 젊은이들 가운데 가랑이 사이로 기어가게 했던 자를 불러 중위(中尉)로 삼고 여러 장수와 재상들에게 말했다.

"이 사람은 장사(壯士)다. 나를 욕보일 당시에 내 어찌 이 사람을 죽일 수 없었겠는가? 죽여봤자 아무런 이름이 날 턱이 없어 그 때문에 참았기에 내가 이처럼 성공하게 된 것이다."

항왕에게서 달아난 장군 종리매(鍾離眜)는 집이 이려(伊盧)[○ 유덕(劉德)이 말했다. "동해(東海) 구남(胸南)에 이 읍이 있다."]에 있었고 평소에 신과 사이가 좋았다. 항왕이 패망하자 매(眜)는 도망쳐 신에게 귀의했다. 한나라(유방)는 매에게 원한이 있었는데, 이때 초나라에 있다는 말을 듣고

6　괴통은 한신이 자신의 계책을 들어주지 않자 얼마 안 가서 미친 척하며 무당이 됐다.

서 초나라에 조서를 내려 그를 체포하라고 했다. 신이 처음 초나라에 갔을 때 현과 읍을 돌아다니면서 병사들을 거느리고 드나들었다. 신이 반란을 일으키려 한다고 고변하는 자가 있어 그것이 천자에게 보고됐고, 상(上)은 그것을 걱정했다. (이에) 진평의 계책을 써서 거짓으로 운몽(雲夢)에 놀러 간다고 했는데, 실은 신을 급습하기 위한 것이었지만 신은 그것을 알지 못했다. 고조가 장차 초 땅에 이를 무렵 신은 병사를 출동시키려 했으나 스스로 생각할 때[自度] 아무런 죄가 없었기에 상을 알현하려고 하면서 붙잡히게 될까 두렵기도 했다. 어떤 사람이 신을 설득해 이렇게 말했다.

"매(眛)의 목을 베고서 상을 알현한다면 상께서는 반드시 기뻐할 것이기 때문에 아무런 걱정을 할 필요가 없습니다."

신이 매를 만나 일을 의논하자 매가 말했다.

"한나라가 초를 쳐서 빼앗지 않는 까닭은 내가 이곳에 있기 때문이오. 그대가 만약에 나를 붙잡아 스스로 한나라에게 잘 보이려고 한다면 나는 지금이라도 죽겠지만 그대로 곧 뒤따라서 망하게 될 것이오."

그러고는 신을 욕하며 말했다.

"그대는 뛰어난 인물[長者]이 아니오."

마침내 스스로 목을 찔렀다. 신이 그의 머리를 들고서 진영으로 가 알현을 했다. 고조는 무사들을 시켜 한신을 포복하게 한 다음 뒷수레에 실었다. 신이 말했다.

"과연 사람들이 하는 말에 '날랜 토끼가 죽으면 훌륭한 사냥개는 잡아먹는다[狡兔死 良狗烹]'〔○ 사고(師古)가 말했다. "이는 황석공(黃石公)의 『삼략(三略)』에 나오는 말이다."〕'라고 하더니 그렇게 되는구나!"

상이 말했다.

"어떤 사람이 그대가 반란을 꾀했다고 아뢰었다."

드디어 신에게 차꼬와 수갑을 채웠다[械]. 낙양(雒陽)에 이르러 그를 사면하고서 회음후(淮陰侯)로 삼았다.

신은 한왕이 자신의 능력을 두려워하면서 미워한다[畏惡]는 것을 알고 있었기 때문에 병을 핑계로 조회에 나가지도[朝=朝見] 않고, 행차 때 뒤를 따르지도[從=從行] 않았다. 이로 말미암아 (신은) 날로 원망이 쌓여갔고, 평소에도 불만에 가득 차 씩씩거렸으며[鞅鞅], 강후(-주발)나 관영 등과 같은 반열에 있는 것을 수치스럽게 생각했다. 일찍이 장군 번쾌(樊噲)의 집을 방문한 적이 있는데, 쾌는 종종걸음으로 달려와 맞이하고 배웅해주었으며, 스스로를 신(臣)이라 부르면서 이렇게 말했다.

"대왕께서 마침내 기꺼이 신을 찾아주셨군요."

신은 문을 나서면서 웃으며 말했다.

"살아생전에 마침내 쾌 등과 같은 줄[伍]에 서게 됐구나[○ 사고(師古)가 말했다. "둘 다 열후임을 (비꼬아서) 말한 것이다."]."

상은 일찍이 은밀하게 신과 함께 여러 장수들의 능력을 이야기하면서 각자의 등급을 매긴 적이 있다. 상이 물었다.

"내 경우에는 얼마나 많은 병사들을 이끌 수 있겠는가?"

신이 말했다.

"폐하는 기껏해야 10만 명 정도를 이끌 수 있을 뿐입니다."

상이 말했다.

"그러면 그대는 어떠한가?"

신이 말했다.

"신의 경우에는 많으면 많을수록 좋습니다[多多益辦]."
_{다다 익판}

상이 웃으면서 말했다.

"많으면 많을수록 좋다면서 어찌하여 나에게 사로잡혔는가?"

신이 말했다.

"폐하께서는 병사들은 잘 이끄시지는[將兵] 못하지만 장군들을 잘 이
_{장병}
끄시니[將將], 이것이 바로 신이 폐하께 사로잡힌 이유입니다. 또 폐하는
_{장장}
이른바 하늘이 내려주신 분[天授]이니 사람의 힘으로는 어찌 할 수가 없
_{천수}
는 것입니다."

뒤에 진희(陳豨)가 대(代)나라의 재상이 돼 변경을 감독하러 가면서 신
에게 작별인사를 하러 오니 신은 그의 손을 붙잡고[挈] 함께 정원을 여러
_설
차례 빙빙 돌며 걷다가 하늘을 우러러 보면서 탄식해 말했다.

"그대는 함께 이야기를 할[與言] 만한 사람이겠지? 내가 그대와 하고 싶
_{여언}
은 말이 있소."

희(豨)가 받아서 말했다.

"오직 장군의 명만 받들 뿐입니다."

신이 말했다.

"그대가 가게 되는 곳은 천하의 정예병이 모여 있는 곳이고, 또 그대는
폐하께서 믿고 총애하는 신하요. 다른 사람이 그대가 반란을 꾀한다고 말
해도 폐하께서는 분명 믿지 않을 것이지만, 그러나 그런 고발이 두 번 이
른다면 폐하는 마침내 의심하게 될 것이고, 세 번 이른다면 반드시 분노해
몸소 병사들을 이끌고 나설 것이오. 내가 그대를 위해 이 한복판[中]에서
_중

일어나면 천하를 도모할 수 있을 것이오.”

진희는 평소 신의 능력을 알고 있었기 때문에 그를 믿고서 말했다.

“삼가 말씀[敎]을 받들겠습니다.”
　　　　　　교

한나라 10년에 희가 과연 반란을 일으켰고, 고제는 친히 군사를 이끌고 나갔는데 신은 병을 핑계로 따르지 않았다. 몰래 희가 있는 곳에 사람을 보냈고, 자기의 가신들과 함께 모의해 밤에 거짓 조서를 내려 각종 관아의 죄인과 노비[徒奴]들을 풀어주고서, 병사들을 동원해 여후(呂后)와 태
　　　　　　　　도노
자를 습격하려고 했다. 나눠 맡은 역할[部署]은 이미 정해졌고, 희의 답신
　　　　　　　　　　　　　　부서
만 기다리고 있었다. 신의 사인(舍人-가신이나 심부름꾼) 중에 신에게 죄를 지은 사람이 있어 신은 그를 가두고서 곧 죽이려고 했다. 그 사인의 동생이 글을 올려 고변을 해 신이 여후에게 반란을 일으키려 하는 정상을 알렸다. 여후는 신을 부르려 하다가 혹시 그 당여들이 나아오지 않을까 두려워해, 이에 소상국(蕭相國-소하)과 계책을 세워 사람을 시켜, 제(帝-고조)가 있는 곳에서 온 것처럼 속이고서 말하기를 ‘희는 이미 죽었고 여러 신하들이 모두 축하하고 있습니다’라고 했다. 상국은 신을 속여[紿=詐] 말했
　　　　　　　　　　　　　　　　　　　　　　　　　　태　사
다.

“병이 있다 해도 억지로라도 들어와 축하를 올려야 할 것입니다.”

신이 들어오자 여후는 무장한 병사들을 시켜 신을 포박하게 한 다음 그를 장락궁(長樂宮) 종실(鍾室)〔○ 사고(師古)가 말했다. “종이 걸려 있는 건물이다.”〕에서 목 베게 했다. 신은 바야흐로 목이 베이는 순간 이렇게 말했다.

“나는 괴통의 계책을 쓰지 않고 도리어 아녀자에게 속았으니 어찌 하

늘의 뜻[天=天命]이 아니겠는가!"
천 천명

드디어 신의 삼족을 멸했다[夷=滅].
이 멸

고조가 이미 희를 깨뜨리고 돌아와서 신이 죽었다는 소식을 듣자 한편으로는 기쁘고 한편으로는 슬퍼서[且喜且哀] 이렇게 물었다.
차 희 차 애

"신이 죽을 때 정말로 무슨 말을 했는가?"

여후가 그 말을 전했다. 고조가 말했다.

"이는 제나라 변사(辯士) 괴통이다."

그를 불러서 삶아 죽이려 했다. 통이 잡혀와 스스로 해명을 하자 그를 풀어주고 목을 베지 않았다. 상세한 이야기는 「괴통전(蒯通傳)」에 실려 있다.

팽월(彭越)은 자(字)가 중(仲)이고 창읍(昌邑) 사람이다. 평소에 거야택(鉅野澤)〔○ 사고(師古)가 말했다. "즉, 지금의 운주(鄆州) 거야현(鉅野縣)이다."〕에서 물고기를 잡다가 도둑질을 했다. 진승이 일어나자 어떤 사람이 월(越)에게 말했다.

"호걸들이 서로 일어나 진(秦)나라에 반란을 일으키고 있으니 중(仲)도 얼마든지 그들을 따라 할 수 있을 것이오."

월이 말했다.

"두 마리 용〔○ 사고(師古)가 말했다. "진나라와 진승을 가리킨다."〕이 한창 싸우고 있으니 일단은 기다려봅시다."

1년여가 지나서 거야택 주변에 사는 젊은이들이 서로 100여 명쯤 모여서 월에게 찾아가 말했다.

"중(仲)께서 우리의 우두머리가 돼주실 것을 청합니다."

월은 거절하며 그럴 생각이 없다고 했다. 젊은이들이 굳게 청하자 마침내 허락했다. 모두 다음 날 아침 해가 뜰 때 만나기로 하고서 약속 시간에 늦은 사람은 목을 베기로 했다. 다음 날 아침 해가 떴을 때 10여 명이 늦었고 가장 늦게 온 사람은 해가 중천에 있을 때 이르렀다. 이에 월이 양해를 구하며[謝] 이렇게 말했다.

"신(臣)은 나이가 많은데 여러분들이 강하게 청해 이렇게 우두머리가 됐소. (그런데) 지금 약속을 해놓고서 많은 사람들이 늦게 왔으니 그들을 모두 목 벨 수는 없고 가장 늦게 온 사람 한 명만 목을 베도록 하겠소."

교장(校長)〔○ 사고(師古)가 말했다. "한 교(校-부대 단위)의 장을 가리킨다."〕을 시켜 그 사람의 목을 베게 했다. 모두 웃으면서 말했다.

"어찌 이렇게까지 하십니까? 다음부터는 감히 늦지 않도록 하겠습니다."

이에 월은 끝내 한 사람을 끌어내 목을 베고 제단을 설치한 다음 무리들에게 영을 내렸다. 무리들은 모두 놀라 월을 두려워하면서 감히 월을 쳐다보지도 못했다. 마침내 행군을 시작해 땅을 공략하고 제후들에게서 떨어져 나온 병졸들을 거둬들이니 1,000여 명을 얻었다.

패공(沛公)이 탕(碭)에서 북쪽으로 가서 창읍(昌邑)을 칠 때 월이 그것을 도왔다. 창읍이 아직 함락되기 전에 패공은 병사들을 이끌고 서쪽으로 갔다. 월도 또한 부하들을 이끌고 거야택에 머물면서 위(魏)나라의 패잔병들을 거두었다. 항적(項籍)이 함곡관에 들어가 제후들을 왕으로 봉하니 제후들은 모두 자신의 봉국으로 돌아갔는데 월은 1만여 명의 무리를 거느리고 있었지만 돌아갈 곳이 없었다.

(한나라 원년에) 제나라 왕 전영(田榮)이 항왕(項王)에게 반기를 들자 한

(漢)나라는 이에 사람을 보내 월에게 장군의 인끈을 내려주고서 제음(濟陰)에서 남쪽으로 내려가 초나라를 치게 했다. 초나라는 소공(蕭公) 각(角)으로 하여금 병사들을 이끌고 가서 월을 치게 했으나 월은 초나라 군대를 크게 깨뜨렸다.

한나라 2년 봄에 (한왕은) 위표(魏豹)를 비롯한 여러 제후들과 함께 동쪽으로 가서 초나라를 쳤는데 이때 월은 자신의 군사 3만 명을 이끌고 외황(外黃)에서 한나라에 귀속했다. 한왕이 말했다.

"팽 장군은 위나라 땅을 거두어 10여 개의 성을 얻게 되자 서둘러 위왕의 후사를 세우려고 하고 있소. 그런데 지금 서위(西魏)의 왕 위표야말로 위구(魏咎)의 사촌동생이니 분명한 위나라의 후손이오."

이에 월을 위나라의 상국에 제배해 병권을 주고서 양(梁)나라 땅을 공략해 평정하도록 했다. 한왕이 팽성(彭城)에서 패해 군사들은 흩어지고 서쪽으로 달아날 때 월도 자신이 함락시켰던 성들을 모두 잃고서 오직 자기 부하들만 거느린 채 북쪽으로 가서 황하 변에 머물렀다. 한나라 3년에 월은 늘 한나라의 유격병[游兵]이 돼 이곳저곳을 다니며 초나라를 쳐서 양(梁) 땅에서 초나라의 군량 보급로를 끊었다. 한나라 4년 겨울에 항왕은 형양(滎陽)에서 한왕과 대치했는데, 월은 수양(睢陽), 외황 등 17개의 성을 쳐서 떨어뜨렸다. 항왕은 이 소식을 듣고 조구(曹咎)로 하여금 성고(成皋)를 지키게 하고 자신이 직접 동쪽으로 가서 월에게 빼앗긴 성들을 되찾아 모두 다시 초나라 땅으로 만들었다. 월은 자신의 군대를 이끌고 북쪽의 곡성(穀城)으로 달아났다. (한나라 5년 가을에 이번에는) 항왕이 패해 남쪽의 양가(陽夏)로 달아나자 월은 다시 창읍 부근의 20여 개 성을 떨어뜨려

10여만 곡(斛)의 곡식을 얻어 한나라 군대의 식량으로 보급했다. 한왕이 싸움에서 패하자 사자를 보내 월을 불러 힘을 합쳐 초나라를 치자고 하니 월이 말했다.

"위(魏)나라 땅이 비로소 (겨우) 평정됐고 (백성들은) 아직도 초나라를 두려워하니 이곳을 벗어날 수가 없습니다."

한왕은 초나라를 뒤쫓았으나 고릉에서 항적에게 패했다. 이에 (한왕은) 유후(留侯)에게 말했다.

"제후들의 병사들이 따르지 않으니 어찌하면 좋겠는가?"

유후가 말했다.

"팽월이 본래 양나라 땅을 평정하는 데 공로가 많았고 애초에 군왕께서는 위표 때문에 월을 제배해 (위나라) 상국으로 삼으셨습니다. (그런데) 이제 표는 죽었고 뒤를 이을 사람이 없으니 장차 월은 정말로 왕이 되고 싶어 했는데도 군왕께서는 서둘러[蚤=무] 결정하지 않았습니다. 지금 수양(睢陽) 북쪽에서 곡성(穀城)까지의 땅을 모두 주어 월을 왕으로 삼으셔야 합니다."

또 한신(韓信)에게도 (왕이 되는 것을) 허락해주어야 하는 까닭을 말했다. 상세한 이야기는 「고기(高紀-고제기)」에 실려 있다. 이에 한왕은 사자를 월에게 보내 유후의 계책대로 했다. 사자가 도착하자 월은 이에 병사를 거느리고 와서 해하(垓下)에서 회동을 했다. (한나라 5년에) 항적이 죽자 월을 세워 양왕(梁王)으로 삼고 정도(定都)를 도읍으로 삼았다.

6년에 (팽월은) 진(陳)에서 한왕을 조현했다. 9년과 10년 둘 다 장안으로 와서 조회했다[來朝].

(한나라 10년) 진희(陳豨)가 대(代) 땅에서 반란을 일으키자 고제는 직접 그곳으로 가서 치기로 하고서 한단(邯鄲)에 이르러 양나라 병사들을 징발하려 했다. 양왕은 병을 핑계로 장수를 시켜 병사들을 거느리고 한단으로 가게 했다. 고제는 화가 나서 사람을 보내 양왕을 꾸짖었다[讓=責]. 양왕은 두려워서 직접 가서 사죄하려 했다. 그의 장수 호첩(扈輒)이 말했다.

"왕께서 처음에는 가시지 않으셨다가 꾸짖음을 당하고서야[見讓][7] 가시려 하시니, 만일 가시게 되면 즉각 붙잡힐 것입니다. 차라리 군대를 일으켜 반란을 일으키는 것보다 못합니다."

양왕은 이 말을 듣지 않고 계속 병을 핑계 댔다. 양나라 태복(太僕)이 죄가 있어 한나라로 도망쳐 달려가 양왕이 호첩과 함께 반란을 모의하고 있다고 아뢰었다. 이에 상은 사자를 보내 몰래 양왕을 붙잡아 낙양으로 데리고와서 가두었다. 유사(有司)가 반란의 실상을 조사해보니[治反] 반란의 형적이 이미 갖춰져 있었기 때문에〔○ 장안(張晏)이 말했다. "호첩이 월에게 반란을 권유했고 월은 듣지 않았는데 '반란의 형적이 이미 갖춰져 있었다'라고 했으니 유사가 잘못한 것이다." 신찬(臣瓚)이 말했다. "호첩이 월에게 반란을 권유했는데도 월은 첩을 주살하지 않았다. 이 때문에 '반란의 형적이 이미 갖춰져 있었다'라고 한 것이다." 사고(師古)가 말했다. "찬의 설이 옳다."〕 법대로 논죄할 것을 청했다. 상은 그를 용서하고 서인으로 삼아 촉(蜀) 땅의 청의(靑衣)로 유배를 보냈다. 서쪽으로 가다가 정(鄭) 땅에 이르렀을 때 여후를 만났다. 여후는 장안에서 출발해 동쪽의 낙양으로 가

7 견(見)은 피(被)와 마찬가지로 수동형을 만들어주는 일종의 조동사다.

려던 길에서 월과 마주친 것이다. 월은 여후에게 울면서 자신의 무죄를 말했고 고향인 창읍에서 살게 해달라고 빌었다. 여후는 허락하고서 명을 내려[詔] 함께 동쪽으로 가서 낙양에 이르렀다. 여후가 상에게 말했다.

"팽월은 장사(壯士)이니 지금 그를 옮겨 촉 땅으로 가게 하는 것은 스스로 우환거리를 남겨두는 것입니다. 차라리 그를 죽이는 것이 낫습니다. (그래서) 첩은 삼가 그를 함께 데리고 왔습니다."

이에 여후는 팽월의 사인(舍人)을 시켜 월이 다시 모반했다고 고하게 했다. 정위(廷尉)가 청을 올리자 드디어 월의 종족을 모두 죽였다.

경포(黥布)는 육현(六縣) 사람으로 성(姓)은 영씨(英氏)다. 어릴 때 지나가던 나그네가 그의 관상을 보고서 형벌을 당한 뒤에 왕이 될 것이라고 했다. 장성해서 법에 걸려 얼굴에 먹물을 들이는 경형(黥刑)을 받았는데 포(布)는 (오히려) 기뻐하면서 웃으며 말했다.

"어떤 사람이 내 관상을 보고서 형벌을 당한 뒤에 왕이 될 것이라고 했는데 거의 들어맞는 것이구나!"

이 말을 들은 사람들은 하나같이 그를 놀리며 비웃었다. 포는 판결에 따라 여산(驪山)으로 보내졌는데 여산에는 죄수의 무리가 수십만 명이 있었다. 포는 그 무리의 우두머리나 호걸들 모두와 사귀었고 마침내 그 무리들을 이끌고서 양자강 부근으로 달아나 도적 떼가 됐다.

진승(陳勝)이 일어나자 포는 이에 파군(番君)을 만났고 그의 무리는 수천 명이었다. 파군은 그의 딸을 주어 포의 아내로 삼게 했다. 장한(章邯)이 진승을 멸망시키고 여신(呂臣)의 군대를 깨뜨리자, 포는 군대를 이끌고 북쪽으로 가 청파(靑波)에서 진(秦)나라의 좌우 교위(校尉)를 쳐서 깨뜨린 다음 군대를 이끌고 동쪽으로 갔다. 항량(項梁)이 회계(會稽)를 평정하고 서쪽으로 회수(淮水)를 건넜다는 말을 듣고서 포는 군대를 이끌고 량(梁)에게 소속됐다. 량은 서쪽으로 가서 (진나라 장수인) 경구(景駒)와 진가(秦嘉) 등을 쳤고 포는 늘 군대의 선봉에 섰다[冠軍]. 항량은 진섭(陳涉)이 죽었다는 말을 듣고서 초나라 회왕(懷王)을 세웠고 포를 당양군(當陽君)으로 삼았다. 항량이 (정도(定陶)에서) 싸움에 패해 죽자 회왕과 포와 장수들은 모두 팽성에 모였다. 이런 때를 맞아 진나라는 급히 조나라를 포위했고 조나라는 여러 차례 사람을 보내 회왕에게 구원을 청했다. 회왕은 송의(宋義)를 상장군으로 삼아 항적과 포를 둘 다 그에게 속하게 하고서 북쪽으로 가서 조나라를 구원했다. 적이 황하 변에서 송의를 죽이고 스스로를 세워 상장군으로 삼고서 포로 하여금 먼저 황하를 건너[涉]〔○ 사고(師古)가 말했다. "섭(涉)이란 배를 이용하지 않고서 강을 건너는 것[渡]을 말한다."〕 진나라를 치게 하니 여러 차례 승리[利]를 거두었다. 적은 이에 모든 병사들을 이끌고서 그의 뒤를 따라가서 드디어 진나라 군대를 깨뜨리고 장한 등을 항복시켰다. 초나라 군대는 늘 전투에서 승리해 그 공로가 제후들 중에서 으뜸이었다[冠=首]. 제후들의 군대가 모두 초나라(군대)에 속하게 된 것은 포가 여러 차례에 걸쳐 소수의 부대로 대군을 꺾었기 때문이다.

항적은 군대를 이끌고서 서쪽으로 신안(新安)에 이르자 다시 포 등을 시켜 밤에 장한의 진나라 병졸 20여만 명을 쳐서 구덩이에 파묻어 죽였다[阬]. 함곡관에 이르러 들어갈 수가 없자 다시 포 등을 시켜 먼저 샛길

[間道=微道]로 들어가 함곡관 아래의 군대를 떨어뜨리고서야 드디어 들어
갈 수 있었다. 함양에 이를 때까지 포는 (늘) 선봉[前鋒]이었다. 항왕은 여
러 장수들을 봉하면서 포를 세워 구강왕(九江王)으로 삼고 육(六)을 도읍
으로 정해주었다. 회왕을 높여 의제(義帝)로 삼아 도읍을 장사(長沙)로 옮
기게 하고는 마침내 몰래[陰] 포에게 영을 내려 그를 치게 했다. 포는 장수
를 시켜 (의제를) 추격하게 해 침현(郴縣)에서 그를 죽였다.

(한나라 2년) 제왕(齊王) 전영(田榮)이 초나라에 반기를 들자 항왕은 제
나라를 치러 가면서 구강에서 병사들을 징발했는데 포가 병을 핑계로 가
지 않고 장수를 보내 수천 명을 이끌고 (대신) 가게 했다. 한나라가 팽성에
서 초나라를 깨뜨렸을 때에도 포는 병을 핑계로 초나라를 돕지 않았다. 항
왕은 이로 말미암아 포를 원망했고, 여러 차례 사자를 보내 포를 꾸짖고
서[譙讓=責] 불러들이니, 포는 더욱 두려워해 감히 가지를 못했다. 항왕은
마침 북쪽으로는 제나라와 조나라에 대해 근심하고, 서쪽으로는 한나라
에 대해 걱정하고 있었기 때문에 의지할 곳이라고는 오직 포뿐이었고, 또
그의 재주를 중히 여겨[多=重] 가까이 두고서 쓰고 싶어 했기 때문에 아
직은 그를 치지 않았다.

(한나라 3년) 한왕(漢王)이 팽성에서 초나라와 크게 싸웠으나 전세가
불리하자 양나라 땅을 벗어나 우(虞)에 이르러 좌우 신하들에게 말했다.

"너희 같은 자들과는 천하의 일을 함께 도모할[與計=與圖] 수가 없다."

알자 수하(隨何)가 나아와서 말했다.

"폐하께서 말씀하신 바를 정확히 알지 못하겠습니다[不審]."

한왕이 말했다.

"누가 능히 나를 위해 회남에 사자로 가서 영포로 하여금 군대를 일으켜 초나라에 반기를 들게 할 수 있겠는가? 항왕을 제나라에 몇 달만 묶어 놓을 수 있으면 내가 천하를 차지하는 데 만전을 기할 수 있을 것이다."

수하가 말했다.

"신이 사자로 갈 것을 청하옵니다."

이에 20여 명과 함께 회남으로 떠났다. 그곳에 이르러 (회남의) 태재(太宰)가 그들을 맞이해주었는데 사흘이 돼도 (구강왕을) 만날 수가 없었다. 수하는 그래서 태재를 설득해 말했다.

"왕께서 이 하(何)를 만나주시지 않는 것은 분명 초나라는 강하고 한나라는 약하다고 여겨서일 텐데 그것이 바로 신(臣)이 사자로서 온 까닭입니다. 제가 만나뵐 수 있게 해주십시오. 제가 말씀을 드려서 만일 그것이 옳다면 그것은 대왕께서 (평소) 듣고 싶어 하는 바일 것이고, 제가 말씀을 드려서 만일 그것이 옳지 않다면 저를 비롯해 함께 온 20명을 회남의 시장에서 부질(斧質)[8]의 형벌에 처해, 그것을 통해 한나라에 등을 돌리고 초나라와 함께하실 것임을 분명히 하시옵소서."

태재가 마침내 그것을 왕에게 말하자 왕은 만나주었다.

"한나라 임금께서 신을 시켜 삼가 대왕께 서한을 올리도록 하셨는데 저는 남몰래 대왕께서 초나라와 얼마나 친한지 궁금합니다[怪]."

회남왕이 말했다.

"과인은 북쪽을 향해 신하의 예로 초나라를 섬기고 있소."

---

8 사람을 베는 도끼와 모루를 가리키는 것으로 오늘날에는 부질(鈇鑕)이라고 쓴다.

수하가 말했다.

"대왕께서는 항왕과 같은 반열의 제후이신데 북쪽을 향해 신하의 예로 항왕을 섬기는 것은 반드시 초나라를 강하다고 여겨 나라를 기댈 만하다고 생각해서일 것입니다. 항왕이 제나라를 공격할 때 몸소 성을 쌓기 위한 판자나 절굿공이[版築]를 짊어지고 병사들의 선봉에 섰으니, 대왕께서도 마땅히 회남의 무리들을 총동원해 몸소 이끌고 가서 초나라 군대의 선봉이 됐어야 할 것입니다. (그런데) 지금 겨우 4,000명을 보내 초나라를 도왔습니다. 북쪽을 향해 신하의 예로 남을 섬긴다면서 진정 이렇게 해도 되는 것입니까? 저 한나라 임금이 팽성에서 초나라와 싸울 때 항왕이 미처 제나라를 나오기 전에 대왕께서는 마땅히 회남의 무리들을 남김없이 다[埽=盡] 동원해 팽성 아래에서 밤낮없이 싸웠어야 했습니다. (그런데) 지금 1만 명의 무리를 거느리고 있으면서 단 한 사람도 회수를 건너는 자가 없고 몰래 팔짱을 끼고서 어느 쪽이 이기는지만을 지켜보셨습니다. 무릇 나라를 남에게 기댔다면서 이렇게 해도 되는 것입니까? 대왕께서는 헛된 이름만으로 초나라를 향하고 있다며 스스로를 크게 내맡기려 하고 있습니다. 신이 남몰래 대왕을 위해 생각해보건대 그렇게 해서는 안 됩니다. 그러면서도 대왕께서 초나라를 배반하지 않는 까닭은 한나라를 약하다고 보아서입니다.

저 초나라 군대가 비록 강하다고는 하지만 천하 사람들은 의롭지 못하다는 이름을 초나라에게 붙여주고 있습니다. 이는 초나라 왕이 (한나라 임금과) 분명히 했던 약속을 배반했고 또 의제(義帝)를 죽였기 때문입니다. 그런데도 초나라 왕은 싸움에서 이겼다 해 자랑하고 스스로 강하다고 여기고 있는 데 반해, 한나라 임금은 제후들을 거둬 돌아와서는 성고(成皋)와 형양(滎陽)을 지키면서 촉(蜀)나라와 한(漢)나라의 식량을 들여오고, 물길을 깊이 파고, 성벽을 튼튼히 하며, 병사들을 나눠 변방 국경[徼]을 지키고, 요새를 방어하고 있습니다. 초나라 사람들이 (제나라에서 초나라로) 돌아가려면 양(梁)나라 땅을 넘어서[9] 적국 속으로 800~900리나 깊숙이 들어가야 합니다. 그래서 싸우려고 해도 싸울 수가 없고, 성을 공격하려 해도 힘이 모자라며, 노약자들까지 나서 1,000리 밖에서 식량을 날라 와야 합니다. 초나라 군대가 형양이나 성고에 이른다고 해도, 한나라 군대가 굳건하게 지키면서 꼼짝도 않으면, 앞으로는 공격할 수가 없고 뒤로는 포위를 뚫을 수도 없습니다. 그렇기 때문에 초나라 군대는 신뢰할 수가 없습니다.

만약에 초나라 군대가 한나라를 이긴다면 제후들은 스스로 위협을 느끼고 두려워해 서로 (한나라를) 구원하려 할 것입니다. 그래서 저 초나라가 강해지면 마땅히 천하의 군사들을 불러들이는 꼴이 될 것입니다. 그러니 초나라가 한나라보다 못하다는 것은 이런 형세로 볼 때 쉽게 알 수 있습니다. (그런데도) 지금 대왕께서는 모든 것을 다 갖춘 한나라와 함께하지 않고 거의 망하게 생긴 초나라에 스스로를 의지하고 있으니, 신이 남몰래 대왕을 위해 생각해보건대 걱정스럽지 않을 수 없습니다. 신은 회남의 군대만으로 초나라를 멸망시킬 수는 없다고 봅니다. 무릇 대왕께서 군대를 일으켜 초나라에 반기를 들면 항왕은 반드시 (초나라에) 머물러야 하

---

9   양나라는 초나라와 한나라의 중앙에 있다.

니, 이렇게 몇 달만 머문다면 한나라가 천하를 차지하는 데는 만의 하나도 어긋남이 없을 것입니다. 신이 청컨대 대왕과 더불어 칼을 차고 한나라에 돌아갈 수 있기를 바랍니다. 한나라 임금은 반드시 땅을 떼어 대왕께 나눠줄 것이고, 더구나 회남 땅은 반드시 대왕의 소유가 될 것입니다. 그래서 한나라 임금께서는 삼가 신을 시켜 어리석은 계책을 올리라고 하신 것입니다. 바라건대 대왕께서는 유념해주십시오."

회남왕이 말했다.

"그 명을 잘 받들겠소."

그는 몰래 초나라를 배반하고 한나라 편이 되겠다고 허락했으나 감히 이를 누설하지는 않았다. (이때 회남에 와 있던) 초나라 사자(使者)가 바야흐로 급히 군대를 출동시키라고 영포를 닦달하자 수하가 곧장 들어가서 말했다.

"구강왕은 이미 한나라에 의탁했는데 초나라가 어찌 (회남의) 병사를 출동시키라고 하는 것입니까?"

영포는 깜짝 놀랐고 초나라 사자는 일어나 자리를 뜨니 수하는 영포를 설득했다.

"일은 이미 벌어졌으니 결국 초나라 사자를 죽여 돌아가지 못하게 하고 급히 한나라로 달아나 힘을 합칩시다[并力=合力]."
_{병력   합력}

영포가 말했다.

"그대의 뜻대로 하겠소."

이에 병사를 일으켜 초나라를 치니 초나라에서는 항성(項聲)과 용저(龍且)를 시켜 회남을 공격하게 했고 항왕은 남아 있으면서 하읍(下邑)〔○ 사고(師古)가 말했다. "현(縣)의 이름으로 양나라 땅에 있다."]을 공격했다. 여러 달 후에 용저가 회남을 공격해 포의 군대를 깨뜨렸다. 포는 군대를 이끌고 한나라로 달아나려 했으나 항왕이 공격할까 두려워 샛길을 통해 수하와 함께 가서 한나라로 귀순했다.

포가 도착했을 때 한왕은 마침 의자에 걸터앉아 발을 씻고 있었는데[洗=濯足] 포를 불러 들어오게 해서 만나보았다. 포는 (그 장면을 보고서) 크게 화가 나서 이곳에 온 것을 후회하며 자살하려고 했다. 그곳을 물러나 숙소에 가니 장막이나 음식이나 시종 등이 한왕이 거처하는 곳과 같으므로 포는 다시 크게 기뻐하며 큰 기대를 품었다[○ 사고(師古)가 말했다. "고조는 포가 자기보다 먼저 오래전에 왕이 됐기 때문에 스스로를 너무 높일까 봐 걱정해 일부러 예를 그같이 해 포(의 기)를 꺾어놓았다. 그리고 얼마 후에 숙소의 장막을 아름답게 꾸미고 음식을 후하게 하며 시종의 수를 많게 해 그의 마음을 기쁘게 해주었으니 이것이 바로 권도(權道-때에 맞는 조치를 뜻함)다."]. 이에 마침내 (포는) 사람을 시켜 구강에 가도록 했다. (그러나) 초나라에서는 이미 항백을 시켜 구강의 병사들을 모두 거둬들였고 포의 처자식을 모조리 죽여버린 다음이었다. 포의 사자는 자못 옛 동료들과 총애받던 신하들을 많이 얻어서 수천 명의 무리를 이끌고 한나라로 돌아왔다. 한나라는 포에게 병사들을 더 많이 나눠주어 함께 북쪽으로 가서 병사들을 모아 성고(成皐)에 이르렀다. (한나라) 4년 가을 7월에 포를 세워 회남왕으로 삼고서 함께 항적을 쳤다. 포는 사람을 시켜 구강에 가도록 해 여러 곳의 현들을 손에 넣었다. 5년에 포는 유고(劉賈-유방의 사촌 형)와 함께 구강에 들어가 대사마 주은(周殷)을 회유하니 은(殷)

은 초나라에 반기를 들었다. 드디어 구강의 병사들을 총동원해 한나라와 함께 초나라를 쳐서 해하(垓下)에서 깨뜨렸다.

항적이 죽자 상은 술자리를 베풀고 많은 사람들 앞에서 수하를 깎아내리며 썩은 선비[腐儒]〔○ 사고(師古)가 말했다. "맡은 바를 제대로 감당해 내지 못한다는 뜻이다."〕라고 하면서 이렇게 말했다.

"천하(를 다스리는 데)에 어찌 썩은 선비를 쓰겠는가〔○ 사고(師古)가 말했다. "고조의 뜻은 수하를 포상하는 데 있었으나 여러 신하들이 승복을 하지 않을까 근심해 그 때문에 많은 사람들이 보는 데서 수하를 깎아내리고 모욕을 주어 수하 스스로 자신의 공로를 헤아려보게 한 것이다."〕?"

수하가 꿇어앉으며 말했다.

"무릇 폐하께서 병사들을 이끌고 팽성을 공격하고 초왕이 아직 제나라를 떠나지 않았을 때 폐하께서는 보병 5만과 기병 5,000을 데리고서 능히 회남을 차지하실 수 있었겠습니까?"

상이 대답했다.

"불가능하다."

수하가 말했다.

"폐하께서는 이 하를 20명과 함께 회남에 사자로 보내셨고, 저희들은 폐하의 뜻대로 했으니, 이는 하의 공로가 보병 수만 명과 기병 5,000보다 더 뛰어난[賢] 것입니다. 그런데도 폐하께서는 저에게 썩은 선비라며 '천하 (를 다스리는 데)에 어찌 썩은 선비를 쓰겠는가?'라고 하시니 이는 어째서 입니까?"

상이 말했다.

"내가 이제라도 그대의 공로를 따져보겠노라."

그러고는 수하를 호군중위(護軍中尉)로 삼았다. 포는 드디어 부절을 나눠 받고서[剖符] 회남왕이 돼 육(六)에 도읍을 정했는데 구강, 여강(廬江), 형산(衡山), 예장군(豫章郡)이 모두 거기에 속했다.

6년에 (회남왕은) 진(陳)에서 한왕에게 조현했다. 7년에는 낙양(雒陽)에서 조현했다. 9년에는 장안(長安)에서 조현했다.

11년 고후가 회음후(-한신)를 주살하자 이에 포는 마음에 두려움을 가졌다. 여름에 한(漢)나라는 양왕(梁王) 팽월(彭越)을 주살했고 그 시신을 소금에 절이고 그릇에 잘 담아서[盛] 제후들에게 두루 내려주었다. 그것이 회남에 도착했을 때 회남왕은 마침 사냥을 하고 있다가 그 그릇을 보고서는 크게 두려워해 몰래 사람을 시켜 병사들을 모으고 주변 군(郡)들을 엿보면서[候伺] 급박한 상황에 대비했다.

포(布)에게는 아끼는 여인이 있었는데 그녀가 병이 들어 의원에게 찾아갔다. 의원의 집은 중대부 비혁(賁赫)〔○ 사고(師古)가 말했다. "賁의 발음은 (분이 아니라) 비(肥)다. 성은 분이고 이름은 혁이다."〕의 집과 문을 마주하고 있었고 혁은 이에 많은 선물을 바치면서 그 여자를 따라 의사의 집에 가서 술을 마셨다. 희가 왕(王-포)을 모시면서 무슨 말 끝에 가만히 혁을 훌륭한 사람[長者]이라고 칭찬을 했다. 왕은 화를 내며 말했다.

"너는 어떻게 해서[安從=何由] 그를 알게 됐느냐?"

그 연유를 갖추어 말하자[具道=具言] 왕은 더불어 관계를 맺었다[與亂]고 의심했다. 혁은 두려워서 병이 났다고 했다. 왕은 더욱 화가 나서 혁을 붙잡으려 했다. 혁은 (포가) 변란을 꾸미고 있다는 사실을 위에 고변하기 위해 역마를 타고서 장안으로 향했다. 포는 사람을 시켜 뒤쫓게 했으나 따라잡지 못했다. 혁이 도착해 변고에 관한 글을 올려 포가 반란을 일으키려 하는 단서가 있으니 먼저 일을 일으키기 전에 주살해야 한다고 말했다. 상은 그 글을 보고서 소상국(蕭相國-소하)에게 말하니 소상국이 대답했다.

"포는 마땅히 이런 일을 저지를 사람이 아니니 아마도 그와 원수진 자가 허무맹랑하게 그를 무고하는 것인 듯합니다. 청컨대 혁을 가두고서 사람을 시켜 회남왕을 몰래 살피셔야[微驗] 할 것입니다."
미험

포는 혁이 죄를 짓고 달아나 변고를 위에 말하려 했다고 보고서, 이미 그가 자기 나라의 은밀한 일까지 다 말했을 것이라고 의심하고 있는데 더욱이 한나라에서 사자가 와서 자못 여러 가지를 조사하니, 드디어 혁의 가족을 족멸하며[族=族誅] 군대를 동원해 반란을 일으켰다. 반란을 일으
족   족주
켰다는 글이 보고되자 상은 이에 혁을 풀어주고 장군으로 삼았다. 제후들을 불러 물었다.

"포가 반란을 일으켰으니 어찌하면 좋겠는가?"

모두 말했다.

"군대를 일으켜 그 애송이[豎子] 따위를 구덩이에 파묻으면 되지 달리
수자
무엇을 하겠습니까?"

여음후(汝陰侯) 등공(滕公)이 자신의 객(客)으로 있는 설공(薛公)을 불러 물어보니 설공이 말했다.

"포가 반란을 일으킨 것은 참으로 당연합니다."

등공이 말했다.

"상께서는 땅을 떼어내어 그를 봉해주었고, 작위를 나누어[疏=分] 그를 귀하게 해주었으며, 왕으로 삼아[南面] 만승의 군주가 되게 해주었는데, 그가 반란을 일으킨 것은 어째서인가?"

설공이 말했다.

"(한나라는) 지난해에 팽월을 죽였고, 그 전해에는 또 한신을 죽였는데, 그 세 사람은 모두 공로가 똑같아 한 몸과 같은 사람들입니다. (포는) 스스로 화가 자신에게 미칠 것을 의심했을 것이기 때문에, 그래서 반란을 일으킨 것일 뿐입니다."

등공은 이 말을 갖고서 상에게 가서 말했다.

"신의 객 중에 옛날에 초(楚)나라 영윤(令尹-재상)이던 설공이 있는데 그 사람은 계책을 가진 자이니 그에게 물어보는 것이 좋을 듯합니다."

상은 이에 설공을 만나보고서 물으니 이렇게 대답했다.

"포가 반란을 일으킨 것은 조금도 이상한 일이 아닙니다. 만일 포가 최고의 계책[上計]을 쓰게 되면 산동은 한나라 소유가 아닌 것이 될 테고, 중간의 계책[中計]을 쓰게 되면 승부는 헤아리기가 힘들 것이며, 하급의 계책[下計]를 쓰게 되면 폐하께서는 편안하게 베개를 베고서 누워 계셔도 될 것입니다."

상이 말했다.

"최상의 계책이란 무엇인가?"

설공이 대답했다.

"(만약에 포가) 동쪽으로 오나라를 차지하고 서쪽으로 초나라를 차지한 다음, 제나라를 삼키고 노나라를 차지하고서, 연나라과 조나라에 격문을 돌려[傳檄] 그곳들을 굳게 지킨다면, 산동은 한나라의 소유가 될 수 없을 것입니다."

"중간의 계책이란 무엇인가?"

"동쪽으로 오나라를 차지하고 서쪽으로 초나라를 차지한 다음, 한(韓)나라를 삼키고 위(魏)나라를 차지하고서, 오창(敖倉)의 식량을 점거하고 성고(成皐)의 험지를 막는다면, 승패가 어찌될지 헤아릴 수가 없습니다."

"하급의 계책이란 무엇인가?"

"동쪽으로 오나라를 차지하고, 서쪽으로 하채(下蔡)를 차지하고, 군수품[重=輜重]은 월(越)나라에 두고 자신은 장사(長沙)로 돌아간다면, 폐하께서는 편안하게 베개를 베고서 누워 계실 수 있고, 한나라에는 아무런 일도 없을 것입니다."

상이 말했다.

"그는 어떤 계책을 쓸 것 같은가?"

설공이 말했다.

"하급의 계책을 쓸 것입니다."

상이 말했다.

"어찌하여[胡=何] 최상의 계책을 버리고 하급의 계책을 쓴단 말인가?"

설공이 말했다.

"포는 옛날의 여산(驪山)의 무리로 만승의 군주가 됐지만, 이는 다 자기 한 몸을 위해서였지 훗날을 생각하며 백성과 만세를 위해 그렇게 한 것이 아니기 때문에 하급의 계책을 쓸 것입니다."

상이 말했다.

"좋도다."

설공을 1,000호에 봉해주었다. 드디어 (상은) 군대를 동원해 스스로 병사들을 이끌고서 동쪽으로 가 포를 쳤다. 포가 애초에 반란을 일으키면서 그 장수들에게 일러 말했다.

"상은 늙어서 전투를 싫어하니 반드시 직접 오지는 않을 것이다. 여러 장수들을 보낼 텐데 그들 중에서 오직 회음과 팽월만이 걱정할 만했는데 지금 그들은 이미 죽었으니 나머지 장수들은 두려워할 필요가 없다."

그러고는 드디어 반란을 일으켰다. 과연 설공이 예상한 대로 동쪽으로 형(荊)을 치니 형왕 유고(劉賈)는 달아나다가 부릉(富陵)[○ 사고(師古)가 말했다. "현(縣)의 이름이다. 임회군(臨淮郡)에 속한다."]에서 죽었다. (포는) 그 병사들을 다 빼앗은 다음 회수(淮水)를 건너 초나라를 쳤다. 초나라는 군사를 동원해 서(徐)와 동(僮) 사이[○ 사고(師古)가 말했다. "두 현의 사이를 말한다."]에서 힘을 합쳐 싸웠는데 군대를 삼군(三軍)으로 나눠 서로를 도와주는 기습부대 전략을 썼다. 어떤 사람이 초나라 장수를 설득해 말했다.

"포는 용병을 잘하기 때문에 백성들은 평소 그를 두려워합니다. 또 병법에서도 '제후가 몸소 자기 땅에서 싸우는 것을 산지(散地)[○ 사고(師古)가 말했다. "자기 집이 있는 곳을 그리워하고 편안하게 지내고 싶은 마음을 품게 돼 쉽게 도망치거나 뿔뿔이 흩어지게 된다는 뜻이다."]라고 한다'라고 했습니다. 지금 부대를 나눠 셋으로 삼았는데 적이 우리의 한 부대를 깨뜨리게 되면 나머지는 모두 달아날 것이니 어찌 능히 서로를 구원할 수 있겠습니까?"

듣지 않았다. 포가 과연 그 한 부대를 깨뜨리자 두 부대는 뿔뿔이 흩어져 달아났다. (포는) 드디어 서쪽으로 진출해 기(蘄)의 서쪽 회추(會甀)에서 상의 군대와 만났다. 포의 군사들은 훈련이 잘돼 있어 상은 이에 용성(庸城)에 성벽을 쌓고 포의 군대를 바라보니 진을 친 것이 항적의 군대와 같았다. 상은 그를 증오해 포와 서로 마주 바라보다가 멀리 거리를 두고서 [隃=遙] 포에게 말했다.
유 요

"무슨 어려움이 있어서 반란을 한 것인가?"

포가 말했다.

"제(帝)가 되고 싶었을 뿐이오."

상은 화가 나서 그를 욕하며 드디어 전투를 벌여 포의 군대를 깨뜨렸다. 포는 달아나 회수를 건너 여러 차례 멈춰가면서 싸웠으나 불리해지자 100여 명과 함께 강남으로 달아났다. 포는 예전에 파군(番君)의 딸과 혼인을 했기 때문에 장사애왕(長沙哀王)[○ 진작(晉灼)이 말했다. "오예(吳芮)의 손자 회(回)다." 사고(師古)가 말했다. "표(表)에 따르면 혜제 2년에 애왕(哀王) 회(回)가 비로소 세워졌으니 지금 여기서 애왕은 예의 아들 성왕(成王) 신(臣)일 뿐이다. 진작의 설은 틀렸다."]이 사람을 시켜 포를 유인해 함께 월나라로 도망치자고 속이니 포는 이를 믿고서 그를 따라 파양(番陽)에 이르렀다. 파양 사람들이 포를 자향(玆鄉)[○ 사고(師古)가 말했다. "교양현(鄡陽縣)의 향(鄉)이다."]에서 죽이니 마침내 멸망했다. 비혁을 봉해 열후로 삼고 장군들 중에 봉작을 받은 이가 6명이다.

노관(盧綰)은 풍(豐) 사람으로 고조와 같은 마을 출신이다. 관(綰)의 아버지는 고조의 아버지 태상황과 서로 친했고, 두 사람이 아들을 얻었는데, 고조와 관이 같은 날에 태어나니 마을 사람들은 양고기와 술을 갖고 와서 두 집안을 축하해주었다. 고조와 관이 장성해 함께 글을 배웠고 또 서로 아껴주었다. 마을에서는 두 집안이 서로 친하며 아껴주고 아들도 같은 날에 낳은 데다가 커서까지 서로 잘 지내자 다시 양고기와 술을 갖고 와서 축하해주었다. 고조가 평민[布衣]일 때 죄를 지어 집을 떠나 숨어 지낸 적이 있는데 관은 늘 어디를 가건 따라다녔다. 고조가 패(沛)에서 처음 (반기를 들고) 일어났을 때 관은 빈객으로 따라다녔고 한중(漢中)에 들어갈 때는 장군이 돼 늘 궁중에서 시종했다. 동쪽으로 가서 항적을 칠 때는 태위(太尉)로서 늘 시종했고, 침실 안까지도 들고 났으며 옷이나 음식, 그밖의 상을 내릴 때도 다른 신하들은 감히 관과 같은 대우를 바라지도 않았다. 소하(蕭何)와 조참(曹參) 등이 각별한 예우를 받기는 했지만 그 친행(親幸-제 몸과 같이 여기며 총애함)의 지극함에서 관에 미칠 사람은 아무도 없었다. 봉해 장안후(長安侯)로 삼았다. 장안은 옛날의 함양(咸陽)이다.

항적(項籍)이 죽자 관을 별장(別將)으로 삼았고 유고(劉賈)와 함께 임강왕(臨江王) 공위(共尉)를 치고서 돌아와 종군해 연왕(燕王) 장도(臧荼)를 쳐서 모두 깨뜨려 평정했다. 이때 제후들 중에 유씨(劉氏)가 아니면서도 왕이 된 사람이 7명이었다. 상은 관을 왕으로 삼고 싶어 했지만 여러 신하들이 원망할까 봐 그쳤다. 장도를 사로잡게 되자 마침내 조서(詔書)를 내려 여러 신하들 중에서 공로가 있는 사람을 연왕(燕王)으로 삼겠다고 조했다. 여러 신하들은 상이 관을 왕으로 삼고 싶어 한다는 것을 알고서 모두 이렇게 말했다.

"태위 장한후 노관은 늘 상을 시종하며 천하를 평정했으니 공로가 가장 많습니다. 따라서 왕으로 삼을 만합니다."

상은 마침내 관을 세워 연왕으로 삼았다. 제후들 중에서 연왕보다 총애를 더 받은 사람은 없었다. 관이 세워져 6년이 지났을 때 진희(陳豨)의 일 때문에 의심을 받아 패망하게 됐다.

희(豨)라는 자는 완구(宛句)〔○ 사고(師古)가 말했다. "완구는 현(縣)의 이름으로 「지리지(地理志)」에 따르면 제음(濟陰)에 속한다."〕사람인데 처음에 어떻게 해서 (고조를) 따라다닐 수 있게 된 것인지는 알지 못한다. 한왕(韓王) 신(信)이 반란을 일으켜 흉노에 들어갔을 때, 상은 평성(平城)에까지 갔다가 돌아와 낭중(郎中)이던 희를 봉해 열후로 삼고, 조(趙)나라 상국 겸 장수가 되게 해 조나라와 대(代)나라의 변경을 통감(統監)하게 하니, 변경의 병사들은 모두 그에게 소속됐다. 희는 어려서부터 위공자(魏公子)〔○ 사고(師古)가 말했다. "신릉군(信陵君) 무기(無忌)를 가리킨다."〕를 칭송하며 사모했는데 장수가 돼 변경을 지키게 되자 빈객들을 불러 모았다[招致]. 한 번은 휴가를 내고 조나라를 지나갔는데 이때 그를 따르는 빈객이 1,000여 승(乘)이나 돼 한단(邯鄲)의 관사가 모두 가득 찼다. 희가 빈객을 대우하는 태도는 포의(布衣)의 사귐과 같아서 늘 빈객의 아래에 머물렀다〔○ 사고(師古)가 말했다. "자기를 낮추어 빈객들을 예우했고 부귀를 내세워 자신의 존귀함을 크게 드러내지 않았다는 말이다."〕. 조나라 상국 주창(周昌)이 마침내 궁중에 들어와 상을 뵙기를 청해, 희의 빈객이 성대하고 외지에서 병권을 제 마음대로 하니, 변란이 있을까 두렵다고 그 실상을 갖추어 말했다. 상은 사람을 시켜 희의 빈객들이 대(代)에 있으면서 행한 불법적인 일들을 조사하게 하니 많은 것들이 희와 연루돼 있었다. 희는 두려워해 몰래 빈객을 시켜 왕황(王黃) 및 만구신(曼丘臣)〔○ 사고(師古)가 말했다. "두 사람 다 한왕 신의 장수다."〕쪽과 서로 내통하게 해두었다.

한나라 10년 가을 태상황이 붕(崩)했고 상은 이 일로 인해 희를 불렀다. 희는 병을 핑계로 드디어 왕황 등과 반란을 일으켜 스스로를 세워 대왕(代王)으로 삼고서 조와 대나라 땅을 공격해 빼앗았다. 상은 이를 듣고서 희에게 속아 넘어가 땅을 빼앗긴 관리와 백성들을 모두 사면해주었다. 상은 직접 희를 쳐서 그를 깨뜨렸다. 상세한 이야기는 「고기(高紀-고제기)」에 실려 있다.

애초에 상이 한단(邯鄲)에 가서 희를 칠 때 연왕(燕王) 관(綰)도 또한 그 동북쪽을 쳤다. 희가 왕황을 사자로 보내 흉노에게 구원을 요청하자 관도 그의 신하 장승(張勝)을 사자로 삼아 흉노에 보내 희 등의 군대는 이미 대패했다고 말하게 했다. (그런데) 승(乘)이 오랑캐[胡] 땅에 도착했을 때 옛 연왕(燕王) 장도(臧荼)의 아들인 연(衍)이 달아나 그곳에서 살고 있었는데 그가 승을 보고서 말했다.

"그대가 지금 연(燕)에서 중용되는 까닭은 오랑캐의 일[胡事]에 정통하기 때문입니다. 연나라가 오랫동안 존속되는 까닭은 제후들이 여러 차례 반란을 일으켜 전란이 계속돼 승패의 결정이 이뤄지지 않기 때문입니다. (그런데) 지금 그대는 연나라를 위해 희 등을 성급하게 멸망시키고자 하는데 희 등이 다 없어지고 나면 그다음은 연나라 차례가 될 것이며, 그대 등도 장차 붙잡히는 신세가 될 것입니다. 공은 어찌하여 연나라에 희를 치는 일을 늦추고 오랑캐와 화친을 맺을 것[連和]을 말씀드리지 않습니까? 일을 늦추기만 해도 연왕은 왕 노릇을 더 오래 할 수 있을 것이고, 혹시 한나라에 위급한 일이라도 생기면 연나라는 그로 인해 더 평안해질 것입니다."

승도 그렇다고 여기고서 마침내 몰래 흉노에게 (희를 도와서) 연나라를 치게 했다. 관은 승이 오랑캐와 더불어 반란을 일으킨 것으로 의심하고서 글을 올려 승의 일족을 몰살시킬 것을 청했다. 승이 돌아와서 자신이 왜 그렇게 했는지를 갖추어 말했다. 관은 깨닫고서 다른 사람의 일인 것처럼 죄를 꾸미고서 승의 가족들을 탈출시켜 흉노의 첩자가 되게 했다. 그러고는 몰래 범제(范齊)를 희가 있는 곳으로 보내 가능한 한 전투를 오래 끌어 승부가 나지 않도록 하자고 했다.

(한나라 12년) 한나라가 이미 (번쾌를 시켜) 희의 목을 베자 그의 비장(裨將)이 항복하고서 연왕 관이 범제를 시켜 희가 있는 곳과 내통하도록 계책을 꾸몄다고 말했다. 상은 사자를 보내 관을 불렀으나 관은 병이 들었다고 핑계를 댔다. 다시 벽양후 심이기(審食其)와 어사대부 조요(趙堯)를 보내 관을 맞아오게 하면서 관의 좌우 신하들에게 심문을 하게 했다. 관은 더욱 두려워하면서 문을 닫아걸고[闔=閉] 숨어 있으면서 자신의 총애하는 신하에게 이렇게 말했다.

비 폐

"유씨(劉氏)가 아니면서 왕으로 있는 사람은 (이제) 오직 나와 장사(長沙-오예와 그 자손)뿐이다. 지난해 한나라는 회음을 족멸했고 팽월을 주살했으니 다 여후(呂后)의 계책이었다. 지금 상께서는 병이 들어 모든 것을 여후에게 맡기고 있다. 여후는 아녀자로서 오로지 성이 다른 왕과 공로가 큰 신하들을 죽이는 것만 일삼고 있다."

마침내 병을 핑계로 가지 않았다. 그의 좌우 신하들은 모두 도망치거나 숨었다. (노관의) 말이 자못 새어나갔고 벽양후는 그것을 듣고서 돌아와 상세하게 보고하니 상은 더욱 화가 났다. 게다가 (그때 마침) 흉노에서 투항한 자가 말하기를 장승이 도망쳐 지금 흉노에 있는데 그는 연나라의 사신이었다고 했다. 이에 상은 말했다.

"관이 결국은[果] 배반했도다!"
_과

그리하여 번쾌를 시켜 연나라를 치게 했다. 관은 자신의 궁인과 가속, 기병 수천 명을 다 이끌고서 장성 아래에 머물며 동향을 살폈고, 다행히 상의 병이 나으면[瘳=愈] 자신이 직접 들어가서 사과하려고 했다. (그런데 4월에) 고조가 붕하자 관은 드디어 그의 무리들을 이끌고 달아나 흉노로 들어갔고 흉노에서는 그를 동호(東胡)의 노왕(盧王)으로 삼았다. (하지만) 관은 다른 오랑캐[蠻夷]들에게 침탈을 당할 때면 늘 한나라로 돌아갈 것만을 생각했다. 그곳에서 1년여쯤 살다가 오랑캐 땅 안에서 죽었다.

고후(高后) 때 관의 아내가 그의 자식들과 함께 도망쳐 한나라에 투항했으나 때마침 고후가 병이 들어 만나볼 수는 없었다. 연저(燕邸)[10]에 머물면서 술자리를 베풀고서 알현할 기회를 기다렸다. 고후는 끝내 (만나보지 못한 채) 붕했고 관의 아내 또한 병으로 죽었다.

효경제(孝景帝) 때 관의 손자 타인(佗人)이 동호왕(東胡王)으로 있다가 투항하자 그를 봉해 악곡후(惡谷侯)로 삼았다. 작위는 후손에 전해져 증

---

10 당시 수도에는 제후나 왕들이 수도를 찾았을 때 머물 수 있는 숙소들이 각각 있었다. 연저란 연왕의 숙소를 말한다.

손자에 이르러 죄가 있어 국(國)이 없어졌다.[11]

　　오예(吳芮)는 진(秦)나라 때 파양(番陽)의 현령이었는데 강호(江湖) 일대의 민심을 크게 얻어 파군(番君)이라고 불렸다. 천하가 진나라에 반기를 들던 초창기에 경포(黥布)가 예에게 귀부하니 예는 그에게 딸을 주었고 이어예는 월나라 사람들을 거느리고 병사를 일으켜 제후들에게 호응했다. 패공(沛公)이 남양(南陽)을 공격할 때 마침내 (처음으로) 예의 장수 매현(梅鋗)을 만나 함께 석(析)과 역(酈)의 두 현을 공격해 항복시켰다. 항우가 스스로 왕이 되자 예는 백월(百越)을 이끌고 제후들을 도와 항왕을 따라서 함곡관에 들어갔다. 그래서 예를 세워 형산왕(衡山王)으로 삼고 주(邾)에 도읍하게 했다. 그의 장수 매현이 공로가 많아 10만 호를 봉해주고서 열후로 삼았다. 항적이 죽자 상은 현(鋗)이 공로가 있고 자신을 따라 무관(武關)에 들어간 것도 예의 덕분이라 해 그를 옮겨 장사왕(長沙王)으로 삼고임상(臨湘)에 도읍하게 했는데, 1년 만에 훙(薨)하니 시호를 문왕(文王)이라 하고 아들 성왕(成王) 신(臣)이 뒤를 잇게 했다. 그가 훙하자 아들 애왕(哀王) 회(回)가 뒤를 이었다. 그가 훙하자 아들 공왕(共王) 우(右)가 뒤를 이었다. 그가 훙하자 아들 정왕(靖王) 차(差)가 뒤를 이었다. 효문(孝文) 후(後) 7년에 훙했는데 아들이 없자 국(國)을 없앴다. 애초에 문왕 예는 고제가 뛰어나다[賢]고 보고서 어사에게 제조(制詔)하여 "장사왕은 충성스러

11　사마천의 『사기(史記)』「노관(盧綰)열전」에서는 타인을 타지(他之)라 했고, 악곡후도 아곡후(亞谷侯)라고 했다. 동호는 오환(烏丸)을 가리킨다.

운 사람이니 그것을 영(令)에 드러내어 기록하도록 하라"라고 했다. 효혜(孝惠)에 이르러 고후(高后) 때에 예의 서자 두 명을 봉해 열후로 삼았고 국(國)이 여러 대에 걸쳐 이어지다가 끊어졌다.

찬(贊)하여 말했다.

"옛날에 고조(高祖)가 천하를 평정하고서 공신과 이성(異姓)들 중에서 왕이 된 자는 8개 나라였다. 장이(張耳), 오예(吳芮), 팽월(彭越), 경포(黥布), 장도(臧荼), 노관(盧綰) 및 두 한신(韓信)인데 모두 한때의 권세를 누렸고, 모든 사술(詐術)을 쏟아 공로를 이루니 모두 땅을 나눠[裂土] 왕이 되게
_{열토}
하고 고(孤)를 칭할 수 있게 했다[南面稱孤].[12] (하지만) 강대함을 의심받고
_{남면} _{칭고}
스스로 불안한 마음을 품게 되자 일은 궁해지고 상황은 급박해져 결국은 반역을 모의하다가 멸망에 이르게 됐다. 장이는 지략으로 몸을 온전히 했지만 자식에 이르러 나라를 잃었다[失國]. 오직 오예만이 일어나서 바른
_{실국}
도리[正道]를 잃지 않았기 때문에, 능히 왕의 칭호를 5세(世) 때까지 전할
_{정도}
수 있었고, 후사가 없어 끊어졌지만 그 경사로움은 적자 이외의 서자 자손들에게까지 흘렀다. 이는 오로지 사술을 쓰지 않은 때문이니 갑령(甲令)〔○ 사고(師古)가 말했다. "법령의 편차(編次)로 제1편을 뜻한다."〕에 기록하고 드러내어 그 충성스러움을 칭찬했던 것이다."

---

12 남면(南面)이나 칭고(稱孤)는 모두 왕이 됐다는 뜻이다.

형왕·연왕·오왕전
荊燕吳傳

형왕(荊王) 유고(劉賈-유가로도 읽음)는 고제의 사촌형[從父兄]으로 그 종부형
집안이 처음 일어난 때는 알지 못한다. 한(漢)나라 원년에 동쪽으로 돌아
와 삼진(三秦)을 평정했을 때 고(賈)는 장군으로서 새왕(塞王)의 땅[○ 사
고(師古)가 말했다. "사마흔(司馬欣)의 나라다."]을 평정하고서 한왕을 따라
동쪽으로 가서 항적을 쳤다.

　한왕이 성고(成皐)에서 패하고 북쪽으로 황하를 건너 장이와 한신의
군대를 얻고서 수무(脩武)에서 군진을 치고 도랑을 깊이 파고 요새를 높
이 쌓은 다음 고(賈)를 시켜 2만 군사를 거느리고 기병 수백 명을 끌고 가
서 초나라를 치게 했다. 고는 백마진(白馬津)을 건너 초나라 땅에 들어가
그들이 쌓아놓은 곡식과 말꼴 등을 다 태움으로써 초나라 백성들의 생업
을 파괴해 항왕(項王)의 군대에 식량을 제공할 수 없게 했다. 얼마 후에 초
나라 군사들이 그곳을 치자 고는 곧바로 달아나 싸움에 응하지 않으면서

팽월의 군대와 서로 의지하며 지켜주었다.

한왕은 항적을 뒤쫓아 고릉(固陵)에 이르러서 고로 하여금 남쪽으로 가서 회수(淮水)를 건너 수춘(壽春)을 에워싸게 했다. 고가 돌아와 사람을 시켜 몰래 초나라의 대사마 주은(周殷)을 불러오게 했다. 주은은 초나라에 반기를 들어 고를 도와서 구강(九江)을 들어 영포(英布)의 병사를 맞이했고 모두 해하(垓下)에서 만나 항적을 주살했다. 이 때문에 한왕은 고로 하여금 구강군의 병사를 이끌게 하고서 태위 노관과 함께 서남쪽으로 임강왕(臨江王) 공위(共尉)〔○ 사고(師古)가 말했다. "공오(共敖)의 아들이다."〕를 치게 했다. 위(尉)가 죽자 임강국을 남군(南郡)으로 삼았다.

고는 이미 공로가 있었고 게다가 고조는 아들이 어리고 형제들은 많지 않으며 또한 뛰어나지 못했기 때문에 동성(同姓)을 왕으로 삼아 천하를 진무하려고 해 이에 조서를 내려 말했다.

'장군 유고는 공로가 있으니 그의 자제 중에서 골라 왕을 삼을 수 있을 것이다.'

여러 신하들이 다 말했다.

"유고를 세워 형왕(荊王)으로 삼아 회동(淮東)의 왕이 되게 하소서."

왕으로 세워진 지 6년이 됐을 때 회남왕 경포가 반란을 일으켜 동쪽으로 형(荊)을 쳤다. 고가 맞서 싸웠으나 이기지 못하고 부릉(富陵)〔○ 사고(師古)가 말했다. "현(縣)의 이름이며, 「지리지(地理志)」에 따르면 임회군(臨淮郡)에 속한다."〕으로 달아났다가 포의 군대에게 살해됐다.

---

1 증조부가 같은 6촌 형제다.

연왕(燕王) 유택(劉澤)은 고조의 종조곤제(從祖昆弟)[1]다. 고조 3년에 택(澤)은 낭중(郞中)이 됐다. 11년에 장군으로서 진희(陳豨)의 장수 왕황(王黃)을 쳐 (그 공로로) 봉해져 영릉후(營陵侯)가 됐다.

고후(高后) 때 제나라 사람 전생(田生)[2]이 세상을 떠돌다가 여비가 떨어지자[乏資] 계책이 있다며 자신을 (빈객으로) 받아줄 것을 청했다. 택은 크게 기뻐하며 황금 200근을 그에게 주고 그의 장수를 비는 잔치를 열어주었다. 전생은 일단 황금을 손에 넣게 되자 곧장 제나라로 돌아갔다. 2년 후에 택은 사람을 시켜 전생에게 일러 말했다.

"나와 앞으로 함께하지 맙시다."

전생은 장안에 와서도 택은 만나보지 않고 큰 저택을 빌려 그 아들로 하여금 여후(呂后)가 총애하는 대알자(大謁者) 장경(張卿)〔○ 여순(如淳)이 말했다. "엄인(奄人-환관)이다."〕을 만나보고자 했다. 몇 달이 지나 전생의 아들이 장경에게 초대에 응해줄 것을 청하고서 전생이 몸소 장막이나 접대에 필요한 것들을 준비했다. 장경이 가서 보니 전생이 장막이나 접대에 필요한 것들을 갖추기를 마치 열후(列侯)를 접대하듯이 해놓았다. 장경은 놀랐다. 술자리가 무르익자 마침내 사람들을 물리고[屛人] 장경에게 설득하며 말했다.

"신(臣)이 살펴보건대 제후들의 저택[邸第] 100여 채는 모두 다 고제의 공신들입니다. 지금 여씨(呂氏)들은 예전부터 고제를 추대해[推轂=推戴]

---

2 『초한춘추(楚漢春秋)』에 따르면 자(字)가 자춘(子春)이다. 법가와 잡가(雜家)에 뛰어났다고 한다.

천하를 차지하게 했으니 공로는 지극히 크고 또한 태후의 친척들로서 존귀함을 누리고 있습니다. (그러나) 태후께서는 춘추가 많으시고 여러 여씨들은 힘이 약해 여산(呂産-태후의 동생)을 세워 여왕(呂王)으로 삼아 대(代)나라의 왕이 되게 하려고 하셨습니다. (하지만) 태후께서는 거듭해서 그것을 다시 말씀하실 경우 대신들이 듣지 않을까 두렵습니다. (그러니) 지금 경께서는 최고의 총애를 받고 계시고 대신들이 존경하고 있으니, 어떻게 해서든 대신들에게 말을 흘려[風=諷] 태후의 귀에 들어가게 한다면, 태후께서는 반드시 기뻐하실 것입니다. 여러 여씨들이 왕이 되면 만호후(萬戶侯-제후)들도 경의 소유가 되는 것입니다. 태후께서는 마음속으로 그것을 바라시니 경께서 내신(內臣)이면서도 서둘러 실행하지 않을 경우 그 화가 경에게 미치게 될까 두렵습니다."

장경은 그의 말이 참으로 그렇다고 여기고서 마침내 대신들에게 말을 흘려 태후에게 이야기를 하게 했다. 태후가 조회를 하면서 그 문제에 관해 대신들에게 물었다. 대신들은 여산을 세워 여왕으로 삼을 것을 청했다. 태후가 장경에게 황금 1,000근[千金]을 내려주니 장경은 그 절반을 전생에게 주었다. 전생은 그것을 받지 않으면서 그 기회를 틈타 이렇게 설득했다.

"여산이 왕이 됐으나 여러 대신들은 아직 기꺼이 복종을 하지 않고 있습니다. 지금 영릉후 택은 여러 유씨들 중에서 장로인데도 대장군이 됐으나 홀로 왕이 되지 못한다면 원망을 품을 것입니다. 지금 경께서 태후께 말씀드려 10여 개 현을 떼어내[裂=割] 택을 그곳의 왕으로 삼는다면 그는 왕위를 얻어 기뻐할 것이고, 여러 여왕(呂王)들도 (그 위세가) 더욱 튼튼해질 것입니다."

장경이 들어가서 그것을 말했다. 또한 태후의 여동생 여수(呂須)를 영릉후의 아내로 삼게 했고, 그러고 나서 드디어 영릉후 택을 세워 낭야왕(琅邪王)으로 삼았다. 낭야왕이 전생과 함께 봉국으로 가는데 (전생은) 서둘러 가야 하며 잠시도 머물지 말 것을 권유했다. 함곡관을 나설 때 태후는 과연 사람을 보내 그들을 추격했다. 이미 관문을 나온 후라 즉시 봉국으로 돌아왔다.

택이 낭야의 왕이 된 지 2년이 됐을 때 태후가 붕(崩)하자 택이 마침내 이렇게 말했다.

"제(帝)는 어린데 여러 여씨들이 권력을 좌우하고 있고[用事=擅斷] 여러 유씨들은 고립돼 힘이 없다."

(그리하여) 군사를 이끌고 제왕(齊王)과 연합해 서쪽으로 쳐들어갈 것을 모의해 여러 여씨들을 주살하려고 했다. 양(梁) 땅에 이르렀을 때 한나라의 관(灌-관영)장군이 형양(滎陽)에 주둔하고 있다는 소식을 듣고서, 택은 군사를 돌려 서쪽 국경에 진을 치게 하고서, 드디어 멀리 말을 달려 장안에 이르렀다. 대왕(代王-유항(劉恒)) 또한 대를 떠나 장안에 들어왔다. 여러 장군과 대신들은 낭야왕과 함께 대왕을 세우니 이분이 효문제(孝文帝)다. 문제 원년에 택을 옮겨 연왕(燕王)으로 삼았고 다시 낭야를 제나라에 돌려주었다〔○ 이기(李奇)가 말했다. "(낭야는) 본래 제나라 땅이었는데 앞서 그것을 나눠 택을 그곳의 왕으로 삼았다가 이제 다시 제나라에 돌려준 것이다."〕.

택은 연왕이 된 지 2년 만에 훙(薨)했고 시호는 경왕(敬王)이라고 했다. 아들 강왕(康王) 가(嘉)가 뒤를 이었고 9년 만에 훙했다. 그의 아들 정국

(定國)이 뒤를 이었다. 정국은 아버지 강왕의 희첩(姬妾)과 간통을 해 아들 하나를 낳았다. 또 동생의 아내를 빼앗아 희첩으로 삼았다. 또 자신의 딸 세 명과 간음했다. 정국이 주살하고 싶어 했던 (천자의) 신하 중에 비여(肥如)의 현령인 영인(郢人)이 있었는데, 영인 등이 정국을 조정에 고하려 했기 때문이다. 정국은 알자를 시켜 다른 법률을 써서 영인을 붙잡아 몽둥이로 쳐서 죽여[格殺=擊殺] 입을 틀어막았다[滅口]. 원삭(元朔) 연간에 이르러 영인의 형제가 다시 글을 올려 정국의 일을 갖추어 말했다[具言]. (상이) 이를 공경들에게 내려보내자 모두 의견을 내어 말했다.

"정국의 짐승 같은 행위는 인륜을 어지럽히고 하늘과도 같은 도리[天道]를 거슬렀으니 마땅히 주살해야 합니다."

상이 이를 허락했다. 정국은 자살했으니 왕이 된 지 42년째였고 나라는 없어졌다. 애제(哀帝) 때 끊어진 집안을 이어주었고 이에 경왕 택의 현손(玄孫)의 손자인 무종현(無終縣)의 공사(公士)〔○ 사고(師古)가 말했다. "제1작(爵)이다."〕 귀생(歸生)을 봉해 영릉후로 삼았는데 경시(更始)〔○ 사고(師古)가 말했다. "유성공(劉聖公-회양왕)의 연호다."〕 연간 중에 병사에게 살해됐다.

오왕(吳王) 비(濞)는 고제의 형 중(仲-유중)의 아들이다. 고제는 중을 세워 대왕(代王)으로 삼았다. 흉노가 대를 공격하자 중은 굳게 지켜내지 못하고 나라를 버린 채 샛길로 해서 낙양(雒陽)으로 달아나 자신을 의탁하니, 천자는 차마 법대로 다스리지[致法] 못하고 대왕에서 폐위시켜 합양후(合陽侯)로 삼았다. 그의 아들 비를 봉해 패후(沛侯)로 삼았다. 경포

(黥布)가 반란을 일으키자 고조는 스스로 장수가 돼 가서 그를 주벌했다. (이때) 비는 나이 20세였는데 기병장군[騎將]으로 종군해 포(布)의 군대를 깨뜨렸다. 형왕 유고가 포에게 살해되고서 뒤를 이을 아들이 없었다. 상(上)은 오(吳)와 회계(會稽)(두 군(郡))의 사람들이 날래고 용감한데[輕悍=敬勇] 이들을 제압할 장년의 왕이 없음을 걱정했고, 또 자기의 여러 아들들은 아직 어려서 마침내 비를 패(沛)에 세워 오왕(吳王)으로 삼고 3개의 군 53개 성의 왕이 되게 했다. 이미 제배해 왕의 인장을 주고서 고제는 비를 불러 그의 관상을 보고서[相] 이렇게 말했다.

"너[若=汝]의 얼굴에는 반란의 상[反相]이 있다."

혼자서 마음속으로 후회했으나 이미 일이 이루어졌기에 그의 등을 가볍게 두드리며[拊=輕擊] 이렇게 말했다.

"한나라는 50년 뒤에 동남쪽에 난이 있을 터인데 어찌 (그 주모자가) 너이겠는가? 어쨌거나 천하는 같은 성을 가진 한 집안과 같으니 부디 반란을 일으키는 일이 있어서는 안 될 것이야!"

비는 머리를 조아리며 말했다.

"감히 그런 일은 하지 않을 것입니다."

마침 효혜(孝惠)와 고후(高后) 때에 천하가 처음으로 안정돼 군국(郡國)의 제후들은 각자 자신들의 백성들을 돌보아주는 데 힘을 쏟았다. 오(吳)나라에는 예장군(豫章郡)[○ 위소(韋昭)가 말했다. "여기서 예(豫) 자는 잘못이다. 다만 장군(章郡)이라고 해야 한다."]의 구리 광산이 있어 곧바로 천하의 망명자들을 불러 모아 몰래 동전을 만들고, 또 동쪽에서는 바닷물을 끓여[煮] 소금을 구웠기 때문에 세금을 거두지 않고서도 나라의 재용이 넉넉했다[饒足].

효문(孝文) 때 오나라 태자가 입조해 상을 알현하고서 황태자를 모시게 돼 술을 마시고 장기를 두었다[博]. 오태자의 사부들은 초나라 사람으로 경박하고 사나웠으며 또한 오태자도 평소 교만했다. 장기를 두면서 길을 다투었는데 공손하지 못하니 황태자는 장기판을 끌어당겨 오태자에게 던져[提=擲] 그를 죽게 만들었다. 이에 그 시신을 오나라에 보내 장사를 지내게 했다. 오왕은 분노에 떨며[慍=怒] 말했다.

"천하가 모두 한집안[一宗]이라더니 장안에서 죽었으면 곧장 장안에서 장례를 지낼 것이지 어찌 꼭 이리 와서 장례를 지낸단 말인가!"

다시 관을 장안으로 보내 그곳에서 장례를 치렀다. 오왕은 이로 말미암아 원망하는 마음을 품고서 점점 번신(藩臣)으로서의 예를 잃어버리고 병을 핑계로 입조하지도 않았다. 경사(京師)에서는 그것이 아들 때문이라고 여기고 조사해보니 실제로 병이 난 것이 아니므로 오나라에서 오는 사자들을 오는 족족 잡아 가두고 문책해 다스렸다. 오왕은 두려워져 모반하려는 생각이 더욱[滋=益] 심해졌다. 뒤에 사람을 보내 추청(秋請)〔○ 맹강(孟康)이 말했다. "율(律)에 따르면 봄에 하는 것을 조(朝), 가을에 하는 것을 청(請)이라 하는데 이는 옛날에 제후들이 천자를 조빙(朝聘)하던 것과 같다." 여순(如淳)이 말했다. "비(濞)가 직접 가지 않고 사람을 시켜 자신을 대신해서 예를 청하게 된 것이다." 사고(師古)가 말했다. "두 설은 다 옳다."〕을 하게 하자 상은 다시 오나라의 사자를 문책했다. (이에) 사자가 말했다.

"연못 속의 물고기를 깊이 살피는 것은 상서롭지 못합니다[不祥=不吉]〔○ 사고(師古)가 말했다. "천자가 아랫사람의 속마음을 들여다보려는 것은

좋은 일이 아니라는 뜻이다."]. 지금 오왕께서는 처음에는 병을 핑계로 삼
았는데 그것을 들키고 나자 꾸짖음이 심해지니 더욱 몸을 숨기고 상께서
주살할까 두려워 마침내 음모를 꾸미게 된 것입니다. 바라건대 상께서는
(오왕과) 함께 다시 시작하시옵소서[更始].
경시

이에 천자는 오나라 사자들을 모두 풀어주어 돌려보냈고 오왕에게는
궤장(几杖)을 내려주고서 늙었으니 조빙하지 않아도 된다고 했다. 오왕은
궤장
용서를 받게 돼 그 음모도 점점 그만두게 됐다. 그러나 그 나라에서는 구
리와 소금이 많이 났기 때문에 백성들은 세금을 내지 않았다. 돈을 받고
서 남을 대신해 병역에 종사하는 사람에게는 그때마다 시세에 맞는 돈을
지급했다. 세시(歲時)에는 사람을 보내 재주가 뛰어난 사람들을 찾아냈고
그 사람의 고향 마을에까지 상을 내려주었다. 다른 군국의 관리가 와서
(자기 군국에서) 도망친 사람들을 붙잡으려 하면 망명자를 받아들이고서
내주지 않았다. 이와 같이 하기를 30여 년이 되자 백성들을 마음대로 부
려먹을 수 있게 됐다.

조조(鼂錯)가 태자 가령(家令)이 돼 황태자의 총애를 얻게 되자 오나라
는 죄를 지었으니 봉국을 삭감해야 한다고 자주 조용하게 말했다. 여러 차
례 상에게 글을 올려 자신의 생각을 설명했으나 문제는 성품이 너그러워
[寬] 차마 죄를 주지 못하니, 이 때문에 오왕은 날이 갈수록 더욱 제멋대
관
로 처신했다. 태자였던 경제(景帝)가 자리에 나아가게 되자 조(錯)는 어사
대부가 돼 상을 설득해 말했다.

"예전에 고제께서 처음에 천하를 평정했을 때 형제들은 적고 여러 자
식들은 어려서 같은 성씨들을 대거 봉해 그 때문에 얼자(孼子-서자)인 도

혜왕(悼惠王)을 제(齊)나라 72개 성의 왕으로 삼았고, 서제(庶弟)인 원왕(元王)을 초(楚)나라 40개 성의 왕으로 삼았으며, 형의 아들을 오(吳)나라 50여 개 성의 왕으로 삼았습니다. 세 명의 서얼(庶孼)을 봉해 천하의 절반을 나눠줬던 것입니다. (그런데) 지금 오왕은 예전에 있었던 태자의 일로 틈이 벌어진 이래 거짓으로 병을 핑계 대며 조빙하지 않고 있으니 이는 옛 법에 따르면 마땅히 주살돼야 합니다. 문제께서는 차마 처벌하지 못하고서 오히려 궤장을 내려주셨으니 그 임금다움이 지극히 두터웠습니다. 그런데도 허물을 고쳐 스스로를 새롭게 하지 못하고, 마침내 더욱 교만하고 방자해져 산에서 나는 구리로 동전을 만들고 바닷물로 소금을 구워, 천하의 도망자들을 유인해 반역을 계획하고 있습니다. 지금 봉국을 깎아도 반란을 일으킬 것이고 깎지 않아도 반란을 일으킬 것입니다. 깎으면 그 반란은 빨라지겠지만[亟=急] 그 화는 작을 것이고, 깎지 않으면 그 반란은 늦어지겠지만 그 화는 클 것입니다."

(효경제) 3년 겨울에 초왕(楚王)이 와서 조빙하니 조(錯)는 그것을 기회로 초왕 무(戊)가 지난해 박태후(薄太后)를 위해 복상하던 중에, 복상하던 여막[服舍=喪次]에서 몰래 간통한 일이 있음을 말하고서 그를 주살할 것을 청했다. (경제는) 조서를 내려 사면해주고 (대신에) 동해군(東海郡)을 깎아버렸다. 전(前) 2년에 이르러 조왕(趙王)이 죄를 짓자 그의 상산군(常山郡)을 깎았다. 교서왕(膠西王) 앙(卬)이 작위를 팔아먹고 간음을 저지르자 그의 육현(六縣)을 깎았다.

한나라 조정 신하[廷臣]들이 바야흐로 오나라를 깎아내는 문제를 토의하니 오왕은 땅을 깎아내는 데 그치지 않을 것[無已]을 두려워해 그것을 계기로 음모를 꾸며 일을 일으키려고[舉事] 했다. (하지만) 생각해보니 제후들 중에 계책을 함께할[與計] 사람이 제대로 없었는데, 마침 교서왕(膠西王-유앙)이 용맹스럽고 전쟁을 좋아해 제후들이 모두 그를 무서워하고 꺼린다는 말을 듣고서는, 이에 마침내 중대부(中大夫) 응고(應高)를 시켜 교서왕을 설득해 말했다.

"오왕께서 불초(不肖)해 밤낮으로 근심하면서 감히 다른 사람에게는 털어놓지 못하고 신을 시켜 그 어리석은 마음[愚心]을 전달하게 했습니다."

왕이 말했다.

"나에게 무슨 말을 하는 것인가?"

고(高)가 말했다.

"지금 주상께서는 간사한 신하를 임용해 중상모략하는 적신(賊臣)의 말을 듣고서 신뢰해 법령을 고쳐[變更=變改] 제후들(의 땅)을 침탈해 깎아내고 징발하며 요구하는 것이 점점 많아지고 있고 주벌하는 일이 실로 늘어나 이것이 날로 심해질 것입니다. 속담에 '쌀겨를 핥다 보면 쌀까지 먹게 된다〔○ 사고(師古)가 말했다. "대개 개를 염두에 둔 비유다."〕'는 말이 있습니다. 오와 교서는 이름이 알려진 제후국입니다만 한 차례라도 감찰을 받게 된다면 (지금과 같은) 평온과 자유스러움[肆=縱]을 누릴 수 없을 것입니다. 오왕은 속병을 앓고 있어 조청(朝請)하지 못한 지 20여 년이 됐는데 늘 의심을 받으면서도 스스로 해명을 하지[自白=自明] 못하는 것을 걱정하고 있고, 지금도 어깨를 움츠리고 발을 포갠 채[脅肩累足] 오히려 오해가 풀리지 않을까 봐 두려워하고 있습니다. 가만히 듣건대 대왕께서는 작위와 관련된 일로 허물이 있어 제후들에게 들으니 땅을 깎일 것이라고 했습니다. 사실 그 죄는 땅을 깎일 정도까지는 아닌데 그다음으로는 땅을 깎이는 데서 그치지 않을까 봐 두렵습니다."

왕이 말했다.

"그런 일이 있었다. 그대는 장차 어찌하자는 것인가?"

고가 말했다.

"같은 것을 함께 미워하는 자는 서로 돕고[同惡相助], 같은 것을 함께
                                        동악 상조
좋아하는 사람은 서로 이끌어 붙들며[同好相留], 같은 속내를 가진 사람끼
                              동호 상류
리는 서로를 찾고[同情相求], 하고자 하는 바가 같은 사람끼리는 서로 함
              동정 상구
께 달려가며[同欲相趨], 이익이 같은 사람끼리는 서로를 위해 죽는다[同利
          동욕 상추   동리
相死]고 합니다. 지금 오왕께서는 대왕과 같은 근심[同憂]을 하고 있다고
상사   동우
여기시니, 바라건대 때에 맞춰 순리에 따라[因時循理] 몸을 던짐으로써 천
                                      인시 순리
하의 근심거리를 없애주소서! 생각해보면 이것도 정말 좋지 않겠습니까?"

교서왕은 두려워하며 깜짝 놀라[駭] 말했다.
                            해
"과인이 어찌 감히 이렇게까지 하겠는가? 주상께서 비록 서둘러 나를
닦달하신다 한들 진실로 죽음만이 있을 뿐 어찌[安=焉] 주상을 섬기지
                                    안 언
않을 수 있겠는가?"

고가 말했다.

"어사대부 조조는 천자를 휘둘러[營=繞] 혹하게 해 제후들을 침탈하
                          영 요
고, 충신(忠臣)을 가리고 현신(賢臣)을 막아 조정 사람들은 그를 미워하고
원망하며 제후들은 모두 배반할 뜻을 품게 됐으니, 이는 사람이 할 수 있
는 일로는 극한에 이르렀습니다. 혜성이 나타나고 황충이나 메뚜기 떼가
일어나니 이는 만세에 한 번 있는 때이고 백성들이 근심하고 힘들어하는

때야말로 빼어난 이[聖人]가 일어날 순간입니다. 오왕께서는 안으로는 조
조를 주살하는 것을 내세우고, 밖으로는 대왕의 수레 뒤를 따라서 천하를
웅비하려는 것이니, 우리 군사가 향하는 곳마다 항복하고 가리키는 곳마
다 함락시키면 감히 복종하지 않는 자가 없을 것입니다. 대왕께서 참으로
다행히 한 마디로 허락해주신다면 오왕은 초왕을 이끌고 가서 함곡관을
공략하고, 형양과 오창의 식량을 지키면서 한나라 병사와 대치해 머물 곳
[次舍]을 준비하고서 대왕을 기다릴[須=待] 것입니다. 대왕께서 다행히 그
곳에 와주신다면 천하를 삼키실 것이니 두 군주께서 천하를 나누어 갖는
것도 진실로 좋지 않겠습니까?"

왕이 말했다.

"좋다."

돌아와서 오왕에게 보고하자 오히려 실제로 약속을 지킬까 두려워해
마침내 그 자신이 사자가 돼 교서에 가서 직접 만나 그것을 약속했다. 교
서왕의 여러 신하들 중에서 어떤 사람이 자신의 왕이 음모를 꾸미고 있다
는 것을 듣고서 간언해 말했다.

"제후들의 땅은 한나라의 10분의 2도 안 되는데 반역을 해서 태후
〔○ 문영(文穎)이 말했다. "교서왕의 태후다."〕께 걱정을 끼쳐드리는 것은
계책이 아닙니다. 지금 한 분의 제(帝)를 받드는 것도 오히려 쉽지 않다고
하는데, 가령(假令) 일이 성공하더라도 두 군주께서 나뉘어 다투게 되니
환란은 마침내 더욱더 많이 생겨날 것입니다."

왕은 듣지 않고서 드디어 사자를 출발시켜 제(齊), 치천(菑川), 교동(膠
東), 제남(濟南)과 약속을 맺도록 하니 모두 다 허락했다.

제후들이 이미 새롭게 땅을 깎이는 벌을 받자 질겁하면서[震恐] 많은
제후들이 조(錯)를 원망했다. 마침내 오나라의 회계와 예장군을 깎아내라
는 글이 이르자 곧바로 오왕은 맨 먼저 병사를 일으켜 한나라에서 보낸
2,000석 이하의 관리들을 주살했다. 교서, 교동, 치천, 제남, 초, 조나라 또
한 모두 반기를 들어 군대를 일으켜 서쪽을 향했다. 제왕(齊王)은 뒤늦게
뉘우치고서 약속을 어기고 성을 지켰다. 제북왕(濟北王)은 성이 무너져 아
직 수리를 마치지 못했는데 그 낭중령이 왕을 겁박해 막는 바람에 군대를
발동할 수 없었다. 교서왕과 교동왕은 통솔자[渠率=大率]가 돼 치천, 제남
의 병사들과 함께 (제나라 도읍인) 임치(臨菑)를 공격해 포위했다. 조왕(趙
王) 수(遂)도 몰래 흉노에 사자를 보내 그 군대와 연합했다. 7국이 병사들
을 발동할 때 오왕은 그의 사졸들을 모두 동원하고서 나라 안에 영을 내
려 이렇게 말했다.

"과인의 나이가 62세인데 몸소 장수가 됐다. 막내아들은 14세인데 그도
사졸들의 선두에 있다. 나이가 위로는 과인과 같은 자로부터 아래로는 막
내아들과 같은 자들까지 모두 나아가자."

20여만 명이었다. 남쪽으로는 민월(閩越)과 동월(東越)에 사자를 보내니
민월과 동월 역시 군대를 출동시켜 그 뒤를 따랐다.

효경(孝景) 전(前) 3년 정월 갑자일(甲子日)에 (오왕은) 광릉(廣陵)에서
군대를 일으켰다. 서쪽으로 회수(淮水)를 건너 거기서 초나라 병사를 합쳤
다. 사자를 시켜 제후들에게 다음과 같은 서신을 보냈다.

'오왕 유비는 교서왕, 교동왕, 치천왕, 제남왕, 조왕, 초왕, 회남왕(淮南王),
형산왕(衡山王), 여강왕(廬江王), 고(故) 장사왕(長沙王)의 아들께 삼가 여쭙

겠으니 과인에게 가르침을 주시면 다행이겠습니다.

한나라 조정에 적신(賊臣)이 있어 천하에 아무런 공로도 없으면서 제후의 영토를 침탈하고, 관리를 시켜 탄핵과 구속과 심문과 처벌을 자행하며 제후들을 능멸하고 있습니다. 봉토를 받은 군주에 대한 예(禮)로써 유씨(劉氏)의 골육으로 예우하지 않고, 선제(先帝)의 공신을 끊고 간사한 무리들을 천거하고 임용해 천하를 어지럽혀 사직을 위태롭게 만들고 있습니다.

폐하께서는 병이 많으셔서 올바른 정신을 잃어 능히 잘 살펴보실 수가 없습니다. 이제 군사를 일으켜 저 간악한 무리들을 주살하고자 하니 삼가 가르침을 듣겠습니다.

저희 오나라가 비록 협소하지만 땅이 사방 3,000리는 되고 백성이 비록 적기는 하지만 가히 정예 병사 50만 명을 갖출 수 있었습니다. 과인이 평소 남월(南越)과 사귀기를 30여 년, 그 군왕과 지방 수령들은 모두 군사를 나누어 과인의 뒤를 따르는 것을 거절하지 않으니 또 30여만 명을 더 얻을 수 있습니다. 과인이 비록 불초하지만 이 한 몸 바쳐 여러 왕들을 따르고자 합니다.

남월의 장사(長沙)와 땅을 접하고 있는 지역은 장사왕의 아들께서 장사 이북의 땅을 평정하고서 서쪽으로 촉(蜀)과 한중(漢中)으로 나아가 주기를 바랍니다. 동월과 초왕과 회남의 삼왕(三王)께서는 과인과 더불어 서쪽으로 진격하시고, 제나라의 여러 왕―치천왕, 교동왕, 제남왕―과 조왕(趙王)은 하간(河間)과 하내(河內)를 평정하시고, 임진관(臨晉關)으로 들어가시든지 과인과 낙양에서 합류해주십시오.

연왕(燕王), 조왕은 본래 흉노 왕과 약속이 있었으니 연왕께서는 북쪽에서 대(代)와 운중(雲中)을 평정하고 흉노의 군대를 통솔해 소관(蕭關)으로 들어가십시오. 우리들은 모두 장안으로 진격해 천자를 바로잡아 황실과 조정을 안정시킬 것입니다.

왕들께서는 이것에 힘써주시길 바랍니다. 초나라 원왕(元王)의 아들과 회남의 삼왕들께서는 10여 년 동안 머리 감고 발 씻는 것조차 잊으며 골수에 사무친 원한을 단번에 풀고자 한 지가 이미 오래됐습니다. 그러나 지금까지는 과인이 여러 왕들의 뜻을 알지 못했고 그래서 그 뜻을 감히 따를 수가 없었습니다. 지금 여러 왕들께서 능히 망해 후사가 끊어진 나라를 이어지게 하고, 약자를 구제하고 난폭한 자를 벌 주셔서 우리 유씨를 안정시킬 수 있다면 이는 사직이 바라는 바일 것입니다.

저희 오나라가 비록 가난하지만 과인이 입고 먹는 비용을 절약해 돈을 저축하고 무기를 갖추며 식량을 모으는 일을 밤낮으로 하기를 30여 년 동안 했습니다. 이 모든 것은 이번 거사를 위한 것이었습니다. 바라건대 여러 왕들께서는 맘껏 이를 사용해주십시오.

능히 적의 대장을 베어 죽이거나 사로잡는 사람에게는 황금 5,000근을 하사하고 1만 호(萬戶)에 봉할 것입니다. 그것이 일반 장수일 경우에는 황금 3,000근과 5,000호의 땅을 봉하겠습니다. 비장(裨將)인 경우에는 황금 2,000근과 땅 2,000호를 봉하겠으며, 2,000석의 관리인 경우에는 황금 1,000근과 1,000호의 땅에 봉하겠습니다. 1,000석(千石)의 관리인 경우에는 황금 500근과 500호의 땅에 봉하고 모두 열후(列侯)로 삼겠습니다. 군대나 혹은 성읍을 이끌고 투항하는 자로서 군졸이 1만 명, 읍이 1만 호인 경우에는 대장(大將)을 참하거나 포로로 잡는 경우와 같이 대우할 것입니다.

군사가 5,000명이고 읍호(邑戶)가 5,000호인 경우에는 일반 장수를 얻은 경우와 같이 대우할 것입니다. 군사가 3,000명이고, 읍이 3,000호인 경우에는 부장을 얻은 경우와 같이 대우할 것입니다. 군사가 1,000명이고, 읍이 1,000호인 경우에는 2,000석 관리를 얻은 경우와 같이 대우할 것이며, 그 아래 하급 관리들이 투항해오면 모두 등급에 따라 작위와 상금을 줄 것입니다. 그밖에 모든 봉작(封爵)과 상금 지불은 현재 (한나라) 군법에서 정한 것보다 두 배로 하겠습니다. 원래 작위와 식읍이 있는 자는 다시 더 보태주지 예전 그대로 두지 않을 것입니다.

바라건대 여러 왕들께서는 명백하게 사대부들에게 명령을 전해주시고 감히 속이지 마십시오. 과인의 돈은 온 천하에 있으니 어디에 있건 반드시 오나라에서 가져올 필요는 없습니다. 여러 왕들께서 밤낮으로 그것을 써도 다 쓸 수 없을 것입니다. 마땅히 상금을 지급할 사람이 있으면 과인에게 알려주십시오. 과인이 장차 달려가서 그에게 내려주겠습니다. 삼가 알려드리는 바입니다.'

7국의 반란에 관한 보고서가 위에 올라가자 천자는 마침내 태위(太尉) 조후(條侯) 주아부(周亞夫)에게 장군 36명을 이끌고 가서 오나라와 초나라를 치게 했고, 곡주후(曲周侯) 역기(酈寄)에게는 조나라를 치게 하고, 장군 난포(欒布)에게는 제나라를 치게 했으며, 대장군 두영(竇嬰)에게는 형양에 주둔하면서 제나라와 조나라의 군대를 감시하게 했다. 애초에 오와 초가 반란을 일으켰다는 보고가 올라왔지만 아직 (한나라에서) 군사가 출동하기 전이었고 두영은 떠나기 전에 오나라 재상을 지냈던 원앙(袁盎)을 천거했었다. 부름을 받고 입조하자 상이 오와 초의 계책에 대해 물으니 앙(盎)이 대답했다.

"오와 초가 서로 주고받은 글에 '적신(賊臣) 조조는 제 마음대로 제후들을 처벌해[適=謫] 그 땅을 깎아서 빼앗고 있다'라고 쓰여 있으니 이것을 반란의 명분으로 삼아 서쪽으로 함께 진군해 더불어 조(錯)를 주살하고 자신들의 옛 땅을 회복함으로써 거사를 끝마치려는 것입니다. 바야흐로 지금의 계책으로는 오직 조의 목을 베고, 사신을 보내 7국을 용서하며, 그들의 옛 땅을 회복시켜주면 병사들이 칼날에 조금도 피로 물들이는 일 없이 모두 해산시킬 수 있습니다."

상은 그 의견을 따라 결국 조의 목을 베었다. 상세한 이야기는 「원앙전(袁盎傳)」에 실려 있다. 앙(盎)을 태상(泰常)으로 삼아 종묘를 받들게 하고 오왕에게 사자를 보내 오왕 동생의 아들 덕후(德侯)를 종정(宗正)으로 삼아 친척들을 보필하게 했다. 사자가 오나라에 이르렀을 때 오초의 병사는 이미 양(梁)나라의 성벽을 공격하고 있었다. 종정이 오왕의 친척인 까닭으로 먼저 들어가서 오왕을 만나 사정을 이야기한 다음 오왕에게 절을 올리고 조서를 받으라고 했다. 오왕은 앙이 왔다는 말을 듣자 또한 그 역시 자신을 설득하려는 것임을 알아차리고서 웃으면서 이렇게 응수했다.

"내가 이미 동제(東帝)가 됐는데 오히려 누구에게 절을 하라는 것인가?"

앙을 만나지 않고 단지 그를 군중(軍中)에 머무르게 한 다음 겁박해 자신의 장수로 삼으려 했다. 앙이 이를 거절하자 오왕은 사람을 시켜 그를 둘러싸 지키게 하며 장차 그를 죽이려고 했다. 앙은 야밤을 틈타 진영을 탈출해 걸어서 양나라로 도망쳤다가[○ 복건(服虔)이 말했다. "양왕(梁王)

은 오나라와 싸웠기 때문에 앙은 양으로 도망칠 수 있었다."〕 마침내 (장안으로) 돌아가 제게 복명했다[報=復命]. 조후가 6마리 말이 끄는 역전거(驛傳車)를 타고 가서 병사들을 형양(榮陽)에 집결시켰다. 그는 낙양에 이르러 (유명한 협객인) 극맹(劇孟)을 만나자 기뻐서 말했다.

"7국이 반란을 일으켜 내가 역전거를 타고 이곳에 이르렀는데 내 스스로도 온전할 것이라 생각지 못했소〔○ 사고(師古)가 말했다. "안전하게 낙양까지 오리라 스스로도 생각지 못했다는 뜻이다."〕. 또 제후들이 이미 그대를 데려갔을 것으로 생각했는데 아직까지 움직이지 않고 그대로 있으니 내가 형양에 주둔해도〔○ 사고(師古)가 말했다. "극맹이 이미 조금도 동요하지 않고 있어 자신은 형양에 맘껏 주둔할 수 있다는 말이다."〕 형양 동쪽으로는 근심할 만한 일이 없을 것 같소."

회양(淮陽)에 도착한 조후는 아버지 강후(絳侯)의 문객(門客)이던 등도위(鄧都尉)에게 물었다.

"계책이 어떻게 나올 수 있겠습니까?"

문객이 대답했다.

"오나라 군사는 대단한 정예이므로 더불어 싸워 꺾는다는 것은 힘든 일입니다. 초나라 병사는 경무장해 오래 버틸 수 없습니다. 바야흐로 지금 장군을 위한 계책으로는 군사를 이끌고 동북쪽으로 가서 창읍(昌邑)에서 누벽(壘壁)을 높이 쌓고 양나라는 오나라에게 내맡겨버리는 것만 한 것이 없습니다. 그리하면 오나라는 반드시 정예부대를 총동원해 양나라를 공격할 것입니다. (그때) 장군은 도랑을 깊게 파고 성벽을 높이 쌓고서 날랜 병사들을 보내 회수(淮水)와 사수(泗水)의 어귀를 막아 오나라의 군량 보급

로[饟道]를 차단하십시오. 오나라와 양나라를 서로 전투에 지치게 하면
오나라는 군량이 바닥날 것이고, 마침내 그때에 장군의 온전하고 강한 군
대로 저 극도로 지친 군대를 제압하게 되면 오나라 군대를 반드시 깨뜨릴
수 있을 것입니다."

조후는 "좋습니다"라고 했다. 조후는 그의 계책에 따라 드디어 창읍 남
쪽에 견고한 성벽을 세우고 날랜 병사를 보내 오나라의 군량 보급로를 끊
어버렸다.

오왕이 처음에 군사를 출동시키려 할 때 오나라 신하 전록백(田祿伯)이
대장군이 됐다. 전록백이 말했다.

"군사들이 모두 한데 모여 서쪽으로 진격하는데 특출난 계책[奇道=
奇計]이 아니고서는 공을 세우기 어렵습니다. 신이 바라건대 5만 명의 군
사를 주신다면 따로 장강(長江)과 회수(淮水)를 따라서 올라가 회남(淮南)
과 장사(長沙)를 점령하고 무관(武關)에 들어가 대왕과 만나고자 합니다.
이는 참으로 하나의 특출 난 계책이 될 것입니다."

오왕의 태자가 간언해 말했다.

"왕께서는 반란을 명분으로 내걸고 계시니 이 군사를 다른 사람에게
빌려주는 것[藉=假]은 곤란합니다. 그 사람 또한 장차 왕을 배반하면 어떻
게 하시겠습니까? 또 군대에 대해 전권을 가지고 독자적으로 행동하게 할
경우 다른 이해관계들이 많이 생겨날 수도 있으니 그것은 헛되이 손해만
자초할 뿐입니다!"

오왕은 그 자리에서 전록백의 의견을 불허했다. 오나라의 젊은 장수인
환장군(桓將軍)이 왕을 설득해 말했다.

"오나라는 대부분 보병인데 보병은 험난한 지형에 유리합니다. 한나라는 대부분 전차와 기병(騎兵)인데 전차와 기병은 평지가 유리합니다. 바라건대 왕께서는 지나가는 성들 중에서 함락되지 않는 곳이 있으면 그대로 내버려두고, 신속하게 서쪽으로 가서 낙양의 무기고를 점거하고, 오창의 군량을 먹으면서 산하의 험난함에 의지해 제후들에게 명령을 내리십시오. 이렇게 하신다면 비록 함곡관에 들어가지 않더라도 천하는 사실상 이미 평정된 것입니다. (그런데) 만약 대왕께서 천천히 행군해 성읍을 함락하느라 지체하게 되면 그사이에 한나라 군대의 전차와 기병이 이르러 양나라와 초나라의 들판으로 달려온다면 일은 실패할 것입니다."

오왕이 오나라의 나이 든 장군들에게 물어보니 그들은 이렇게 대답했다.

"이는 젊은 사람이 적의 예봉으로 꺾으려 할 때나 쓸 만할 작전일 뿐 그들이 어찌 원대한 계책[大慮]을 알겠습니까!"
대려

이에 왕은 환장군의 계책을 쓰지 않았다. 오왕은 전권을 갖고서[專] 군
전
사들을 모아 거느리고 있었다. 오나라의 군대가 아직 회수를 건너기 전에 여러 빈객(賓客)들은 모두 장군, 교위(校尉), 척후(斥候), 사마(司馬)에 임명됐으나 주구(周丘)만이 홀로 쓰이지 못했다. 주구라는 자는 하비(下邳) 사람으로 오나라로 도망쳐와서 술장사를 했는데, 품행이 좋지 않아 왕이 그를 업신여겨[薄] 일을 맡기지 않았던 것이다. 주구가 이에 나아가 왕을 뵙
박
고 이렇게 유세했다.

"신은 무능해 이번에 군중에 있었는데도 아무런 임무도 맡지 못했습니다. 신이 감히 남을 거느리는 직책을 바라는 것은 아닙니다. 바라건대 왕께서 갖고 계신 한나라의 부절(符節) 하나만 주신다면 반드시 왕께 보답할

것입니다."

왕은 마침내 주구에게 부절 하나를 주었다. 주구는 부절을 얻어 밤을 틈타 말을 치달려 하비에 들어갔다. 이때 하비에서는 오나라가 반란을 일으켰다는 소식을 듣고 모두 성을 지키고 있었다. 주구는 전사(傳舍-휴식 공간)에 도달하자 현령(縣令)을 불러 문 안으로 들어오게 했는데, 주구는 부하들을 시켜 죄명을 대게 하고는 현령의 목을 벴다. 그러고 나서 자기 형제들과 친하게 지내던 힘 있는 관리[豪吏]들을 불러 고해 말했다.
_{호리}

"오나라 반란군이 장차 여기에 이를 텐데 그들이 오면 이곳 하비는 밥 한 끼 먹는 시간[食頃] 안에 도륙될 것이다. (그런데) 지금 미리 항복하면 _{식경}
[先下] 그 집안은 온전할 것이고, 능력 있는 자는 후(侯)에 봉해질 것이다."
_{선하}

이들이 나가서 마침내 이 말을 서로 알리고 다니니 하비 사람들은 모두 항복했다. (이런 식으로) 주구는 하룻밤에 3만 명을 얻게 되니 사람을 시켜 이를 오왕에게 보고했고 드디어 그 병사들을 이끌고 북쪽으로 가서 성읍을 공략했다. 거의 성양(城陽)에 이르렀을 때는 병사가 10여만 명이었고 성양의 중위군(中尉軍)을 깨뜨렸다. (그러나) 오왕이 싸움에 져 달아났다는 소식이 들리자 혼자서 헤아려보니 오왕과 함께하더라도 거사에 성공할 것 같지 않자 곧바로 병사들을 이끌고 하비로 돌아갔다. 그러나 아직 하비에 도달하지도 않았는데 등에 종기[癰]가 나서 죽었다.
_옹

2월에 오왕의 군대는 이미 격파돼 패주했다. 이에 천자는 장군들에게 조를 내려[制詔] 다음과 같이 말했다.
_{제조}

'대개 듣건대 좋은 일을 하는 자에게는 하늘이 복으로써 갚아주며 그릇된 일을 하는 자에게는 하늘이 재앙으로써 갚아준다고 했다. 고황제께

서 친히 공로와 다움[功德]을 드리우시어 제후들을 세웠는데, 유왕(幽王)과 도혜왕(悼惠王)은 왕위가 끊어져 뒤를 잇지 못하니 효문황제께서는 이를 가엽게 여기시고 은혜를 베풀어 유왕의 아들 수(遂), 도혜왕의 아들 앙(卬) 등을 제후왕으로 세워 그 선왕의 종묘를 받들게 하고 한나라의 번국(藩國)으로 삼으셨다. 따라서 그 다움은 하늘과 땅에 비길 만하고 그 밝음은 해와 달과 같다고 할 것이다. 그런데 오왕 비는 은덕을 배반하고 의리를 저버린 채 천하에 도망 다니는 죄인들을 불러 모아 사전을 주조해 천하의 화폐의 질서를 어지럽혔으며, 또 거짓으로 병들었다고 칭하고서 20여 년 동안 조빙하지도 않았다. 이에 유사(有司)에서 여러 차례 비에게 죄줄 것을 청했으나 효문황제께서는 그에게 관용을 베풀어 그가 스스로 잘못을 고쳐 좋은 일을 행하게 되기를 바라셨다. (하지만) 지금 결국에는 초왕 무(戊), 조왕 수(遂), 교서왕 앙(卬), 제남왕 벽광(辟光), 치천왕 현(賢), 교동왕 웅거(雄渠) 등과 연합해 반란을 일으켜 무도한 짓을 일삼았고, 군사를 일으켜 종묘를 위태롭게 했으며, 대신과 한나라의 사자들을 죽였고, 만백성들을 협박했으며, 죄 없는 사람들을 잔인하게 죽였고, 민가를 불태우고 분묘를 파헤치는 등 포악한 짓을 저질렀다. 그리고 앙 등은 더욱 무도한 짓을 거듭해 종묘를 불태우고 (군국에 있는) 종묘의 기물을 노략질했으니[鹵=抄掠] 짐은 이를 심히 애통해하고 있다. 이에 짐은 소복(素服)을 입고서 정전(正殿)을 피하고 있으니 장군들은 마땅히 사대부들을 독려해 반역의 적도(賊徒)를 치도록 하라. 반역의 무리를 치는 데는 적진 깊숙이 들어가 많이 죽이는 것을 공로로 삼는다. 반역자들의 목을 베도 좋고 사로잡아도 좋지만, 녹봉 300석 이상을 받는 자는 모두 죽이고, 놓아주는 일

[所置=所放釋]이 있어서는 안 된다. 감히 이 조서에 대해 이의(異議)를 제기하거나 이 조서대로 하지 않는 자는 모두 허리를 베어 죽일 것이다[要斬=腰斬].'

처음에 오왕이 회수를 건너 초왕 수(遂)와 함께 서쪽으로 가서 극벽(棘壁)을 꺾고[敗] 승세를 타고[乘勝] 전진했는데 그 기세가 심히 날카로웠다. 양나라 효왕(孝王)은 두려운 마음에 (6명의) 장군을 보내 그들을 치게 했으나 다시 오나라가 양나라의 두 군(軍)을 꺾으니 사졸들은 모두 도망쳐 양나라로 돌아왔다. 양나라는 여러 차례 조후(條侯)에게 사자를 보내 구원을 청했으나 조후는 이를 수락하지 않았다. 또 양왕이 상(上)에게 사자를 보내 조후를 원망하니[愬] 상은 사자를 보내 조후에게 양나라를 구하라고 했으나 조후는 여전히 자신이 합당하다는 생각을 고수하며 가지 않았다. 양나라는 한안국(韓安國)과 초나라 왕에게 간언하다가 죽은 재상(장상(張尙))의 동생 장우(張羽)를 장군으로 삼고서야 마침내 겨우[頗] 오나라 군대를 꺾을 수 있었다.

오나라 군대는 서쪽으로 진격하려 했으나 양나라가 성을 지키고 있어 감히 서진할 수가 없었기에 즉각 조후의 군대 쪽으로 가서 하읍(下邑)에서 마주쳤다. 오나라 군대는 싸우려 했으나 조후는 성벽을 지키고서 기꺼이 싸우려 하지 않았다. 오나라는 군량이 떨어져 병사들이 굶주리게 되자 여러 차례 싸움을 걸어왔고[挑戰], 마침내 야음(夜陰)을 틈타 조후의 성벽으로 달려들어[奔] 동남쪽을 급습했다. (반면에) 조후는 서북쪽을 대비하게 했는데 과연 (얼마 후에 오나라 군대는) 서북쪽에서 침입해왔다.[3] 끝내 침입에 실패한 오나라는 크게 패하고 사졸들이 굶어 죽거나 등을 돌리고 달아났다. 이에 오왕은 마침내 그 휘하의 장사 수천 명과 함께 밤을 틈타 도망쳐 양자강을 건너 단도(丹徒)로 달려가 동월(東越)에 몸을 맡겼다[保]. 동월의 병사는 1만여 명은 됐으므로 사람을 시켜 도망친 병사들을 거두어 모으게 했다.

한나라는 사자를 보내 이익을 미끼로 동월을 매수했다. 동월은 곧바로 오왕을 속여[紿=誑] 오왕이 밖으로 나가서 군사들을 위로할 때, 사람을 시켜 창[=槍]으로 오왕을 찔러 죽이고, 그 머리를 그릇에 잘 담아서[盛] 빠른 역마를 통해 한나라 조정에 올렸다. 오왕의 태자 구(駒)는 민월(閩越)로 도망쳤다. 오왕이 그의 군대를 버리고 도망가자 군대는 마침내 서서히 무너져 태위(太尉) 조후나 양나라 군대에 항복했다. 초왕 무는 군대가 패하자 자살했다.

세 왕-교서, 교동, 치천-은 제나라의 (도읍) 임치를 포위했으나 석 달이 지나도록 함락시키지 못했다. 한나라 군대가 도착하자 교서, 교동, 치천왕은 각각 군대를 이끌고 자기 나라로 돌아갔다. 교서왕은 어깨를 드러내고 맨발로 짚을 깔고 앉아 물만 마시며 태후에게 사죄했다. 왕태자 덕(德)이 말했다.

"한나라의 군사는 먼 길을 왔습니다. 제가 그들을 살펴보니 이미 지쳐

---

3 조후는 오나라가 성동격서(聲東擊西)의 작전을 펴리라 보고서 대비했고, 그의 예상대로 일이 진행됐다.

있어 습격해볼 만합니다. 바라건대 왕의 남은 병사를 거두어 저들을 치십시오. 그를 쳐서 이기지 못하면 그때 가서 바다로 도망쳐 들어가도 늦지 않을 것입니다."

왕이 말했다.

"나의 병사들은 모두 이미 지칠 대로 지쳐 있어 쓸 수가 없다."

왕은 태자의 말을 듣지 않았다. 한나라 장수 궁고후(弓高侯) 퇴당(頹當-한퇴당)이 교서왕에게 글을 보내 말했다.

'조서를 받들어 불의한 자들을 주벌하되, 항복하는 자는 용서해주고 그 죄를 없애며, 옛 지위를 회복시켜줄 것이오. 반면에 항복하지 않는 자는 멸할 것이오. 왕은 어느 쪽이오? 회답을 기다려 일을 처리하겠소.'

왕은 어깨를 드러내고 한나라 군대의 성벽에 머리를 조아리며[叩頭] 이
_{고두}
렇게 아뢰었다.

"신 앙은 법을 받들기를 삼가지 못해 백성들을 놀라게 하고, 이에 수고롭게도 장군을 이 궁벽한 나라까지 먼 길을 오시게 했으니, 감히 저를 죽여 육젓을 담그는[菹醢=葅醢] 형벌을 내려주시길 청합니다."
_{저해　　저해}

궁고후는 (군대를 지휘하는) 쇠북을 쥐고서 그를 바라보며 말했다.

"왕은 이번 거사로 고통을 받고 있는데 왕이 군대를 발동하게 된 정황을 듣고 싶소."

왕은 머리를 조아리고 무릎으로 기어나와 대답했다.

"근래에 조조는 천자께서 정권을 맡긴[用事] 신하인데 고황제의 법령을
_{용사}
변경해 제후들의 땅을 침탈했습니다. 앙 등은 그것이 마땅하지[義] 못하다
_의
고 여겨 그가 천하를 어지럽힐까 두려워해 7국이 병사를 일으켜 장차 조

를 주벌하려 했던 것입니다. 지금 듣건대 이미 조는 주살됐다고 해 앙 등은 삼가 병사들을 해산하고 돌아왔습니다."

장군이 말했다.

"왕께서는 정말로 조조가 잘못이라고 여겼다면 어째서 그 일을 상께 말씀드리지 않으셨습니까? 조서나 호부(虎符)를 내리시지도 않았는데 제멋대로 병사를 발동해 의로운 나라[義國-한나라]를 친단 말입니까? 이로써 살펴보건대 왕의 속셈은 단지 조를 주벌하려 했던 것이 아니오."

그러고 나서 조서를 꺼내 왕에게 그것을 읽어주니 왕이 말했다.

"앙과 같은 자는 죽어도 남은 죄가 있을 것입니다."

드디어 스스로 목숨을 끊었다. 태후와 태자도 모두 (따라) 죽었다. 교동왕, 치천왕, 제남왕도 모두 복주됐다. 역장군(酈將軍-역기)이 조나라를 포위해 10개월 만에 함락시키자 조왕도 자살했다. 제북왕은 겁박을 받아서 그랬기 때문에 주살되지는 않았다.

애초에 오왕이 먼저 반란을 일으켜 초나라 병사를 아울러 통솔하고 제나라 및 조나라와 연합했다. 정월에 병사를 일으켜 3월에 모두 파멸했다.

찬(贊)하여 말했다.

"형왕(荊王)이 왕이 됐던 것은 한나라가 처음 천하를 평정했으나 아직 백성들의 마음이 다 화합하지 못했기[未集=未和] 때문에 비록 먼 친척[疏屬]이기는 하지만 책명(策命)으로 왕을 삼아 장강과 회수 사이를 진정시키게 했다. 유택(劉澤)은 전생(田生)에 의해 일어나 권모술수로 여씨의 도움을 받았고, 마침내 남면해 고(孤)라고 칭한 것이 3세(世)였다. 여러 가지

일들이 중첩해서 일어났으니 어찌 기이하지[危=偉] 않으리오!⁴ 오왕(吳王)
은 산와 바다에서 나는 이익을 제 마음대로 하면서 능히 세금을 가볍게
함으로써 그 백성들을 부릴 수 있었고, 역란(逆亂)의 싹은 그 아들(의 일)
로부터 생겨났다. 옛날에 제후들은 (봉지가) 사방 100리를 넘지 않았고 그
들에게 산과 바다를 봉해주지 않았던 것은 대개 이 같은 일을 막기 위함
이었다. 조조(鼂錯)는 나라를 위해 장구한 계책[遠慮]을 냈지만 화가 도리
어 그 몸에 미쳤다. '권모술수의 선봉[權首]에 서지 말라! 장차 그 재앙을
입게 된다'라고 했으니 어찌 조(錯)를 두고 한 말이 아니랴!"

---

4   여러 가지 우연과 행운이 겹쳐 왕위에 올라 고(孤)라고 칭하고, 그 복록이 3세나 이어질 수 있
    었음을 찬탄한 것이다.

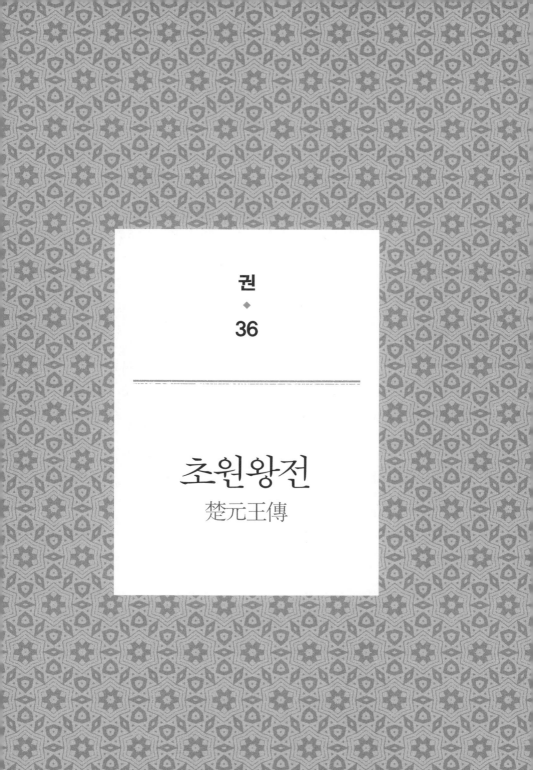

권

◆

36

초원왕전

楚元王傳

초나라 원왕(元王) 교(交)의 자(字)는 유(游)로 고제의 같은 아버지 [同父]의 막냇동생[少弟]이다.[1] 책을 좋아했고 재예가 많았다. 일찍이 노 (魯)의 목생(穆生), 백생(白生), 신공(申公)과 함께 부구백(浮丘伯)[○ 사고(師 古)가 말했다. "부구백은 진(秦)나라 때의 유생이다."]으로부터 『시경(詩經)』 을 전수받았다. 백(伯)은 손경(孫卿−순자)[○ 사고(師古)가 말했다. "손경은 성이 순(荀)이고 이름은 황(況)인데, 초나라 난릉(蘭陵)의 현령을 지냈고, 한나라 때 선제(宣帝)의 이름을 피해 순을 손(孫)으로 바꿨다."]의 문인이 다. 진나라가 (유학의) 책을 불태우자 각자 뿔뿔이 흩어졌다.

고조의 형제는 4명인데 맏형[長兄]은 백(伯)이고 그다음은 중(仲)인데

---

1   같은 아버지라는 말은 어머니가 다르다는 뜻이다. 그런데 사마천의 『사기(史記)』에는 같은 어머 니의 막냇동생이라고 돼 있다. 일반적으로는 사마천의 기록이 맞는 것으로 본다.

백은 일찍 죽었다. 고조가 이미 패공(沛公)이 됐을 무렵 경구(景駒)는 스스로를 세워 초왕(楚王)이 됐다. 고조는 중(仲)과 심이기(審食其)를 남게 해 태상황을 모시도록 했고, 교(交)는 소하(蕭何) 및 조참(曹參)과 함께 고조를 따라서 경구를 만나보았고, 항량(項梁)을 만나서는 함께 초(楚)의 회왕(懷王)을 세웠다. 이어 서쪽으로 남양(南陽)을 공격해 무관(武關)에 들어갔고, 진(秦)나라 군대와 남전(藍田)에서 싸웠다. 패상(覇上)에 이르러 교를 봉해 문신군(文信君)으로 삼았고, (교는) 고조를 따라 촉(蜀)과 한(漢)에 들어갔다가 돌아와 삼진(三秦)을 평정하고 항적(項籍)을 주살했다. 고조가 제위에 오르자 교는 노관(盧綰)과 함께 늘 상을 모셨고, 그 침실 안까지 드나들며 사람들의 말이나 궁궐 안의 내밀한 일, 그리고 은밀한 계책[隱謀]_{은모}을 전달했다. 그리고 상의 사촌형 유고(劉賈)가 여러 차례 별장(別將)을 맡았다.

한나라 6년 이미 초왕 신(信-한신)을 폐위시키고 그 땅을 나눠 2개의 나라로 만들어 고(賈)를 세워 형왕(荊王)으로 삼고, 교(交)는 초왕으로 삼아 설군(薛郡), 동해(東海), 팽성(彭城) 3개 군의 36개 현에서 왕 노릇을 하게 했는데, 이는 공로가 있는 자를 우선시한 것이다. 뒤에 둘째 형님 중(仲)을 봉해 대왕(代王)으로 삼고, 그의 맏아들 비(肥)를 제왕(齊王)으로 삼았다.

애초에 고조가 한미하던 시절 어떤 사건으로 늘 피해 다녀야 했는데, 종종 빈객들과 함께 큰형수의 집에 들러 밥을 먹었다. 형수는 시동생과 빈객이 오는 것을 싫어해 거짓으로 국을 다 먹었다고 하면서 솥을 주걱으로 박박 긁어대니[轑]_료 빈객들은 그 때문에 떠나버렸다. 얼마 후에[已而]_{이이} 고조는 솥 안에 국이 있는 것을 보게 됐고 이 때문에 형수를 원망했다. 제왕과 대왕을 세우면서도 그 형수의 아들만은 후(侯)가 될 수 없었다. 태상왕이 그것에 대해 말하자 고조는 이렇게 대답했다.

"제[某]가 그를 봉하는 일을 감히 잊은 것이 아니라 그 에미가 못됐기 [不長] 때문입니다."

7년 10월에 형수의 아들 신(信)을 봉해 갱알후(羹頡侯)〔○ 사고(師古)가 말했다. "頡은 발음이 (힐이 아니라) 알(戛)이다. 그 어미가 국솥[羹釜]을 박박 긁었다[戛]는 뜻이다."〕로 삼았다.

원왕은 초나라에 도착해 목생, 백생, 신공을 중대부(中大夫)로 삼았다. 고후(高后) 때 부구백이 장안에 있었는데, 원왕은 아들 영객(郢客)과 신공을 보내 함께 학업을 마치게 했다. 문제(文帝) 때 신공이 『시경(詩經)』에 가장 정통하다는 말을 듣고서 그를 박사로 삼았다. 원왕은 『시경(詩經)』을 좋아해 여러 아들들이 모두 『시경(詩經)』을 읽었고, 신공은 처음으로 그것을 해설한 시전(詩傳-시의 풀이)을 짓고서 이름을 『노시(魯詩)』라고 했다. 원왕은 또 시전(詩傳)의 편차를 정해[次=綴輯] 이름을 『원왕시(元王詩)』라고 했는데 세상에 유행하기도 했다.

고후 때 원왕의 아들 영객을 종정(宗正)으로 삼고 상비후(上邳侯)에 봉했다. 원왕은 세워진 지 23년 만에 훙(薨)했는데, 태자 벽비(辟非)가 그보다 먼저 죽었기[卒] 때문에, 문제는 이에 종정 상비후 영객으로 하여금 뒤를 잇게 하니, 이 사람이 이왕(夷王)이다. 신공은 박사가 됐다가 뒤에 관직을 잃었는데 영객을 따라 귀국해 다시 (초나라의) 중대부가 됐다. (영객이) 세워진 지 4년 만에 훙해 아들 무(戊)가 뒤를 이었다. 문제는 원왕을 높이고 총애해[尊寵] 원왕의 아들이 태어났을 때 작위는 황자(皇子)와 같게 해주었다. 경제(景帝)가 즉위해 혈친을 제 몸과 같이 여기는 도리[親親]에 따라 원왕이 아끼던 아들 5명을 봉해 아들 례(禮)는 평릉후(平陸侯), 부(富)는 휴후(休侯), 세(歲)는 심유후(沈猶侯), 예(執)〔○ 진작(晉灼)이 말했다. "執은 (발음이 집이 아니라) 옛날의 예(藝) 자다."〕는 완구후(宛朐侯), 조(調)는 극락후(棘樂侯)로 삼았다.

애초에 원왕은 신공 등을 공경해 예로 대했는데 목생이 술을 좋아하지 않아[不耆=不嗜] 원왕은 매번 술자리를 베풀 때마다 늘 목생을 위해 단술[醴=甘酒]을 내놓았다. 왕 무(戊)가 즉위했을 때도 늘 단술을 내놓았는데 뒤에 깜빡하고서 단술을 내놓는 것을 잊은 적이 있었다. 목생이 물러나와 말했다.

"이제 다 끝나버렸구나! 단술을 내놓지 않았다는 것은 왕의 마음 씀씀이가 게을러져 그렇게 한 것이다. 초나라 사람들이 장차 내 목에 형구를 씌워 저잣거리에 내놓겠구나!"

(목생은) 병이 났다며 누워 있었다. 신공과 백생이 억지로 그를 일으키며 말했다.

"그대 홀로 선왕의 은덕을 생각지 않는가? 딱 한 번 사소한 예[小禮]를 잃은 것을 갖고서 어찌 이렇게까지 할 수 있는가?"

목생이 말했다.

"『주역(周易)』에 이르기를 '기미를 알아차리는 것[知幾]은 신묘하다고 할 수 있다. 기미란 움직임의 미묘함[動之微]으로 길흉이 먼저 드러난 것이다. 군자는 기미를 보고서 일어나지[作=去] 하루 종일 (일이 다 드러나게 될 때까지) 기다리지 않는다'²라고 했다. 선왕께서 우리 세 사람을 예로 대한 것은 (선왕에게) 도리가 있었기 때문이었다. 그런데 지금 우리를 소홀히 대하니 이는 도리를 잊은 것이다. 도리를 잊은 사람과 어찌 함께 더불어 오래 있을 수 있겠는가! 어찌 그것을 소소한[區區] 예라 하겠는가?"

드디어 병을 이유로 떠나갔다. 신공과 백생은 그대로 남았다.

왕 무는 점점 음란하고 난폭해졌고 즉위 20년 되던 해에는 박태후(薄太后)³의 상중에 몰래 (궁녀와) 간통을 했고, 동해와 설군이 깎이자 마침내 오나라와 뜻을 통해 반란을 모의했다. (재상 장상과 태부 조이오) 두 사람이 간언을 했으나 듣지 않고 그들을 쇠사슬로 묶어 노역에 종사하게 하면서 붉은 죄수복[赭衣]을 입혀 매일 절구공이와 절구통[杵臼]을 들고 가서 절구질을 하게 했다[舂]. 휴후(休侯)가 사람을 시켜 왕에게 간언을 올리자 왕은 말했다.

"계부(季父-작은아버지)께서 나의 뜻에 동조하지 않으시면 내가 일어나 가장 먼저 계부부터 처치할 것입니다."

휴후는 두려워해 마침내 어머니 태부인(太夫人)과 함께 경사(京師)로 달아났다. 왕의 21년 봄은 경제(景帝) 3년인데, 이때 봉지를 깎겠다는 글이 도착하자 드디어 오왕의 반란에 호응했다. 그의 재상 장상(張尙)과 태부 조이오(趙夷吾)가 간언을 했으나 듣지 않았다. 결국 상과 이오를 죽이고 병사를 일으켜, 오나라 군대와 만나 서쪽으로 가서 양(梁)나라를 치고, 극벽

---

2 「계사전(繫辭傳)」 하(下)에 나오는 말이다.

3 고제의 후궁으로 문제의 어머니다.

(棘壁)을 깨뜨렸으며, 창읍(昌邑)의 남쪽에 이르러 한나라 장수 주아부(周亞夫)와 전투를 벌였다. 한나라가 오나라와 초나라 군대의 군량로를 끊었기 때문에 군사들은 굶주렸고, 오왕이 달아나자 무(戊)는 자살했으며, 군사들은 드디어 한나라에 항복했다.

한나라가 이미 오와 초나라를 평정하자 경제는 마침내 종정 평륙후 례(禮)를 세워 초왕으로 삼아 원왕의 뒤를 받들게 했으니 이 사람이 문왕(文王)이다. 4년 만에 훙(薨)하자 아들 안왕(安王) 도(道)가 뒤를 이었다. 안왕도가 22년 만에 훙하자 아들 양왕(襄王) 주(注)가 뒤를 이었다. 14년 만에 훙하자 아들 절왕(節王) 순(純)이 뒤를 이었다. 16년 만에 훙하자 아들 연수(延壽)가 뒤를 이었다. 선제(宣帝)가 즉위하자 연수는 광릉왕(廣陵王) 서(胥)가 무제(武帝)의 아들이고, 천하에 변란이 있어 반드시 제위에 오를 것이라고 여겨, 몰래[陰] 그에게 가까이 붙어 그를 도우려고 생각했다. 그래서 자신의 후의 어머니의 동생인 조하제(趙何齊)에게 광릉왕의 딸을 취해 아내로 삼게 했다. 하제(何齊)와 모의해 말했다.

"나는 광릉왕과 서로 결탁해 천하가 불안정해질 경우 군대를 일으켜 그를 도와 광릉왕을 세울 것이니 하제가 공주를 잘 대해주면 열후가 될 것이오."

그래서 하제로 하여금 글을 받들고 가서 광릉왕에게 말하게 했다.

"바라건대 눈과 귀를 길게 해[長][○ 사고(師古)가 말했다. "항상 살피고 잘 들어서 기회를 잃지 말라는 뜻이다."] 천하를 다툼에 있어 다른 사람보다 뒤에 있어서는 안 될 것입니다."

하제의 아버지 장년(長年)이 글을 올려 이를 (상에게) 아뢰었다. 일을 유사(有司)에 내리니 조사를 해본 결과 사죄하며 실토했고 연수는 자살했다. 세워진 지 32년 만에 나라가 없어졌다.

앞서 휴후 부(富)는 이미 경사로 달아나 있었는데, 왕 무(戊)가 반란을 일으키자 부 등은 모두 연좌돼 후(侯)의 작위를 빼앗겼고, 종친 명부에서도 삭제됐다. 그후에 (선제는) 부가 여러 차례에 걸쳐 무에게 간언했다는 말을 듣고서 마침내 다시 봉해 홍후(紅侯)로 삼았다. 태부인(太夫人)은 두(竇)태후와 서로 친했고, 산동에 도적 떼가 일어나[懲=創] 경사에 머물기를 요청하니 조(詔)하여 그것을 허락했다. 부(富)의 아들 벽강(辟彊) 등 4명이 (할머니인 태부인을) 봉양했고, (그 때문에) 조정에서 벼슬을 했다. 태부인이 훙하자 묘지[塋=冢]를 내려주었고 영호(靈戶)에 장사를 지냈다. 부는 나라를 전해 증손자까지 이어지다가 자식이 없어 끊어졌다.

벽강(辟彊)은 자(字)가 소경(少卿)인데 그 또한 『시경(詩經)』 읽기를 좋아했고 속문(屬文)〔○ 사고(師古)가 말했다. "문장을 이리저리 얽어서 만드는 것을 가리킨다."〕에 능했다. 무제(武帝) 때 종실의 자식이라 해 2,000석 관리들을 따라서 정사를 논의하는 데에 참여했는데 종실 사람들 중에서 으뜸이었다. 품성이 맑고 깨끗했으며[淸靜], 욕심이 적어 늘 책 읽기를 즐거워하고, 관직에는 별로 뜻이 없었다. 소제(昭帝)가 즉위하자 어떤 사람이 대장군 곽광(霍光)을 설득해 말했다.

"장군은 여씨(呂氏) 일족의 일을 알고 있지 않습니까? 이윤(伊尹)이나 주공(周公)의 지위에 있으면서 섭정(攝政)해 권세를 마음대로 행사하고[擅權], 종실에 등을 돌려 함께 직위를 나누지 않을 경우, 이 때문에 천하는 불신하게 돼 결국 멸망에 이르게 됩니다. 지금 장군께서는 성대한 지위를 맡아 계시고, 제(帝)의 춘추는 어리시니[富],_부 마땅히 종실 사람들을 들어 쓰시고, 또한 주요한 일들은 대신들과 함께하십시오. 여러 여씨들이 걸었던 길과 반대〔○ 사고(師古)가 말했다. "종실 사람들을 들어 쓰는 것이 바로 여씨들과는 반대로 하는 것이다."〕로 하신다면 환란을 면하실 수 있을 것입니다."

광(光)은 그렇다고 여겨 마침내 종실 내에서 쓸 만한 인재들을 가려냈다. 벽강의 아들 덕(德)은 승상부(丞相府) 대조(待詔)〔○ 사고(師古)가 말했다. "승상부에서 조명(詔命)을 받드는 일을 했다."〕로 삼아 나이 30여 세인데 그를 쓰고자 했다. 어떤 사람이 그의 아버지는 현재 살아 있고 또한 선제(先帝)께서 총애하셨던 사람이라고 말했다. 드디어 벽강을 제배해 광록대부(光祿大夫)로 삼았고 장락위위(長樂衛尉)를 맡아 (장락궁을) 지키게 했으나 이때 나이가 이미 80세였다. 자리를 옮겨 종정으로 삼았는데 몇 달 뒤에 졸(卒)했다.

덕(德)은 자(字)가 노숙(路叔)(혹은 노소(路少))이며 황로(黃老)의 학술을 닦았고 지략이 있었다. 어릴 때 정사에 관해 여러 차례 말을 해서 감천궁(甘泉宮)에 불려가니 무제는 그를 '1,000리를 가는 망아지[千里駒]_{천리구}〔○ 사고(師古)가 말했다. "준마처럼 1,000리를 내달릴 수 있다는 뜻이다. 나이가 어렸기 때문에 망아지라고 부른 것이다."〕'라고 불렀다. 소제(昭帝) 초에 종정 승(丞)이 됐으며 유택(劉澤)이 모반했을 때 조옥(詔獄)에서 여러 관리들과 함께 재판을 했다[雜治]._{잡치} 아버지가 종정이 되자 자리를 옮겨 대홍려(大鴻臚) 승(丞)이 됐다가 태중대부(太中大夫)로 승진했으며 뒤에 종정이 됐다.

상관씨(上官氏)와 개장공주(蓋長公主)의 사건을 공동으로 판결했다[雜案=雜治]. 덕은 항상 『노자(老子)』에 나오는 만족함을 아는[知足][○ 사고(師古)가 말했다. "『노자』의 「덕경(德經)」에 나오는 '만족함을 알면 치욕을 면한다[知足不辱]'의 일부다."] 계책을 간직하고 있었다. 아내가 죽자 대장군 광(光)은 자신의 딸을 아내로 삼게 하려 했는데 덕은 감히 받아들이지 않았고 (권세가) 지나치게 성대하고 가득 찬 것을 두려워했다. 개장공주의 손자 담(譚)이 덕을 가로막고서 스스로 해명했으나[自言=自明][○ 사고(師古)가 말했다. "스스로 해명했다는 것은 공주가 억울하다고 말한 것이다."] 덕은 공주가 평소 그릇된 행실을 한 점을 들어 여러 차례 꾸짖었다. 시어사(侍御史)는 광이 자신의 딸을 아내로 맞아들이지 않은 것에 대해 덕을 원망하고 있을 것이라 여기고서, 스스로 광의 속뜻을 헤아려[承指] 덕을 탄핵해 조옥(詔獄)에서 덕을 비방하고 관작을 빼앗아 서인으로 삼고 산간벽지에 가서 살게 했다. 광은 이를 듣고서 한스럽게 여겨 다시 주상께 아뢰어 덕을 불러 청주자사(靑州刺史)에 임명했다. 1년여가 지나 다시 종정이 됐고 선제(宣帝)를 세우는 데 참여해 계책을 정함으로써 (그 공로로) 관내후(關內侯)의 작위를 받았다. 지절(地節) 연간에 혈친을 제 몸과 같이 여기는 도리[親親]에 따라 덕의 행실이 뛰어나고 조심하는 성품이라 해 봉해서 양성후(陽城侯)로 삼았다. 아들 안민(安民)은 낭중우조(郞中右曹)가 됐고 그 집안에서 덕(德)으로 인해 관직을 얻어 궁궐에서 숙위한 자가 20여 명이었다.

덕은 성품이 너그럽고 두터워[寬厚=寬大溫厚] 다른 사람에게 은혜를 베풀어 생명을 구해주기를 좋아했고[施生], 경조윤(京兆尹)으로서 직무를 수행할 때마다 죄를 다스릴 때 가능한 한 가벼운 법을 적용하는 일이 많았다. 집안 재산이 100만 전(錢)을 넘었으나 그것을 가지고 형제들을 구제하고 빈객들에게 음식을 대접하는 데 주로 썼다. 그러면서 늘 말했다.

"부란 백성들의 원한이다."

세워진 지 11년 만에 아들 향(向)이 거짓으로 황금을 주조하려 한 죄에 연루돼 마땅히 율에 따라 기시(棄市)의 형을 받게 되자, 덕은 글을 올려 아들의 죄에 대해 쟁송했다. 마침 덕이 훙(薨)하자 대홍려가 아뢰기를 덕이 자기 아들의 죄에 대해 쟁송해 대신으로서의 체모를 잃었으니 마땅히 시호를 내려주어서는 안 되고, 그 자식이 작위를 잇게 해서도 안 된다고 아뢰었다. (제는) 제(制)하여 말했다.

"시호를 무후(繆侯)〔○ 사고(師古)가 말했다. "무(繆-얽다, 졸라매다)는 나쁜 시호[惡諡]다. 그가 아들을 위해 망령되이 쟁송한 때문이다."〕라고 내려주고 후사(後嗣)를 두도록 하라."

유향(劉向)의 자(字)는 자정(子政)이고 본래 이름은 경생(更生)이다. 12세 때 아버지 덕(德)이 임명을 받으면서 그도 연랑(輦郎)[4]이 됐다. 관례를 치르고 나자 행실이 뛰어나다 해 발탁돼 간대부(諫大夫)가 됐다. 이때 선제(宣帝)는 무제(武帝)의 선례[故事=前例]를 따라 이름난 유학자와 뛰어난 인재를 불러 좌우에 두었다. 경생은 사리에 통달하고 문장을 꾸미는 데 능했고 왕포(王褒), 장자교(張子僑)〔○ 사고(師古)가 말했다. "자교는 광록대부

---

4 어가를 담당하는 낭관이다.

에 이르렀고 「예문지(藝文志)」에 나온다.") 등과 나란히 조정에 나아가 (제의) 조문(詔問)에 대답했고, 부(賦)와 송(頌) 모두 수십 편을 바쳤다. 상은 다시 신선과 방술(方術)의 일에 빠졌는데 회남(淮南) 땅에 『침중홍보원비서(枕中鴻寶苑秘書)』[5]라는 책이 있었다. 이 책에서는 신선이 귀물(鬼物)을 써서 황금을 만드는 비법과 추연(鄒衍)의 도리를 중시해 수명을 연장하는 방법이 들어 있다고 했는데 세상 사람들 중에 그것을 본 사람은 아무도 없었다. 그런데 경생의 아버지 덕이 무제 때 회남의 옥사를 다스리면서 그 책을 얻었다. 경생은 어려서 그것을 읽고 암기했으며 그것이 신기하다고 생각해 조정에 바치면서 황금을 만들어낼 수 있다고 말했다. 상(上)은 상방(尙方)〔○ 사고(師古)가 말했다. "상방은 금은을 만들어내는 일을 주관한다. 지금의 중상서(中尙署)와 같다."〕의 주전 작업을 맡아 일하게 했는데 비용이 너무나 많이 들어갔는데도 결국은 아무런 효험이 없었다. 상은 마침내 경생을 옥리에게 내렸고, 옥리는 경생이 거짓으로 황금을 주조하려 했다며 탄핵했고, 처벌은 마땅히 사형에 해당됐다. 경생의 형 양성후(陽城侯) 안민(安民)이 글을 올려 봉읍의 절반을 내어 바쳐 경생의 죄를 면제받았다. 상은 그의 재주를 기이하게 여겨 겨울을 뛰어넘어[踰冬]〔○ 복건(服虔)이 말했다. "겨울을 뛰어넘었다는 것은 원래 봄이 돼 관대함을 행해 사형죄를 감형해주는 것이다."〕 사형을 감해주라고 논고했다. 마침 처음으로 『곡량춘추(穀梁春秋)』의 학관이 세워지자 경생을 불러 『곡량전』을 전수하게 했고 석거각(石渠閣)〔○ 사고(師古)가 말했다. "『삼보구사(三輔舊事)』에

---

5   도술에 관한 책이다.

따르면 석거각은 미앙대전(未央大殿)의 북쪽에 있었는데 비서(秘書)들을 보관했다고 한다.")에서 오경(五經)을 강론하게 했다. 다시 (향을) 낭중(郎中)에 제배해 황문(黃門)의 급사(給事)로 삼았고 그후에 산기간대부(散騎諫大夫)로 승진해 급사중(給事中-궁중의 급사)이 됐다.

원제(元帝)가 처음 즉위했을 때 태부 소망지(蕭望之)와 주감(周堪)[6]이 모두 영상서사(領尚書事-최고 정승)로 있으면서 깊은 신임을 받고 있었는데, 이 두 사람 다 경생이 종실(宗室) 사람으로 충직하고 경서에 밝으며 행실이 뛰어나다 해 산기종정(散騎宗正) 급사중(給事中)으로 발탁해 시중 금창(金敞)과 더불어 좌우에서 보필했다. 이들 네 사람은 같은 마음으로 정사를 보필하면서 외척 허씨(許氏)와 사씨(史氏)[7]가 높은 자리에 있으면서 방종하는 것과 중서(中書-궁궐 내부의 일을 맡아보는 기관)의 환관인 홍공(弘恭)과 석현(石顯)이 권력을 농단하는 것[弄權]을 걱정하고 안타깝게 여겼다. 망지와 감과 경생은 의논해 그들을 다 내치도록 황제에게 건의[白]하려고 했는데, 아직 건의를 올리기도 전에 말이 새는 바람에 결국 허씨와

---

6 태자소부(太子少傅)와 광록훈(光祿勳) 등을 지냈다. 하후승(夏侯勝)에게 『금문상서(今文尚書)』를 배웠다. 선제(宣帝) 때 석거각(石渠閣) 회의에서 오경(五經)의 동이(同異)를 논의할 때 참여해 경학(經學)으로 명성이 높았다. 태자소부(太子少傅)가 됐다. 원제(元帝)가 즉위하자 광록대부(光祿大夫)가 되고, 태부(太傅) 소망지(蕭望之)와 함께 상서(尚書)의 일을 맡아 마음을 함께 해 정치를 보좌했다. 중서령(中書令) 석현(石顯) 등의 참언으로 면직됐다. 나중에 다시 광록훈이 됐다가 하동태수(河東太守)로 좌천됐고, 나중에 광록대부에 다시 임명해 상서의 일을 맡았다. 석현의 제재를 받아 한을 품고 지내다가 죽었다. 제자 모경(牟卿)이 경학박사가 됐고, 허상(許商)은 수많은 제자를 양성해 대하후(大夏侯-하후승)의 상서학(尚書學)이 널리 유행하게 됐다.

7 허씨란 황제인 원제의 아버지인 선제의 처족이고, 사씨란 그의 할머니의 친족이다.

사씨, 그리고 공과 현으로부터 중상모략을 당해 감과 경생은 하옥됐고, 망지 등도 모두 관직을 박탈당했다. 상세한 이야기는 「소망지전(蕭望之傳)」에 실려 있다.

그 해(-원제 초원(初元) 2년(기원전 47년)) 봄에 지진이 일어났고, 여름에는 객성(客星)[8]이 묘수(昴宿)[9]와 권설수(卷舌宿) 사이에 보이니 모두 깜짝 놀랐다. 상은 이를 보고 느낀 바가 있어 조서를 내려 소망지에게 관내후(關內侯)의 작위를 내려주고, 봄, 가을에 (다시) 조정에 참여하도록 했다. 또 가을에 감과 경생을 불러 두 사람을 간대부(諫大夫-800석 직급)로 삼고자 했으나 공과 현이 (반대하는) 건의를 올려 중랑(中郎-600석 직급)으로 삼았다. 겨울에 또 땅이 흔들렸다. 이때 공, 현, 허씨, 사씨의 자제들인 시중의 여러 부서의 사람들이 소망지 등을 곁눈으로 흘겨보자[側目], 경생이 이를 두려워해 마침내 자신의 외가 사람으로 하여금 변고에 관한 일(-지진)을 (자신을 대신해서) 황제에게 올리도록 했다.

'신이 남몰래 들건대 전(前)장군 소망지 등은 다 충성스럽고 바르며 사사로움이 없이 큰 다스림[大治]을 이루고자 해 (지금 조정을 장악한) 귀척(貴戚)이나 상서(尚書-환관)들과 어긋나 있습니다. 지금 길거리의 사람들은 모두 소망지 등이 다시 조정에 나아갔다는 소식을 듣고 있지만, 이미 그들을 반드시 헐뜯고 중상모략해 "허물이 있는 신하를 그대로 기용해서는 안 된다"라며 마땅히 그냥 두지 않을 것이나 이는 결코 그래서는 안 됩

---

8   혜성이나 신성처럼 일시적으로 나타나는 별이다.

9   묘수(昴宿)는 동아시아의 별자리인 28수의 하나다. 서방백호 7수(宿) 중 네 번째에 해당한다.

니다. 신이 듣건대 봄과 가을에 지진이 있었던 것은 높은 자리에서 정치를 장악하고 있는 자들이 지나치게 번성한 때문이라 했으니 세 사람-소망지, 주감, 유향-의 필부[獨夫] 때문에 일어난 것이 아니라는 것은 진실로 이미 분명합니다. 또 예전에 고황제 때 계포(季布)가 죄가 있어 집안이 족멸됐지만[夷滅] 뒤에 사면을 받아 장군이 됐고 고후(高后)와 효문(孝文) 시대에 이르러서는 결국 명신(名臣)이 됐습니다. 효무제(孝武帝) 때 아관(兒寬)은 중죄에 걸렸으나 안도후(按道侯) 한열(韓說)이 간언해 말했습니다.

"예전에 오구수왕(吾丘壽王)이 죽었는데 폐하께서는 지금까지도 그것을 한스러워하십니다. 지금 관(寬)을 죽인다면 뒤에 장차 다시 크게 후회하게 되실 것입니다."

상은 그 말에 감동하시어 마침내 관을 용서해주고[貰=緩恕] 그를 다시 써서 지위가 어사대부에 이르렀는데 어사대부 중에 관(寬)만 한 자는 없었습니다. 또 동중서(董仲舒)가 사사로이 재이(災異)에 관한 글을 쓴 죄에 연루됐고 주보언(主父偃)이 그것을 아뢰자 옥리에게 내려보내니 죄가 부도(不道)에 이르렀습니다. 그러나 다행히 주살을 면하고 다시 태중대부(太中大夫)와 교서국(膠西國)의 재상이 됐다가 나이가 들어 병으로 면직되고서 귀향할 수 있었습니다. 한나라가 헌장(憲章)을 고치려 할 때에는 늘 조문(詔問)이 있었습니다. 중서(仲舒)는 한 시대의 유종(儒宗)으로서 (나라가 나아갈 방향에 관한) 의견을 정해[定議] 천하에 큰 유익함이 있었습니다. 효선황제(孝宣皇帝) 때에는 하후승(夏侯勝)이 비방(誹謗)의 죄에 걸려들어 옥에 내려졌지만 3년 만에 죄를 면하고 서인이 됐습니다. 선제(宣帝)께서는 승(勝)을 다시 써서 (지위가) 장신소부(長信少府-장신궁 회계 책임자)와 태자태부(太子太傅)에 이르렀고 감히 곧은 말을 한다는 명성이 있었으며 천하가 그를 아름답게 기렸습니다. 여러 신하들 중에 이런 유형의 신하들이 많지만 다 열거하기는 어려워 한두 사람만 언급한 것입니다. 허물이 있는 신하라 하더라도 국가에 부담이 되지 않고 천하에 유익함을 준 사람으로는 이들 네 사람만 살펴보아도 충분할 것입니다.

전에 홍공이 소망지 등을 감옥에 보냈을 때 그 3개월 후에 큰 지진이 일어났습니다. 그리고 공이 병 때문이라는 글을 올려 자리에서 잠시 물러났다가 다시 집무를 하자 하늘은 어두워지고 비는 눈이 돼 내렸습니다. 이런 것들을 감안해볼 때 땅이 흔들린 것은 거의 홍공과 석현 등 때문이라고 하겠습니다.

신이 어리석지만 마땅히 홍공과 석현을 물리치려 하니 장주를 올려 그들이 좋은 사람들을 가린 것을 벌하고 망지 등을 나아오게 하셔서 뛰어난 사람들이 다니는 길을 열고자 합니다. 이렇게 해야만 태평성대의 문은 열리고 재이의 원천은 막히게 됩니다.'

글이 올라가자 공과 현은 경생이 한 짓으로 의심을 하고서 원제에게 간사한 일이 일어났는지를 살펴볼 것을 건의했고, 이에 상은 태부(太傅) 위현성(韋玄成)과 간대부 공우(貢禹), 그리고 정위(廷尉)들과 공동으로 조사할 것을 명했다. 이들은 경생이 전에 구경(九卿)으로 있으면서 망지, 감 등과 함께 거기장군 고(高), 허씨(許氏), 사씨(史氏)를 시어(侍御)하는 자를 배척하고 황실 사람으로서 친척들을 이간질했으며 그들을 물리치고서 홀로 권세를 독점하려 했다고 탄핵했다. 또 신하로서 충성스럽지 못했으나[不忠]_{불충} 다행히 복주(伏誅)되는 것을 면하고 다시 은혜를 입어 불려와서 쓰이게 됐으면서도 예전의 잘못을 뉘우치지 않고 사람을 시켜 재이의 문제를 아뢴 것은 그 죄가 무망(誣罔)과 부도(不道)에 해당한다고 했다. 경생은 죄에 연루돼 면직당해 서인(庶人)이 됐다. 망지도 연좌되자 아들로 하여금 자신의 억울함을 호소하는 글을 (황제에게) 올리게 했는데, 이에 공과 현은 글을 올려 감옥에서 대질 조사할 것을 청했다. (이에 놀란) 망지는 자살했다. 천자는 이 소식을 듣고 애도하며 깊이 한스러워했, 마침내 감을 발탁해 광록훈(光祿勳)으로 삼고 감의 제자 장맹(張猛)을 광록대부 및 급사중으로 삼아 크게 신임을 보였다. 공과 현은 이를 꺼려 여러 차례 중상모략과 비방을 가했다. 경생은 감과 맹이 높은 자리에 있는 것을 보고서 자신도 얼마 후에 다시 나아가게 될 것이라고 여기고서 장차 위험에 빠지게 될 것을 두려워해 마침내 봉사(封事)를 올려 아래와 같이 간언했다.

'신은 예전에 요행스럽게 골육이라 해 구경(九卿)이 됐으나 법을 제대로 받들지 못했는데 이번에 다시 은덕을 입게 됐습니다. 남몰래 살펴보건대 재이가 연이어 일어나 하늘과 땅은 그 지속적인 도리[常]를 잃었고, 나라에 뭔가 (안 좋은) 조짐이 되는 것 같습니다. 끝내 아무 말도 않으려 했지만 충성스러운 신하에게는 그가 설사 밭이랑[畎畝] 한가운데 있더라도 오히려 임금을 잊어서는 안 되는 것이 참으로 정성을 쏟아야 할 의리[惓惓之義]입니다. 하물며 거기에 더해 골육지친인 데다가 또 옛 은혜에 대해 아직 보답도 못한 처지에서야 어떻겠습니까? 어리석은 정성이나마 다하려 해도 직분을 뛰어넘는 짓이 될까 두렵습니다만 그러나 두 번의 큰 은혜에 아직 보답하지 못한 점과 충성스러운 신하의 의리를 생각해 어리석은 뜻이나마 한 자락 말씀드리고[攄=杼=舒] 물러나 논두렁[農畝]으로 나아가 죽더라도 한이 없겠습니다.

　신이 듣건대 순(舜)임금이 아홉 관직[九官]을 명하자 뛰어난 인재들이
서로 사양하며 그 화합됨이 지극했다고 합니다. 수많은 뛰어난 인재들이
조정에서 화합하면 만물은 저 들판에서 조화를 이룹니다. 그래서 (순임금
의 음악인) "소(韶)가 아홉 가지로 갖춰지자[九成] 봉황이 찾아왔으며 석
경(石磬)을 치고 어루만지자 온갖 짐승들이 춤을 췄다"[10]라고 했습니다. 그
래서 온 나라 안이 화합해 안정되지 않은 바가 없었던 것입니다. 주(周)나
라 문왕(文王)에 이르러서는 서쪽 교외에 나라를 세우자[11] 여러 분야의 수
많은 인재들이 몰려들어 엄정하면서도 조화로움을 갖췄고, 남을 올리고
자신을 낮추는[推讓] 풍조를 숭상하게 돼 각종 분쟁으로 인한 송사들이
깨끗이 사라졌습니다. 문왕이 이미 세상을 떠나자 주공(周公)은 문왕을
생각하고 그리워해 문왕의 임금다움[德]을 노래로 지어 불렀는데『시경(詩
經)』에 이런 가사가 있습니다.

　"아! 그윽하고 맑은[穆淸] 사당에 엄숙하면서도 화합하는 밝은 재상들
과 수많은 뛰어난 인재들이 문왕의 다움을 받들도다."[12]

　이런 시절을 맞아 무왕(武王)과 주공(周公)이 정치를 계속 이어가니 조
정 신하들은 안에서 화합하고 모든 제후들[萬國]은 밖에서 환호했습니다.
그런 환호의 마음을 얻어냈기에 (주나라 왕실은) 자신들의 선조들을 섬길

10　『서경(書經)』「익직(益稷)」편에 나오는 말이다.

11　그래서 문왕을 서쪽의 제후라는 의미에서 서백(西伯, 혹은 서패)이라 불렀다.

12　「주송(周頌)」 '청묘(清廟)' 편에 나오는 구절이다.

수 있었던 것입니다. 『시경(詩經)』에 이르기를 "오는 것이 화화롭구나[雍雍=和和]! 이르러서는 엄숙하도다. 제사를 돕는 이가 제후들인데 천자는 위풍당당하게 계시는도다"[13]라고 했으니 이는 사방에서 모두 화합된 마음으로 찾아온다는 말입니다. 제후들이 아래에서 화합하면 하늘은 그에 응해 위에서 보답을 내리게 됩니다. 그래서 (『시경(詩經)』의)「주송(周頌)」에서 이르기를 "복을 넉넉하게[穰穰] 내리시는도다"[14]라고 했고 또 "나에게 그 보리[釐麰=來牟=大麥]를 물려주셨도다"[15]라고 했으니 그것은 처음에 하늘이 내려준 것입니다. 이것들은 다 지극한 화합됨을 이루어 하늘의 도움을 얻어낸 것입니다.

그후에 유왕(幽王)과 여왕(厲王) 대에 내려오자 조정은 화합하지 못하고 비난과 원망을 상대방에게 돌리니 시인은 이를 미워하고 걱정해 이렇게 노래했습니다.

"백성들 사이에 선량함이 사라지자 서로 상대방만을 원망하는구나."[16]

또 많은 소인배들이 높은 자리에 있으면서 간사스러운 의논만 따르면서 끼리끼리 모여[歙歙] 서로 자신들이 옳다며 군자를 배척하니, 『시경(詩經)』에 이르기를 "끼리끼리 친하다가도 서로 헐뜯으니 참으로 슬프구나. 꾀하는 바가 좋으면[臧=善] 모두가 그것이 틀렸다 하고, 꾀하는 바가 나쁘면

---

13 「주송(周頌)」 '옹(雍)' 편에 나오는 구절이다.

14 '집경(執競)' 편에 나오는 구절이다.

15 '사문(思文)' 편에 나오는 구절이다.

16 『시경(詩經)』 「소아(小雅)」 '각궁(角弓)' 편에 나오는 구절이다.

모두가 그것을 따르는구나[依=從]"¹⁷라고 했습니다. 군자가 홀로 바른 도리[正]를 지키며 여러 굽은 자들[枉=邪曲]에게 굴하지 않고 힘써 임금다운 일[王事]을 따르고자 하면 도리어 증오와 모독과 참소가 생겨나니, 『시경(詩經)』에 이르기를 "힘써 애쓰고 따라도 감히 노고를 말하지 못하노라. 죄도 없고 허물도 없지만 참소하는 입 떠들썩하구나[嗷嗷]"¹⁸라고 했습니다. 이런 때가 되면 해와 달은 (그 빛이) 엷어지고 먹히게 돼 빛을 잃게 되니 『시경(詩經)』에 이르기를 "(10월이 사귀는) 초하룻날인 신묘일(辛卯日)이 되면 해가 먹히는 일이 있으니 참으로 추하구나"라고 했고, 또 이르기를 "저 달이 작아지고 이 해가 작아지니 이제 저 아래 백성들은 참으로 슬프구나"라고 했으며, 또 다시 이르기를 "해와 달이 흉함을 알려도 그 뜻을 쓰지 않으니 네 나라[四國]에 제대로 된 정사가 없어 훌륭한 인재들을 쓰지 않기 때문이리라"¹⁹라고 했습니다. (이렇게 되면) 하늘의 변고가 위에서 나타나고, 땅의 변고가 아래에서 움직이고, 물의 원천이 펄펄 끓고, 산과 계곡이 자리를 바꾸니, 『시경(詩經)』에 이르기를 "모든 냇물이 끓어오르고, 산의 높은 곳은 무너져 내리며, 높은 언덕은 골짜기가 되고, 깊은 골짜기는 언덕으로 바뀌니 불쌍하도다! 지금의 사람들이여. 어찌 미리 경계하지 않았던가"²⁰라고 했습니다. 서리가 계절을 잃고 내려 본래의 때를 찾지 못

---

17 「소아(小雅)」 '소민(小旻)' 편에 나오는 구절이다.

18 「소아(小雅)」 '10월지교(十月之交)' 편에 나오는 구절이다.

19 이상의 세 구절은 다 「소아(小雅)」 '10월지교(十月之交)' 편에 나온다.

20 이 구절도 「소아(小雅)」 '10월지교(十月之交)' 편에 나온다.

하니 『시경(詩經)』에 이르기를 "정월(-4월)에 된서리라 내 마음이 걱정스럽고 속상한데 백성들의 유언비어는 참으로 심하구나"라고 한 것은 백성들이 올바른 것을 잘못됐다고 하는 바가 너무나도 심하고 크다는 말입니다. 이상의 것들은 다 (조정이) 화합하지 못해 뛰어난 이[賢]와 그렇지 못한 이[不肖]가 서로 자리를 바꿔 앉아 있기 때문에 생겨난 것들입니다.

그후로부터 천하에 대란이 일어나 왕위 찬탈과 살육, 그리고 각종 재앙이 동시다발로 터져, 여왕은 (도읍인 호경(鎬京)을 버리고) 체(彘) 땅(-지금의 산서성(山西省) 곽주(霍州))으로 달아났고,[21] 유왕은 살해당했습니다. (주나라) 평왕(平王) 말년에 이르렀을 때 노(魯)나라에서는 은공(隱公)이 막 즉위했을 무렵인데, 주나라 대부인 제백(祭伯)이 노나라로 도망치자[出奔] 『춘추(春秋)』에서 (공자는) 피휘해 내분(來奔)이라 하지 않고 그냥 왔다[來]고만 표기했습니다. 주나라의 재앙은 바로 이것에서 시작됐습니다. 이후 윤씨(尹氏)가 대대로 경이 돼[世卿] 정사를 제 마음대로 했고[專恣=專斷], 제후들은 배반하고서 (주나라에) 조빙을 하지 않자 주나라 왕실은 별볼 일 없이 쇠퇴했습니다[卑微]. (『춘추(春秋)』에 기록된) 242년 동안 일식은 36회, 지진은 5회, 산과 언덕이 무너져 내린 것은 2회, 혜성이 나타난 것은 3회, 밤에 상성(常星)이 보이지 않고 또 밤에 중성(中星)이 비 오듯이 떨어진[隕] 것이 1회, 화재가 14회입니다. 장적(長狄-북쪽 오랑캐의 일족)이 세 나라에 침입했고 5개의 별똥별이 떨어졌으며[22] 6마리의 바닷새

---

21 이 사건을 제후와 백성들이 들고 일어나 왕을 내쫓았다 해 국인폭동(國人暴動)이라 부른다.

22 앞서 중성이 비처럼 떨어졌다고 한 것은 노나라 장공(莊公) 7년(기원전 687년)에 별똥이 떨어

[口=鷁]가 (거센 바람을 만나) 뒤로 날았고[退飛]²³ (때에 맞지 않게 겨울에) 고라니가 너무 많아졌으며²⁴ 곡식에 해를 주는 역충[螠]이 생겨났고²⁵ 3년 동안 날지도 않고 울지도 않는 새가 있었고²⁶ (노나라에는 살지 않는) 구욕(鴝鵒)새가 와서 둥지를 튼 것 등은 다 한 차례씩 보입니다.²⁷ 낮에 깜깜해지는 일이 있었고 비가 내렸는데 나무에 얼음이 얼어붙었으며,²⁸ 오얏나무와 매화나무가 겨울에 열매를 맺었습니다. 7월에 서리가 내렸는데 풀과 나무는 죽지 않았습니다. 8월에 (서리가 내려) 콩잎을 죽였습니다.²⁹ 큰 우박도 내렸습니다.³⁰ 이처럼 비와 눈, 천둥과 번개가 차례로 일어나 서로 타고 올랐습니다. 홍수, 가뭄, 기근, 병충해 등이 줄을 잇듯 생겨났습니다. 이런 때를 맞아 재앙과 난이 서로 연이어지면서 임금을 시해한 것이 36차 례였고 나라가 망한 것이 52차례였으며 제후들이 나라 밖으로 도망쳐 자신들의 사직을 보존할 수 없게 된 것은 이루 다 헤아릴 수 없을 정도입니

지는 것을 멀리서 보았을 뿐 땅에 떨어진 실물이 없어 그렇게 표현한 것이고, 희공(僖公) 16년 (기원전 644년)에는 (송나라) 땅에 떨어진 실물 5개를 확인했기 때문에 달리 표현한 것이다.

23 이 일도 희공(僖公) 16년에 있었다.

24 이 일은 장공(莊公) 17년(기원전 677년)에 있었다.

25 이 일은 장공(莊公) 18년(기원전 676년)에 있었다.

26 이 일은 초나라 장왕(莊王) 때의 일이다.

27 이 일은 소공(昭公) 25년(기원전 517년)에 있었다.

28 이 일은 성공(成公) 16년(기원전 575년)에 있었다.

29 이 일은 정공(定公) 원년(기원전 509년)에 있었다.

30 이 일은 희공(僖公) 29년(기원전 631년)에 있었다.

다. 주나라 왕실은 많은 재앙을 당했고 진(晉)나라는 무융(貿戎)에게 군사적 패배를 당하고 그 교외를 장악당했으며 정나라는 환왕(桓王)이 부상을 당하고 융족은 그 사신을 가두어버렸습니다. 위나라 임금[衛侯] 삭(朔)은 불러도 오지 않았고 제나라는 명을 거스르고 삭을 도왔습니다. 다섯 대부는 권력을 놓고 다투었고 그래서 세 임금이 바뀌어 즉위하는 바람에 바르게 다스려질 수가 없었습니다. 그리고 드디어 점점 쇠약해져서[陵夷] 다시 일어날 수가 없게 됐습니다.

이상의 일들을 통해 살펴보건대 조화의 기운[和氣]은 상서로움[祥]을 가져다주고 서로 어긋나는 기운[乖氣]은 재이[異]를 가져다줍니다. 상서로움이 많으면 그 나라는 안정되고 재이가 많으면 그 나라는 위태로워집니다. 하늘과 땅의 마땅히 지켜야 할 원칙[常經]은 예나 지금이나 통하는 의리입니다. 지금 폐하께서는 삼대(三代)의 공업을 여시고 글과 경학에 뛰어난 선비들을 부르시며 편안하고 한가로이 너그럽게 용납하시어 두루두루 사람들을 조정에 나아오게 하셨습니다. 그러다 보니 지금은 뛰어난 자와 똑똑지 못한 자가 뒤섞이고[混淆] 흑백이 나눠지지 않으며, 간사한 자와 바른 자가 뒤엉키고[雜糅] 충성스러운 신하와 참소를 일삼는 신하가 나란히 조정에 나아와 있습니다. 장주문(章奏文)이 공거(公車)에 모이는데 사람들은 북군(北軍)을 가득 메우고 있습니다.[31] 조정 신하들은 서로 뜻이 맞

---

31 장주문은 미앙궁(未央宮)의 북문에 있는 공거에서 모아지는데, 만일 그 내용 중에 합당하지 않은 것이 있으면 그 글을 쓴 사람을 체포해 북군, 즉 수도경비사령부에 해당하는 곳에 가두었다.

지 않아 등을 돌리고 서로를 해치려 들고 다시 서로 참소하면서 옳고 그름의 탓을 서로 전가합니다. 또 각자 자기주장만 내세우느라 문서로 싸워대다가 앞뒤가 뒤집어지고 헐뜯음과 칭찬이 뒤바뀝니다. (천자의) 눈과 귀를 현혹시켜 마음을 움직여보려 했던 일들은 이루 다 기록할 수가 없습니다. 끼리끼리 나뉘어 당파를 만들고 수시로 간사한 뜻을 같이하는 이들이 장차 한마음이 돼 바른 신하를 모함에 빠뜨립니다. 바른 신하가 조정에 나아가면 그것은 잘 다스려지고 있다는 표징이고 바른 신하가 모함에 빠지면 어지러움의 기틀입니다. 다스려짐과 어지러움의 사이를 타고서 과연 누구에게 맡겨야 할지는 모르겠지만 재이가 여러 차례 일어나니 이것이 바로 신의 마음을 차갑게 만드는[寒心] 까닭입니다. 무릇 권력을 올라

한심

타고 호가호위하는 자들과 그의 자식 및 아우들이 조정에 물고기 비늘처럼 빼곡하게 모여들고 뒤에서 몰래 그들을 돕는 자들이 많아 (천자) 앞에서 바퀴살이 축에 모여들듯이 해 헐뜯고 칭찬하는 것을 장차 자기들 마음대로 하니 결국에는 충성스럽고 뛰어난 인재들을 배척하는 잘못이 생겨나게 됩니다. 이 때문에 해와 달은 빛을 잃고 눈과 서리가 여름에 내리고 바닷물이 끓어오르고 언덕과 계곡이 자리를 바꾸고 여러 별들이 평소의 행로를 잃게 되는 것이니 이것들은 다 원통해하는 기운[怨氣]이 만들어내는

원기

것들입니다. 무릇 주나라를 망하게 만들었던 궤적들을 따라가고 시인들이 풍자했던 바를 잘 받아들여서 태평성대를 이루고 아송(雅頌)을 지어 부르게 하고 싶으시다면 오히려 역행해 옛사람들에게로 거슬러 올라가야 할 것입니다. 초원(初元) 이래로 6년이 흘렀는데 『춘추(春秋)』를 살펴보건대 같은 6년이란 기간 동안 재이가 지금처럼 많았던 적은 없었습니다. 무릇 『춘

추(春秋)』의 재이는 공자(孔子)의 도움이 없이는 오히려 그 깊은 뜻을 풀어낼 수도 없었는데 하물며 『춘추(春秋)』보다 심한 지금은 어찌해야 하겠습니까?

이렇게 된 근원을 거슬러 올라가보면 그것이 그렇게 된 까닭은 참소꾼과 간사한 자들이 (충직하고 바른 신하들과) 아울러 조정에 나아온 때문입니다. 그리고 참소꾼과 간사한 자들이 이처럼 아울러 나아올 수 있었던 까닭은, 상께서 의심이 많아 이미 뛰어난 인물을 써서 좋은 정사를 행하다가 혹시라도 누군가가 그를 참소하면 그 뛰어난 인물은 물러나고 좋은 정사를 도로 거둬들이십니다. 무릇 여우와 같은 의심하는 마음을 갖고 있는 사람은 (그 스스로) 참소하고 해치는 입을 불러들이고 단호하지 못한 뜻을 가진 사람은 여러 굽은 자들[群枉]³²이 들어올 수 있는 문을 열어줍니다. 참소꾼과 간사한 자들이 조정에 나아오면 여러 뛰어난 이들[群賢]은 물러나고 여러 굽은 자들이 성하면 바른 선비는 쇠합니다. 그래서 『주역(周易)』에는 비(否)괘(䷋)와 태(泰)괘(䷊)가 있어³³ 소인의 도리가 자라고 군자의 도리가 스러지면 정치는 날로 어지러워지니 그래서 비(否)라고 한 것입니다. 비(否)란 닫혀서 어지러워진다[閉而亂]는 뜻입니다. (반대로) 군자의 도리가 자라고 소인의 도리가 스러지면 정치는 날로 다스려지는 것이니 그래서 태(泰)라고 한 것입니다. 태(泰)란 두루 통해서 다스려진다[通而

---

32 왕(枉)은 곧음[直]의 반대말이다.

33 비(否)괘는 건(乾)괘(☰)가 위에 있고, 곤(坤)괘(☷)가 아래에 있어 아래위가 각자 제 갈 길을 가는데, 반대 태(泰)괘는 건괘가 아래에 있고, 곤괘가 위에 있어 하늘과 땅이 서로 화합한다는 뜻을 갖는다.

治]는 뜻입니다. 『시경(詩經)』에 이르기를 "함박눈 펄펄 내려도 햇볕을 보면 죄다 녹아내리리"³⁴라고 했으니 이는 방금 『주역(周易)』에서 말한 것과 같은 뜻입니다.

옛날에 곤(鯀), 공공(共工), 환두(驩兜)는 순임금 및 우왕과 더불어 요임금의 조정에 섞여 있었고,³⁵ 주공(周公)은 관숙(管叔) 및 채숙(蔡叔)과 더불어 주나라의 지위를 갖고 있었는데,³⁶ 이런 때를 당해 그들은 서로 바꾸어가며 훼방하고 유언비어를 지어 상대방을 비방했으니 어찌 이루 다 말할 수 있겠습니까? 황제 요와 성왕(成王)은 각각 순임금, 우왕과 주공을 능히 현명하다고 여겼기 때문에 공공이나 관숙, 채숙을 스러지게 했으니, 그 때문에 크게 다스려져서[大治] 그 번영과 영화가 지금에까지 이어지는 것입니다〔○ 사고(師古)가 말했다. "계씨와 맹씨는 각각 계손(季孫)과 맹손(孟孫)을 가리키는데 모두 환공(桓公)의 후손들이다. 나라의 권세를 쥐고서 공실을 무력화했다."〕.

공자는 계씨(季氏) 및 맹씨(孟氏)와 더불어 노(魯)나라에서 벼슬을 했고, 이사(李斯)와 숙손통(叔孫通)은 함께 진(秦)나라에서 벼슬을 했는데, (노나라의) 정공(定公)과 진시황은 각각 계씨, 맹씨와 이사를 뛰어나다고 여겼기 때문에 공자와 숙손통을 스러지게 했으니, 그 때문에 크게 어지러

---

34 「소아(小雅)」 '각궁(角弓)' 편에 나오는 구절이다.

35 요임금이 다스릴 때 순임금은 곤을 정점으로 하는 네 명의 흉적을 주살했다.

36 채숙과 관숙은 주공의 형제로 함께 조카인 성왕을 받들다가 반란을 일으켜 주공에게 주살당했다.

워져[大亂] 그 더러움과 욕됨이 지금에까지 이어지는 것입니다.

따라서 다스려짐과 어지러워짐, 영화와 욕됨의 실마리는 바로 믿고 맡기는 바[所信任]에 달려 있습니다. 믿고 맡겼는데 그 사람이 뛰어나다면 마음을 굳게 지키면서 다른 데로 옮겨가지 않는 것입니다. 『시경(詩經)』에 이르기를 "내 마음은 돌이 아닌지라 굴러다닐 수가 없도다[我心匪石 不可轉也]"[37]라고 했으니 이는 좋은 마음을 지키는 바가 독실하다는 말입니다. 『주역(周易)』에 이르기를 "환(渙)은 큰 호령에 땀을 흘린다"[38]라고 했으니 이는 호령이 떨어지면 마치 땀을 흘리듯 한다는 말인데 일단 땀이 흘러나오면 이를 돌이킬 수 없다는 뜻입니다. (그런데) 지금은 (상께서는) 좋은 명령을 내리고서 한 계절도 넘기지 못해 돌이키시니 이는 땀을 돌이키시는 것입니다. 이는 곧 뛰어난 사람을 썼다가 30일도 넘기지 못하고 물러나게 하는 것이니 마치 돌을 굴리는 것과 같다고 하겠습니다. 『논어(論語)』에 이르기를 "좋지 못한 것을 볼 때는 끓는 물을 더듬듯 해야 한다"[39]라고 했습니다. 지금 승상부와 어사대부 두 부에서 거짓투성이의 모함으로 (주감과 장맹 등이) 자리에 있어서는 안 된다고 아뢰고 있는데 저들은 여러 해가 지나도록 제거되지 않고 있습니다. 그 때문에 (상께서는) 호령을 내리고서도 땀을 흘리다가 돌이키듯이 하고 뛰어난 사람을 썼다가도 돌을 굴리듯이 하고 거짓된 무리를 제거하기를 산을 뽑듯이 어렵게 여기

---

37 「패풍(邶風) 백주(柏舟)」 편에 나오는 구절이다.

38 환(渙)괘(䷺)의 밑에서 다섯 번째 효에 대한 풀이다.

39 「계씨(季氏)」 편에 나오는 공자의 말이다.

고 계십니다. 이렇게 하시면서 음양이 조화되기를 바라시니 진실로 어렵

지 않겠습니까?

이리하여 여러 소인들은 틈새를 엿보면서[窺見] 문자로 겉만 번지르르

하게 꾸며서[緣飾] 교묘한 말로 추악스럽게 비난하고[訛=毁=辱] 말을 지

어 흘리며[流言] 익명의 글을 퍼뜨려[飛文] 백성들 사이에서 시끄럽게 만

듭니다[嘩=譁]. (그래서)『시경(詩經)』에 이르기를 "근심하는 마음 서글프

디 서글픈데 여러 소인배들에게 원망만 사는구나[憂心悄悄 慍于群小]"[40]라

고 했으니 이는 소인배들이 무리를 이루었으니 기어코 원망을 하고야[慍]

말 것이라는 뜻입니다.[41] 옛날에 공자는 안연(顏淵)이나 자공(子貢)과 더불

어 거듭 서로를 칭찬했지만 붕당을 맺었다고 하지 않고, 우왕은 익직(益

稷)이나 고요(皐陶)와 더불어 재상직을 물려주고 서로 끌어주었지만 세력

[比周][42]을 이루었다고 하지 않습니다. 어째서이겠습니까? 나라를 위해 충

성하는 마음이 있었고 간사한 마음은 없었기 때문입니다. 그래서 뛰어난

이가 윗자리에 있으면 자신과 같은 부류를 끌어들여 조정에 모이게 하는

것이니『주역(周易)』에 이르기를 "날아오는 용이 하늘에 있으니 대인들이

모여든다[飛龍在天大人聚也][○ 사고(師古)가 말했다. "빼어난 임금이 바른

---

40 「패풍(邶風) 백주(栢舟)」 편에 나오는 구절이다.

41 온(慍)은 속으로 서운해하는 마음을 갖는 것으로 소인배들이 그런 마음을 갖는다는 말이다.
    문맥상 여기서는 원망으로 옮겼다.

42 이 말은『논어(論語)』「위정(爲政)」 편에 나오는 공자의 말에서 따온 것이다. "군자는 마음으로
    친밀하되 세력을 이루지 않으며, 소인은 세력을 이루되 마음으로 친밀히 하지 않는다[君子周而
    不比 小人比而不周]."

자리에서 사방을 지켜보시니 뛰어난 이와 군자들이 다 찾아와서 알현한다는 말이다.")"라고 한 것입니다. 또 (뛰어난 이가) 아랫자리에 있으면 같은 생각을 하는 사람들이 모두 조정에 나아올 것이니 『주역(周易)』에 이르기를 "(태괘의 밑에서 첫 번째 양효[初九]는) 띠풀[茅]은 그 부류[彙=類]에 따라 뽑는 것이니 가면[征=行] 길하다〔○ 정씨(鄭氏)가 말했다. "띠풀은 임금이 결백한 다움을 갖고 있는 것을 비유한 것이다.")"라고 했던 것입니다. 그래서 탕왕이 이윤(伊尹)을 들어 쓰자 어질지 못한 자들은 멀어졌고 많은 뛰어난 이들이 와서 같은 부류끼리 모이게 됐습니다.

그런데 지금은 거짓되고 간사한 자들이 뛰어난 신하들과 나란히 조정에 있다 보니 안에서 겨루고 있으면서[交戟] 당파를 이루고 모의를 함께 해, 좋은 일들을 저버리고 나쁜 일들을 도모하며, 한 덩어리로 (뛰어난 이들을) 비방하느라 시끄럽고, 수시로 위태롭고 험한 말을 지어내 주상의 마음을 (자신들 쪽으로) 기울어지게 하려고 낑낑거리고 있습니다. 그런데 그런 자들을 느닷없이 쓰신다면 이것이야말로 하늘과 땅이 먼저 경계를 시킨 까닭이자 재이가 거듭해서 나타나는 까닭이라 할 것입니다.

예로부터 밝고 빼어난 이들[明聖] 가운데 (간사한 무리들을) 주살함이 없이 다스림을 이룬 적은 없었습니다. 그래서 순임금은 네 흉인[四凶]을 내쫓는 벌을 행했고, 공자는 양관(兩觀)에서 주살의 명을 내린 적이 있으니,[43] 그런 연후에야 빼어난 교화[聖化]가 이루어지고 행해질 수 있는 것입니다. 그러니 지금 폐하의 밝은 지혜로 열렬하게 하늘과 땅의 마음을 깊이

---

43 공자는 노나라의 사구(司寇)로 있을 때 소정묘(少正卯)를 주살했다.

생각하시고 비(否)괘와 태(泰)괘의 의미를 살피시며 주나라와 요순시대가 했던 바를 모범으로 삼으시고 저 진나라와 노나라가 스러지게 된 까닭을 경계로 삼으셔야 합니다. 그리고 또 상서로운 호응으로서의 복과 재이를 가져오는 화를 각각 깊이 살피시면서 지금 세상의 변화상을 재어보시어 거짓되고 간사한 당파의 무리들을 멀리 내쫓으시고 음험하게 모함이나 일삼는 패거리를 깨뜨리고 흩어지게 하심으로써 여러 굽은 자들의 문을 닫아거시고[杜閉] 여러 바른 자들의 길을 활짝 여셔야 합니다. 또 여우 같은 두폐 의심을 단호하게 끊어버리시고 시급한 일과 그렇지 않은 일을 분별하시어 옳고 그름을 훤하게[炳然] 알도록 하신다면 백 가지 이변[百異]이라도 소멸 병연 백이 할 것이고 수많은 상서로움이 다투어 나타날 것이니 이는 태평의 기반이 자 만세를 이어갈 이로움이 될 것입니다.

신은 진실로 음양이 조화를 잃는 것을 보았기에 요행히 폐하의 혈육임에 기대어 들은 바를 감히 말씀드리지 않을 수 없었습니다. 남몰래 『춘추 (春秋)』에 실린 재이들을 미루어 헤아림으로써 지금의 현안 한두 가지라도 해결해보고자 조목조목 그 이유를 따져본 것이니 이 말이 새어나가지 않아야 할 것입니다. 신은 삼가 죽음을 무릅쓰고 이 글을 봉해 올립니다.'

공과 현은 이 글을 보고서 더욱더 허씨 및 사씨와 함께 교결하면서 경생 등을 원망했다. 감은 그 품성이 공정하고 반듯하며[公方] 늘 스스로 홀 공방 로 굳건히 서고자 해 마침내 그 도리를 바르게 하고 조금도 굽히지 않았다. 이 해 여름에 날씨가 추웠고 해는 푸른빛을 띠어 빛을 잃었는데 공과 현, 허씨와 사씨는 모두 그 이유가 감과 맹이 일을 주도한[用事] 때문이라 용사 고 말했다. 상(上)은 속으로 감을 중하게 여겼지만 또한 여러 사람들의 입이 점점 떠들어대는 것이 두려워 감을 꽉 잡아 믿는 바는 없었다. 이때 장안령(長安令) 양흥(楊興)이 재주와 능력이 뛰어나 상의 총애를 받고 있었는데 늘 감을 칭찬했다. 상이 그로부터 도움을 받고 싶어 해 마침내 흥을 불러서 물어보았다.

"조정 신하들이 앞다투어 말하기를 광록훈(-주감)은 불가하다고 하는데 어찌 생각하는가?"

흥이란 자는 마음이 기울어지고 약은[傾巧] 사람이었기에 상이 감을 의심하고 있다고 판단하고서 그 뜻에 맞춰 이렇게 말했다.

"감은 조정에서 (큰일을 맡기에) 불가할 뿐만 아니라 지방 고을[州里]에도 불가합니다. 신이 볼 때 많은 사람들은 감이 전에 유경생 등과 함께 골육을 해치려는 모의를 했다고 듣고서 이 때문에 마땅히 주살돼야 한다고 여기고 있습니다. 그 때문에 신이 전에 말씀드리기를, 감은 주살하거나 다치게 해서는 안 된다고 했던 것은 나라를 위해 은혜를 베풀어주자는 것이었습니다."

상이 말했다.

"그러나 이는 무슨 죄가 있어 주살한다는 말인가? 지금은 마땅히 어떻게 되는가?"

흥이 말했다.

"신의 어리석음으로 볼 때 그에게 관내후와 식읍 300호를 내려주되 정사를 맡도록 해서는 안 됩니다. 밝은 군주[明主]는 사부의 은혜를 잊어서는 안 되는 것이니 이것이 최상의 계책을 얻는 것입니다."

상은 이에 (감에 대해) 의심을 가졌다. 마침 성문(城門)교위 제갈풍(諸葛

風)도 (글을 올려) 감과 맹의 단점을 말하니 이에 상은 화를 내면서 풍을 면직시켰다. 상세한 이야기는 그의 전(傳)에 실려 있다. 또 말했다.

"풍은 감과 맹이 반듯함과 신의가 없다고 말했으나 짐은 민망해서 다스릴 수가 없고 또한 그들의 재능이 아직 효험을 보지 못해 애석하게 생각한다. 감을 좌천시켜 하동(河東)태수로 삼고 맹을 괴리(槐里-섬서성 흥평현)현령으로 삼는다."

현 등이 권력을 농단하는 바[專權]가 날로 심해져갔다. 그로부터 3년 후에 효선(孝宣)의 사당에 화재가 일어났고 그믐인데 일식이 일어났다. 이에 상이 예전에 일식의 변고가 주감과 장맹에게 있다고 말했던 자들을 불러 책임을 물으니 모두 머리를 숙이고 사죄했다. 마침내 이와 관련된 조서를 내렸다.

'하동태수 감은 선제(先帝)께서 뛰어난 이로 보시어 명을 내려 짐의 사부로 삼았다. 자질이 좋고 아름다웠으며[淑茂=善美], 유학에 두루 밝고 논의가 바르고 곧았으며, 마음가짐이 늘 일정했고, 일을 처리함에 참으로 열렬함을 다했으며, 진실로 나라를 걱정하는 마음이 있었다. 그러다 보니 윗사람에게 아첨하거나 귀한 이를 섬길 줄 몰라 고립무원에 빠졌다가 억압을 받고서 마침내 물러나야 했는데, 결국 그 이유를 제대로 밝힐 수가 없었다. 옛날에 여러 신하들이 재이가 일어나자 스스로를 닦는 데는 힘쓰지 않고 그 원인을 찾다 찾다 도리어 말도 안 되는 논리를 내세워 이 사람 때문이라고 했다. 짐은 어쩔 수 없어 조정에서 내보내어 오히려 그의 재주를 펼 수 있게 해주었다. 주감이 좌천된 이후에도 큰 변고들이 일어나니 많은 신하들은 입을 닫아버렸다. 주감이 가서 몇 년을 다스리자 삼로와 관리들과 뜻있는 선비들이 모두 그의 아름다움을 칭송했고, 한 번은 조정의 사자가 그 군을 지나가는데 사람들이 그를 칭찬하지 않는 경우가 없었다. 이는 진실로 선제께서 사람을 (제대로) 알아보셨다는 것을 충분히 보여주는 것이니 짐은 이 점을 분명히 알게 됐다. 당시 속된 자들이 마침내 단서를 지어내고 이야기를 조작해 거짓말로 비방하고, 혹 은밀해 확인할 수도 없는 일들을 끌어들여 마땅히 밝히지도 못하면서 계속 무리를 지어 의심을 함으로써 그를 함정에 빠뜨리려 했으니 짐은 진실로 그들의 말을 받아들이지 않았다. (그런데) 짐은 계속 그 속된 자들에게 압박을 당하느라 온 마음을 기울일 수가 없었고 때마침 하늘이 큰 재이를 보이자 짐은 심히 두려웠다.

지금 주감은 나이가 많아 쇠했을 터이니 스스로 해명을 할 수 있을지 걱정스럽고 이상한 자들에게 배척을 당하고 있으니 장차 어찌될 것인가? 이에 주감을 행재소(行在所)⁴⁴로 불러오도록 하라.'

이어 벼슬을 내려 광록대부로 삼고 녹질은 중(中) 2,000석으로 해 영상서사(領尙書事)에 임명했다. 또 장맹은 다시 태중대부 및 급사중으로 삼았다. 이때 석현은 상서사의 일을 주관하고 있었는데 상서 다섯 사람이 다 그의 패거리였다. (조정으로 돌아온) 주감은 황제를 알현할 기회가 드물었고 항상 석현을 통해 일에 대한 건의를 올려야 했으니 모든 일은 석현의 입에서 결정됐다. 마침 주감은 실어증[瘖]에 걸려 말을 하지 못하다가

---

44 이때 원제는 섬서성에 있던 오치라는 곳에서 제사를 지내기 위해 옹(雍)에 가 있었기 때문에 행재소에 머물고 있었다.

죽었다. 또 석현은 장맹을 무고하고 참소해 공거(公車)에서 자살하게 만들었다. 한편 유경생은 마음에 큰 상처를 입었고, 마침내 질참(疾讒), 구요(口要), 구위(救危), 세송(世頌) 등 모두 8편의 글을 지었는데, 옛일에 기대어 자기 자신 및 자신과 같은 부류를 서글퍼하는 내용이었다. 벼슬길이 막힌 채로 10여 년을 지내야 했다.

　성제(成帝)가 즉위하자 현(顯) 등의 죄를 물어 형을 가하고,[45] 경생(更生)을 마침내 다시 나아오게 해 중용하니 경생은 이름을 향(向)으로 고쳤다. 향은 예전에 구경(九卿)이었다 해 불러들여 중랑(中郞)으로 삼아 삼보(三輔)[46]의 수리 사업을 책임지도록 했다. 여러 차례 봉사(奉事)를 아뢰었고 광록대부(光祿大夫)로 자리를 옮겼다. 이때는 황제의 외삼촌인 왕봉(王鳳)이 대장군이 돼 정권을 장악했고 태후에게 의지해 나라의 권세를 독점하게 되니 형제 7명이 모두 다 열후(列侯)에 봉해졌다. 이때 큰 재이가 여러 차례 일어나자 유향은 외척이 높아지고 성대해진 때문이라고 하면서 왕봉 형제들이 일을 독점하는 문제를 지적했다. 그런데 이때만 해도 상이 바야흐로 『시경(詩經)』과 『서경(書經)』에 정통하고 고문(古文)에도 관심이 많아 조칙을 내려 유향을 영교(領校) 겸 오경비서(五經祕書)로 삼았다. 유향은 『상서(尚書)』(-『서경(書經)』)의 「홍범(洪範)」을 보고서 기자(箕子)가 무왕(武王)에게 오행(五行)과 음양(陰陽)을 진술한 것이야말로 허물에 대응하

45　권력을 잃은 석현과 그의 처자는 고향인 제남(濟南)으로 돌아가던 도중에 근심과 걱정으로 밥을 먹지 못하다가 길에서 죽었다.

46　중국 전한 때 수도 장안을 중심으로 설치한 지방 장관이자 그들이 관할한 행정구역이다. 경조윤, 좌풍익, 우부풍의 셋이다.

는 아름다운 길이라고 생각했다. 그래서 유향은 마침내 상고(上古)시대부터 춘추시대와 6국 시대(-전국시대)를 거쳐 진나라와 한나라[秦漢]에 이르기까지 전 시대에 걸쳐 상서로운 일[符瑞]과 재앙 및 이변[災異]에 관한 기록들을 죄다 모으고 그 일들이 진행돼간 과정을 추적한 다음 그 뒤에 이어진 화복(禍福)을 덧붙여놓았다. 또 점들이 들어맞았는지를 점검해 드러내어서 비슷한 것들끼리 함께 분류해 각각 조목을 만드니 모두 11편이었는데 이름을 '홍범오행전론(洪範五行傳論)'이라고 이름 붙인 다음 상에게 아뢰었다. 천자는 마음속 깊이 유향이 충성스럽고 정성을 다하는 인물[忠精]이라는 것을 알았다. 그래서 왕봉의 형제들 때문에 이 논의를 시작했던 것이다. 그러나 결국은 왕씨들의 권력을 빼앗을 수는 없었다.

성제(成帝)가 창릉(昌陵)을 (고쳐) 조성하려 했으나 여러 해가 지나도 이뤄지지 않았다. 그래서 예전의 연릉(延陵)으로 다시 돌아갔는데 그 제도가 너무나도 사치스럽자 유향이 소를 올려 다음과 같이 간언해 말했다.

'신이 듣건대 『주역(周易)』에 이르기를 "평안할 때 위급함을 잊지 말고 존속할 때 멸망함을 잊지 말라. 이렇게 하면 몸은 편안하고 나라와 집안은 보전할 수 있다[安不忘危 存不忘亡 是以身安而國家可保也]"[47]라고 했습니다. 그래서 뛰어나고 빼어난 임금은 일의 끝과 시작[終始]을 널리 살피고 일의 속 내용[事情]을 끝까지 짚어내니 옳고 그름이 밝게 나뉘집니다

---

47 「계사전(繫辭傳)」에 나오는 공자의 다음과 같은 말을 합치고 압축한 표현이다. "이 때문에 군자는 평안할 때에도 위급함을 잊지 않고, 존속할 때에도 멸명함을 잊지 않고, 다스려질 때에도 어지러움을 잊지 않는다. 이렇게 하면 몸은 편안하고, 나라와 집안은 보전할 수 있다[君子安而不忘危 存而不忘亡 治而不忘亂 是以身安而國家可保也]."

[是非分明]. 임금다운 자[王者]는 반드시 삼통(三統)⁴⁸을 두루 꿰뚫어 천명이 내려주는 바를 널리 밝히는 것이니 단지 (자기 집안의) 한 가지 성(姓)에만 한정되지 않습니다. 공자께서 『시경(詩經)』에 실린 "은나라 선비 중에 아름답고 민첩한 자들이 주나라 서울에서 강신제를 돕는구나[殷士膚敏 祼將于京]"⁴⁹라는 구절을 논하면서 휴우~ 하고 탄식한 다음 "크시도다, 천명이여! 좋은 전통[善]을 후사에게 물려주지 않으면 안 된다. 이 때문에 부귀는 일정하지 않은 것이다[無常]. 이렇게 하지 않는다면 왕이나 공이 그 무엇으로 경계해 조심할 것이며, 백성들[民萌=民氓]은 무엇으로 부지런하게 만들 것인가?"라고 했으니, 이는 대개 미자(微子)가 주(周)나라를 섬긴 것을 서글퍼하고, 은나라가 멸망한 것을 마음 아파하신 것입니다. 비록 요(堯)임금이나 순(舜)임금 같은 빼어남[聖]을 가졌다 하더라도 단주(丹硃-요임금의 아들) 같은 자식을 교화할 수 없고, 우왕(禹王)이나 탕왕(湯王) 같은 다움[德]이 있다 하더라도 공손함이라고는 없는 걸(桀)이나 주(紂)를 일깨워줄 수는 없습니다. 예로부터 지금까지 멸망하지 않은 나라는 없었습니다.

옛날에 고(高)황제께서는 이미 진(秦)나라를 멸망시키시고서 장차 낙양(雒陽)을 도읍으로 정하려 하시다가 유경(劉敬)의 말을 듣고서 감동하고 깨달으시어 스스로 다움[德]이 주(周)나라에 미치지 못하지만 진나라보다

---

48 천시(天施), 지화(地化), 인사(人事)의 세 가지 큰 벼리를 말한다. 혹은 하·은·주 3대의 서로 다르면서도 일관되게 이어지는 전통을 말하기도 한다.

49 「대아(大雅)」 '문왕(文王)' 편에 나오는 구절이다.

는 뛰어나다[賢]고 여기시어 마침내 관중(關中)으로 도읍을 옮겨[徙都] 주나라의 다움에 의탁하시고 진나라의 (지형적인) 험난함[阻]을 이용하셨습니다. 각 시대의 장점과 단점을 살펴 다움을 본받아 그 때문에 늘 두려워하셨기 때문에 감히 망하지 않을 수 있었습니다. 공자께서 말한 "부귀는 일정하지 않은 것이다[富貴無常]"라는 것은 대개 이것을 일러 하는 말씀입니다.

효문황제(孝文皇帝-문제)께서 패릉(霸陵-섬서성 서안의 동쪽)에 머무실 때[50] 북쪽을 바라보며 몹시 마음 아파하시면서[悽愴] 슬픈 감회를 품은 채 여러 신하들을 돌아보며 이렇게 말씀하셨습니다.

"아! 저 북쪽의 산들에서 나는 돌로 곽(槨)을 만들고 모시와 솜조각을 써서 그 사이를 칠한다면 어찌 움직일 수 있겠는가?"[51]

이에 (중랑장) 장석지(張釋之)가 말씀을 올렸습니다.

"그 안에 사람들이 갖고 싶은 것을 넣으면 비록 이 남산(南山)을 땜질한다[錮] 해도 오히려 틈이 있을 것이고 그 안에 사람들이 갖고 싶은 것을 넣지 않는다면 비록 돌로 된 곽이 없다 해도 또 무슨 걱정이 있겠습니까?"

무릇 죽은 자에게는 끝[終極]이 없지만 나라에는 망하고 흥함[廢興]이 있으니 장석지의 말은 참으로 무궁한 계책이라 하겠습니다. 문제께서는 깨

---

50 전3년(기원전 177년)의 일이다.

51 옛날에는 관(棺)과 곽(槨)을 이중으로 썼는데, 관은 안에 있는 것으로 나무로 만들며, 밖에 있는 것은 곽이라 해 돌로 만들었다. 옛날의 황제들은 즉위하면서부터 자신의 묘를 만들기 시작했다. 이때도 문제는 자신의 못자리를 보러 간 것으로 보인다. 실제로 문제의 능은 패릉에 있다.

달으시고 드디어 장례를 엷게[薄葬] 하도록 하고서 산릉[山墳]의 역사를
일으키지 않으셨습니다.

　『주역(周易)』에 이르기를 "옛날에 장례를 치르는 자는 섶을 두껍게 입
혀서 들판 가운데에 묻었는데 봉분을 만들지 않았고 나무를 심지 않았으
며 상기(喪期)에도 일정한 수(數)가 없었는데 후세의 빼어난 이가 관곽(棺
槨)으로 바꾸었다[古之葬者厚衣之以薪 葬(藏)之中野不封不樹喪期无數 後世
聖人易之以棺槨]"[52]라고 했으니 관곽을 지은 것은 황제(黃帝)로부터 시작됩
니다. 황제는 교산(橋山)에서 장례를 지냈고 요(堯)임금은 제음(濟陰)에서
장례를 지냈는데 둘 다 언덕[丘壟]이 자그마했고 장례에 들어간 장구들도
아주 작았습니다. 순(舜)임금은 창오(蒼梧)에서 장례를 지냈는데 두 황비
는 따르지 않았습니다.[53] 우왕(禹王)은 회계(會稽)에서 장례를 지냈는데 나
무와 각종 기물의 서열[其列]을 바꾸지 않았습니다[○ 사고(師古)가 말했
다. "산이나 냇물 혹은 전답을 예전과 같이 그대로 두었다는 말이다."]. 은
나라 탕왕(湯王)은 (아예) 장사 지낸 곳[葬處]이 없습니다. 문왕(文王), 무왕
(武王), 주공(周公)은 다 필(畢)에서 장례를 지냈고, 진(秦)나라 목공(穆公)
은 옹(雍)에서 장례를 지냈는데, 탁천궁(橐泉宮-진나라 궁궐의 이름) 기년
관(祈年館=祈年觀) 아래에 묻혔으며, (진나라의 뛰어난 인물) 저리자(樗裏
子)[54]는 무고(武庫)에서 장례를 지냈는데, 이들이 묻힌 곳은 다 언덕이 있

---

52 「계사전(繫辭傳)」에 나오는 말이다.

53 장례에 참석하지 않거나 장지에 따라가지 않았다는 말이다.

54 진(秦)나라 혜왕(惠王)의 이모제(異母弟)로 저리자의 어머니는 한나라 여인이다. 저리자는 기

는 곳이 아니었습니다. 이는 빼어난 황제[聖帝], 밝은 임금[明王], 뛰어난 임금[賢君], 일과 사람을 아는 선비[智士]들이 멀리 내다보고서 생각해낸 무궁한 계책입니다. 이에 뛰어난 신하[賢臣]와 효자들도 명을 따라서 뜻을 고분고분하게 해 장례를 엷게 지냈으니 이것이야말로 진실로 임금과 부모[君父]를 편안하게 받드는 것이요, 충성과 효도의 지극함입니다.

　　무릇 주공은 무왕의 아우였는데 그 형님을 장례 지낸 것이 아주 소략했습니다. 공자께서도 어머니를 방(防)에서 장례 지냈는데 "옛날에는 무덤을 만들면서 봉분을 쓰지 않았다"라고 하시고서 또 말하기를 "나 구(丘)는 동서남북을 돌아다니는 사람이라 표식을 하지 않을 수 없다"라고 하고서 4척 높이의 봉분을 만들었는데 비가 오자 무너져 내렸습니다. 제자들이 이를 손보고서 공자께 고하자 공자께서는 눈물을 줄줄 흘리시며 "내가 듣건대 옛날에는 무덤을 손보지 않았다"라고 했으니 대개 이는 제자들을 비판한 것입니다.[55] 연릉계자(延陵季子)[56]가 제(齊)나라에 갔다가 돌아오니 그 아들이 죽었습니다. 그래서 영(嬴)과 박(博) 사이에서 장례를 지냈는데, 아래로 땅을 파되 샘물이 나올 때까지 깊이 들어가지 않았고, 염을 할 때는 아들이 살아 있을 때 입던 옷으로 했으며, 봉분은 구덩이를 가릴 정도의 크기였고, 높이도 손으로 짚을 정도였는데, (일을 마치고 세 번) 부르짖

지가 뛰어나고 지혜가 있었기 때문에 진나라 사람들은 그를 꾀주머니, 즉 지낭(智囊)이라고 불렀다.

55　이상의 내용은 『예기(禮記)』 「단궁(檀弓)」 편에 나오는 내용을 유향이 압축한 것이다.

56　오나라 임금[吳王] 수몽(壽夢)의 아들로 이름은 계찰(季札)이다. 수몽은 그가 뛰어나다는 것을 알고 양위하려 했으나 사양하고 받지 않자 연릉에 봉하고 연릉계자라 이름했다.

어 말했습니다.

"뼈와 살이 흙으로 다시 돌아가는 것은 명(命)이다. 혼백의 기운[魂氣]은 가지 못하는 곳이 없으리라!"

무릇 영과 박은 오(吳)나라에서 1,000여 리가 떨어져 있었는데 계자는 아들의 유해를 고향으로 갖고 와서 장례를 치르지 않았던 것입니다. 공자께서 그 묘소에 가서 보고서는 "연릉계자가 했던 것은 예에 합당하다"라고 말했습니다. 이와 같았기 때문에 중니(仲尼-공자)는 효성스러운 자식[孝子]이고, 연릉은 자애로운 아버지[慈父]이며, 순임금와 우왕은 충성스러운 신하[忠臣]이고, 주공은 공순한 아우[弟弟=悌弟]였는데도 자신들의 임금과 부모와 혈육을 장사 지낸 것이 하나같이 보잘것없었습니다[微薄]. 하지만 구차스럽게 검약했던 것이 아니라 진실로 예의 본질[體]에 딱 들어맞았습니다. 송(宋)나라의 환사마(桓司馬)가 (사치스럽게) 돌로 곽(槨)을 만들자 중니는 "빨리 썩는 것만 못하다"라고 말했습니다. 진(秦)나라의 재상 여불위(呂不韋)는 지략을 아는 선비들을 불러 모아 『여씨춘추(呂氏春秋)』를 짓게 했는데, 여기서도 장례를 엷게 하는 것[薄葬]이 옳다는 것을 말하고 있으니 이들은 다 일의 실상[事情]에 밝은 때문이라 하겠습니다.

오나라 임금[吳王] 합려(闔閭)에 이르러서는 예를 어기고서 두텁게 장례를 지내니[厚葬] 10여 년 후에 월(越)나라 사람들이 그것을 다 파내버렸습니다. 진(秦)나라의 혜문(惠文), 무(武), 소(昭), 효문(孝文), 엄양(嚴襄) 다섯 임금은 모두 크게 구릉을 만들었고 매장품이 아주 많았지만, 하나도 남김없이 다 발굴되고 파내졌으니 참으로 슬프다 하겠습니다. 진시황제는 여산(驪山)의 언덕에 장례를 지내고, 아래로는 삼중의 깊은 샘을 막고, 위로

는 산분(山墳)을 높여 그 높이가 50여 길[丈]이었으며, 테두리의 길이가 5
리 남짓 됐습니다. 돌로 만든 외부의 곽(槨)은 이궁의 별관으로 삼았고, 사
람들의 기름[人膏]으로 등잔과 촛불을 밝혔으며, 수은을 사용해 강과 바
다를 조성하고, 황금으로 오리와 기러기를 만들었습니다. 금은보화가 함께
매장됐고, 각종 기계들은 정교했으며, 관곽(棺槨)은 화려하고 궁관(宮館)은
너무나도 거대해 이루 다 헤아릴 수가 없었습니다. 게다가 수많은 궁인(宮
人)들을 죽이고 공사에 동원된 장인[工匠]들을 산 채로 묻어 대략 추산해
보아도 그 수가 1만 명을 넘습니다. 천하는 이 노력에 힘들어 하다가 결국
반란을 일으켰고, 여산의 조영(造營) 사업은 미처 끝나지도 않았는데 주장
(周章)〔○ 사고(師古)가 말했다. "이 사람은 진승(陳勝)의 장수다."〕의 백만
군사가 그 아래에까지 이르렀습니다. 항적(項籍-항우)은 (진시황이 축조한)
진나라의 궁실과 각종 건축물[營宇]들을 불지르고 예전에 진나라가 했던
것들은 모두 다 파내버렸습니다. 그후에 한 목동이 양을 잃어버렸는데 양
이 수도(隧道)[57]를 따라 들어왔기 때문에 목동은 횃불을 들고서 양을 찾
으려다가 실화(失火)하는 바람에 곽 안의 모든 것들이 다 불타버렸습니다.
예로부터 지금까지 장례로는 진시황만큼 성대했던 것이 없었는데, 불과 몇
년 사이에 밖으로는 항적의 재앙을 입고, 안으로는 일개 목동의 화를 당
했으니 어찌 서글프지 않겠습니까?

이 때문에 다움이 두터운[厚] 사람일수록 그 사람의 장례는 그만큼 더
엷고[薄], 지혜가 깊은[深] 사람일수록 그 사람의 장례는 그만큼 더 보잘

---

57 묘소의 굴 또는 지하도를 말한다.

것없었습니다[微]. 다움이 없고 지혜가 모자라면[無德寡知] 그런 사람의 장례는 훨씬 더 두텁고, 구릉은 그만큼 더 높아지고, 궁묘(宮廟)는 훨씬 화려하기 때문에 그것을 파내게 되는 일도 반드시 곧장 일어나는 것입니다. 이런 관점에서 보건대 밝고 어두움의 효험, 장례의 길하고 흉함은 너무나도 훤하게 볼 수가 있습니다. 주(周)나라의 다움이 시들자 사치함이 생겨났지만, 선왕(宣王)은 뛰어났기 때문에 중흥을 이루어 다시 궁실을 검약하게 하고, 침묘(寢廟)의 규모를 작게 했습니다. 시인은 이를 아름답게 여겼으니 (『시경(詩經)』 「소아(小雅)」의) '사간(斯幹)' 편이 바로 그 시입니다. 윗장은 궁실의 제도가 옛 제도와 같았다는 것을 말하고 아랫장은 자손이 아주 많았다는 것을 말합니다. 또한 노(魯)나라 엄공(嚴公)〔○ 사고(師古)가 말했다. "장공(莊公)이다"〕이 종묘를 조각해 꾸미고 대(臺)와 동산을 많이 짓는 바람에 후사(後嗣)가 다시 끊어지자 『춘추(春秋)』는 그것을 풍자했습니다. 주나라 선왕은 그같이 해 (자손이) 번성한 반면 노나라와 진나라는 이같이 해 후사가 끊어졌으니 이는 사치와 검약이 얻고 잃는 바입니다.

폐하께서는 즉위하시어 몸소 검약하셨고, 애초에 초릉(初陵)을 조성할 때 그 제도를 절검하고 작게 하시어, 천하에서 폐하를 뛰어나고 밝으시다고[賢明] 칭송하지 않는 자가 없었습니다. 그런데 옮기어 창릉(昌陵)을 조성하는 데 이르러서는 낮은 곳을 보강해 높이고, 흙을 쌓아 산을 만들며, 백성들의 무덤들을 파내고 돌을 쌓은 것이 1만 개가 넘어 시골 마을을 생겨나게 할 정도이며, 완공일이 다가오자 공사비는 수만의 백배에 이르고 있습니다. 죽은 자는 땅 밑에서 한을 품고, 살아 있는 자는 땅 위에서 근심에 젖어 있어, 그 원통하고 한스러운 기운이 음양(陰陽)을 진동시켜 그

로 인해 기근이 일어나고, (배가 고파) 죄를 지어 죽게 되자 뿔뿔이 흩어
진 자가 10만 명을 헤아리니 신은 심히 어지러울 지경[惛]입니다. 죽은 자
가 갖고 있던 물건이 무덤 안에 있다는 것을 알기라도 하면 그 사람의 무
덤을 파헤치니 그 해악은 너무나도 큽니다. 만약에 그것을 설사 모른다 하
더라도 또 어찌 (창릉을) 크게 써야 하는 것입니까? 이런 일은 뛰어난 사
람이나 일을 아는 사람[賢知=賢智]에게 물어본다면 기뻐하지 않을 것이
요, 일반 백성들에게 보인다면 노역에 힘들어 할 것입니다. 그런데 만약에
구차스럽게도 어리석은 무리나 사치를 즐기는 자들이나 기쁘게 해줄 요량
으로 또한 그런 일을 어찌 할 수 있단 말입니까?

폐하께서는 어짊과 자애로움[仁慈], 도타움과 아름다움[篤美]이 심히
두터우시고, 귀 밝음과 눈 밝음[聰明], 대범함과 통달함[疏達]이 세상을 덮
고 있으니, 마땅히 한나라 황실의 다움을 크게 하시고[弘], 유씨(劉氏)의
아름다움을 더욱 높이시어[崇], 다섯 황제[五帝]와 세 임금[三王]을 훤히
빛나게 하셔야 하는데, 오히려 사나웠던 진나라[暴秦]의 어지러운 임금들
과 경쟁적으로 사치를 다투고, (무덤 조성을 위해) 구릉을 (그들과) 비교
해가며 쌓아올려 어리석은 무리들의 눈이나 즐겁게 하고, 한때의 볼거리
[一時之觀]를 크게 하느라 뛰어난 사람이나 일을 아는 사람[賢知]의 마음
을 어기고 만세로 이어질 안녕을 잊고 계시니[亡=忘], 신은 남몰래 폐하를
위해 그 점을 부끄러워하고 있습니다.

오직 폐하께서는 위로는 밝고 빼어나신[明聖] 황제(黃帝), 요임금, 순임
금, 우왕, 탕왕, 문왕, 무왕, 주공, 중니(仲尼)의 제도를 살피시고, 아래로는
뛰어나고 일을 알았던[賢知] 목공(穆公), 연릉(延陵), 저리(樗裏), 장석지(張

釋之)의 뜻을 새겨보셔야 합니다. 효문황제가 봉분을 없애고 엷게 장례를 지내어 검소함으로 신령을 편안케 해주신 것은 모범으로 삼아야 하는 반면, 진나라의 소공과 시황제가 산을 더 높이고 매장지를 두텁게 해 사치함으로 해악을 만들어낸 것은 경계로 삼아야 할 것입니다. 초릉의 규모[撫]
_무
를 어떻게 할 것인지에 대해서는 마땅히 공경과 대신들의 토의 결과를 따라야만 그로써 백성들은 안식을 취할 수 있을 것입니다.'

글이 올라가자 상은 유향의 말에 깊이 공감했지만 그 계책을 따를 수는 없었다.

향은 풍속이 점점 더 사치스럽고 음란해져가고, 조씨(趙氏)와 위씨(衛氏)의 족속이 미천한 데서 일어나 예제를 마구 뛰어넘는 것을 보았다. 향은 왕의 가르침이라는 것이 안팎으로 영향을 미치고 가까운 곳으로부터 시작된다고 생각했다. 그래서 『시경(詩經)』과 『서경(書經)』에 실려 있는 뛰어난 왕비와 정숙한 부인 등과 나라를 일으키고 집안을 빛내 모범으로 삼을 만하며, 또한 사례들, 그리고 총애를 받는 첩이 나라를 어지럽혀 망하게 만든 경우 등을 채집해 편차를 지어 『열녀전(列女傳)』을 지었으니, 모두 8편이고 그것으로 천자를 경계하게 했다. 또한 전기와 좋은 일화들을 모아 『신서(新序)』와 『설원(說苑)』을 지었으니 모두 50편으로 상께 바쳤다. 자주 소를 올려 정치의 득실을 말했고 모범이 될 만한 경계를 진술했다. 서한문이 수십여 종으로 천자의 보고 살핌[觀覽]을 도왔고 그 빠진 곳을 채
_{관람}
워넣었다. 상이 비록 그의 말을 다 쓰지는 않았지만, 그러나 속으로 그의 말을 아름답게 여겨 늘 그의 말에 감탄했다.

이때 상(-성제)에게는 뒤를 이을 황태자[繼嗣]가 없었고 정사는 모두
_{계사}

왕씨(王氏)에게서 나왔으며 재앙과 변고가 자주 일어났다. 향은 예전부터 진탕(陳湯)의 지모(智謀)가 뛰어나고 기이하다고 여겨 서로 친하게 지냈는데 한 번은 탕에게 이렇게 말했다.

"재앙과 변고가 일어나는 것이 이와 같은데 외가(外家-황제의 외척)가 날로 번성하니 이는 점차로 반드시 유씨(劉氏)를 위태롭게 할 것이오. 나는 요행히 같은 성의 말단에 속해 있어 여러 대에 걸쳐 한나라의 두터운 은혜를 입어 몸은 종실의 늙은 신하로 세 분의 주군을 섬겼소이다. 상께서는 내가 먼저 돌아가신 황제의 옛 신하라 해 나아가서 알현할 때마다 늘 도타운 예[優禮]를 베풀어주셨으니 나라도 나아가 말하지 않는다면 누가 말을 하겠소?"

마침내 극간하는 봉사를 올려 다음과 같이 말했다.

'신이 듣건대 임금이라면 안정된 세상을 바라지 않는 임금이 없는데 그럼에도 늘 위태로웠고, 존속되기를 바라지 않는 임금이 없는데 그럼에도 늘 망했으니 이는 신하에 맞서는 기술[御臣之術=禦臣之術]을 잃어버렸기 때문입니다. 무릇 대신으로 권력의 칼자루를 쥐고서 나라의 정치를 좌지우지한 사람치고 아직 해악을 끼치지 않은 자는 없습니다. 옛날에 진(晉)나라에 여섯 경(卿)이 있었고, 제(齊)나라에 전씨(田氏)와 최씨(崔氏), 위(衛)나라에 손씨(孫氏)와 영씨(甯氏), 노(魯)나라에 계손씨(季孫氏)와 맹손씨(孟孫氏)가 있었는데, 늘 나랏일을 장악하고서 대대로 조정의 칼자루[朝柄]를 쥐었습니다. 결국 뒤에 가서 전씨는 제나라를 빼앗았고 여섯 경은 진나라를 분할했습니다. 최저(崔杼)는 자신의 임금 광(光)을 시해했고, 손림보(孫林父)와 영식(甯殖)은 자신들의 임금 간(衎)을 내쫓았고, 또 임금 표(剽)

를 시해했습니다. 계씨(季氏)는 뜰에서 (천자의 춤인) 팔일무(八佾舞)를 추게 했고, (노나라 실권을 쥔) 세 집안[三家]은 (천자의 예법인) 옹(雍)의 음악에 맞춰 철상(撤床)을 했으며,[58] 나란히 국정을 독점하다가 결국 소공(昭公)을 쫓아내버렸습니다. 주(周)나라 대부 윤씨(尹氏)는 조정의 일을 맡아[管] 왕실을 흐리고 어지럽게 했는데[濁亂], 자조(子朝)와 자맹(子猛)이 다시 일으켜 세워 해를 이어가며 마침내 안정시켰습니다. 그래서 『춘추(春秋)』에 이르기를 "왕실이 어지러워졌다"라고 했고, 또 이르기를 "윤씨가 왕자 극(克)을 살해했다"라고 했으니, 그 패악스러움이 그만큼 심했던 것입니다. 『춘추(春秋)』는 성공과 실패를 들어 재앙과 복을 기록하고, 이처럼 그것들을 다양한 유형별로 분류했지만, 그것들은 하나같이 음의 기운이 성하고 양의 기운이 쇠한 것이니, 결국 밑에서 신하의 도리를 잃어버렸기 때문에 생겨난 것들입니다. 그래서 『서경(書經)』에 이르기를 "신하가 위엄을 부리고 복을 누리는 일이 있게 되면 너의 집을 해치고 너의 나라를 흉하게 한다"[59]라고 했고, 공자께서 말씀하시기를 "녹(祿)이 공실에서 떠나니 정사가 대부에게로 넘어갔다"[60]라고 했던 것이니, 이는 위태로움과 멸망의 조짐[危亡之兆]입니다. 진(秦)나라 소왕(昭王) 때는 외삼촌[舅]인 양후(穰侯 -위염(魏冉))와 그의 동생 경양군(涇陽君)과 섭양군(葉陽君)이 국정을 쥐고

---

58 이 두 가지 사례는 다 『논어(論語)』「팔일(八佾)」편에서 공자가 비판한 무례한 짓[僭濫]이다.

59 「주서(周書)」 '홍범(洪範)' 편에 나오는 말이다.

60 『논어(論語)』「계씨(季氏)」편에 나오는 공자의 다음과 같은 말을 압축한 것이다. "녹이 공실에서 떠난 것이 5대이고, 정사가 대부에게로 넘어간 지 4대이다. 그러므로 저 삼환(三桓)의 자손이 미미한 것이다."

서 권세를 휘둘렀고, 위로는 태후의 위세를 이용하니, 이 세 사람은 그 권세가 소왕보다 무거웠고, 그 집안은 진나라보다 부유해 나라는 심하게 위태로웠는데, 다행히 (소왕은) 범수(范雎)의 말에 힘입어 깨달았기 때문에 진나라는 다시 존속할 수 있었습니다. 2세황제는 조고(趙高)에게 모든 것을 맡겨 조고가 권력을 독점해 자기 마음대로 하면서 대신들을 막고 가리는 바람에, 결국 (2세황제는 조고의 사위인) 염락(閻樂)에 의해 망이궁(望夷宮)에서 살해되는 재앙을 겪었습니다. 이런 일은 그다지 멀지 않습니다. 바로 한나라가 그 진나라를 대신했습니다.

한나라가 일어났을 때 여러 여씨(呂氏)들이 무도(無道)해 재상을 제 마음대로 하면서 왕(王)[61]을 높였습니다. 여산(呂山), 여록(呂祿)은 태후의 총애를 깔고 앉아[席] 장상(將相)의 자리를 차지하고, 남북 양군(兩軍)의 군사들을 겸해 거느리면서 양왕(梁王)과 조왕(趙王)의 존엄을 막아 지켜, 교만을 끝도 없이 부리며 유씨(劉氏)를 위협하고자 했습니다. 다행히 충직하고 바른 대신인 강후(絳侯)와 주허후(朱虛侯) 등이 열렬함을 다해[竭誠] 절의로써 그들을 주륙한 연후에야 유씨는 다시 안정됐습니다.

(그런데) 지금 왕씨 한 성(姓)에서만 붉게 장식하고 속 바퀴를 화려하게 꾸민[朱輪華轂] 수레[62]를 타는 자가 23명이나 되고, 청색과 자주색[青紫]

---

61 이것은 황제를 가리키는 것이 아니라 제후왕을 지칭한다.

62 진나라가 제정하고 한나라가 따른 제도로서 2,000석 이상의 고급 관리가 타고 다니는 화려한 수레다.

인끈을 매고 초선(貂蟬)을 단 관(冠)을 쓴 자[63]가 천자의 휘장[幄] 안에 가득하니, 이는 마치 물고기에 비늘[魚鱗]이 잔뜩 붙어 있는 것과 같습니다. 대장군은 정사를 장악하고서 권력을 제 마음대로 하고, 다섯 후[五侯]는 교만과 사치가 그 정도를 뛰어넘어 성대하며, 서로 작당해 위엄을 부리고 은혜를 베풀어가면서 법률을 제 뜻대로 늘이고 줄여 사람들을 처단하며[擊斷], 더러운 짓을 일삼으면서 그것을 정치라 부르고, 몸은 사리사욕을 챙기면서 겉으로는 공사(公事)로 포장하고, 동궁(東宮-태후의 거처)의 존귀함에 기대고 생질과 외삼촌이라는 친연(親緣)을 내세워 위엄을 무겁게 하고 있습니다. (그리하여) 상서(尚書), 구경(九卿), 주목(州牧), 군수(郡守)가 다 그들의 한 문에서 나와 나라의 중추[樞機]를 장악하고 붕당을 이루어 서로 안팎으로 결탁해 있습니다[朋黨比周]. 그들이 칭찬하고 기리는 자는 위로 올라가고 그들을 거슬러 원한을 산 자는 주살되거나 피해를 당합니다. 유세하는 자들은 그들의 주장을 거들고 정치를 장악한 자는 그들을 위해 변호를 해줍니다. 종실(宗室-황실)을 배척하고, 공족(公族-황족)을 고립·약화시키며, 그들 중에서 일을 알고 능력이 있는 자[有知能者]는 더욱 더 비방해 나아오지 못하게 합니다. 종실의 임무를 짊어질 사람은 멀리 내쫓거나 끊어내 조정이나 금중(禁中-대궐)의 중요 업무를 맡을 수 없게 만드니 이는 그들이 자신들과 권력을 나눠가지게 되는 것을 두려워해서입니다. (또 그들은) 여러 차례에 걸쳐 연왕(燕王)과 개주(蓋主)를 언급함으로

---

63 자주색 인끈은 열후를, 청색 인끈은 2,000석 관리를 상징한다. 초선이란 담비 꼬리와 매미 날개 모양을 한 장식으로 황제의 곁을 지키는 시중(侍中)이나 상시(常侍)가 쓴다.

써[64] 주상의 마음에 의심이 싹트게 했고, 왕씨를 떠올릴까 봐 여씨(呂氏)와 곽씨(霍氏)의 일을 피하고 꺼리느라[65] 차마 칭찬조차 하지 않았습니다. 안으로는 관숙(管叔)과 채숙(蔡叔)의 싹이 있으면서도, 밖으로는 주공(周公)의 논리[論]를 빌려서[66] (왕씨) 형제들은 무거운 권세에 의탁하고, 그 종족들은 반석처럼 뿌리를 내리고 있습니다. 상고(上古)시대 이래로 진(秦)나라와 한(漢)나라에 이르기까지 외척으로서 존귀함이 흘러넘친 것[僭貴]이 왕씨만 한 적은 없었습니다. 주나라의 황보(皇甫)나 진나라의 양후(穰侯), 한나라의 무안후(武安侯-전분(田蚡)), 여씨, 곽씨, 상관씨(上官氏) 등도 다 왕씨에게 미치지 못합니다.

일이 번성하게 되면 반드시 정상적이지 않은 변고가 일어나게 되고 이런 변고는 먼저 사람의 기미나 징후[微象]로 드러나 보이게 됩니다. 효소제(孝昭帝) 때 태산(泰山)에서 산 위에 있는 돌[冠石=山石]이 일어섰고 상림원(上林苑)에서는 쓰러진 버드나무가 다시 일어났습니다. 그리고 선제(宣帝)께서 즉위하자 지금의 왕씨의 선조들의 분묘가 제남(濟南-산동성 역성현)에 있었는데, 그 가래나무 기둥에서 가지와 잎이 생겨나 무성하게[扶疏] 잘 자라더니 지붕에 가서 닿았고, 땅 속으로는 그 뿌리를 내렸

---

64 소제(昭帝) 때 황족으로 모반을 했던 사건을 말한다. 이는 원봉(元鳳) 원년(기원전 80년)의 일이다.

65 여후의 친정식구인 여산(呂山)과 여록(呂祿)이 권력을 행사하고, 곽광의 아들과 조카, 그리고 사위가 전권을 휘둘렀던 일을 가리킨다.

66 이들은 모두 주나라 성왕의 숙부들인데, 곽숙과 채숙은 성왕의 자리를 노렸고, 주공은 성왕을 끝까지 보호했다.

습니다. (하지만) 돌이 일어서고 쓰러진 버드나무가 일어섰다 해도 이보다 명증하지는 않을 것입니다. 사안의 성격상으로 두 개의 큰 세력이 양립할 수 없듯이 왕씨와 유씨 또한 나란히 설 수는 없으니 이는 마치 아래로 태산과도 같은 안정됨이 있다 해도 위로는 달걀을 쌓아놓은 위태로움[累卵之危]이 있는 것과 같다고 하겠습니다.

폐하께서는 (친아버지가 아닌) 다른 사람의 자손이 돼 종묘를 지키고 보존해야 하는데, 황위의 존엄함[國祚=天祚]이 외가로 옮겨가고 (폐하께서는) 아래로 떨어져[降] 비천한 노예가 될 것이니, 이때 가서 온몸으로 그리하지 않으려 한다 한들 결국 종묘는 어떻게 되겠습니까? 부인은 지아비의 집안으로 받아들이되[內=親] 그 부모의 집안은 밖으로 내쳐야 하는데[外] (그리하지 않으니) 이는 참으로 황태후[67]의 복이 아닙니다. 효선황제께서는 외삼촌인 평창후(平昌侯)와 낙창후(樂昌侯)에게 권력을 주지 않으셨는데 이는 그들을 안전하게 만들어주기 위함이었습니다.

무릇 선견지명을 가진 자[明者]는 형체가 없는 것에서도 복을 일으키고 아직 일어나지 않은 상태[未然]에서 미리 걱정거리를 막아냅니다. 마땅히 밝은 조서를 내리시고 도타운 말씀[德音]을 내시어 종실 사람들을 돕고 가까이해 제 몸과 같이 여기시어, 그들의 말을 받아들여 믿음을 주셔야 하고, 외척 사람들을 내쫓고 멀리해 정권을 절대 주지 마시고 모두 다 파직해 집으로 나아가게 하시어, 먼저 돌아가신 황제께서 하셨던 바를 본받아 외척을 두텁고 편안하게 해주시어 그 집안을 온전케 하신다면, 이것

67　유씨의 황실로 시집온 왕씨 집안의 왕정군을 가리킨다.

이야말로 진실로 동궁의 뜻이자 외가의 복일 것입니다.

왕씨는 영원토록 남아 있어 그 작위와 녹봉을 지킬 수 있도록 해주고, 유씨는 장구하게 평안해 사직을 잃지 않게 하는 것은 곧 외가와 친가의 사람들을 화목하게 해주는 것이며, 또한 자자손손 끝없이 이어지게 해주는 계책입니다. 만약에 이런 계책을 시행하지 않으신다면 전씨(田氏) 같은 자가 지금 다시 나타날 것이고, 여섯 경(卿)과 같은 자들이 한나라에도 반드시 일어날 것이니, 후사에게 우환이 되리라는 것은 너무나도 훤히 밝기 때문에 깊이 도모하지[深圖] 않으면 안 되며, 일찍부터 염려하지[蚤慮
조려
=早慮] 않으면 안 될 것입니다. 『주역(周易)』에 이르기를 "임금이 주도면밀
조려
하지 않으면 신하를 잃고 신하가 주도면밀하지 않으면 몸을 잃게 된다. 은밀한 정사[幾事=政事=機密業務]를 주도면밀하게 하지 않으면 일을 이루는
기사　정사　기밀　업무
데 해가 된다[害成]"[68]라고 했습니다. 오직 폐하께서는 빼어난 생각[聖思]
해성
성사
에 깊이 머무시고 일을 붙들어 주도면밀하게 하시며, 지나간 일들의 경계를 살피심으로써 잘 절중(折中)해 믿음을 가지시고서 온갖 안전함을 가져다주는 지혜를 갖추시어 종묘를 보전하시고 오래도록 황태후의 뜻을 받드신다면 천하는 크게 다행할 것입니다.'

글이 올라가자 천자는 유향을 불러서 보고는 탄식하고 그 마음의 애통함을 드러내면서 이렇게 말했다.

"그대는 좀 쉬도록 하오. 내가 장차 생각해보리다."

그리고 향을 중루교위(中壘校尉)로 삼았다. 향은 사람됨이 선이 굵고 시

---

68 「계사전(繫辭傳)」 상(上) 편에 나오는 공자의 말이다.

원시원해[簡易] 위엄을 내세우지 않고, 마음이 맑아 도리를 즐기면서 경술
(經術)을 닦고 생각하는 데 전념하면서, 낮에는 각종 경전들을 암송하고
밤에는 별자리를 관찰하느라 종종 새벽까지 뜬눈으로 지새우곤 했다. 원
연(元延) 연간에 패성(孛星)이 동정(東井)에 나타나자 촉군(蜀郡)에서는 민
산(岷山)이 무너지고 장강의 물이 막혔다. 향은 그 이변을 경계했는데 상세
한 이야기는 「오행지(五行志)」에 실려 있다. 스스로 잘 마칠 수 없음을 후회
해 다시 상주했는데 그 글은 다음과 같다.

　'신이 듣건대 황제 순[帝舜]은 백(伯-백작), 우(禹-훗날의 우왕)를 경계
시키며 "단주(丹朱-요임금의 아들)처럼 오만해서는 안 된다"라고 했고, 주
공(周公)은 (조카인) 성왕(成王)을 경계시키며 "은나라 (마지막) 임금 주
(紂)처럼 해서는 안 될 것입니다"라고 했습니다. 『시경(詩經)』에 이르기를
"은나라가 거울로 삼아야 할 것은 멀리 있지 않으니 하나라 시대에 있도
다[殷鑑不遠 在夏后之世]"[69]라고 했고, 또 (은나라를 세운) 탕왕(湯王)은 하
나라의 걸왕을 들어 경계로 삼았다고 했습니다. 빼어난 황제와 밝은 임금
[聖帝明王]은 항상 실패와 어지러워짐[敗亂]을 통해 스스로를 경계하면서
(앞으로) 흥할 것인지 망할 것인지에 대해서는 꺼리지 않았습니다. 그래서
신은 감히 저의 어리석은 생각을 남김없이 다 말씀드리고자 하니 부디 폐
하께서는 이를 마음에 두고서[留神=留意] 잘 살피시기를 바랍니다.

　삼가 살펴보건대 춘추시대 242년 동안에 일식이 36차례 있었는데 (노
나라) 양공(襄公) 때 특히 심해 3년5개월에 한 번꼴로 일식이 일어났습니

---

69 「대아(大雅)」 '탕(蕩)' 편에 나오는 구절이다.

다. 한나라가 일어나 경녕(竟寧-원제 때 연호) 때까지를 보면 경제(景帝) 때 특히 심해 3년1개월에 한 번꼴로 일식이 일어났습니다. 신 유향은 일찍이 여러 차례에 걸쳐 일식이 일어날 수밖에 없는 이유에 대해 말씀드린 바 있는데 지금은 연이어 3년 동안 일식이 있었습니다. 건시(建始)[70] 이래로 20년 동안 8차례의 일식이 있었으니, 비율로 보면 2년6개월마다 한 번씩 일어났는데, 이는 고금에 드문 일입니다. 재이 중에는 크고 작은 것이 있고, 드물게 혹은 자주 일어나는 것이 있으며[小大希稠], 점괘에도 늦게 혹은 일찍 나타나는 것이 있고, 천천히 나타나는 것과 빨리 나타나는 것이 있으니[舒疾緩急], 이것이 바로 빼어난 이[聖人]께서 의심을 끊어낸 [斷疑][71] 까닭입니다. 『주역(周易)』에 이르기를 "하늘의 모양을 살펴서 그 때마다의 변화나 변고를 살핀다[觀乎天文以察時變]"[72]라고 했습니다. 옛날에 공자께서 노(魯)나라 애공(哀公)에게 답하시면서 더불어 하나라 걸왕과 은나라 주왕이 천하를 포악스럽게 만든 것에 대해 언급했습니다. 그 때문에 역수(曆數)가 바르지 않으면 섭제성(攝提星)이 방향을 잃고 음력 정월 [孟陬]이 새롭게 바뀌지 않게 된다고 했습니다.[73] 이는 다 역성혁명[易姓]을 상징하는 변고입니다. 진시황 말기에서 2세황제에 이르는 사이에 해와

---

70 성제의 연호다. 기원전 32년부터 기원전 29년까지다.

71 이 말은 『주역(周易)』 「계사전(繫辭傳)」의 "(역의 원리를) 써서[以] 천하의 의심스러운 바를 끊어낸다[斷天下之疑]"에서 나온 말이다. 간단히 말하면 원리를 모를 때는 의문이나 의혹투성이지만 원리를 알게 되면 그런 의문이나 의혹은 절로 없어지게 된다는 말이다.

72 이 말은 비(賁)괘(䷕)에 대한 단사(彖辭)다.

73 공자의 이 말은 『대대례기(大戴禮記)』에 나온다.

달이 맥없이[薄] 먹혔고, 산과 언덕은 허물어지니[淪亡], 진성(辰星)이 사맹(四孟)[74] 때 나타났고, 태백성(太白星)은 하늘을 가로질러[經天=竟天] 운행했으며, 구름도 없는데 천둥 번개가 쳤고, 유성[枉失]이 밤에 빛났고, 형혹성(熒惑星)은 달을 범했고, 원인을 알 수 없는 불[孽火]이 궁을 태웠고, 들판에 있어야 할 짐승들이 궁정에서 뛰놀았고, 도성의 문이 안쪽에서 허물어졌고, 키 큰 거인[長人]이 임조(臨洮-농서군의 현이다)에 나타났고, 운석이 동군(東郡)에 떨어졌고, 혜성이 대각(大角)을 가리니 대각이 보이지 않게 됐습니다. (위에서 말한) 공자의 말씀을 살펴보고 또 포악스러웠던 진나라의 재이들을 고찰해보면 하늘이 내리는 명[天命]이란 참으로 두려워할 만한 것입니다.

항적(項籍)이 패할 때에도 패성이 대각에 나타났습니다. 한나라가 진나라에 들어갈 때에는 다섯 개의 별이 동정(東井)에 모였으니 이는 천하를 얻는다는 징후였습니다. 혜제(惠帝) 때 피비[雨血]가 있었고, 충(沖)에 일식이 있었으며, (낮에) 햇빛이 사라지고 별이 보이는 이변이 있었습니다. 소제(昭帝) 때는 태산(泰山)의 누워 있던 바위가 절로 일어섰으며, 상림원 안의 쓰러져 있던 버드나무가 다시 일어서고, 대성(大星)이 달처럼 서쪽으로 움직이자 수많은 별들이 그것을 따라갔으니 이것이 바로 이변입니다. 선제(宣帝)께서 일어설 때 나타난 징표[表]로는 천구(天狗-혜성의 일종)가 하늘의 하천[漢=天河]을 타고서 서쪽으로 가고, 오랫동안 흐리기만 한 채 비

---

74 맹이란 음력에 의한 계절의 초기 월을 말하는 것이다. 맹춘(孟春), 맹하(孟夏), 맹추(孟秋), 맹동(孟冬)이 그것으로 각각 정월, 사월, 칠월, 시월이다. 맹(孟)에는 처음이라는 뜻이 있다.

가 내리지 않은 것이 20여 일에 이른 것은 창읍왕(昌邑王-유하(劉賀)다)이 (황위를) 제대로 마치지 못한 이변입니다. 이 모든 일들은 『한기(漢紀)』[75]에 잘 드러나 있습니다.

　진나라에서 한나라로 세상이 바뀌는 것을 살펴보고, 또 혜제(惠帝)와 소제(昭帝)에게 후사가 없는 것을 잘 살피고, 창읍(昌邑)이 끝맺음을 제대로 하지 못한 것을 깊이 살피고, 선제(宣帝)가 벌떡 일어선 것들을 보면 하늘이 물러가고 나아오는 것[去就]이 어찌 훤하디훤하지[昭昭然] 않겠습니까? (은나라) 고종(高宗)과 (주나라) 성왕(成王) 때에도 꿩이 찾아오고 나무가 뽑히는 이변이 있었는데, 그 연유를 제대로 생각했기 때문에 (그리하여 잘 대처했기 때문에) 고종은 백년의 복록을 누렸고, 성왕은 풍속을 다시 바로 하는[復風] 보은을 받았습니다.[76] 신명(神明)이 감응하는 것은 마치 형태상으로는 그림자와 같고, 소리상으로는 메아리와 같아 세상 사람들이 다 똑같이 듣고 알 수 있는 것입니다. 신은 총애를 얻어 종실의 끝자리[末屬]를 차지해 진실로 폐하께서 너그럽고 밝은 다움[寬明之德]을 갖고 계시다는 것을 보았으니, 큰 재이를 잘 해소시켜 고종이나 성왕과 같

75　이는 후한 때 순열(荀悅)이 편찬한 『한기(漢紀)』가 아니다. 문맥상으로 보면 『한서(漢書)』 「예문지(藝文志)」 '춘추(春秋)' 조에 보이는 『한저기(漢著記)』일 가능성이 높다.

76　고종(高宗)이 성탕에게 융제사[肜祭=又祭-제사 다음 날 또 지내는 제사를 말한다]를 올리던 날 꿩이 날아와 큰 쇠솥[鼎] 위에 앉더니 우는 이변이 있었다. 이 일은 『서경(書經)』 「상서(商書)-은나라 역사)」 '고종융일(高宗肜日)' 편에 나온다. 성왕 때 가을에 곡식이 크게 자랐으나 아직 수확하지 않았는데, 하늘이 크게 천둥 번개를 치고 바람이 부니, 벼가 모두 쓰러지고 큰 나무가 뽑히므로 나라 사람들이 크게 두려워했다. 그래서 성왕은 이를 경계로 삼았다. 이 일은 『서경(書經)』 「주서(周書)」 '금등(金縢)' 편에 나온다.

은 명성을 누리시게 해 종실을 높이고자 했기에 간절히 말씀드리느라, 여러 차례에 걸쳐 죽음에 해당하는 주벌을 당해야 하는 비례(非禮)를 범했사옵니다.

(그런데) 지금 일식이 너무도 자주 일어나고, 혜성은 동정을 가리며, 섭제성의 불꽃은 자미궁(紫微宮)에까지 이르러 식자들과 장로들도 동요하지 않을 수 없으니, 이는 변고 중에서도 아주 큰 것입니다. 이것은 한두 차례로 기록할 수 없는 일이니 그래서 『주역(周易)』에 이르기를 "글은 말을 다 담아낼 수 없고, 말은 뜻을 다 담아낼 수 없다[書不盡言 言不盡意]"[77]라고 한 것입니다. 이 때문에 괘(卦)를 만들고 효(爻)를 보여준 것이니 이는 의리를 다시 풀어낸 것입니다. 『서경(書經)』에 이르기를 "사람을 보내와 (성왕에게) 지도를 바쳤다"[78]라고 했습니다. 천문(天文)의 일은 서로 일깨워주기에 어려운 것이라 신이 비록 지도상으로 보아도 오히려 말로 잘 풀이한 다음에야 알 수 있는 것입니다. 바라건대 편안하고 한가하신 틈을 내주신다면 신이 지도를 하나하나 짚어가며 진상을 말씀드리도록 하겠습니다.'

상은 즉시 향을 불러들였지만 그러나 끝내 그의 말을 쓸 수가 없었다. 향은 매번 상이 불러 알현할 때마다 여러 차례에 걸쳐 공족(公族)이란 나라의 가지와 잎이기 때문에 가지와 잎이 떨어지게 되면 밑뿌리[本根]는 의지하고 보호받을 데가 없다고 말했다. (그런데) 바야흐로 지금 동성(同姓-유씨)은 듬성듬성 멀어지고, 어머니의 집안사람들[母黨]이 정권을 독점해

---

77 이는 「계사전(繫辭傳)」 상(上) 편에 나오는 말이다.

78 이는 「주서(周書)」 '낙고(洛誥)' 편에 나온다.

녹위(祿位-실권)가 공실을 떠났고 권력은 외가에 있으니, 이는 한나라 종실을 강하게 하고 사사로운 가문[私門]을 낮추어 사직을 보호해 지키고 후사를 안전하고 튼튼하게 하는 계책이 아니라는 것이었다.

향은 자신이 상에게 믿음을 받고 있다고 생각했기 때문에 종실의 일을 드러내어 옹호하고 왕씨나 현직 대신들을 나무라고 꾸짖었는데[譏刺], 그 말이 대부분 통절하고 지극한 열렬함[至誠]에서 나온 것이었다. 상은 여러 차례에 걸쳐 향을 구경(九卿)의 자리에 세우고 싶어 했지만 그때마다 매번 왕씨나 현직에 있는 승상, 어사들이 맞서는 바람에 끝내 자리를 옮겨주지 못했다. 열대부(列大夫-한나라 작위의 하나)로 있은 지 30여 년, 나이 72세 때 세상을 떠났다. 사후 13년 만에 왕씨가 한나라를 대신했다. 향의 세 아들은 모두 배움을 좋아했다. 맏아들 급(伋)은 『주역(周易)』으로 교수가 됐고 관직은 군수(郡守)에 이르렀다. 둘째 아들 사(賜)는 구경(九卿)의 승(丞)이 됐는데 일찍 졸했다. 막내아들 흠(歆)은 이름이 크게 났다.

흠(歆)은 자(字)가 자준(子駿)으로 어려서 『시경(詩經)』과 『서경(書經)』에 통달하고 속문(屬文)에 능해 성제(成帝)가 불러서 만나보았고, 환자서(宦者署)에서 대조(待詔)하며 황문랑(黃門郎)이 됐다. 하평(河平) 연간에 조서를 받아 아버지 향(向)과 함께 궁궐의 비장도서를 관리하고 교정했으며 [領校], 육예(六藝)와 각종 전(傳)과 기(記)를 강독했고, 제자(諸子), 시부(詩賦), 수술(數術), 방기(方技)에 이르기까지 탐구하지 않은 바가 없었다. 향이 죽은 후에 흠이 다시 중루교위(中壘校尉)가 됐다.

애제(哀帝)가 즉위한 초기에 대사마 왕망(王莽)은 흠이 종실 사람이면서 재주와 행실이 뛰어나다 해 천거해 시중태중대부(侍中太中大夫)로 삼았고, 기도위(騎都尉), 봉거(奉車)도위, 광록대부로 승진해 극진한 총애를 받았다. 역시 오경(五經)을 관리했고 아버지가 이전에 하던 사업을 다 마쳤다. 흠은 마침내 육예와 여러 책들을 모으고 그것을 종류별로 나눠 『칠략(七略)』을 지었다. 상세한 이야기는 「예문지(藝文志)」에 실려 있다.

흠과 향은 모두 처음에 『주역(周易)』을 공부했고, 선제(宣帝) 때 향에게 조서를 내려 『곡량춘추(穀梁春秋)』를 전수받게 하니, 10여 년 후에는 제대로 익히게 됐다. 흠은 궁궐의 비장도서를 교정하게 되면서 고문(古文)으로 된 『춘추좌씨전(春秋左氏傳)』을 발견하고서 그 책을 크게 좋아했다. 이때 승상사(丞相史) 윤함(尹咸)이 『좌씨전』을 잘 연구해 흠과 함께 공동으로 경전들을 교정했다. 흠은 함(咸)과 승상 적방진(翟方進)을 따라 배우면서 그 대의를 바로잡고[質=正] 물었다. 애초에 『좌씨전』에는 고자(古字)와 고언(古言)이 많이 있었기 때문에 배우는 자들은 그저 자구만을 해석할[訓故=訓詁] 뿐이었는데, 흠이 『좌씨전』을 다스리게 되자 전(傳)의 문장을 끌어들여 경(經)을 풀이하면서 경과 전이 서로를 밝혀주었고, 이로 말미암아 장구(章句)의 뜻과 이치[義理]가 제대로 갖춰지게 됐다. 흠은 또한 그 사람됨이 맑고 고요해 계책을 갖고 있었고, 아버지와 아들이 함께 옛것을 좋아해[好古] 그 박람강기(博覽强記)는 평범한 사람들을 훨씬 뛰어넘었다. 흠이 볼 때 좌구명(左丘明)은 좋아하고 싫어하는 것이 성인(聖人-공자)과 같았고[○ 사고(師古)가 말했다. "『논어(論語)』(「공야장」)에 실려 있는 공자의 말이다. "교언영색을 너무 지나치게 하는 과공(過恭)을 옛날 좌구명이 부끄러워했는데, 나도 그것을 부끄러워한다. 원망을 숨기고 겉으로 아무

일도 없는 척 그 사람과 사귀는 것을 좌구명이 부끄러워했는데, 나도 그것을 부끄러워한다.") 직접 부자(夫子-공자)를 만나보았지만 공양(公羊)과 곡량(穀梁)은 공문(孔門) 70제자[○ 사고(師古)가 말했다. "실제로는 72명이다."]의 후배이기 때문에 직접 전해 듣고 친히 만나본 면에서는 그 정밀함이나 소략함[詳略=精粗]이 같지가 않다. 흠은 그 점 때문에 여러 차례 향에 대해 논란을 벌였고 향은 이를 반박할 수 없었지만, 그러면서도 『곡량전(穀梁傳)』의 의리를 스스로 견지했다. 흠이 제(帝)와 가까워지자 『좌씨춘추(左氏春秋)』와 『모시(毛詩)』, 『일례(逸禮)』, 『고문상서(古文尙書)』를 모두 학관(學官)에 세우고자 했다. 애제(哀帝)는 흠에게 영을 내려 오경박사와 함께 그 뜻(혹은 의리)을 강론하게 했는데, 여러 박사들 중에는 간혹 상대해 논의하기를 꺼리는 자들이 있었고, 그 때문에 흠은 태상(太常)박사에게 편지를 보내 이를 꾸짖어 말했다.

'옛날에 당우(唐虞)[79]가 이미 쇠퇴하자 삼대(三代-하·은·주)가 갈마들며[迭=互] 일어나 빼어난 제(帝)와 밝은 왕(王)들이 여러 차례 나오고 서로 물려주니 임금다운 도리가 심히 드러났다. 주나라 왕실이 이미 쇠퇴하자 예와 악은 바르지 않게 됐으니 도리를 보전함이 어려운 것은 이와 같다. 이 때문에 공자께서는 도리가 행해지지 않는 것을 근심해 여러 나라를 돌며 군주들의 물음에 응했던 것이다. 위(衛)나라에서 노(魯)나라로 돌아오신 후에 (노나라의) 음악이 바로잡히고 아(雅)와 송(頌)의 시도 마침내 제자리를 찾게 됐다. 『주역(周易)』을 손질하고 『서경(書經)』의 차례를 정하고

---

79 요(堯)임금과 순(舜)임금을 가리킨다.

『춘추(春秋)』를 제작(制作)해 제왕(帝王)의 도리의 큰 골격을 세우셨다. 부자(夫子)께서 돌아가시자 미언(微言)[80]이 끊어졌고 70제자마저 세상을 떠나자 큰 뜻[大義]도 어그러졌다. 게다가 전국시대를 만나 변두(籩豆)의 예〔○ 사고(師古)가 말했다. "변두(籩豆)는 제기인데 대나무로 만든 것이 변(籩)이고 나무로 만든 것이 두(豆)다."〕를 내팽개치고 군대의 진법을 연마하니, 공씨(孔氏-공자)의 도리[道]는 억눌렸고 손자(孫子)와 오자(吳子)의 병술[術]은 중요시했다. 점점 쇠퇴해 사나운 진(秦)나라에 이르자 경서(經書)들은 불태워졌고, 유학하는 선비들은 살해됐으며, 협서(挾書)의 법[81]이 만들어졌고, 옛날의 것을 갖고서 지금을 비판하는 자를 벌주니 도술(道術)은 이로 말미암아 마침내 소멸했다.

한나라가 일어났을 때 빼어난 제(帝)와 밝은 왕(王)들과의 시간적 거리가 너무 멀어 중니(仲尼)의 도리는 다시 끊어졌고 법과 제도는 답습할 근거를 갖지 못했다. 이런 때에 오직 한 사람 숙손통(叔孫通)이 예의(禮儀)를 간략하게나마 정했지만 천하에는 오직 『역(易)』의 점서만 있을 뿐 그밖의 다른 책들은 없었다. 효혜(孝惠-혜제)의 시대에 이르러서야 협서의 율이 폐기됐지만 그러나 공경 대신이 강후(絳侯)와 관영(灌嬰)의 무리들처럼 모두 갑옷을 걸친 무장들이어서 그런 쪽에 아무런 뜻도 두지 않았다. 효문

---

80 뜻이 깊은 말로 공자의 말은 숨어 있고 미미한 듯하면서도[隱微] 그 뜻이 크고 깊기 때문에 이렇게 말한다.

81 책의 소장을 금지하는 법이다.

황제(孝文皇帝)에 이르러서 비로소 장고(掌故)[82] 조조(晁錯)를 시켜 복생(伏生)[83]에게 나아가게 해 『상서(尙書)』를 전수받도록 했다.

　『상서(尙書)』가 건물의 벽에서 나왔을 때는 썩고 잘라지고 조각조각 흩어져 있었지만 지금에 와서 그 책을 읽을 수 있는 것은 당시 경전의 스승들[師=經師]들이 전해주고 읽어주었기 때문이다. 『시경(詩經)』(에 대한 공부 수준)은 비로소 싹트는 단계였다. 천하의 온갖 책들이 종종 나오기는 했지만 그래 봤자 제자(諸子)와 전설(傳說)[84]이었기 때문에 결국은 이것들을 널리 학관에 세워두고 그것을 가르칠 수 있는 박사를 두었다. (이 시절까지) 한나라의 유학자로는 오직 가생(賈生)이 있을 뿐이다. 효무황제(孝武皇帝)에 이르고 나서야 추(鄒), 노(魯), 양(梁), 조(趙) 나라에 『시경(詩經)』, 『예기(禮記)』, 『춘추(春秋)』의 선사(先師)들이 있었으니 모두 다 건원(建元-무제의 연호) 연간에 나타났다. 이런 때를 맞아 한 사람이 혼자서 그 경전들을 다 터득할 수 없었기 때문에 어떤 사람은 아(雅)를 공부하고 어떤 사람은 송(頌)을 공부한 다음에 그것들을 서로 합쳐 하나로 만들었다. (『서경(書經)』의 일부인) '태서(泰誓)'가 뒤에 발견되자 박사들이 모여 그것을 해독했다. 그래서 조서(詔書)에 이르기를 '예가 무너지고 악이 붕괴돼 글은 빠지고 누락돼 있으니 짐은 심히 마음 아프게 생각한다'라고 했던 것이다.

82　법령과 의례 등 옛일들을 주관하는 관리다.

83　제남(濟南) 추평(鄒平) 출신으로 진(秦)나라 박사(博士)를 지냈다. 분서사건 당시 『상서(尙書)』 등 경서들을 숨겨 보관했다고 한다.

84　여기서 제자는 맹자를 가리킨다. 전설이란 오경(五經)의 해설서를 가리킨다.

이때는 한나라가 일어난 지 70~80년이 지났으니 완전한 하나의 경서를 갖지 못한 지가 참으로 이미 오래됐다.

노(魯) 땅의 공왕(恭王)[85]이 공자의 옛집을 허물고 궁궐을 만들려 했는데, 이때 허물어진 벽 안에서 고문서가 발견됐으니 『일례(逸禮)』가 39편이었고[86] 『서경(書經)』이 16편이었다.[87] 천한(天漢) 연간 이후가 되자 공안국(孔安國)[88]이 이를 올렸지만 무고(巫蠱)의 황급한 어려움을 만나는 바람에 이를 시행하는 데는 이르지 못했다. 또 『춘추좌씨전(春秋左氏傳)』은 좌구명(左丘明)이 지었는데 모두 고문(古文)의 옛 책이며 많은 것은 20여 통(通)의 수미일관한 편과 장이 있었는데 비밀 서고[秘府]에 보관돼 숨기고서 발표하지 않았다.

효성황제(孝成皇帝)께서는 학문이 잔멸되고 문서들이 누락돼 그 진면목이 조금씩 없어져가는 것을 마음 아프게 여겨 마침내 비밀 서고를 개방해 옛글들을 교정하고 정리한 결과 이 세 가지, 즉 『일례(逸禮)』와 『서경(書經)』과 『춘추좌씨전(春秋左氏傳)』을 얻었다. 이리하여 이것들을 갖고서 학

---

85 경제(景帝)의 아들이며 이름은 여(餘)다. 공왕(共王)이라고도 한다.

86 고문으로 된 예경 56편 중에서 지금의 『주례(主禮)』 17편을 제외한 나머지 39편을 말한다.

87 공자의 옛집 벽에서는 『논어(論語)』와 『효경(孝經)』도 나왔다.

88 공자의 11세손이며 공충(孔忠)의 아들이다. 『상서(尚書)』 고문학의 시조다. 무제(武帝) 때 박사(博士)를 지내고 간대부(諫大夫)와 임회태수(臨淮太守)에 이르렀다. 『시경(詩經)』은 신공(申公)에게 배우고 『상서(尚書)』는 복생(伏生)에게서 받았다. 노공왕(魯共王)이 공자의 옛집을 헐었을 때 과두문자(蝌蚪文字)로 된 『고문상서(古文尚書)』와 『예기(禮記)』, 『논어』, 『효경(孝經)』이 나왔다. 아무도 이 글을 읽지 못한 것을 금문(今文)과 대조해 고증 해독해 주석을 붙였다. 『상서공씨전(尚書孔氏傳)』을 지었다. 이 일에서 고문학(古文學)이 비롯됐다고 한다.

관이 전하는 경전들을 탐구해보니 경(經)에서 빠진 것이나 전(傳)에서 누락된 것들이 있었다. 이런 것들은 민간에까지 가서 널리 물어 노나라의 환공(桓公), 조나라의 관공(貫公), 교동국의 용생(庸生)이 남긴 학문과 이것을 비교해 같은 부분이 나올 때까지는 유보해두고서 아직 시행하지 않았다. 이는 식자들이 애석해하고 선비와 군자들이 통탄할 일이었다.

옛날에 철학(綴學)[89]하는 선비들은 경전의 없어지고 끊어진 결함은 크게 생각지 않고, 아주 사소한 것을 단서로 그보다 작은 것으로 나아갔고, 문(文)과 자(字)를 분석했으며, 언사(言辭)를 늘이거나 줄이거나 했기 때문에 배우는 자는 다 늙더라도 어느 한 가지 주제조차 제대로 파고들 수가 없었다. 구전해오는 것을 믿고 전기(傳記)에는 등을 돌렸으니 이는 후세의 속된 유자[末師]를 옳다 하고 옛날 것을 비판하는 것이므로 나라에 큰 일이 있을 때, 예를 들면 벽옹(辟雍)이나 봉선(封禪)이나 순수(巡狩)의 거동[儀]이 있을 경우에는 일에 어둡고 통달하지 못해[幽冥=暗昧] 아무도 그 본원(本源)을 알지 못했다.

오히려 누락되거나 빠진 부분은 일단 그대로 보존하면서 함부로 깨뜨리려서는 안 된다는 뜻을 갖고서 선(善)을 따르고 의(義)에 복종하겠다는 공변된 마음[公心]을 갖지 않는다면 혹 질투하는 마음을 품고서 일의 실상[情實]을 규명하지 않은 채 부화뇌동해 서로 따르면서 명성에 따라 옳고 그름이 가려지고 이들 삼학(三學)을 억압함으로 인해 『상서(尙書)』를 다 갖추지 못했다고 여기고〔○ 신찬(臣瓚)이 말했다. "이 당시에 배우는 자들은

---

89 학문상의 성과를 집대성하고 옛글을 교정해 편집하는 학문이다.

『상서(尚書)』가 단지 28편이라고 한 것은 본래 그것이 100편임을 알지 못했기 때문이다.") 좌씨는 공자의 『춘추(春秋)』를 (풀어서) 전해주지 않은 것처럼 말하고 있으니 어찌 안타깝지 않겠는가?

지금의 성상(聖上)께서는 다움이 두루 통하고 정신이 밝으시어[德通神明] 황통을 이어받아 유업을 끌어올리시면서, 또한 유학[文學]이 어지러이 흩어졌는데도 학사들이 이를 제대로 알지 못하는 실상을 마음 아프게 여기시어 비록 그 심정을 밝히시면서도 오히려 결단을 하지 못한 채 겸양하시니, 선비나 군자와 똑같이 이를 바라보는 것을 즐기고 계신다. 그래서 밝은 조서를 내리시어 『춘추좌씨전(春秋左氏傳)』을 학관에 세울 수 있는지 없는지를 알아보셨고, 뜻을 담은 명령을 봉함해 근신을 보내시면서 장차 약한 부분은 보충하고 미미한 부분을 끌어올려서 여러 군자들과 뜻을 합하고[比=合] 힘을 모아, 폐기되고 내버려진 부분들을 다시 되살리라고 하셨다. 지금 그렇게 하지 않아 깊이 처박아두고서 멀리해 기꺼이 시도하지 않아 그것을 더 이상 강습하지 않고 끊어버릴 경우 그밖의 다른 길들까지 막히게 돼 그렇지 않아도 미미한 이 배움은 절멸될 것이다. 무릇 그 성과는 더불어 즐기면서 그 시작을 함께 걱정하는 것을 어려워한다면 이는 곧 일반 사람들이 하는 행태일 뿐이지 선비와 군자들에게 기대하는 바는 아닐 것이다. 게다가 이번 일은 돌아가신 황제께서 몸소 논하신 바이고 지금의 상께서 고찰하며 살피고 계시는 바이니 그 고문으로 된 옛 책들은 모두 검증된 바가 있어 안팎[^90]으로 상응하니 어찌 마냥 내버려둘 것인가!

---

90 궁궐의 안과 밖이다.

무릇 예(禮)를 잃어버리면 그것을 민간[野]에서 구할 수 있지만 고문의
글이 결락됐을 때도 민간에서 찾아낼 수 있을까? 옛날에는 박사로서 『서
경(書經)』에는 구양(歐陽)이 있었고, 『춘추(春秋)』에는 공양(公羊)이 있었으
며, 『주역(周易)』에는 시(施)와 맹(孟) 두 사람이 있었다. 그런데 효선황제
(孝宣皇帝)께서 『춘추곡량전(春秋穀梁傳)』과 양구(梁丘)의 『역(易)』과 『대소
하후상서(大小夏侯尙書)』를 학관에 세우시어 의리상으로는 상반됨에도 불
구하고 오히려 나란히 두셨다. 어째서인가? 잘못[過=誤]이 있다 해 그것을
폐기하기보다는 차라리 잘못이 있더라도 그것을 세워주신 것이다. 『논어
(論語)』에 이르기를 "문왕과 무왕의 도리는 아직 땅에 떨어지지 않아 사람
들에게 (남아) 있다. 어진 자는 그 큰 것을 기억해 알고 있고 그보다 못한
자도 그 작은 것을 기억해 알고 있다"[91]라고 했다. 지금 이곳의 여러 학자
들이 하는 말에는 크고 작은 이치들이 겸해 들어 있으니 어찌 편파적으
로 한쪽만을 자르겠는가? 만약에 자신의 편벽된 견해만을 고집해 소멸된
문장들을 무조건 고수하려고 해 같은 스승에게 배운 자들끼리 패당을 이
루고서 도리어 진실을 시기 질투한다면 이는 밝은 조서를 어기는 것이고,
성상의 뜻에 실망을 안겨드려 법조문이나 따져대는 관리[文吏]들이 저지
르는 토론의 함정에 빠지게 될 터이니 참으로 여러 군자들께서는 그런 태
도를 취해서는 안 될 것이다.'

그 말이 너무나도 절절해[甚切] 여러 유학자들은 모두 원망하고 한스러

---

91 「자장(子張)」 편에서 위나라의 공손 조가 공자의 제자인 자공(子貢)에게 "공자는 어떻게 배웠
는가?"라고 묻자 자공은 이렇게 답했다.

위했다. 이때 이름난 유자인 광록대부 공승(龔勝)이 흠이 글을 보낸 것을 계기로 상소를 올려 깊이 자책하면서 자신을 파직해줄 것을 청했다. 유자 사단(師丹)도 대사공(大司空)으로 있었는데 역시 크게 화를 내며 흠이 옛 글[舊章]을 맘대로 고쳐 어지럽힘으로써 돌아가신 황제가 세우신 바를 비난하고 훼손했다는 글을 올렸다. 상이 말했다.

"흠은 도리와 학술을 넓히고자 한 것이지 정말로 어찌 비난하고 훼손했다는 것인가?"

흠은 이 글로 말미암아 집정대신을 거스르고[忤=逆] 많은 유자들에게 비난을 받았기[訕=謗] 때문에 주벌을 받게 될 것을 두려워해 조정 관리에서 나가 지방직을 원했기에 하내군(河內郡)의 태수로 자리를 옮겼다. 종실(宗室) 사람은 마땅히 삼하(三河-수도권의 하내, 하동, 하남)를 맡아서는 안 되게 돼 있었기 때문에 옮겨서 오원군(五原郡)의 태수가 됐고, 뒤에 다시 탁군(涿郡)으로 옮기는 바람에 세 곳의 태수를 지냈다. 수년 후에 병으로 관직을 떠났고 천거돼[起家] 다시 안정군(安定郡) 속국도위(屬國都尉)[92]가 됐다. 마침 애제(哀帝)가 붕(崩)하고 왕망(王莽)이 정권을 잡자 망(莽)은 어려서부터 흠과 함께 황문랑을 지냈기 때문에 그를 중하게 여겨 태후(왕(王)태황태후)에게 아뢰었다. 태후는 흠을 머물게 해서 우조태중대부(右曹太中大夫)로 삼았고, 뒤에 중루교위(中壘校尉), 희화(羲和),[93] 경조윤(京兆尹)으로 승진시켰으며, 명당(明堂)과 벽옹(辟雍)을 다스리게 했고, 홍휴후(紅

---

92 변경의 여러 현들을 다스리는 관직으로 군수(郡守)에 해당한다.

93 왕망이 장안(長安)의 남북 교외를 희화(羲和)라고 불렀다. 그곳의 장관(長官)을 말한다.

休侯)에 봉했다. 유림(儒林)과 사복(史卜)⁹⁴의 관직을 관장했고, 율력(律曆)을 고정(考定)했으며, 『삼통역보(三統曆譜)』를 저술했다.

찬(贊)하여 말했다.

"중니(仲尼-공자)가 말하기를 '인재를 얻기란 어렵다[才難]고 했으니 아마도 그렇지 않겠는가?'〔○ 사고(師古)가 말했다. "『논어(論語)』(「태백(泰伯)」)에 실려 있는 공자의 말이다. 뛰어난 인재를 얻는 것이 어렵다는 말이다."〕 공자 이후로 문장을 짓는 선비[綴文之士]는 많았지만 오직 맹가(孟軻), 손황(孫況)〔○ 사고(師古)가 말했다. "손황은 곧 순경(荀卿-순자)이다."〕, 동중서(董仲舒), 사마천(司馬遷), 유향(劉向), 양웅(揚雄)만이 뛰어났다. 이들은 모두 박식하고 견문이 넓으며 옛날과 지금의 일에 통달해 그들의 말은 세상에 큰 도움을 주었다. 전하는 말에 '빼어난 이[聖人]가 나오지 않으면 그 사이에 반드시 세상에 명을 전하는 자[命世者]가 있게 된다'라고 했지만 어찌 여기에 가까운 것이겠는가?⁹⁵ 유씨(劉氏)의 「홍범론(洪範論)」은 대전(大傳)(-『서경(書經)』)을 풀어내 하늘과 사람이 서로 응하는 바[相應]를 드러낸 것이고, 『칠략(七略)』은 예문(藝文)을 나누고 판별해 제자백가들의 계통과 업적[緖業]을 총괄한 것이며, 『삼통역보(三統曆譜)』는 해와 달과 다섯 별의 도수(度數)를 고찰해 그 운행을 헤아린 것이다. 이것들은 모두 그

---

94 사관과 복자(卜者)를 가리킨다.

95 『맹자(孟子)』「공손추(公孫丑)」장구에 이와 비슷한 맹자의 말이 나온다. "500년이면 반드시 임금다운 임금[王者]이 나왔고, 그 사이에도 반드시 세상에 이름을 떨칠 만한 자[名世者]들이 나왔다."

근본을 미루어 헤아리는 데 뜻이 있었던 것이다. 아! 향(向)은 산릉의 경계(警戒)를 말했는데 지금에 와서 살펴보니 참으로 애석하도다. 관의 기둥에 일어난 이변[96]을 명확하게 지적함으로써 나라가 흥하고 망하는 것을 미루어 헤아렸으니 참으로 밝았도다[昭=明]! 어찌 그의 곧음[直]과 신실함[諒=信]과 견문의 넓음[多聞]이 옛날의 유익한 벗삼음이 아니겠는가?〔○ 사고(師古)가 말했다. "『논어(論語)』에서 공자가 말했다. '유익한 세 가지 벗 삼음이 있는데, 곧음을 벗 삼고, 진실함을 벗 삼고, 견문이 넓음을 벗 삼는 것이 그것이다.' 그래서 향을 찬미해 말하기를 곧고 신실하고 견문이 넓다고 했으니 유익하다고 할 만하다."〕

---

96 선제(宣帝)가 즉위했을 때 왕씨(王氏)의 분묘에 있는 관의 기둥에 가지와 잎이 자라나 무성하게 돼 집 위에까지 올라왔다는 고사를 말한다.

권

◆

37

———————————————

계포·난포·전숙전

季布欒布田叔傳

계포(季布)는 초(楚)나라 사람이며 임협(任俠)〔○ 응소(應劭)가 말했다. "임(任)이란 견실하고 완벽해 일을 맡길 만하다는 뜻이다." 여순(如淳)이 말했다. "서로 상대방을 믿을 만할 때 임(任)이라고 한다. 옳고 그름을 함께 하는 사람을 협(俠)이라 한다." 사고(師古)가 말했다. "임이란 그 기력을 맡겨서 쓰게 할 만하다는 뜻이다. 협(俠)이란 어깨에 낀다[挾]는 것이니 권세나 힘으로 다른 사람을 도와준다는 뜻이다."〕으로 이름이 있었다. 항적(項籍)이 그로 하여금 병사들을 지휘하게 해서[將兵] 여러 차례 한왕(漢王-유방)을 곤경에 빠뜨렸다[窘=困]. 항적이 멸망하자 고조는 1,000금을 내걸고 포(布)를 잡으려 했는데 감히 숨겨주는 자에게는 삼족을 멸하는 벌을 내린다고 했다. 포는 복양(濮陽-현)의 주씨(周氏) 집에 숨어 있었는데 이때 주씨가 말했다.

　"한나라가 장군을 급히 찾고 있으니 자취를 쫓아 장차 신의 집에 들이

닥칠 것이니 능히 신의 말을 들어주신다면 신은 감히 계책을 올릴 것이고, 즉각 거부하신다면 바라건대 잡히기 전에 스스로 목숨을 끊어야[自剄=自刎] 하실 것입니다."
자경
자문

포는 그것을 허락했다. 이에 포의 머리를 깎고 칼을 채우고 까칠한 베옷을 입히고서 광류거(廣柳車)〔○ 진작(晉灼)이 말했다. "요란하게 꾸민 수레로 마치 장례를 지내는 수레처럼 보인다."〕 안에 넣어 자기 집 어린 하인 수십 명과 함께 노(魯)나라에 가서 주가(朱家)〔○ 사고(師古)가 말했다. "주가는 노나라 사람으로 『유협전(游俠傳)』에 보인다."〕에게 그를 팔아넘겼다. 주가는 마음속으로 그가 계포라는 것을 알고서 그를 사들여 전사(田舍)에 두었다. 마침내 낙양(雒陽)에 가서 여음후(汝陰侯) 등공(滕公)〔○ 사고(師古)가 말했다. "하후영(夏侯嬰)이다. 본래는 등령(滕令)이었는데 드디어 호칭을 등공(滕公)이라 했다."〕을 만나 설득해 말했다.

"계포는 무슨 죄입니까? 신하는 각자 자기 군주를 위해 일합니다. 계포가 항우를 위해 일한 것은 그 자신이 할 일을 다한 것뿐입니다. 항씨(項氏 -항우)의 신하라고 해도 어찌 죄다 주살해야 합니까? 지금 상께서는 처음으로 천하를 얻었는데 사사로운 원한 때문에 한 사람을 찾고 있으니 (이래가지고) 어떻게 도량의 넓음을 보이시려는 것입니까! 또 계포처럼 뛰어난 이를 한나라가 현상금까지 걸고서 이처럼 다급하게 찾는다면 이는 북쪽 오랑캐로 달아나든가 남쪽 월나라로 달아날 뿐입니다. 무릇 이는 장사(壯士)를 꺼려서 적국을 이롭게 하는 것으로 그것은 결국 오자서(伍子胥)가 초나라 평왕의 묘지를 파헤쳐 그 시신을 매질한 것과 같은 원인을 만드는 일입니다. 당신은 어째서 이 일을 가만히 상께 말씀드리지 않으십니까?"

등공은 마음속으로 주가가 크게 의협심이 있다는 것을 알았기에 계포가 그의 집에 숨어 있을 것으로 생각하고서 허락해 말했다. 틈을 보아 말하자 과연 주가의 뜻대로였다. 상은 마침내 포를 사면했다. 이런 때를 맞아 여러 공들은 모두 포가 능히 자신의 강직한 성품을 눌러 유순해진 것을 칭찬했고 주가도 또한 이 일로 인해 당대에 명성을 얻었다. 포가 부름을 받아 상을 만나니 상은 그를 낭중(郎中)에 제배했다.

효혜(孝惠) 때 중랑장(中郎將)이 됐다. 선우(單于)가 일찍이 편지를 보내 여(呂)태후에게 오만한 짓을 한 적이 있었는데 태후가 화가 나서 여러 장수들을 불러 이 문제를 토의했다. 상장군 번쾌(樊噲)가 말했다.

"신에게 10만 병력을 주신다면 흉노의 가운데를 마구 휘저으며 밟고 다니겠습니다."

여러 장수들은 모두 여태후에게 아첨하며[阿(아)=曲(곡)] 쾌(噲)의 말이 옳다고 했다. 이때 포가 말했다.

"번쾌의 목을 베야 합니다. 무릇 고제께서는 병력 30여만을 갖고서도 평성(平城)에서 곤경을 당하셨는데 쾌 또한 당시에 그 속에 있었습니다. (그런데) 지금 쾌가 무슨 방법으로 10만 병력을 갖고 가서 흉노의 가운데를 마구 휘저으며 밟고 다닌단 말입니까? 태후의 면전이라 해 속이는[謾(만)=欺誑(기광)] 것입니다. 그리고 진(秦)나라가 흉노 정벌을 일삼았기 때문에 진승(陳勝)들이 일어났습니다. 지금 그 상처[瘡痍(창이)=傷處(상처)]가 아직 다 아물지[瘳(추)=差(차)] 않았는데 쾌는 다시 면전에서 아첨하며[面諛(면유)] 천하를 뒤흔들어놓으려 하고 있습니다."

이때 전(殿) 위에 있던 사람들은 모두 두려워했고 태후는 (서둘러) 조회를 끝냈으며 결국 두 번 다시 흉노를 치는 일을 토의하지 않았다.

포는 하동(河東)군수가 됐다. 효문(孝文) 때 어떤 사람이 포가 뛰어나다[賢]고 하니 (효문제는) 그를 불러 어사대부(御史大夫)로 삼으려 했다. 그런데 어떤 사람이 그가 용맹하기는 하지만 술주정이 심해[使酒=酗酒] 가까이하기 어렵다고 했다. (부름을 받고) 장안(長安)에 도착해 숙소[邸]에서 한 달이나 머물렀지만 문제는 그냥 불러서 만나보는 것이 다였다[見罷] 〔○ 사고(師古)가 말했다. "이미 불러서 만나보고는 그냥 군으로 돌아가라고 한 것이다."〕. 포가 나아가 말했다.

"신은 하동에서 벼슬살이를 하고 있는데[待罪] 폐하께서 아무런 까닭도 없이 신을 부르셨으니 이는 분명 어떤 사람이 (신이 뛰어나다며) 폐하를 속였기 때문일 것입니다. (또) 지금 신이 장안에 이르렀으나 폐하로부터 아무런 일도 받지 못하고 그냥 돌아가게 됐으니 이는 분명 어떤 사람이 신을 헐뜯었기 때문일 것입니다. 무릇 폐하께서는 어떤 사람의 칭찬 때문에 신하를 부르시고 또 어떤 사람의 헐뜯음 때문에 신을 돌려보내시니 신은 천하에 식견을 가진 사람들이 이런 이야기를 듣고 폐하의 속내[淺深]를 들여다보지 않을까 두렵습니다."

상은 한동안 말이 없다가 부끄러워하며 말했다.

"하동은 나의 수족이나 다름없는 군(郡)이어서 특별히 그대를 부른 것뿐이다."

포는 하동으로 돌아갔다. 말솜씨가 뛰어난 선비[辯士] 조구생(曹丘生)은 (초나라 사람으로) 여러 차례 권세를 빌려 다른 사람의 일을 처리해주고 그 대가로 돈을 받았고, 귀인(貴人) 조담(趙談)〔○ 이기(李奇)가 말했다. "환관 조담이다.")] 등을 섬겼으며, 두장군(竇長君)[○ 복건(服虔)이 말했다. "경제(景帝)의 외삼촌이다."]과 사이가 좋았다. 포는 이런 소문을 듣고 편지를 보내 장군에게 간언했다.

'제가 듣건대 조구생이라는 자가 훌륭한 사람[長者]이 아니라고 하니
그와 통교하지 마십시오.'

조구생이 (초나라로) 돌아가게 되자 두장군의 소개장을 얻어 포를 만나
보려 했다. (이에) 두장군이 말했다.

"계(季)장군은 족하를 좋아하지 않으니 족하는 가지 마시오."

굳이 소개장을 얻어 드디어 길을 떠났다. (조구생은) 먼저 사람을 시켜
계포에게 소개장을 보내니 과연 포는 크게 노해 조구(曹丘)를 기다리고 있
었다. 조구가 도착해 포에게 절을 하며 말했다.

"초나라 사람들 사이에 '황금 100근을 얻느니보다 계포의 허락을 한 번
받는 것이 낫다'라는 말이 있더군요. 족하께서는 어떻게 양(梁)나라와 초
나라 사이에서 이러한 명성을 얻으셨는지요? 저 또한 초나라 사람이고 장
군 또한 초나라 사람입니다. 제가 여기저기를 다니면서 족하의 이름을 천
하에 널리 알린다면 귀하게 되지 않겠습니까? 어찌 족하께서는 저를 그다
지도 야멸차게 거절하십니까?"

포는 마침내 크게 기뻐하며 그를 안으로 들여 여러 달 동안 머물게 하
면서 상객(上客)으로 대접하고 두터운 선물을 주어 보냈다. 포의 명성이 더
욱 높아진 것은 조구가 그의 이름을 널리 알리고 다녔기 때문이다.

포의 동생 계심(季心)은 기운이 관중(關中)을 뒤덮었고, 사람들을 대할
때 공손하고 삼가며 의협심이 강해, 사방 수천 리나 떨어져 있는 선비들이

앞다투어 그를 위해 죽음을 다툴 정도였다. 일찍이 사람을 죽이고 오(吳)나라로 달아나 원사(袁絲)〔○ 사고(師古)가 말했다. "사(絲)는 원앙(爰盎)의 자(字)다."〕의 집에 숨어 지냈는데, 원사를 윗사람처럼 섬기고 관부(灌夫)와 적복(籍福) 등을 아우처럼 돌봐주었다. 그는 일찍이 중사마(中司馬)〔○ 여순(如淳)이 말했다. "중위(中尉)의 사마다."〕로 있었는데 중위(中尉) 질도(郅都)조차 그에게 예로써 대우하지 않을 수 없었다. 또한 젊은 사람들은 자주 은밀히 그의 이름을 빙자해 행세했다. 그 당시 계심은 용맹함으로, 계포는 일단 부탁을 받으면 거절하지 못하는 신의로 관중에 명성이 높았다. 포의 어머니의 남동생(외삼촌) 정공(丁公)〔○ 진작(晉灼)이 말했다. "『초한춘추(楚漢春秋)』에 이르기를 설(薛)나라 사람이라 했고 이름은 고(固)다." 사고(師古)가 말했다. "이때 어머니의 동생이란 동모이부(同母異父)의 동생이다."〕은 항우(項羽)의 장수가 됐는데, 고조를 뒤쫓아 팽성(彭城) 서쪽에서 궁지로 몰아넣고 짧은 병기로 접전을 벌이니, 한왕은 다급해져 정공을 돌아보며 말했다.

"우리는 둘 다 좋은 사람들인데 어찌 서로 힘겹게 싸워야 하는가?"

정공이 군사를 거두어 돌아갔다. 항왕(項王)이 멸망한 뒤에 정공이 고조를 찾아가니 고조는 정공을 군중에서 조리돌림[徇]을 시킨 다음에 이렇게 말했다.

"정공은 항왕의 신하가 돼서 충성을 다하지 않아 항왕으로 하여금 천하를 잃게 만든 자다."

드디어 정공의 목을 벤 다음에 말했다.

"후세에 다른 사람의 신하 된 자들에게 정공을 본받지 않게 하기 위함이다."

난포(欒布)는 양(梁)나라 사람이다. 팽월(彭越)이 평민[家人]이었을 때
일찍이 포와 사귀었는데, 두 사람 다 가난했기 때문에 제(齊)나라에서 고
용살이를 하기도 하고 술집에서 머슴살이를 하기도 했다. 몇 년 뒤 팽월은
그곳을 떠나 넓은 들판으로 가서 도적이 됐고, 포는 어떤 사람에게 납치
돼 연(燕)나라로 팔려가 노비가 됐다. 그가 주인을 위해 원수를 갚아주자
연나라 장수 장도(臧荼)가 그를 발탁해 도위(都尉)로 삼았다. 도(荼)가 연왕
(燕王)이 되자 포를 장군으로 삼았다. 도가 반란을 일으키자 한나라는 연
나라를 쳐서 포를 사로잡았다. 양왕 팽월은 이 소식을 듣고 마침내 상에
게 말씀을 올려 포를 위해 돈을 바쳐 죗값을 치르고 그를 양나라 대부(大
夫)로 삼았다. 포가 제나라에 사신으로 갔다가 아직 돌아오지 않았을 때
한나라는 팽월을 소환해 모반죄로 처벌하고 삼족을 멸했다. 팽월의 머리
를 낙양에 걸어놓고 다음과 같은 조(詔)를 내렸다.

'누구든 감히 그의 머리를 거두어 보살피는 사람이 있으면 즉시 체포할
것이다.'

포는 제나라에서 돌아오자 팽월의 머리 아래에서 사신으로 갔던 일을
아뢴 다음에 제사를 지내며 곡했다. 관리가 포를 붙잡고서 그 사실을 보
고하자 상은 포를 불러 욕하며 말했다.

"너[若=汝]도 팽월과 같이 모반을 했느냐? 내가 그 머리를 거두어 보살
피지 말도록 금했거늘 너 혼자 그에게 제사를 지내고 곡했으니 팽월과 함
께 모반한 것이 분명하다. 당장[趣=促] 저놈을 삶아 죽여라."

관리가 그를 잡아 끓는 물로 데려가려는데 포가 고개를 돌리며 "한마디만 하고 죽겠습니다"라고 했다. 상이 "무슨 말이냐?"라고 하니 포는 이렇게 말했다.

"바야흐로 상께서 팽성에서 곤경에 처하시고, 형양(滎陽)과 성고(成皐) 사이에서 패하셨을 때 항왕이 서쪽으로 진격할 수 없었던 것은 오직[徒=但] 팽왕(彭王)이 양나라 땅을 지키고 있으면서 한나라와 연합해 초나라 군대를 괴롭혔기 때문입니다. 그때 만일 팽왕이 한쪽으로 치우쳐 초나라와 연합했다면 한나라가 깨졌을 것이고 한나라와 연합했다면 초나라가 깨졌을 것입니다. 또 해하(垓下)의 전투 때 팽왕이 아니었다면[微=無] 항씨는 망하지 않았을 것입니다. 천하가 이미 평정돼 팽왕은 부절(符節)을 나누어 받고 봉토를 받았으니 그 또한 대대손손 전하려고 했을 것입니다. (그런데) 지금 폐하께서는 양나라에서 한 차례 군대를 모을 때 팽왕이 병으로 나가지 못했다고 해서 그가 모반했다고 의심하셨습니다. 또 모반의 형적이 드러나지 않았는데도 끝내 가혹하게도 아주 사소한 일로 그를 죽이고 그의 가족을 주멸하셨습니다. 신은 공신들마다 스스로 위태롭다고 느끼지 않을까 걱정이 됩니다. 어차피 팽왕이 이미 죽었으니 신은 살아 있는 것보다 죽는 것이 낫습니다. 어서 삶아서 죽이십시오."

상은 마침내 포를 석방하고 제배해 도위(都尉)로 삼았다. 효문(孝文) 때 그는 연나라 재상이 됐고 장군에 이르렀다. 포는 드러내놓고 말했다.

"곤궁할 때 치욕을 참지 못하면 사람 같은 사람[人]이라 할 수 없고, 부귀할 때 뜻대로 하지[快意] 못하면 뛰어난 사람[賢]이라 할 수 없다."

이에 그는 일찍이 자신에게 은혜를 베푼 사람들에게는 두텁게 보답하고, 원한이 있던 사람들은 반드시 법에 따라 파멸시켰다. 오와 초나라가 반란을 일으켰을 때 그는 군공을 세워 유후(兪侯)에 봉해졌고, 다시 연나라 재상이 됐다. 연과 제나라에서는 모두 그를 위해 사당을 세웠는데 이를 난공사(欒公社)라 했다.

(경제(景帝) 중원(中元) 5년) 포가 훙(薨)하자 아들 분(賁)이 그의 후(侯) 작위를 이었고 효무(孝武) 때 태상(太常)으로 있으면서 종묘제향(宗廟祭享)의 희생을 법령대로 하지 않은 일에 연루돼 봉국이 없어졌다[國除].
_{국제}

전숙(田叔)은 조(趙)나라 형성(陘城) 사람이다. 그의 선조는 제(齊)나라 전씨(田氏)였다. 숙(叔)은 검술을 좋아했고 악거공(樂巨公)〔○ 사고(師古)가 말했다. "성은 악이고 이름은 거다. 공은 노인을 칭하는 것이다."〕에게 황제(黃帝)와 노자(老子)[黃老]의 학술을 배웠다. 사람됨이 강직하고 곧으며 [廉直] 임협(任俠)을 좋아했다[憙=好]. 여러 덕망 있는 이[公=長者]들과 교유하니 조나라 사람들은 그를 재상 조오(趙午)에게 천거했고 조오는 조나라 왕 장오(張敖)에게 말하니 이에 그를 낭중(郎中)으로 삼았다. 몇 년 동안 조나라 왕은 그를 뛰어나다[賢]고 여기면서도 아직 승진을 시키지는 않았다.

때마침 조오와 관고(貫高) 등이 상을 시해하려고 모의하다가 일이 발각돼 한나라는 조(詔)를 내려 조왕과 여러 신하들 중에서 모반한 자들을 체포했다. 조나라에서 감히 왕을 따르려 했던 자들은 죄가 삼족을 멸하는 데 해당됐다. 다만 전숙, 맹서(孟舒) 등 10여 명은 붉은 죄수복[赭衣]을 입고 머리를 깎고 형틀을 차고 왕을 수행해 장안에 이르렀다. 조왕 오(敖)는 일을 고백하니 혐의가 없는 것으로 밝혀져 풀려나 폐위돼 선평후(宣平侯)가 됐고 이에 숙(叔) 등 10여 명의 일을 진언했다. 상이 그들을 불러 함께 이야기를 나누었는데 한나라 조정 신하들 중에서 재능이 그들보다 뛰어난 이가 없었다. 상은 기뻐하며 그들을 모두 제배해 군수나 제후의 재상으로 삼았다. 숙은 한중(漢中)의 군수로 10여 년이나 있었다.

효문제(孝文帝)는 즉위한 초기에 숙을 불러 물었다.

"공은 천하에 덕망 있는 이[長者]들을 알고 있는가?"
장자

대답했다.

"신이 어찌 그런 자들을 제대로 알겠습니까?"

상이 말했다.

"공은 덕망 있는 사람이니 마땅히 알 것이다."

숙이 머리를 조아리며 말했다.

"예전에 운중(雲中)군수를 지낸 맹서(孟舒)가 훌륭한 사람입니다."

이 무렵 오랑캐가 운중군을 대거 침입한 일로 말미암아 맹서는 면직당한 상태였다. 상이 말했다.

"선제(先帝)께서 맹서를 운중군수로 두신 지가 10여 년이나 됐는데, 오랑캐가 일거에 침입했을 때에 맹서는 굳게 지키지 못했고, 이유도 없이 사졸들만 수백 명이나 전사했다. 훌륭한 이가 어찌 본래 사람을 죽게 만든다는 것인가?"

숙은 머리를 조아리며 말했다.

"저 관고 등이 모반했을 때 천자께서는 밝은 조서를 내리시어 조나라에서 감히 조왕을 따르는 자들은 삼족을 멸하겠다고 하셨습니다. 그런데 맹서는 스스로 삭발을 하고, 목에 쇠칼을 차고, 조왕 장오가 가는 곳마다 따랐고, 그를 위해서라면 자신의 한 목숨을 돌보지 않았는데, 어찌 그 자신이 운중군수가 될지 알았겠습니까?

(또 당시에는) 한나라가 초나라와 서로 대치하고 있어 사졸들은 몹시 지치고 힘들어 했습니다. 흉노의 묵돌(冒頓)이 새롭게 흉노의 북쪽에 있는 오랑캐[北夷]의 무리를 복속시키고 우리의 변경을 침략해 해악을 끼쳤습니다. 맹서는 장졸들이 매우 지치고 힘들어 한다는 것을 알고서 차마 그들에게 싸우라는 명을 내리지 못했는데, 사졸들이 다투어 성을 지키며 적과 죽기로 싸웠는데 마치 아들이 아버지를 위하려는 것과 같았고, 이 때문에 전사한 병졸이 수백 명이나 속출했던 것이지 맹서가 어찌 고의로 그들을 (사지로) 내몰았겠습니까? 이것이 바로 맹서가 덕망 있는 이라고 생각하는 까닭입니다."

이에 상이 말했다.

"뛰어났구나! 맹서는."

다시 (맹서를) 불러 운중군수로 삼았다.

몇 년 후에 숙이 법에 걸려들어 관직을 잃었다. 양효왕(梁孝王-경제(景帝)의 동생인 유무(劉武))가 사람을 보내 한나라의 의신(議臣) 원앙(袁盎)을 살해하자 경제(景帝)가 숙을 불러 양(梁)나라로 가서 그 사건을 조사하게 하니[案] 숙은 그 사건을 샅샅이 조사했다. 돌아와서 보고하자 상이 말했다.

"양나라에 그런 일이 있었던가?"

대답했다.

"그런 일이 있었습니다."

"그 일의 실상은 어떤 것인가?"

숙이 말했다.

"상께서는 양나라의 일에 관해 묻지 마시길 바랍니다. 지금 양왕을 법대로 사형에 처하지 못하면 한나라의 법이 폐기되는 것입니다. 그렇다고 만약 그를 사형에 처하게 되면 태후(太后-문제의 황후이자 경제와 양왕의 친모)께서는 식사를 하셔도 맛을 못 느끼실 것이고, 잠자리에 들어도 편히 주무시지 못하실 것입니다. 이렇다면 폐하께도 큰 근심이 될 것입니다."

상은 그를 매우 뛰어나다고 여겨 노(魯)나라 재상으로 삼았다.

숙이 노나라의 재상이 돼 부임한 초기에 백성들 중에서 왕이 자신들의 재물을 빼앗아갔다고 호소한 사람이 100여 명이었다. 숙은 그들 중에 주동자 20여 명을 붙잡아 각기 태형(笞刑)을 시행하고서 그들에게 화를 내며 말했다.

"왕은 그대들의 군주가 아니던가? 어찌해서 감히 자신들의 군주를 헐뜯을 수 있단 말인가!"

왕은 이 소식을 듣고서 크게 부끄러워하며 재물창고[中府]에서 돈을 꺼내 재상으로 하여금 그들에게 돌려주도록 했다. 재상이 말했다.

"왕께서 스스로 재물을 탈취하시고 저에게 그것을 상환하도록 하면 이는 군왕께서는 악행을 저지르시고 저는 선행을 베푼 것이 됩니다."

노나라 왕은 사냥을 좋아해 재상은 늘 왕을 시종해 사냥터에 갔는데 왕은 그 때마다 재상에게 관사(館舍)에 가서 쉬라고 했다. (그러나) 재상은 사냥터에 나와 햇볕이 내리쬐는 곳에 앉아서 왕을 기다리며 하루 종일 쉬지도 않고서 이렇게 말했다.

"우리 왕께서 햇볕이 내리쬐는 곳에 계시는데 나 홀로 어찌 관사 안에 가서 쉴 수 있겠는가!"

왕은 이 때문에 자주 사냥을 하는 것을 삼가게 됐다.

몇 년 후 숙은 재임 중에 사망했는데 노나라 왕은 100근의 황금을 내려주어 장례 비용에 쓰게 했다. 막내아들 인(仁)은 이를 받지 않으며 이렇게 말했다.

"의리상으로 선친의 명예를 손상시킬 수 없습니다."

인은 건장하고 용맹스러워 위청(衛靑)장군의 사인(舍人)이 됐고 여러 차례 그를 따라서 흉노를 쳤다. 위장군은 말씀을 올려 인을 낭중(郎中)으로 삼게 했고 2,000석 봉록을 받는 승상(丞相) 장사(長史)가 됐다가 얼마 뒤에 관직을 잃었다. 얼마 후에 하남(河南), 하동(河東), 하내(河內) 등 삼하(三河)의 자사(刺史)가 돼 관직에 돌아왔고, 일에 관해 올리는 의견이 상의 뜻에 맞아[奏事稱意] 제배해 경보도위(京輔都尉)로 삼았다. 한 달여 만에 사직(司直)으로 승진했다. 몇 년 후에 여태자(戾太子)가 거병했을 때 인은 성문을 닫아걸고 지키는 일을 책임 맡았는데, 태자가 탈출할 수 있게 해주는 바람에 반란에 동조한[縱反] 죄에 걸려 멸족당했다[族=族滅].

찬(贊)하여 말했다.

"항우의 기개로도 덮을 수 없을 만큼 계포는 용맹함으로 초나라에서 이름을 드날렸으며 여러 차례 직접 적군을 무찌르고 적기를 탈취했으니 장사라 할 수 있었다. 그러나 그가 형벌을 받고 다른 사람의 노예가 됐음에도 자살하지 못했으니 이는 어째서인가? 그는 분명 자신의 재주를 믿었기 때문에 비록 욕을 당했지만 부끄러워하지 않았고, 아직 제대로 펼쳐보지 못한 자신의 재능을 발휘하려 했을 것이며, 그랬기에 그는 끝내 한(漢)나라의 명장이 됐다. 뛰어난 사람은 진실로 자신의 죽음을 중히 여긴다. 저 노비나 천한 자가 분개하며 자살하는 것은 결코 진정한 용기라고 할 수 없다. 그들이 바라는 바를 실현할 계책이 없었을 뿐이다.

난포가 팽월을 위해 곡을 하고 전숙이 장오를 따라가기를 마치 자기 집으로 돌아가듯이 했으니, 그들은 진실로 자신들이 처해야 할 곳이 어디인가를 잘 알고 있었으므로 비록 옛날의 열사(烈士)들이라도 이 이상 무엇을 더할 수 있겠는가!"

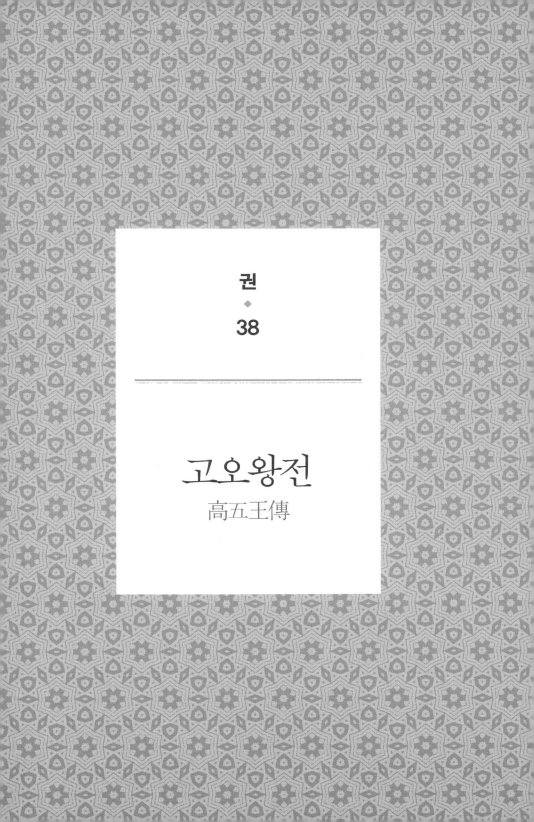

권

◆

38

고오왕전

高五王傳

고황제(高皇帝)에게는 8남(男)이 있었다. 여후(呂后)는 효혜제(孝惠帝)를 낳고, 조부인(曹夫人)은 제(齊)나라 도혜왕(悼惠王) 비(肥)를 낳고, 박희(薄姬)는 효문제(孝文帝)를 낳고, 척부인(戚夫人)은 조(趙)나라 은왕(隱王) 여의(如意)를 낳고, 조희(趙姬)는 회남여왕(淮南厲王) 장(長)을 낳고, 그밖의 여러 희(姬)들이 조(趙)나라 유왕(幽王) 우(友), 조나라 공왕(共王) 회(恢), 연(燕)나라 영왕(靈王) 건(建)을 낳았다. 회남여왕 장은 별도로 전(傳)이 있다.[1]

제(齊)나라 도혜왕(悼惠王) 비(肥)는 그 어머니가 고조가 한미하던 시절

---

1 효혜제와 효문제, 그리고 회남여왕 세 사람은 별도의 기(紀)나 전(傳)이 있기 때문에 여기서는 그밖의 다섯 왕만 다루었다.

외부(外婦)²였다. 고조 6년에 (왕으로) 세워져 70여 개 성을 식읍으로 했다[食]. 여러 백성들 중에서 제(齊)나라 방언을 잘할 줄 아는 사람들은 모두 제나라에 모이게 해서 백성으로 삼았다〔○ 맹강(孟康)이 말했다. "이때에는 떠돌아다니는 사람이 많았기 때문에 제나라 방언을 하는 사람은 제나라로 돌아가게 한 것이다." 사고(師古)가 말했다. "그 나라를 크게 해주고 싶었기 때문에 그렇게 큰 규모를 봉해준 것이다."〕. 효혜(孝惠) 2년에 제나라 왕은 들어와 조빙했다. 제(帝)는 제나라 왕과 함께 태후 앞에서 연회를 했고, 형인 제왕을 윗자리에 앉게 했는데, (군신의 예가 아니라) 가족의 예로 거행했다〔○ 사고(師古)가 말했다. "형제의 나이가 있어 군신의 예를 따르지 않고 집안의 예로 했다는 것이다."〕. 태후는 화가 났고 마침내 사람을 시켜 잔 2개에 짐독(鴆毒)의 술을 부어 제왕(齊王) 앞에 놓고서 그에게 장수를 빌며 잔을 들라고 했다. 제왕이 일어났고 제(帝)도 일어나 함께 (태후를 위해) 축수(祝壽)를 하려고 했다. 태후는 두려움을 느껴 스스로 일어나 (제의) 잔을 엎어버렸다. 제왕은 이상하다고 느껴 그 때문에 감히 그것을 마시지 않고서 겉으로만[陽] 취한 척하며 술자리를 벗어났다. 그것이 짐독임을 물어서 알게 되고는 마침내 근심하면서 스스로 장안을 벗어날 수가 없다〔○ 사고(師古)가 말했다. "장안에서 죽게 돼 제나라로 다시 돌아갈 수 없다는 말이다."〕고 생각했다. (제나라의) 내사사(內史士)³가 말했다.

---

2 부실(副室), 측실(側室) 등과 마찬가지로 첩(妾)이라는 뜻이다.

3 왕국의 관직으로 수도권을 다스리는 관원이다. 사마천의 『사기(史記)』에는 내사훈(內史勳)으로 돼 있다.

"태후에게는 오직 제와 노원(魯元)공주만이 있는데 지금 왕께서는 70 개의 성을 가지고 계신 반면에 공주는 단지 몇 곳의 식읍을 갖고 있을 뿐입니다. 왕께서 진정으로 군(郡) 하나를 태후께 올려 공주의 탕목읍(湯沐邑)⁴으로 삼게 하신다면 태후는 반드시 기뻐하실 것이고 왕께서는 아무런 우환이 없을 것입니다."

이에 제왕은 성양군(城陽郡)을 바치고 공주를 높여 왕태후(王太后)로 높여 불렀다[○ 사고(師古)가 말했다. "제왕에게 태후가 된다는 말이다. 즉, 어머니에 준하는 예로써 섬기겠다는 것이니 스스로 아첨한 것이다."]. 여태후는 기뻐하며 그것을 허락했다. 마침내 제왕의 저택에서 술자리를 베풀어 즐겁게 마시고 왕을 제나라로 돌려보내주었다. 13년 후에 훙(薨)하니 아들 양(襄)이 뒤를 이었다.

조(趙)나라 은왕(隱王) 여의(如意)는 (고조) 9년에 (왕으로) 세워졌다. 고조가 붕(崩)하자[○ 사고(師古)가 말했다. "조왕 4년이다."] 여태후는 왕을 불러 장안에 이르게 한 다음 짐독을 써서 그를 죽였다. 아들이 없어 집안이 끊어졌다.

조(趙)나라 유왕(幽王) 우(友)는 (고조) 11년에 세워져 회양왕(淮陽王)이 됐다. 조(趙)나라 은왕(隱王) 여의(如意)가 죽었기 때문에 효혜(孝惠) 원년

---

4   원래는 천자에게 조현하러 오는 제후들에게 제공됐던 유숙(留宿)과 목욕재계를 할 수 있는 천자의 영지 안의 봉지였으나 뒤에는 천자, 제후, 황후, 공주 등의 사읍지로 사용됐다.

에 우를 옮겨 조나라의 왕으로 삼았고 총 재위기간은 14년이다. 우는 여씨 일족의 딸을 후(后)로 삼았지만 사랑하지 않았고, 다른 희(姬-후궁)를 사랑했다. 여씨의 딸은 분노해서 떠나갔고 태후에게 왕을 중상모략해[讒] 말했다.

"왕이 말하기를 '여씨가 어찌 왕이 될 수 있는가? 태후가 100세 후면[5] 나는 반드시 여씨를 칠 것이다'라고 했습니다."

태후는 화가 나서 그 때문에 조왕(趙王)을 불렀다. 조왕이 (장안에) 도착하자 저택에 머물게 하고는 만나보지 않으면서 위병으로 하여금 그를 포위해 지키게 하고 먹을 것도 주지 않았다. 혹시 여러 신하들 중에 누가 몰래 그에게 음식을 제공할 경우 즉각 체포해 그 죄를 논할 것이라고 했다. 조왕은 굶주리다가 마침내 이런 노래를 불렀다.

"여씨(呂氏)들이 권력을 제 마음대로 하니 유씨(劉氏)는 미미하도다
왕과 후를 마구 협박하더니 나에게도 억지로 비(妃)를 주었네
비가 나를 이미 투기하더니[妒=妬] 몹쓸 일로 나를 무고했구나
중상모략하는 여인네가 나라를 어지럽혀도
상(上)께서는 일찍이 깨닫지를 못하네
나에게는 충신이 없는데 (과연) 무슨 이유로 나라를 버리랴[○ 사고(師古)가 말했다. "자신의 억울함을 명백하게 해명할 길이 없다는 뜻이다."]!
저 들판에서 자결한다면 저 푸른 하늘이라도

---

5 '죽고 나면'이라는 뜻이다.

나의 곧음을 인정해주리라

아아! 후회한들 어쩌리 차라리 일찍이

스스로 목숨을 끊었어야 했거늘!

왕이 돼 굶어 죽게 됐으니 뉘라서 그것을 가련히 여기겠는가

여씨들이 세상 이치를 끊으니 하늘에 힘입어 원수를 갚으리라!"

드디어 유폐된 상태에서 죽었다[幽死]. 일반 백성의 예[民禮]로 장안에서 그를 장사 지냈다.

고후(高后)가 붕하고 효문(孝文)이 자리에 나아가자 유왕(幽王)의 아들 수(遂)를 세워 조왕(趙王)으로 삼았다. 2년에 유사가 황자를 세워 왕으로 삼을 것을 청하니 상이 말했다.

"조나라 유왕이 유폐된 상태에서 죽었으니 짐은 이를 심히 마음 아프게 여긴다. 이미 그의 맏아들 수를 세워 조왕으로 삼았다. 수의 동생 벽강(辟彊)과 제나라 도혜왕의 아들 주허후(朱虛侯) 장(章), 동모후(東牟侯) 흥거(興居)는 공로가 있으니 모두 왕으로 삼을 만하다."

이에 조나라의 하간(河間)을 떼어내 그곳에 벽강을 세우니 이 사람이 하간문왕(河間文王)이다. 문왕은 세워진 지 13년 만에 훙했고 아들 애왕(哀王) 복(福)이 뒤를 이었다. 1년 만에 훙했는데 자식이 없어 나라를 없앴다.

조왕 수(遂)가 (왕으로) 세워진 지 26년째 되던 해인 효경(孝景) 때 조조(鼂錯)가 허물을 이유로 조나라의 상산군(常山郡)을 깎아내자 제후들이 원망을 품었고 오와 초나라가 반란을 일으키자 수도 함께 모의에 합류해 병

사를 일으켰다. 그 나라의 재상 건덕(建德)과 내사(內史) 왕한(王悍)이 간언을 했으나 듣지 않았다. 수는 덕(德)과 한(悍)을 불태워 죽이고, 군대를 동원해 서쪽 변경으로 가서 오와 초의 군대를 기다려 함께 전진하려 했고, 북쪽으로 사신을 보내 흉노와 화친을 맺었다. 한나라가 곡주후(曲周侯) 역기(酈寄)로 하여금 그들을 치게 하니, 조왕은 한단(邯鄲)에서 농성을 하며 지켰고, 서로 공방전을 벌이며 대치한 것이 7개월이었다. 오와 초나라가 패하자 흉노는 이를 전해 듣고서 또한 국경을 넘어 들어오려 하지 않았다. 난포(欒布)는 제나라를 깨뜨리고 돌아왔으며 그의 병사들을 통합해 서하(西河)의 물을 끌어들여 조나라 성으로 물을 댔다. 성이 무너지자 왕 수(遂)는 자살했고 나라를 없앴다. 경제(景帝)는 조나라 재상과 내사가 바른 도리를 지키다가 죽은 것을 가엽게 여겨 두 사람 모두 그 아들을 봉해 열후(列侯)로 삼았다.

조(趙)나라 공왕(共王) 회(恢). (고조) 11년에 양왕 팽월이 주살되자 그 자리에 회를 세워 양왕으로 삼았다. 16년 만에 조나라 유왕이 죽자 여후는 회를 옮겨 조나라 왕으로 삼았는데, 회는 마음속으로 즐겁지 않았다. 태후는 여산(呂産)의 딸을 조왕의 후(后)로 삼았는데, 왕후의 종관(從官)들은 모두 다 여씨여서 안으로는 권력을 제 마음대로 했고, 은밀하게 조왕을 감시했기 때문에 왕은 자기 마음대로 할 수 있는 것이 없었다. 왕에게는 아끼는 희(姬)가 있었는데 왕후가 짐독으로 그녀를 죽였다. 왕은 이에 가시(歌詩) 4장을 지어 악인(樂人)으로 하여금 그것을 노래하게 했다. 왕은 슬퍼하고 희를 그리워하다가 6개월 후에 자살했다. 태후는 이를 듣고서 부인 때문에 자살했다고 해 종묘(宗廟)의 예로 그를 받들어 제사할 수 없다 하며 그의 후사를 폐위시켰다.

연(燕)나라 영왕(靈王) 건(建). 고조(高祖) 11년에 연왕 노관(盧綰)이 달아나 흉노로 들어가자 이듬해 한나라는 건을 세워 연왕으로 삼았다. 15년 만에 훙(薨)하자 미인(美人)[6]과의 사이에 아들이 있었는데 태후는 사람을 보내 그를 죽여 후사를 끊어버렸다.

제(齊)나라 도혜왕(悼惠王)의 아들은 전후로 해서 모두 9명이 왕이 됐다. 태자 양(襄)은 제나라 애왕(哀王)이 됐고, 둘째 아들 장(章)은 성양(城陽)의 경왕(景王), 흥거(興居)는 제북왕(濟北王), 장려(將閭)는 제왕(齊王), 지(志)는 제북왕, 벽광(辟光)은 제남왕(濟南王), 현(賢)은 치천왕(菑川王), 앙(卬)은 교서왕(膠西王), 웅거(雄渠)는 교동왕(膠東王)이 됐다.

제나라 애왕(哀王) 양(襄)은 효혜(孝惠) 6년에 (아버지의) 뒤를 이어 세워졌다[嗣立]. 이듬해 혜제가 붕하자 여태후가 제(制)를 칭했다.[7] 그 원년에 오빠의 아들 부후(鄜侯) 여태(呂台)를 여왕(呂王)으로 삼았고 제(齊)나라의 제남군(濟南郡)을 떼어내 여왕의 봉읍으로 삼았다. 이듬해 애왕의 동생 장

---

6 여관(女官)의 관직 이름이다.

7 천자를 대신해서 정령을 시행했다는 말이다. 제(制)는 조(詔) 바로 아래 단계의 천자의 영(令)이다.

(章)이 한나라 궁궐에 들어가 숙위하자 고후(高后=여태후)는 그를 봉해 주허후(朱虛侯)로 삼고 여록(呂祿)의 딸을 아내로 삼게 했다. 4년 후에 장(章)의 동생 흥거(興居)를 봉해 동모후(東牟侯)로 삼아 모두 장안에서 숙위하게 했다. 고후 7년에 제나라의 낭야군(琅邪郡)을 떼어내 영릉후(營陵侯) 유택(劉澤)을 세워 낭야왕으로 삼았다. 이 해에 조왕(趙王) 우(友)가 저택에 유폐돼 죽었다[幽死]. 모두 세 명의 조왕이 폐위되자 고후는 여러 여씨들을 세웠고, 그중 세 명을 왕으로 삼았는데, 그들은 권력을 독점하고[擅權] 정사를 제 마음대로 했다[用事].

(그때) 장(章)은 20세로 기력이 왕성했고 유씨(劉氏)가 관직을 얻지 못하는 것에 대해 분노했다. 일찍이 연회 자리에 들어가 모신[入侍] 적이 있는데, 이때 고후가 장에게 술자리를 감독하는 역할[酒吏]을 맡기니 장은 스스로 청해 말했다.

"신은 장군의 피를 갖고 있으니[將種] 군법에 따라 술자리에서의 술 마시는 규칙을 거행할 수 있게 해줄 것을 청합니다."

고후가 말했다.

"그리하라."

술자리가 무르익자[酣] 장은 나아가 노래를 부르고 춤을 추다가 이윽고[已而] 말했다.

"청컨대 태후께 밭갈이에 대해 말할 수 있게 해주십시오〔○ 사고(師古)가 말했다. "풍자와 비유를 하겠다는 뜻이다."〕."

고후는 그가 어릴 때 그를 기른 적이 있기 때문에 웃으면서 말했다.

"돌이켜보면 너[乃=汝]의 아버지만 농사일을 알았을 뿐 너[若=汝]는 나면서부터 왕자였는데 어찌 농사일을 안단 말인가?"

장이 말했다.

"신은 알고 있습니다."

태후가 말했다.

"그렇다면 나에게 농사짓는 이의 심정을 이야기해보라."

장이 말했다.

"깊이 밭을 갈고, 빽빽하게 심고, 싹은 듬성듬성하게 하고, 같은 종자가 아니면 김을 매어 솎아버려야 합니다."

태후는 묵묵부답이었다. 얼마 후에 여러 여씨들 중의 한 사람이 술에 취해 그 자리를 피해 도망치자 장이 쫓아가서 칼을 뽑아 그의 목을 베고 돌아와 보고해 말했다.

"술자리에서 도망치는 한 사람이 있어 신이 삼가 군법을 시행해 그의 목을 베었습니다."

태후와 그 좌우에 있던 사람들은 크게 놀랐다. 그러나 이미 그가 군법을 시행하는 것을 허락했기 때문에 아무도 그것을 갖고서 죄를 물을 수 없었다. 그로 인해 술자리는 끝났다. 이때 이후로 여러 여씨들은 장을 꺼렸고 비록 대신이라도 모두 주허후에 기댔다. 유씨는 막강해졌다.

그 이듬해 고후가 붕했다. 조왕 여록(呂祿)은 상장군이 되고 여왕(呂王) 산(産)은 상국(相國-재상)이 돼, 모두 장안 안에 머물러 있으면서 병사들을 모아 대신들을 위협해 난을 일으키려고 했다. 장은 여록의 딸을 부인으로 삼았기 때문에 그 모의를 알아차리고서, 곧바로 사람을 시켜 몰래 가서 그의 형 제왕(齊王)에게 그것을 알리고, 형으로 하여금 군대를 발동해 서쪽으로 향하게 했으며[○ 사고(師古)가 말했다. "서쪽으로 경사(京師)에 이르게 한 것이다."], 주허후와 동모후는 장안 안에서 대신들과 함께 호응함으로써 여러 주씨들을 주살하고, 이를 계기로 제왕을 세워 제(帝)로 삼으려고 했다.

제왕은 이런 계책을 듣고서 자신의 외삼촌 사균(駟鈞), 낭중령(郎中令) 축오(祝午), 중위(中尉) 위발(魏勃)과 함께 몰래 모의해 군대를 일으키기로 했다. 제나라 재상 소평(召平)은 이를 듣고서 곧바로 군대를 동원해 왕궁으로 들어가 그곳을 지켰다[衛]. 위발이 평(平)을 속여[紿=誑] 이렇게 말했다.

"왕은 군대를 발동하려 하지만 한나라의 호부(虎符)가 없으면 아무 소용이 없소. 그리고 그대가 왕을 포위한 것은 정말로 잘한 일이오. 내가 그대를 위해 군대를 거느리고 왕궁을 지키는 임무를 맡도록 해주시오."

소평은 이를 믿고서 즉시 위발로 하여금 군대를 거느리게 했다. 발은 이미 군대를 거느리게 되자 그들을 데리고 가서 재상의 관청[相府]을 포위했다. 소평이 말했다.

"아! 도가(道家)의 말에 '마땅히 끊어야 하는데 끊지 않으면 도리어 그 재난을 당하게 된다'라고 했건만!"

결국 자살했다. 이에 제왕은 사균을 재상으로 삼고, 위발을 장군으로 삼고, 축오를 내사(內史)로 삼아 모두 나라 안의 군사들을 발동했다. 축오에게 낭야왕을 속여 이렇게 말하게 했다.

"여씨가 난을 일으켰기에 제왕이 군대를 발동해 서쪽으로 가서 그들을 주살하려고 합니다. 제왕은 스스로 생각하기를 어린 아이이고, 나이가 어려 군사의 일을 제대로 익히지 못했으니, 바라건대 나라를 들어 대왕께 모든 것을 맡기려 합니다. 대왕께서는 고제 때부터 장군이셨으니 전쟁의 일에 익숙하십니다. 제왕은 감히 군대를 떠나지 못해 신으로 하여금 대왕께 청해 임치(臨菑)로 가시게 해 제왕을 만나 계책을 상의하게 하셨으며 대왕께서 제나라 군사를 이끌고 서쪽으로 가서 관중(關中)의 난을 평정하라고 하셨습니다."

낭야왕은 그를 믿어 그의 말이 옳다고 여겨 즉시 말을 달려 제왕을 만났다. 제왕과 위발 등은 그로 인해 낭야왕을 억류하고서 축오로 하여금 낭야국의 병력을 모두 징발해 그 군대를 거느리게 했다.

낭야왕 유택은 이미 속았다는 것을 알면서도 자기 나라로 돌아갈 수가 없게 되자 마침내 제왕을 설득해 말했다.

"제나라 도혜왕은 고황제의 맏아들이고, 그 근본을 헤아려 말한다면 대왕은 고황제의 적장자의 손자이니 마땅히 세워져야 합니다. (그런데) 지금 여러 대신들은 머뭇거리며 즉위할 사람을 분명하게 정하지 못하니 저 택(澤)이 유씨(劉氏) 가운데 나이가 가장 많아 대신들은 진실로 내 결단을 기다릴 것이오. 지금 대왕께서 나를 이곳에 붙들어놓는 것은 소용없는 일이니 나로 하여금 관중으로 들여보내는 일을 꾸미게 하는 것만 못합니다."

제왕은 그렇다고 여기고 곧바로 거마를 더 갖춰 낭야왕에게 보냈다.

낭야왕이 이미 출발하고 나자 제나라는 드디어 병사를 일으켜 서쪽으로 가서 여국(呂國)의 제남(濟南)을 공격했다. 이에 제왕(齊王)은 제후왕들에게 글을 보내 말했다.

'고제(高帝)께서 천하를 평정하시고 여러 아들과 동생들을 왕으로 삼으셨습니다. 도혜왕께서 훙하시고 나자 혜제(惠帝)께서는 유후(留侯) 장량(張良)을 보내시어 신(臣)을 세워 제왕으로 삼아주셨습니다. 혜제께서 붕하시고 고후(高后)께서 일을 주도하셨는데[用事], 춘추가 높으시어 여러 여씨들이 제 마음대로 제(帝)를 폐하고 다시 세우는 것을 듣고만 계셨고, 또 세 명의 조왕(趙王)-은왕 여의, 유왕 우, 양왕 회-을 죽이고 양(梁), 조(趙), 연(燕)나라를 없애 모두 여씨로 왕을 삼았으며, 제나라를 4개로 쪼갰습니다 〔○ 사고(師古)가 말했다. "제나라 외에 다시 제남, 낭야, 성양(城陽)으로 나눴으니 모두 4개다."〕. 충신들이 나아가 간언을 했으나 상께서는 혹 어지러워하시며 듣지 않으셨습니다. 지금 고후께서 붕하시고 황제의 춘추는 아직 어리시어[富]〔○ 사고(師古)가 말했다. "나이가 어리다[幼]는 말이다. 이를 재산에 비유하지만 바야흐로 아직 고갈되지 않았다는 뜻이기 때문에 그래서 이를 일러 부(富)라고 한 것이다."〕 능히 천하를 다스리실 수가 없어 진실로 대신과 제후들에 의지하고 계십니다[待=依]. (그런데) 지금 여러 여씨들은 다시 자기들 마음대로 스스로의 관직을 높였고, 군사를 보아 위세를 떨치며 열후와 충신들을 겁박하고, (폐하의) 제(制)(나 조(詔))라고 속이고서[矯=託] 천하를 호령하고 있으니, 이로 인해 종묘는 위태롭습니다. 과인은 병사를 거느리고 (장안으로) 들어가 부당하게 왕이 된 자들을 주살하겠습니다.'

한나라(조정)에서는 이를 듣고 상국 여산(呂産) 등이 대장군 영음후(潁陰侯) 관영(灌嬰)을 보내 병사들을 이끌고서 그들을 치게 했다. 영(嬰)은 형양(滎陽)에 이르러 곧바로 계책을 세워 말했다.

"여러 여씨들이 관중에서 군대를 일으켜 유씨를 위험에 빠뜨리고 스스로를 세우려 하니 내가 지금 제나라를 깨뜨리고 돌아와 보고하게 될 경우 이는 여씨의 입지를 더 키워주는 꼴이다."

마침내 병사들을 머물게 해 형양에 주둔하면서 사람을 보내 제왕과 제후들에게 이를 일깨워 말하고[諭=曉告] 그들을 연합해 여씨가 변란을 일으키기를 기다렸다가 그들을 함께 주살하기로 했다. 제왕은 이를 듣고서 서쪽 변경에 군대를 주둔시켜놓고 약속을 기다렸다.

여록과 여산이 난을 일으키려 하자 주허후 장과 태위 발(勃-주발), 승상 평(平-진평) 등이 그들을 주살했다. 장이 앞장서 먼저 여산을 목 베자 태위 발 등은 마침내 여러 여씨들을 모두 주살했다. 그리고 낭야왕도 제나라에서[從=自] 장안에 이르렀다.

대신들이 토의해 제왕(齊王)을 세우려 하자 모두 말했다.

"(제왕의) 외가[母家]인 사균(馴鈞)은 사납고 흉악해 마치 호랑이가 관(冠)을 쓰고 있는 것과 같습니다. 바야흐로[訪=方] 여씨들 때문에 천하가 거의 난리가 났었는데 지금 또 제왕을 세우는 것은 마치 다시 여씨를 세우려는 것과 같습니다. 대왕(代王)의 외가인 박씨(薄氏)는 군자이자 훌륭한 인물[長者]이고, 대왕 또한 고제의 친아들로 지금 현존하는 자식들 중에서 가장 나이가 많으니, 아들로서 봐도 순리이고, 좋은 사람[善人]이라는 점에서도 대신들이 안심할 수 있습니다."

이에 대신들은 마침내 대왕을 맞아들이기로 모의하고, 또 장(章)을 보내 여씨들을 주벌한 일을 제왕에게 알리고 그로 하여금 군대를 해산케 했다.

관영이 형양에 있을 때 위발이 본래 제왕에게 모반을 교사한 일이 있었다는 것을 듣고서 이미 여씨들이 주벌되고 제나라 군대가 해산되자 사자를 시켜 위발을 불러 나무랐다. 발이 말했다.

"집에 불이 났는데 어찌 먼저 장인(丈人-집안 어른)에게 알린 다음에야 불을 끈단 말입니까?"

그러고는 물러나 서 있는데 다리를 후들거리며 두려워했다. 겁이 나서 아무런 말도 하지 못했고 끝내 다른 말은 없었다. 관(灌)장군은 한참을 쳐다보다가[熟視] 웃으며 말했다.

"사람들이 위발은 용감하다고 했건만 망령되고 평범한 자일 뿐이니 무슨 일을 할 수 있으랴?"

그러고는 위발을 파면했다. 발의 아버지는 거문고를 잘 타서 진나라 황제(-진시황)를 만나본 사람이다. 발이 젊었을 때 제나라 재상 조참(曹參)을 만나려고 했으나 집안이 가난해 스스로 통할 수 있는 길이 없자 이에 늘 혼자 아침 일찍 재상의 사인(舍人) 집 문밖을 청소했다. 사인이 이를 이상하게 여겨 어떤 일인가 싶어 몰래 엿본 끝에 발을 보게 됐다. 발이 말했다.

"재상 어른[相君]을 뵙고자 하는데 아무런 인연이 없어 당신을 위해 청소를 해서라도 뵙고자 하는 것이오."

이에 사인이 발을 보이니 조참은 그를 사인으로 삼았다. 한 번은 조참의 수레를 몰다가 어떤 일에 대해 이야기를 하니 조참은 뛰어나다[賢]고 여겨 그를 제나라 도혜왕에게 이야기했다. 왕은 그를 불러서 만나보고는 제배해 내사(內史)로 삼았다. 비로소 도혜왕은 스스로 2,000석 관리를 둘 수 있는 권한을 가지게 됐다. 도혜왕이 훙하고 애왕이 뒤를 잇자 발이 권력을 장악했는데 (제나라) 재상보다 더 권력이 컸다.

제왕이 이미 군대를 해산해 돌아가고 대왕(代王)이 (와서) 세워지니 이분이 효문제(孝文帝)다.

문제 원년, 고후 당시에 나뉜 제나라의 성양(城陽), 낭야(琅邪), 제남군(濟南郡) 등이 모두 다시 제나라에 주어졌고 낭야왕은 옮겨 연왕(燕王)이 됐다. 주허후와 동모후에게는 2,000호를 더해 봉했고 황금 1,000근을 주었다.

이 해에 제나라 애왕이 훙하고 아들 문왕(文王) 칙(則)이 뒤를 이었다. 14년 만에 훙했는데 아들이 없어 나라를 없앴다[國除].
국제

성양(城陽)의 경왕(景王) 장(章)은 효문(孝文) 2년에 주허후의 신분으로 동모후 훙거와 함께 세워져 왕이 됐으나 2년 만에 훙했다. 아들 공왕(共王) 희(喜)가 이어받았다. 효문 12년에 옮겨져 회남(淮南)의 왕이 됐고, 5년 후에 다시 돌아와 성양의 왕이 됐는데, 모두 해서 세워진 지 33년 만에 훙했다. 아들 경왕(頃王) 연(延)이 이어받아 26년 만에 훙했다. 아들 경왕(敬王) 의(義)가 뒤를 이어 9년 만에 훙했다. 아들 혜왕(惠王) 무(武)가 이어받아 11년 만에 훙했다. 아들 황왕(荒王) 순(順)이 이어받아 46년 만에 훙했다. 아들 대왕(戴王) 회(恢)가 이어받아 8년 만에 훙했다. 아들 효왕(孝王) 경(景)이 이어받아 24년 만에 훙했다. 아들 애왕(哀王) 운(雲)이 이어받아 1년 만에 훙했는데 아들이 없어 나라가 끊어졌다[國絶]. 성제(成帝)가
국절
다시 운(雲)의 형 리(俚)를 세워 성양왕(城陽王)으로 삼았지만 왕망(王莽) 때 끊어졌다.

제북왕 훙거는 애초에 동모후로서 대신과 함께 공동으로 문제(文帝)를 (장안에 있는) 대왕의 저택[代邸]에서 세우며 말했다.
대저

"여씨들을 주살할 때 신은 아무런 공로가 없었으니 청컨대 태복(太僕)

등공(滕公)〔○ 사고(師古)가 말했다. "등공은 하후영(夏侯嬰)이다."〕과 함께
들어가 궁궐을 깨끗이 할 수 있게 해주십시오."

드디어 소제(少帝)를 데리고 나와 황제를 맞이하고서 궁궐에 들어갔다.

애초에 여러 여씨들을 주살할 때 주허후 장의 공로는 워낙 컸기 때문
에 대신들은 장을 왕으로 삼아 조(趙)나라의 모든 땅을 갖도록 하고 흥거
를 왕으로 삼아 양(梁)나라의 모든 땅을 갖도록 하는 것을 허락했다. 문제
(文帝)가 즉위해서 주허와 동모가 애초에 제왕을 세우려 했다는 것을 듣
고서 그들의 공로를 깎아내렸다[黜]〔○ 사고(師古)가 말했다. "상을 내려주
지 않았다는 말이다."〕. (문제) 2년에 여러 아들들을 왕으로 삼으면서 이에
제나라의 2개 군을 떼어내 그것을 갖고서 각각 장과 흥거를 왕으로 삼았
다. 장과 흥거는 자신들의 지위를 잃고 공로를 빼앗겼다고 생각했다. 1년여
후에 장이 훙했고, 마침 흉노가 대거 변경에 쳐들어오자 한나라는 대대적
으로 군대를 발동해 승상 관영이 통솔해 흉노를 쳤고, 문제는 몸소 태원
(太原)으로 행차했다. 흥거는 천자가 직접 오랑캐[胡]를 친다고 여기고서
드디어 군대를 동원해 반란을 일으켰다. 상(上)은 이를 듣고서 군대를 해
산하고 장안으로 돌아와 극포후(棘蒲侯) 시(柴)장군〔○ 장안(張晏)이 말했
다. "시무(柴武)다."〕으로 하여금 그들을 쳐서 깨뜨리게 해 제북왕(濟北王)
을 사로잡았다. 왕은 자살했고 나라를 없앴다.

문제(文帝)는 제북왕이 역란을 일으켰다가 자멸한 것을 불쌍하게 여겨
이듬해 도혜왕의 여러 아들인 피군(罷軍)〔○ 사고(師古)가 말했다. "罷의 발
음은 (파가 아니라) 피(疲)다."〕 등 7명을 모두 봉해 열후(列侯)로 삼았다.
15년에 이르러 제나라 문왕이 또 훙했는데 아들이 없었다. 이때 도혜왕의

후손으로서 성양왕(城陽王)이 아직 건재하고 있었고, 문제는 도혜왕의 적사(嫡嗣)가 끊어진 것을 가슴 아프게 생각해, 이에 마침내 제나라를 나눠 6국으로 만든 다음 그 전에 봉해주었던 도혜왕의 아들들 중에서 살아 있는 6명을 모두 세워 그곳의 왕으로 삼았다. 제나라 효왕(孝王) 장려(將閭)는 양허후(楊虛侯)로 있다가 세워져 왕이 됐고, 제북왕(濟北王) 지(志)는 안도후(安都侯)로 있다가 세워져 왕이 됐고, 치천왕(菑川王) 현(賢)은 무성후(武成侯)로 있다가 세워져 왕이 됐고, 교동왕(膠東王) 웅거(雄渠)는 백석후(白石侯)로 있다가 세워져 왕이 됐고, 교서왕(膠西王) 앙(卬)은 평창후(平昌侯)로 있다가 세워져 왕이 됐고, 제남왕(濟南王) 벽광(辟光)은 늑후(扐侯)〔○ 복건(服虔)이 말했다. "늑(扐)은 평원현(平原縣)이다."〕로 있다가 세워져 왕이 됐다. 효문(孝文) 16년 여섯 왕은 같은 날에 함께 세워져 왕이 됐다.

　(이처럼) 6왕이 세워진 지 11년째 되던 효경(孝景) 3년에 오와 초나라가 반란을 일으키자 교동, 교서, 치천, 제남왕은 모두 군대를 동원해 오초(吳楚)에 호응했다. 제(齊)나라와도 함께하려 했으나 제나라 효왕(孝王)은 여우처럼 의심이 많아[狐疑＝狐疑不決] 성을 지키며 따르지 않았다. 3국〔○ 장안(張晏)이 말했다. "교서, 치천, 제남이다."〕의 병사들이 공동으로 제나라를 둘러싸자 제왕은 노중대부(路中大夫)〔○ 장안(張晏)이 말했다. "성이 노(路)인 중대부다."〕[8]를 시켜 천자에게 알렸다. 천자는 노중대부로 하여금 다시 영을 내려 제나라로 돌아가 제왕은 성을 굳건하게 지킬 것과 한나라 병사가 지금 오초를 깨뜨리고 있다는 것을 제왕에게 알리라고 했다. 노중

────────

8　이름은 노앙(路卬)이다.

대부가 이르렀을 때 3국의 병사들이 임치(臨菑)를 여러 겹으로 포위하고 있어 어느 쪽에서도 성으로 들어갈 수가 없었다. 3국의 장수는 노중대부에게 맹세해 말했다.

"너[若=汝]는 돌아가거든 한나라는 이미 깨뜨려졌으니 제나라는 서둘러[趣=促] 3국에 항복해야[下=降] 하며 그렇지 않을 경우 도륙을 당하게 될 것이라고 말하라."

노중대부는 이미 그렇게 하겠다고 하고서 성 아래에 이르러 제왕을 올려다보며 말했다.

"한나라는 이미 군사 100만을 발동했고, 태위 아부(亞夫-주아부)를 보내 오초를 깨뜨렸으며, 바야흐로 지금 군대를 이끌고 제나라를 구원하러 오고 있으니, 제나라는 반드시 성을 굳게 지키시며 항복을 해서는 안 될 것입니다[無下]."

3국의 장수들은 노중대부의 목을 벴다[誅=斬]. 제나라가 애초에 포위를 당해 위급했을 때 은밀하게[陰] 3국과 통하며 모의를 했으나[通謀][9] 약속은 정해지지 않았는데, 그때 마침 노중대부가 한나라에서 왔고, 제나라 대신들도 마침내 다시 왕에게 3국에 항복해서는 안 된다고 권했다. 그때 한나라 장수 난포(欒布)와 평양후(平陽侯-조양(曹襄)) 등의 병사가 제나라에 이르러 3국의 군대를 쳐서 깨뜨려 포위를 풀었다. 얼마 후에[已後] 제나

---

9 이 부분은 사마천의 『사기(史記)』와도 겹쳐 기존의 번역들이 있는데 정확하지 않다. "은밀하게 통할 생각이었으나"라고 돼 있으나 그것은 모통(謀通)일 때 그렇게 번역하는 것이고, 여기서는 문맥으로 보더라도 이미 서로 통해 모의까지는 한 것으로 보아야 한다.

라가 애초에 3국과 모의가 있었다는 사실을 듣고서 장차 한나라 병사들을 옮겨 제나라를 정벌하려 했다. 제나라 효왕은 두려움에 빠져 약을 먹고 자살했다. 그러고 나서 교동, 교서, 제남, 치천왕은 모두 복주(伏誅)됐고 나라는 없어졌다. 오직 제북왕만이 살아남았다.

제나라 효왕이 자살했을 때 경제(景帝)는 그것을 듣고서 애초에 제왕은 반란할 마음이 없었다고 여기고, 강압에 의해 음모에 내몰렸기 때문에 그의 죄는 아니라고 보고서, 효왕의 태자 수(壽)를 불러 (왕으로) 세웠고 그 사람이 의왕(懿王)이다. 23년 만에 훙하자 아들 여왕(厲王) 차창(次昌)이 뒤를 이었다.

그의 어머니를 기(紀)태후라고 했다. 태후는 그의 동생 기씨(紀氏)의 딸을 취해 왕후로 삼았는데 왕은 그녀를 사랑하지 않았다. 기태후는 그녀의 집안이 거듭해서 총애를 받게 하려고 했기 때문에 자신의 맏딸 기(紀) 옹주를 왕궁에 들여 왕의 후궁을 가로막아 어떤 여관도 왕에게 가까이할 수 없도록 하면서 기씨의 딸을 왕이 사랑하지 않으면 안 되게끔 하려고 했다. 왕은 그로 인해 그의 누이인 옹주와 간통을 했다.

제나라에는 서갑(徐甲)이라는 환관이 있었는데 궁궐에 들어와 황태후(皇太后—무제의 어머니)를 모시게 됐다. 황태후에게는 사랑하는 딸 수성군(修成君)이 있었는데 수성군은 유씨의 자식이 아니어서 태후가 이를 가련하게 여겼다. 수성군에게는 아(娥)라는 딸이 있었고 태후는 손녀 아를 제후에게 시집보내고 싶었다. 환관 서갑이 제나라에 가서 반드시 제왕이 아를 청하는 글을 쓰게 하겠다고 했다. 황태후가 기뻐하며 서갑을 제나라로 보냈다. 이때 주보언(主父偃)은 서갑이 제나라로 가서 왕후를 얻으려 한다는 일을 알고는 기회를 틈타 갑에게 말했다.

"일이 성사되면 이 언(偃)의 딸이 후궁이 될 수 있도록 말씀해주십시오."

갑이 제나라에 이르러 이 일을 풍문으로 흘리니 기태후는 화를 내며 말했다.

"왕에게는 왕후가 있고 후궁도 다 갖추어져 있거늘, 저 서갑이라는 제나라의 가난한 자가 급한 김에 환관이 돼서는 한을 섬기면서 아무런 보탬이 못 되자 우리 왕가를 어지럽히려 하는구나! 또 주보언이란 자는 무엇하는 자인가? 딸을 후궁으로 넣고 싶다고?"

갑은 크게 궁색해져서 돌아와 황태후에게 보고해 말했다.

"왕은 이미 일찍부터 아를 받아들이고자 하는데 다만 한 가지 저해하는 바가 있으니 그것은 아마도 연왕(燕王)처럼 될까 하는 것인 듯합니다."

연왕이라는 자는 그의 딸과 누이와 간통을 한 자로서 최근에 벌을 받아 죽었다. 그래서 서갑은 연왕의 일로써 태후가 느끼는 바가 있게 하려고 했던 것이다. 태후가 말했다.

"딸을 제나라에 시집보내는 일은 두 번 다시 말하지 말라."

일이 점점 뒤로 퍼져나가더니 상에게 보고됐다. 주보언은 이로 말미암아 제나라와 틈이 생겨났다. 언(偃)은 그때 마침 총애를 받아 정권을 좌지우지하고 있었기에 그에 힘입어 말했다.

"제나라 임치에는 10만 호가 있고 시장에서는 거둬들이는 세금만 1,000금이니 사람이 많고 부유해 장안보다 많습니다. 천자의 친동생이나 아끼는 아들이 아니고서는 왕 노릇을 할 수가 없습니다. (그런데) 지금 제왕은 친척들과의 관계가 점점 소원해지고 있습니다."

이에 조용히 여태후 때 제나라는 반란을 하려 했으며 오초 때에는 효

왕이 거의 난에 참여하려 했다고 말했다. 그리고 지금은 제왕이 자신의

누이와 난잡한 짓을 하려 했다는 것을 들었다. 이에 무제(武帝)는 언을 제

배해 제나라 재상으로 삼고 또 그 일을 바로잡도록 했다. 언이 제나라에

이르자 서둘러 왕의 후궁과 환관들 중에서 제왕을 위해 그 누이인 옹주

와 통한 자들을 심문했고, 그들의 말과 증거를 갖고서 왕을 끌어내리려고

했다. 왕은 나이가 어리고 죄가 커서 관리에게 잡혀 주살될 것을 두려워

해 마침내 약을 먹고 자살했다. 이때 조왕은 주보언이 단번에 나서 제나

라를 없앨까 두려웠고, 또 그가 (유씨의) 골육간을 점점 소원하게 만들까

봐 겁이 나 이에 글을 올려 언이 돈을 받고서 자기 마음대로 불공평하게

일을 처리했다고 고발하니, 천자는 언을 옥에 가두었다. 공손홍(公孫弘)이

말했다.

"제왕(齊王)이 근심 속에 죽어 후사가 없으니 언을 주살하지 않고서는

천하의 원망을 막을 수가 없습니다."

드디어 언은 죄를 입어 주살됐다[坐誅].
_{좌주}

여왕(厲王)은 세워진 지 5년 만에 나라가 없어졌다.

제북왕 지(志)는 오초가 반란을 일으켰을 때 처음에는 역시 함께 통하

며 모의했으나, 뒤에 (성을) 굳게 지키며 군사를 출동시키지 않았기 때문

에 주살되지 않을 수 있었고, 옮겨져 치천(菑川)의 왕이 됐다. 원삭(元朔)

연간에 제국(齊國)은 끊어졌다.

(제나라) 도혜왕의 후손으로는 오직 두 나라만 있었으니 성양(城陽)과

치천(菑川)이었다. 치천의 땅은 제나라와 비슷했는데[比=近] 무제(武帝)는

도혜왕을 위해 그의 무덤을 둘러싸고 있는 임치 동쪽을 떼어내 모두 치천에 주어 도혜왕의 제사를 받들게 했다.

지(志)는 세워진 지 35년 만에 훙했는데 이 사람이 의왕(懿王)이다. 아들 정왕(靖王) 건(建)이 이어받아 20년 만에 훙했다. 아들 경왕(頃王) 유(遺)가 이어받아 35년 만에 훙했다. 아들 사왕(思王) 종고(終古)가 이어받았다. 오봉(五鳳) 연간에 청주자사(青州刺史)가 상주하기를 종고가 자신이 아끼는 노비로 하여금 팔자(八子)[10] 및 여러 천자의 여종들과 간음을 하게 하고서 종고는 종종 거기에 참석하거나 혹은 벌건 대낮에 알몸으로 누워 개나 말이 교접하는 것을 직접 구경하기도 했다고 아뢰었다. 그러다가 자식을 낳으면 문득 말했다.

"난교를 해 누구의 자식인지 알 수 없으니 그 아이를 없애버려라."

이 일을 승상과 어사에게 내리니 그 결과 종고는 지위가 제후왕인데, 영을 내려 팔자(八子)를 두었고, 그 작질이 비(比) 600석 관리인 것은 후사를 넓히고 선조를 중하게 여긴 까닭이다. 그러나 종고가 짐승과 같은 짓을 행하고 군신과 부부의 차이를 어지럽히고 인륜을 거슬렀다고 아뢰고서 그를 체포할 것을 청했다. 조(詔)를 내려 4개 현을 깎아냈다. 28년 만에 훙했다. 아들 고왕(考王) 상(尙)이 뒤를 이어 5년 만에 훙했다. 아들 효왕(孝王) 횡(橫)이 이어받아 31년 만에 훙했다. 아들 회왕(懷王) 교(交)가 이어받아 6년 만에 훙했다. 아들 영(永)이 이어받았는데 왕망(王莽) 때 끊어졌다.

---

10 첩을 부르는 칭호다.

찬(贊)하여 말했다.

"도혜(悼惠)가 제나라의 왕이 됐을 때 가장 큰 나라였다. (고제가) 천하[海內]를 처음 평정했을 때 자제(子弟)가 적었고, 진(秦)나라(왕실)가 고립돼 번병(藩屏)의 보좌를 받지 못한 것에 느끼는 바가 있어, 같은 성(姓)을 대대적으로 봉해 천하를 진정시켰다. 이때 제후들이 어사대부 및 여러 경(卿) 이하의 각종 관직을 직접 임명하는 것이 한나라 조정과 다를 바 없었고, 다만 한나라 조정만이 승상(丞相)을 두었다. 오초(吳楚)가 주벌된 이후 제후들의 권한을 점점 빼앗아 좌관(左官),[11] 부익(附益),[12] 아당(阿黨)[13]의 법이 제정됐다. 그후에 제후들은 조세를 갖고서 의식(衣食)을 얻을 뿐이었고 가난한 제후의 경우에는 간혹 소가 끄는 수레를 타기도 했다."

---

11 원래 좌관이란 천자를 버리고 제후에게 가서 벼슬하는 사람을 가리켰다. 이때부터는 제후들의 관리도 천자가 임명할 수 있게 됐다.

12 천자의 관리들이 제후들과 결탁해 사리사욕을 채우는 것을 금지한 법이다.

13 제후에게 죄가 있을 경우 그의 부(傅)나 상(相)이 이를 중앙 조정에 보고하지 않을 경우 제후에게 아첨해 당을 지었다는 이유로 처벌하는 것을 말한다.

권

◆

39

소하·조참전

蕭何曹參傳

소하(蕭何)는 패(沛)[1] 사람이다. 법조문[文]을 갖고서 다른 사람을 해치지 않았기 때문에 패현의 주리(主吏)의 연(掾)[2]이 됐다. 고조(高祖)가 벼슬하지 않았던[布衣] 시절에 여러 차례 직무상의 일로 고조를 지켜주었다. 고조가 정장(亭長)이 됐을 때도 늘 그를 도왔다. 고조가 관리로서 함양(咸陽)에 요역을 가게 됐을 때 다른 관리들은 모두 300전의 전별금을 주었으나 하(何)만은 500전을 주었다. 군(郡)을 감독하는 진(秦)나라의 어사감군(御史監郡)과 같이 일을 한 적이 있는데 하는 항상 일을 잘 처리했다. 이에 하에게 사수(泗水)의 졸사(卒史)라는 자리가 주어졌는데 성적이 제일이었다. 진나라의 어사가 들어가 하를 불러들일 것을 청했으나 하는 굳게 사양

1 진(秦)나라 때 사수군(泗水郡)의 현(縣) 이름이다.
2 주리는 군(郡) 소속 관리이고 연은 하급 관리다.

하며 끝내 가지 않았다.

고조가 봉기해 패공(沛公)이 되자 하는 일찍이 그의 승(丞)이 돼 제반 일을 감독했다. 패공이 함양(咸陽)에 이르렀을 때 여러 장수들은 다투어 금과 비단과 재물이 있는 창고[府]로 달려가 그것들을 나누어 가졌지만 하만이 먼저 (궁궐에) 들어가 진나라 승상부와 어사부의 율령과 도서들을 거두어 그것을 감추었다. 패공이 천하의 험준한 요새, 인구의 많고 적음, 지역의 강점과 약점, 백성들이 힘들어 하고 고통받는 바 등을 다 갖추어 알게 된 것은 하가 진나라의 도서들을 얻었기 때문이다.

애초에 제후들은 서로 함께 약속하기를 관중에 가장 먼저 들어가 진(秦)을 깨뜨리는 자가 그 땅의 왕이 되기로 했다. 패공이 이미 가장 먼저 진을 평정했고, 항우(項羽)는 뒤에 도착해 패공을 공격하려 하니 패공은 그곳을 사양하며 화해를 했다. 우(羽)는 드디어 함양을 도륙하고 불태웠으며 범증(范增)과 모의해 말했다.

"파(巴)와 촉(蜀)은 길이 험하니 진나라가 옮겨온 백성들은 모두 촉 땅에 가서 살게 하라."

그리고 또 말했다.

"촉과 한(漢) 또한 관중(關中)의 땅이다."

그러고는 패공을 한왕(漢王)으로 삼았고 관중의 땅은 3분(三分)해 진나라의 항복한 장수들을 왕으로 삼아 한왕에 맞서게 했다. 한왕은 화가 나서 항우를 공격하려고 모의했다. 주발(周勃), 관영(灌嬰), 번쾌(樊噲) 등은 모두 그렇게 해야 한다고 권할 때 하(何)가 간언해 말했다.

"비록 한중의 오지에서라도 왕을 하는 것이 오히려 죽는 것보다야 낫지 않겠습니까?"

한왕이 말했다.

"어째서 마침내 죽게 된다는 말인가?"

하가 말했다.

"지금 군사의 수가 저들만 못해 백 번 싸워 백 번 다 질 텐데[百戰百敗] 죽지 않고 어떻게 되겠습니까? 『서경(書經)』의 「주서(周書)」에 이르기를 '하늘이 내려준 것을 받지 않으면 도리어 그 허물을 입게 된다'[3]라고 했습니다. 흔히 하는 말 중에 '천한(天漢)'[4]이라는 말이 있으니 이는 매우 아름다운 것을 칭송해서 하는 말입니다. 무릇 한 사람의 천하에 능히 굽힐 줄[詘=屈] 알면서도 만승(萬乘=천자)의 자리에서 믿음을 준 사람이 있으니 탕왕(湯王)과 무왕(武王)이 그런 사람입니다. 신이 바라건대 대왕께서는 한중(漢中)에서 왕으로 계시면서 그 백성들을 길러주어 뛰어난 이[賢人]들이 찾아오게 하시고 파와 촉을 거두어들여 그것으로 도리어 삼진(三秦)을 평정하신다면 천하를 도모할 수 있을 것입니다."

한왕이 말했다.

"좋도다!"

마침내 드디어 봉국(=한)으로 나아갔고 하를 승상으로 삼았다. 하가 한신(韓信)을 천거하자 한왕은 그를 대장군으로 삼았고 한신은 한왕을 설득해 군대를 이끌고 동쪽으로 가서 삼진을 평정했다. 상세한 이야기는 「한신

---

3 그런데 이 말은 『서경(書經)』에는 없고 좌구명의 『국어(國語)』 월나라 이야기[越語]에 나온다.

4 하천(河天)과 같은 말로 하늘의 하천이라는 뜻이다.

전(韓信傳)」에 실려 있다.

하는 승상으로 남아 파와 촉을 거둬들이고 진무하며 일깨우고 알렸으며 군대의 식량을 공급했다. 한나라 2년에 한왕은 제후들과 함께 초나라를 쳤는데 하는 관중을 지키면서 태자를 모셨고 역양(櫟陽)을 다스렸다. 법령과 규약을 시행하고 종묘, 사직, 궁실을 짓고 현과 읍을 설치했으며 필요할 때면 곧바로 아뢰어 상의 허락을 얻어내 그에 따라 일을 진행했다. 상에게 아뢴 바가 아직 도착하지 않았을 때에도 그때의 편의에 따라 일을 시행하고서 상이 돌아오면 곧바로 그 내용을 보고했다. 호구를 계획하고 각종 수송을 책임졌으며 군대에 식량을 보급했는데 그 와중에 한왕은 여러 차례 군사를 잃고 도망 오기도 했지만 그때마다 하는 늘 관중 안의 병사들을 불러 모아 즉시 모자란 병력을 채워주었다. 상은 이 때문에 관중의 위급한 일은 전적으로[劓=專] 하에게 다 맡겼다.
전 전

한나라 3년에 항우와 경(京-경현(京縣))과 삭(索-삭성(索城)) 땅 사이에서 서로 대치하고[距] 있을 때 상은 여러 차례 사자를 보내 승상의 노고
거
를 위로해주었다. 포생(鮑生)〔○ 사고(師古)가 말했다. "당시의 식견 있는 선비였다."〕이 하에게 말했다.

"지금 왕께서 햇빛에 그을리고 벌판에서 이슬을 맞고 지내면서도 여러 차례 사자를 보내 당신을 위로하는 것은 당신의 마음을 의심하고 있기 때문입니다. 당신을 위해 계책을 생각해보니 당신의 자손과 형제들 중에서 싸울 수 있는 자들은 뽑아 모두 상이 있는 군영으로 보내는 것이 낫습니다. 그러면 상은 당신을 더욱 신임할 것입니다."

이에 하는 그의 계책을 따랐고, 한왕은 크게 기뻐했다.

한나라 5년에 항우를 이미 죽이고 나자 (상은) 황제의 자리에 나아가 [即=就] 공로를 논해 봉(封)을 행하자 여러 신하들이 공로를 다투느라 1년 여가 지나도록 결말이 나지 않았다. 상은 하의 공로가 가장 성대하다고 여겨 가장 먼저 봉해 찬후(酇侯)로 삼았고〔○ 사고(師古)가 말했다. "찬(酇)은 남양(南陽)에 속한다."〕 식읍은 8,000호였다. 공신들은 하나같이 말했다.

"신들은 갑옷을 입고 병기를 쥔 채 많게는 100여 번이 넘게, 적게는 수십 번의 전투를 치르며 성을 공격하고 땅을 공략했으니 공로의 크고 작음은 각자에 따라 차이가 있을 것입니다. (그런데) 지금 소하는 말이 땀을 흘리는 치열한 노고도 없이 한갓 글과 먹으로써 의견을 내고 논의했을 뿐 싸우지도 않았는데 오히려 신들보다 윗자리를 차지했으니 어째서입니까?"

상이 말했다.

"여러분들은 사냥에 대해 아는가?"

대답했다.

"압니다."

상이 말했다.

"사냥개도 알지?"

대답했다.

"압니다."

상이 말했다.

"무릇 사냥할 때 사냥감을 쫓아가서 죽이는 것은 사냥개지만 사냥개를 풀어 짐승이 있는 곳을 가리키는 것은 사람이다. 지금 그대들은 그저 짐승을 뒤쫓아가서 잡았을 뿐이니 사냥개의 공을 세운 것이다. 그러나 소하의 경우에는 사냥개를 풀어 사냥감이 있는 곳을 가리켰으니 사람의 공을 세운 것이다. 또 그대들은 혼자의 몸으로 나를 따랐거나 많아야 두세 사람이었지만 소하는 집안의 수십 명을 모두 내게 딸려보냈으니 그 공로를 잊어서는 안 되는 것이다."

여러 신하들은 그후에 아무도 감히 입을 열지 못했다. 열후들은 모두 이미 봉작을 받고 나자 그 순서를 아뢸 때 입을 모아 말했다.

"평양후(平陽侯) 조참(曹參)은 몸에 70군데나 상처를 입었고 성을 공격해 땅을 빼앗은 공로가 가장 많으니 마땅히 제1등이 돼야 합니다."

상은 이미 공신들을 꺾고서[橈=屈] 하를 크게 봉했고, 작위의 순서 때문에 또다시 공신들을 곤란하게 만들지 않으려 했지만, 그러나 마음속으로는 하를 첫 번째로 삼고 싶었다. 관내후(關內侯) 악천추(鄂千秋)가 그때 알자(謁者)로 있으면서 나아와 말했다.

"여러 신하들의 의견은 모두 잘못됐습니다. 조참이 비록 야전에서 땅을 빼앗은 공은 있지만 이는 그저 한때의 일일 뿐입니다. 무릇 상께서 초나라와 서로 공방을 벌인 지 5년이 되는 동안 군사를 잃고 백성들을 내버린 채 혼자 몸으로 도망친 것이 여러 차례입니다.

반면에 소하는 늘 관중에서 전쟁터로 군대를 보내 그 부족한 병력을 채워 넣었습니다. (게다가 이는) 상께서 조서를 내려 부른 것도 아니고, 심지어 수만의 무리들을 상의 군대가 부족하거나 없어졌을 때 보낸 것이 여러 차례입니다. 한나라와 초나라가 형양(榮陽)에서 서로 대치했던 몇 년의 세월 동안 군사들의 양식이 떨어지면 소하는 육로와 수로로 운반해 부족한 식량을 공급했습니다. 폐하께서 비록 여러 차례 산동(山東)을 잃기도 하셨지만 소하는 늘 관중을 온전히 보전하면서 폐하를 기다렸으니 이는 만세에 남을 공입니다. 지금 설사 조참과 같은 자들 100여 명이 없다고 한들 어찌 한나라에 문제가 있겠습니까? 한나라가 그들을 얻었다고 한들 반드시 온전하게 보존할 수는 없었을 것입니다. 어찌 하루아침의 공이 만세의 공을 능가할 수 있겠습니까? 소하가 마땅히 첫 번째이고 조참은 그다음입니다."

상이 말했다.

"좋다."

이에 곧바로 영을 내려 하를 첫 번째로 삼고서 (그 특혜로) 칼을 차고 신을 신은 채 대전에 들어올 수 있게 해주었고, 또 조정에 들어와서 종종걸음으로 걷지 않아도 되게 했다. 상이 말했다.

"내가 듣건대 뛰어난 이를 추천한 자는 상을 받아야 한다고 했다. 소하의 공로가 비록 높기는 하지만 악군(鄂君)의 말이 있었기에 더 분명해질 수 있었다."

이에 악천추에게는 원래 식읍으로 받았던 관내후의 2,000호에다가 추가로 봉해 안평후(安平侯)로 삼았다. 이날 하의 부모와 형제 10여 명이 모두 봉해져 다 식읍을 받았다. 이에 더해 하에게는 2,000호를 더 봉해주었는데 이는 "일찍이 함양에 부역하러 갈 때 하 홀로 나에게 전별금을 남보다 200전 더 주었기[贏=餘] 때문"이라고 했다.
영 여

(한나라 11년) 진희(陳豨)가 반란을 일으키자 상은 스스로 장수가 돼 한단(邯鄲)에 이르렀다. 그런데 (아직 진희의 반란을 진압하지도 못했는데) 한신(韓信)은 관중에서 반란을 모의했다. 여후(呂后)는 하의 계책을 써

서 신을 주살했다. 상세한 이야기는 「한신전(韓信傳)」에 실려 있다. 상은 신이 이미 주살됐다는 소식을 듣고서 사자를 보내 (하를) 승상에 제배해 상국으로 삼고 5,000호를 더 봉해주었으며 병졸 500명과 한 명의 도위를 보내 상국의 호위병으로 삼았다. 여러 제후들이 다 축하했는데 소평(召平)만이 홀로 걱정을 털어놓았다[弔=慰問]. 소평이란 자는 원래 진나라 동릉후(東陵侯)였다. 진나라가 깨지자 평민이 돼 가난하게 지내면서 장안성 동쪽에 오이를 심었는데 그 오이가 맛이 좋아 그 때문에 세상 사람들은 그것을 '동릉의 오이[東陵瓜]'라고 불렀다. 이는 소평의 봉호를 따랐기 때문이다. 평(平)이 하에게 말했다.

"재앙은 이로부터 시작될 것입니다. 상은 밖에서 햇볕에 노출돼 이슬을 맞았는데 그대는 안에서 궁궐을 지켰고, 화살이나 돌을 맞는 어려움을 겪지 않았는데도 봉읍은 더해지고 호위 부대까지 두게 됐으니, 지금 회음후가 안에서 막 반란을 일으킨 점을 볼 때 그대의 마음을 (상이) 의심하는 것입니다. 무릇 호위 부대를 두어 그대를 호위하는 것은 그대를 총애하는 것이 아닙니다[○ 사고(師古)가 말했다. "변란을 일으킬까 두려워 호위 부대를 붙여주었다는 말이다."]. 바라건대 그대는 봉읍을 사양하고서 결코 받지 마시고 그대의 재산을 모두 내어 군대에 내놓으십시오."

하는 그 계책을 따랐고 상은 기뻐했다.

그 가을에 경포(黥布)가 반란을 일으키자 상은 스스로 장수가 돼 그를 쳤고 여러 차례 사자를 보내 상국 하(何)가 무엇을 하고 있는지를 물었다. 하가 말했다.

"상께서 군대에 계실 때 백성을 안정시키느라 힘썼고 제가 가진 재산은 모두 군대를 돕는 데 썼으니 진희가 반란을 일으켰을 때와 같습니다."

어떤 빈객이 또 하를 설득해 말했다.

"그대는 집안이 족멸될 날이 머지않았습니다. 무릇 그대의 지위는 상국(相國)이고 공로는 제1등이니 더할 수 있는 것이 없습니다. 그런데 그대는 애초부터 관중에 들어와 진정으로 백성들의 마음을 얻은 지 10여 년이 됐습니다. 모두 그대에게 기대고 있으며 그대 또한 거기에 부지런히 힘을 쏟아[孳孳=孜孜] 백성들의 마음을 얻었습니다. 상께서 이른바 여러 차례에
　　　　자자　자자
걸쳐 그대에 대해 물어보았던 것은 그대가 관중을 (그대 쪽으로) 기울게 만들까 봐 두려워해서였습니다. 지금 그대는 어찌하여 농지를 대거 사들여 싸게 임대함으로써[賈=賒] 스스로의 명성을 더럽히지 않습니까?"
　　　　　　　　　　　　　　　　세　사

이에 하는 그 계책을 따랐고 상은 마침내 크게 기뻐했다.

상이 포(布)의 군대에 대한 토벌을 마치고 돌아올 때 백성들이 길을 막고 글을 올려 상국이 억지로 낮은 값으로 백성들의 밭과 집을 사들였는데 그 수가 수천 명이나 된다고 말했다. 상이 도착하자 하가 알현했다. 상이 웃으면서 말했다.

"지금 상국은 마침내 백성들에게서 이익을 취하려 했던 것인가?"

백성들이 올린 글들을 모두 하에게 주면서 말했다.

"당신이 직접 백성들에게 사죄하라!"

그후에 하가 백성들을 위해 청하는 것이라면서 이렇게 말했다.

"장안의 땅은 좁은데 상림원에는 빈 땅이 많아 버려져 있으니 바라건대 백성들로 하여금 그 안에 들어가 농사를 지을 수 있게 해주시고 볏짚[稿=禾稈]은 거두지 말고 짐승들의 먹이로 삼아야 합니다."
　　고　화간

상이 크게 화를 내며 말했다.

"상국이 상인들로부터 재물을 많이 받고서 그들을 위해 내 원(苑)을 청하는구나!"

마침내 하를 정위(廷尉)에 내려 족쇄로 그를 묶었다. 며칠 후에 왕(王) 위위(衛尉)가 상을 모시고 있다가 앞으로 나아가 물었다.

"상국이 무슨 큰 죄를 지어 폐하께서는 그를 거칠게 묶었습니까?"

상이 말했다.

"내가 듣건대 이사(李斯)가 진나라 황제를 보좌할[相] 때는 좋은 것이 있으면 임금 덕분이라 했고 안 좋은 것이 있으면 자기 탓이라고 했다. (그런데) 지금 상국은 장사꾼[賈竪]들에게 많은 재물을 받아놓고 그들을 위해 나의 상림원을 내놓으라고 했으니 이는 스스로 백성들에게 아첨하려는[媚=求愛] 것이다. 그래서 그를 묶어놓고 다스리려는 것이다."

왕 위위가 말했다.

"무릇 그 직무와 일이 진실로 백성들에게 편리한 것이기 때문에 그것을 청했다면 이는 정말로 재상이 (마땅히) 해야 할 일입니다. 폐하께서는 어찌하여 마침내 상국이 상인들의 돈을 받았다고 의심하시는 것입니까? 또 폐하께서 초나라와 서로 공방전을 벌인 지 여러 해가 됐고 진희와 경포가 반란을 일으켰을 때에 폐하께서는 몸소 장수가 되시어 전쟁터에 나아가셨는데 이런 때를 맞아 상국은 관중을 지켰습니다. 만일 그가 관중에서 동요해 말을 뺐다면 관중의 서쪽은 (지금) 폐하의 소유가 아닐 것입니다. 상국은 그때에도 이익을 도모하지 않았는데 지금에야 상인의 돈을 받아 이익을 취하려 하겠습니까? 또 진나라(의 시황제)는 자신의 허물을 들으려 하지 않아 천하를 잃었건만 저 이사가 허물을 나눠가진 것이 또 어찌 본받을 만한 것이겠습니까? 폐하께서는 재상을 의심하는 수준이 이렇게도 낮습니까?"

상은 기분이 그다지 좋지 않았다[不懌=不悅][○ 사고(師古)가 말했다. "위위의 말에 감동을 느꼈기 때문에 부끄럽고 후회스러워서[慙悔] 기분이 좋지 않았던 것이다."]. 이날 사자에게 부절을 갖고 가서 하를 풀어주게 했다. 하는 나이가 많았지만 평소 공손하고 삼갔으므로 대궐로 달려 들어가 사죄했다. 상이 말했다.

"상국은 궐 밖으로 나가 쉬도록 하라. 상국은 백성들을 위해 나의 상림원을 청했으나 나는 허락하지 않았으니 나는 (하나라의) 걸왕(桀王)이나 (은나라의) 주왕(紂王)에 지나지 않는 반면 상국은 뛰어난 재상[賢相]이다. 내가 상국을 묶었던 까닭은 백성들로 하여금 나의 허물을 알게 하기 위함이었다."

고조가 붕(崩)하자 하는 혜제를 섬겼다. 하가 병이 나자 상은 몸소 가서 하의 병세를 살폈고 이를 틈타 물었다.

"그대가 100년 후에 떠나가면[5] 누가 그대를 대신할 수 있겠는가?"

대답해 말했다.

"신하를 아는 데 있어 임금만 한 사람은 없습니다."

제(帝)가 말했다.

"조참(曹參)은 어떤가?"

---

5 죽는다는 말을 피해 이렇게 표현한 것이다.

하는 머리를 조아리며 말했다.

"제(帝)께서 적임자를 얻으셨습니다. 하는 죽어도 여한이 없습니다."

하는 밭과 집을 살 때 반드시 궁벽진 곳에 마련했고 집에 담장을 세우지 않았다. (이와 관련해) 그는 이렇게 말했다.

"만일 후세가 뛰어나다면 나의 검소함을 본받을 것이고 설사 뛰어나지 못하다 해도 권문세가에게 밭과 집을 빼앗기지는 않을 것이다."

효혜(孝惠) 2년에 하가 훙(薨)하자 시호를 내려 문종후(文終侯)라 했다. 아들 록(祿)이 뒤를 이었는데 훙했을 때 자식이 없었다. 고후(高后)는 이에 하의 부인 동(同)을 봉해 찬후(酇侯)로 삼았고 그의 막내아들 연(延)을 축양후(筑陽侯)로 삼았다〔○ 사고(師古)가 말했다. "찬(酇)과 축양(筑陽)은 둘 다 남양현(南陽縣)에 속한다. 지금 그 땅은 둘 다 양주(襄州)에 속한다."〕. 연이 훙하자 아들 유(遺)가 이어받았는데 훙했을 때 자식이 없었다. 문제(文帝)는 다시 유의 동생 칙(則)으로 하여금 자리를 잇게 했는데 뒤에 죄가 있어 작위를 빼앗겼다. 경제(景帝) 2년에 어사에게 제조(制詔)하여 말했다.

"고(故) 상국 소하(蕭何)는 고황제의 대공신(大功臣)이며 함께 천하를 다스렸다〔爲=治〕. (그런데) 지금 그의 제사가 끊어졌으니 짐은 이를 심히 마음 아프게 생각한다. 이에 무양현(武陽縣)의 2,000호를 갖고서 하의 손자 가(嘉)를 봉해 열후로 삼는다."

가(嘉)는 칙(則)의 동생이다. 가가 훙하자 아들 승(勝)이 이어받았고 뒤에 죄가 있어 작위를 빼앗겼다. 무제(武帝) 원수(元狩) 연간에 다시 어사에게 조서를 내렸다.

'찬(酇)의 읍 2,400호를 갖고서 하의 증손 경(慶)을 봉해 찬후(酇侯)로 삼고 천하에 널리 알리도록 해 짐이 소상국(蕭相國)의 다움[德]에 보답하려는 뜻을 분명히 알게 하라.'

경(慶)은 칙(則)의 아들이다. 경이 훙하자 아들 수성(壽成)이 이어받았는데 태상(太常)이 돼 제사에 쓸 희생을 제대로 기르지 못해 비실비실하게 만든 죄에 걸려 작위를 빼앗겼다. 선제(宣帝) 때 승상과 어사에게 조(詔)하여 소상국의 후손이 현존하는지를 찾아 묻도록 해 현손 건세(建世) 등 12명을 찾아내니 다시 조서를 내려 찬(酇)의 읍 2,000호를 갖고서 건세를 봉해 찬후(酇侯)로 삼았다. 아들에게 전해지고 손자 획(獲)에 이르렀을 때 노비를 시켜 사람을 죽인 죄에 걸렸지만 사형을 감하라는 논고(論告)가 내려졌다. 성제(成帝) 때 다시 하의 현손의 아들인 남련현(南䜌縣)의 현장 희(喜)를 봉해 찬후(酇侯)로 삼았다. 아들에게 전해지고 증손에 이르렀을 때 왕망(王莽)이 패망하자 마침내 끊어졌다.

조참(曹參)은 패(沛) 사람이다. 진(秦)나라 때 옥연(獄掾)이 됐고 이때 소하(蕭何)는 주리(主吏)가 됐는데 (그들은) 현(縣)에서 힘 있는 관리[豪吏]였다. 고조가 패공(沛公)이 됐을 때 참(參)은 중연(中涓)〔○ 여순(如淳)이 말했다. "중연은 중알자(中謁者)와 같은 것이다." 사고(師古)가 말했다. "연(涓)은 깨끗이 하다[絜=潔]는 뜻으로 대궐 내 각종 시절을 깨끗이 청소하는 일을 담당하기[主知] 때문에 대체로 임금의 가까이에 있게 된다."〕으로서 패공을 따랐다. 호릉(胡陵)과 방예(方與)를 치고 진(秦)나라 감공(監公)〔○ 사고(師古)가 말했다. "공(公)은 (이름이 아니라) 당시 유행하던 존칭일 뿐이다.")의 군대를 쳐서 크게 깨뜨렸다. 동쪽으로 설(薛-현)을 떨어뜨렸고 사수(泗水)를 지키던 군대를 설의 외성[郭] 서쪽에서 쳤다. 다시 호릉을 공격해 그곳을 차지했다. 이동해 방예를 수비했다. 방예가 반란을 일으켜 위(魏)나라 편을 들자 방예를 쳤다. 풍(豊)도 반란을 일으켜 위(魏)나라 편을 들자 풍을 공격했다. (조참에게) 칠대부(七大夫)[6]의 작위를 내려주었다. 북쪽으로 사마흔(司馬欣)의 군대를 탕(碭)의 동쪽에서 쳐서 호보(狐父)와 기(祁)[○ 사고(師古)가 말했다. "둘 다 현(縣)이다."]의 선치(善置)[7]를 차지했다. 또 하읍(下邑) 서쪽을 공격해 우(虞-현)에 이르렀고 진나라 장수 장한(章邯)의 거기(車騎) 부대를 쳤다. 원척(轅戚)과 항보(亢父)를 공격할 때는 가장 먼저 성루에 올랐다. (그 공로로) 승진해 오대부(五大夫)가 됐다. 북쪽으로 동아(東阿)를 구원했고, 장한의 군대를 쳐서 그 진(陳)을 함락시켰고, 뒤쫓아가서 복양(濮陽)에까지 이르렀다. 정도(定陶)를 공격해 임제(臨濟)를 차지했다. 남쪽으로 옹구(雍丘)를 구원했고, 이유(李由)의 군대를 쳐서 깨뜨리고 이유를 죽였으며, 진나라의 군후(軍候) 한 명을 사로잡았다. 장한이 항량을 깨뜨려 죽이자 태공은 항우와 함께 군대를 이끌고서 동쪽으로 갔다. 초나라 회왕은 패공을 탕군(碭郡)의 장(長-우두머리)으로 삼아 탕군의 병사들을 지휘하게 했다. 이에 (패공은) 마침내 참(參)을 봉해 집백(執帛)〔○ 정씨(鄭氏)가 말했다. "초나라의 벼슬이다." 장안(張晏)이 말했다. "고경(孤卿)이다."〕으로 삼고 건성군(建成君)이라는 칭호를 주었다. 승진해 척공

---

6 20등급 중에서 7등급 공대부(公大夫)를 가리킨다.

7 선(善)은 이름이고 치(置)는 역(驛)이다.

(戚公-척현의 현령)이 됐고 탕군(碭郡)이 그에게 귀속됐다.

그후에 패공을 따라 동군(東郡) 위(尉)의 군대를 공격해 그들을 성무(成武)의 남쪽에서 깨뜨렸다. 왕리(王離)의 군대를 성양(成陽) 남쪽에서 쳤고 또 강리(杠里)를 공격해 크게 깨뜨렸다. 패배해 달아나는 적군을 뒤쫓아 서쪽으로 개봉(開封)에 이르러 (진나라 장수) 조분(趙賁)의 군대를 쳐서 깨뜨리고 개봉의 성안에 있는 조분을 포위했다. 서쪽으로는 양웅(楊熊)의 군대를 곡우(曲遇)에서 쳐서 깨뜨렸고 진나라 사마(司馬)와 어사(御史) 각각 한 명씩을 포로로 잡았다. 승진해 집규(執珪)〔○ 장안(張晏)이 말했다. "후(侯)와 백(伯)은 홀을 쥐고서[執珪=執圭] 조정의 자리에 나아갔다." 여
　　　　　　　　　　　집규　　집규
순(如淳)이 말했다. "옛날의 작위 이름이다.")가 됐다. 패공을 따라 서쪽으로 양무(陽武)를 공격해 환원(轘轅)과 구지(緱氏)를 떨어뜨렸고, 황하의 나루터를 끊어버렸다. 시향(尸鄕)의 북쪽에서 조분의 군대를 쳐서 깨뜨렸다. 패공을 따라 남쪽으로 주(犨) 땅을 쳤고, 남양(南陽)군수 여의(呂齮)와 양성(陽城)의 외성 동쪽에서 전투를 벌여 적진을 함락시켰고, 완(宛)을 차지했으며, 의(齮)를 사로잡아 남양군(南陽郡)을 평정했다〔○ 사고(師古)가 말했다. "「고기(高紀-고제기(高帝紀))」에는 '남양군수 의(齮)가 항복하자 그를 봉해 은후(殷侯)로 삼았다'라고 했는데 이 전에서는 의를 사로잡았다고 했으니 전(傳)과 기(紀)가 같지 않다. 아마도 전이 틀린 듯하다.")]. 패공을 따라 서쪽으로 무관(武關)과 요관(嶢關)을 공격해 그곳을 차지했다. 이에 앞서 진나라 군대를 남전(藍田)의 남쪽에서 공격했고, 다시 밤에 그 북군을 쳐서 크게 깨뜨렸으며, 드디어 함양(咸陽)에 이르러 진나라를 깨뜨렸다.

항우는 (함양에) 도착해서 패공을 한왕(漢王)으로 삼았다. 한왕은 참

(參)을 봉해 건성후(建成侯)로 삼았다. (참은) 한왕을 따라 한중(漢中)에 이르러 승진해 장군이 됐다. 한왕을 따라 돌아와서 삼진(三秦)을 평정했고 하변(下辨), 고도(故道)〔○ 등전(鄧展)이 말했다. "무도(武都)의 두 현이다."〕, 옹(雍), 태(氂)〔○ 소림(蘇林)이 말했다. "우부풍(右扶風)의 두 현이다."〕를 공격했다. 장평(章平)의 군대를 호치(好畤)의 남쪽에서 쳐서 깨뜨리고 호치를 포위한 다음 양(襄)고을을 차지했다. 삼진의 군대를 양고을 동쪽과 고력(高櫟)에서 쳐서 깨뜨렸다. 다시 장평을 포위하니 평은 호치를 벗어나 달아났다. 그 틈에 조분(趙賁)과 내사(內史) 보(保)의 군대를 쳐서 깨뜨렸다. 동쪽으로 함양을 차지하고서 이름을 바꿔 신성(新城)이라고 불렀다. 참이 병사들을 이끌고 경릉(景陵)〔○ 맹강(孟康)이 말했다. "현의 이름이다."〕을 지킨 지 23일 만에 삼진에서는 장평 등을 보내 참을 공격했고 참은 나아가 그들을 쳐서 크게 깨뜨렸다. (한왕은) 영진(寧秦)〔○ 소림(蘇林)이 말했다. "지금의 화음(華陰)이다."〕을 식읍으로 내려주었다. 장군으로서 병사들을 이끌고 장한의 군대를 폐구(廢丘)에서 에워쌌다. 중위(中尉)로서 한왕을 따라 임진관(臨晉關)을 나왔다. 하내(河內-황하 이북 지역)에 이르러 수무(脩武)를 떨어뜨렸고 (동군(東郡)의) 위진(圍津)을 건너 동쪽으로 가서 (항우의 장수인) 용저(龍且)와 (위나라 승상인) 항타(項佗)를 정도(定都)에서 쳐서 깨뜨렸다. 동쪽으로 탕(碭), 소(蕭), 팽성(彭城)을 차지했다. 항적의 군대를 쳤다가 한나라 군대는 크게 패해 달아났다. 참은 중위로서 옹구(雍丘)를 포위해 차지했다. (한왕의 장수) 왕무(王武)가 외황(外黃)에서 반란을 일으키고 정처(程處)가 연(燕)에서 반란을 일으키자 (참은) 가서 쳐서 그들을 다 깨뜨렸다. 주천후(柱天侯)가 연지(衍氏)에서 반란을 일으키자 진

군해 연지를 깨뜨리고 차지했다. 우영(羽嬰)을 곤양(昆陽)에서 쳐서 섭(葉) 땅까지 쫓아갔다. 돌아와 무강(武彊)을 공격했고 이어 (한왕이 있던) 형양(滎陽)에 이르렀다. 참은 한중에서부터 장군 및 중위(中尉)가 돼 한왕을 따라 제후들을 쳤고 항왕(項王)이 패하자〔○ 사고(師古)가 말했다. "팽성(彭城)에서 싸워 패한 것을 말한다."〕돌아와 형양에 이르렀다.

한나라 2년에 (참을) 제배해 임시[假] 좌승상으로 삼으니 관중에 들어와 주둔했다. 한 달여 후에 위왕(魏王) 표(豹)가 반란을 일으키자 임시 승상으로서 별도의 군대를 거느리고 한신과 함께 동쪽으로 가서 위나라 장군 손속(孫速)을 (하동(河東)의) 동장(東張)에서 공격해 크게 깨뜨렸다. 그 틈에 안읍(安邑)을 공격해 위나라 장수 왕양(王襄)을 얻었다. 위왕을 곡양(曲陽)에서 쳐서 동원(東垣)에까지 쫓아갔고 위왕 표를 산 채로 붙잡았다[生獲]. 평양(平陽)을 차지했고, 위왕의 어머니와 처자식을 붙잡아 위나라 땅을 모조리 평정했으니, 모두 52개 현이었다. 식읍으로 평양을 내려주었다. 이어 한신을 따라가 조나라 상국 하열(夏說)의 군대를 오(鄔)〔○ 소림(蘇林)이 말했다. "태원(太原)의 현이다."〕의 동쪽에서 쳐서 크게 깨뜨리고 하열의 목을 벴다. 한신은 옛 상산왕 장이(張耳)와 함께 군대를 이끌고 가서 정형(井陘)의 험로를 내려와 성안군(成安君) 진여(陳餘)를 치고 이어서 참으로 하여금 돌아가서 조나라의 별장(別將) 척공(戚公)을 오성(鄔城) 안에 에워쌌다. 척공이 성을 나와 달아나자 뒤쫓아가 목을 벴다. 마침내 군대를 이끌고 한왕이 있는 곳-오창(敖倉)-에 이르렀다. 한신은 이미 조나라를 깨뜨리고 상국이 돼 동쪽으로 제나라를 쳤고, 참은 좌승상으로서 그에게 소속됐다. 제나라의 역하(歷下)의 군대를 공격해 깨뜨리고 드디어 임치(臨淄)를 차지했다. 돌아와 제북군(濟北郡)을 평정했고 저(著), 탑음(漯陰), 평원(平原), 격(鬲), 노(盧)[8]를 거둬들였다. 얼마 후에[已而] 한신을 따라 상가밀(上假密)〔○ 문영(文穎)이 말했다. "혹은 고밀(高密)이라고도 한다."〕에서 용저의 군대를 쳐서 크게 깨뜨리고 용저의 목을 벴으며 그의 아장(亞將) 주란(周蘭)을 사로잡았다. 제군(齊郡)을 평정해 모두 70개 현을 얻었다. 옛 제나라 왕 전광(田廣)의 재상 전광(田光)과 그의 대리 재상[守相] 허장(許章) 및 옛 장군 전기(田旣)를 얻었다. 한신은 세워져 제왕(齊王)이 돼 군사를 이끌고 동쪽으로 (한왕의) 군진에 이르러 한왕과 함께 항우를 공동으로 깨뜨렸고 참은 제나라에 남아서 아직 항복하지 않은 곳들을 평정했다.

한왕이 황제의 자리에 나아가자 한신은 옮겨서 초왕이 됐다. 참은 상(相-좌승상)의 인끈을 반납했다. 고조(高祖)는 맏아들 비(肥)를 제나라 왕으로 삼고서 참을 그곳의 상국(相國)으로 삼았다. 고조 6년에 제후들과 부신(符信)을 쪼개어 참에게는 열후의 작위를 내려주었고 식읍으로 평양(平陽)의 1만 630호를 주고서 대대로 끊어지지 않게 했다.

참은 제나라의 상국으로서 진희(陳豨)의 장수 장춘(張春)을 쳐서 깨뜨렸다. 경포(黥布)가 반란을 일으키자 참은 도혜왕(悼惠王)을 따라서 거기(車騎) 12만을 이끌고 고조와 만나 경포의 군대를 쳐서 크게 깨뜨렸다. 남쪽으로 기(蘄)에 이르렀고 돌아와서 죽읍(竹邑), 상(相), 소(蕭), 유(留)〔○ 사고(師古)가 말했다. "넷 다 현(縣)의 이름이다."〕를 평정했다.

참이 세운 군공(軍功)은 2개의 나라와 현(縣) 122개를 떨어뜨렸고 왕 2명, 재상 3명, 장군 6명 그리고 대막오(大莫囂)〔○ 여순(如淳)이 말했다. "囂의 발음은 (효가 아니라) 오(敖)다." 장안(張晏)이 말했다. "막오(莫敖)는 초나라 경(卿)의 칭호다. 당시에는 6국이 초나라와 가까워 영윤(令尹), 막오(莫敖)와 같은 (초나라의) 관직이 (다른 나라에도) 있었다."〕, 군수, 사마, 후(候-척후), 어사 각 1명을 사로잡았다.

효혜(孝惠) 원년에 제후들에게 상국(相國)을 두던 법을 없애고 고쳐서 참을 제나라 승상(丞相)으로 삼았다. 참이 제나라의 승상이 됐을 때 제나라에는 70개의 성이 있었다.[9] 천하가 처음 평정됐을 때 도혜왕은 나이가 어려[富=幼] 참은 장로와 여러 선생들을 다 불러 백성들을 안정시킬 수 있는[安集] 도리를 물었다. 그런데 제나라에는 원래 유생이 100여 명이나 있어 사람마다 제각기 다른 주장을 했기 때문에 참은 어떻게 결정해야 할지를 몰랐다. (마침) 교서(膠西)에 개공(蓋公)이라는 사람이 있었는데 황로(黃老-황제와 노자)의 학설에 능통하다[善治]는 말을 듣고서 사람을 시켜 두터운 폐물을 보내 그를 불렀다. 개공이 와서 만나보게 됐는데, 개공이 말하기를 나라를 다스림에 있어 귀한 도리는 맑고 고요함[清靜]이니, 그렇게 하면 백성들은 스스로 안정될 것이고, 이를 바탕으로 다른 문제들도 미루어 헤아려 가면서 갖추어 말했다. 참은 이에 정당(正堂-대청)을 양보해 개공으로 하여금 그곳에 머물러 지내게[舍=止] 했다. 참은 다스림의 요체[治要]로 황로술(黃老術)을 썼는데 그렇게 제나라 승상으로 9년이 지나

---

9 큰 나라였다는 뜻이다.

자 제나라가 안정되니 대부분의 사람들은 그를 뛰어난 승상[賢相]이라고
칭송했다.

소하가 훙(薨)하니 참은 그 소식을 듣고 사인(舍人)에게 여장(旅裝)을 꾸
릴 것을 재촉하며 말했다.

"나는 장차 (중앙 조정에) 들어가 상국이 될 것이다."

얼마 안 가서 과연 사자가 와서 참을 불렀다. 참이 (제나라를) 떠나면
서 그의 후임 승상에게 부탁해 말했다.

"제나라의 감옥과 시장은 온갖 종류의 사람들이 다 모이는 곳이니 매
사 조심해 소란을 일으켜서는 안 될 것이오."

후임 승상이 말했다.

"나라를 다스림에 있어 이보다 더 큰 일은 없다는 말씀입니까?"

참이 말했다.

"그렇지는 않소. 무릇 감옥과 시장이란 좋고 나쁜 사람, 바른 일과 그릇
된 일 등이 모두 용납되는 곳이니 만일 그대가 이를 소란스럽게 하면 간사
한 인간들이 어디에서 용납될 수 있겠소? 나는 이 때문에 그것을 가장 중
시하라고 한 것이오[○ 사고(師古)가 말했다. "노자(老子)가 말하기를 '나는
아무것도 하지 않으니 백성들이 저절로 교화됐고 나는 고요함을 좋아하
니 백성들은 저절로 바르게 됐다'고 했다. 참은 이런 도리로 교화를 시키
는 근본으로 삼으려 했기 때문에 그 말단(-소인배나 간사한 자)을 소란스
럽게 하려고 하지 않았던 것이다."]."

애초에 참이 한미했던 시절에는 소하와 사이가 좋았으나 재상에 이르
고 나서는 틈[隙]이 생겼다[○ 사고(師古)가 말했다. "참은 스스로 전투에

서 공로가 많다고 생각했는데 봉상(封賞)할 때마다 하에 뒤졌기 때문에 하에 대해 원망을 품게 됐다."). 하는 장차 죽음을 앞두고서 (자신의 뒤를 이을) 뛰어난 이를 추천하라고 하자 오직 참만을 천거했다. 참은 하를 대신해서 상국이 돼 모든 일[擧事=皆事]을 조금도 바꾸거나 고치지 않았고 하나같이 하가 약속했던 바를 다 그대로 따랐다[遵=從]. (참은) 군과 국의 관리 중에 나이가 많은 사람들[長大]을 가려 뽑아 (그중에) 말과 글이 어눌하고 성품이 삼가고 두터운 장자(長者)를 뽑아 즉시 불러 승상(丞相) 사(史)로 임명했다. 관리들 중에 법률을 적용하는 것이 각박하며 명성만을 추구하려는 사람은 모두 즉각 배척하거나 쫓아냈다. (참은) 낮밤으로 술을 즐겼다. 경대부 이하의 벼슬아치와 빈객들은 참이 정사를 돌보지 않는 것을 보고서 찾아오는 사람들마다 뭔가 말하고 싶은 것이 있는 것 같았다. 그런 사람이 찾아오면 참은 곧바로 그들에게 좋은 술을 내주고는 자리에 앉게 해 또 할 말이 있으면 다시 술을 마시게 하니 취하고서야 돌아가 끝내 하고 싶은 말을 입 밖에 내지 못하게 했는데 이런 일은 일상화됐다.

상국의 관사 뒤뜰은 관리들의 숙소와 가까웠는데 관리들은 날마다 술을 먹고 노래를 부르며 크게 소리를 질렀다. (참의) 하급 관리들은 그것을 싫어했으나 (자신들로서는) 어찌 할 수가 없어 마침내 참에게 뒤뜰에서 놀 것을 청했다. 하급 관리들은 술에 취해 노래 부르고 떠드는 것을 듣게 만들어 상국이 그들을 불러서 더 이상 그렇게 하지 못하게 타이르기를 기대했던 것이다. 그런데 도리어 술을 가져오게 해 술자리를 만들어[張坐] 함께 마시면서 노래를 부르고 떠들며 서로 화답했다. 참은 다른 사람이 작은 잘못을 하는 것을 보면 그것을 가리고, 숨겨두고[掩匿], 덮어주니[覆蓋],

부(府-상국부) 안에서는 아무런 일도 없었다.

참의 아들 줄(窋)이 중대부(中大夫)가 됐다. 혜제(惠帝)는 상국이 일을 처리하지[治事] 않는 것을 이상하게 여겨 '어찌 짐을 하찮게 여기는가?'라고 생각하고서 마침내 줄에게 말했다.

"너[女=汝]는 집에 돌아가거든 아무도 모르게 살짝 조용히 너[乃=汝]의 아버지에게 '고제(高帝)께서 여러 신하들을 최근에 버리신 지[新棄]¹⁰ 얼마 안 됐고, 지금의 제(帝)께서는 춘추가 어리신데, 아버님께서는 상국이 되시어 매일 술만 마시고 일을 청하는 바가 없으니, 과연 무엇으로 천하를 근심하십니까?'라고 묻되 내가 너에게 이 말을 했다고 해서는 안 된다."

줄은 휴가를 얻어[洗沐] 틈을 보아 (혜제가 시킨 대로) 마치 자신의 생각인 양[自從其所] 참에게 간언을 했다. 참은 화를 내며 200대나 때리고서 이렇게 말했다.

"당장[趣=促] 궐에 들어가 폐하를 모셔라. 천하의 일은 네가 마땅히 말해야 할 바가 아니다."

조회를 할 때 제(帝)는 참을 질책하며[讓] 말했다.

"줄에 대해 어찌 그렇게 다스렸소? 지난번에는[乃者=曩者] 내가 그대에게 그렇게 간언하도록 한 것이었소."

참은 관을 벗고 사죄하며 말했다.

"폐하께서 보시기에 폐하와 고황제 중에서 누가 더 빼어나고 굳세십니까[聖武]?"

---

10 세상을 떠났다는 말이다.

상이 말했다.

"짐이 어찌 감히 선제를 바라볼 수나 있겠는가!"

참이 말했다.

"폐하께서 보시기에 참과 소하 중에서 누가 더 뛰어납니까[賢]?"

상이 말했다.

"그대가 아마도[似] 그에게는 미치지 못할 것이오."

참이 말했다.

"폐하의 말씀이 옳습니다. 게다가 고황제와 소하는 천하를 평정했고 법령을 이미 다 밝혀놓았습니다. 폐하께서는 팔짱만 끼시고 참 등은 직무만 그대로 유지하면서[守職] 기존의 것을 따르며 잘못을 범하지 않으려 하는데 이 역시 좋지 않겠습니까?"

혜제가 말했다.

"좋소. 그대는 가서 쉬도록 하시오."

참이 상국이 된 지 3년 만에 훙하자 시호를 의후(懿侯)라고 했다. 백성들은 그를 이렇게 노래했다.

'소하가 법을 만드니 그 짜임새가 마치 한 획을 그은 것과 같다

조참이 그를 대신해

소하의 것을 그대로 지켜 하나도 고치지 않았네

그 맑고 고요함을 그대로 시행하니

백성들은 내내 평안했도다'

줄이 후(侯)를 이었고 고후(高后) 때 어사대부에 이르렀다. 나라를 전해 증손자 양(襄)에게까지 이어졌고, 그는 무제(武帝) 때 장군이 돼 흉노를 쳤고, 흥하자 그의 아들 종(宗)이 뒤를 이었는데, 죄가 있어 체형은 받지 않은 채 성단(城旦)[11]에 동원됐다. 애제(哀帝) 때에 이르러 마침내 참의 현손의 손자 본시(本始)를 봉해 2,000호의 평양후(平陽侯)로 삼았는데 왕망(王莽) 때 흥했다. 그의 아들 굉(宏)이 이어받아 (후한의) 건무(建武) 연간에 가장 먼저 하북(河北)에 투항해 평양후(平陽侯)에 봉해졌다. 지금에 이르기까지 그 집안에서 후(侯)가 된 자는 8명이다.

찬(贊)하여 말했다.

"소하와 조참은 둘 다 진(秦)나라 도필리(刀筆吏)〔○ 사고(師古)가 말했다. "칼로 (나무판에) 글을 깎아서 썼기 때문이다. 옛날에는 간첩(簡牒)을 사용했다. 그래서 관리들은 모두 칼로 자신의 생각을 썼다."〕로 몸을 일으켰으나 당시에는 녹록(錄錄)〔○ 사고(師古)가 말했다. "녹록이란 녹록(鹿鹿)이라고도 하는데 평범한 서민 속에 있는 것을 말한다."〕으로서 무슨 특출한 절의[奇節]를 보여주지는 못했다. 한나라가 일어날 때 해나 달과 같은 한나라 황실의 넉넉한 다움[餘德=末光]에 의지해〔○ 사고(師古)가 말했다. "『주역(周易)』「문언(文言)」에 이르기를 '빼어난 이가 나온 후에야 만물의 시비곡직이 분명해졌다[聖人作而萬物睹]'라고 했고, 또 '드러난 용이 밭

---

11 남자의 형벌로, 머리를 깎고 몸에 쇠 차꼬를 한 채로 낮에는 성에서 외적을 감시하고 밤에는 축성에 동원됐다.

에 있으니 천하가 문물에 의해 밝아졌다[見龍在田天下文明]'라고 했다. 여
기서는 소하와 조참이 한나라가 처음 흥할 때 그 가치를 드러냈기 때문에
해와 달에 비유한 것이다.") 하(何)는 신실함과 부지런함으로 관약(管籥-피
리)을 지켰고[○ 사고(師古)가 말했다. "고조가 출정할 때마다 소하가 매번
가까이에서 지켰기 때문에 관약을 지켰다고 말한 것이다."), 참(參)은 한신
(韓信)과 함께 정벌에 나섰다. 천하가 이미 평정되자 백성들이 진나라의 법
을 싫어하니 시류를 순화시켜 시세에 맞도록 혁신했는데, 두 사람은 한 마
음이 돼 드디어 나라 안을 안정시켰다. 회음(淮陰)과 경포(黥布) 등이 이미
주멸된 후에는 오직 하(何)와 참(參)이 공명(功名)을 독차지하고[擅], 관직
은 여러 신하들과 견줄 바가 되지 않아 그 명성은 후세에 전해졌고, 한 시
대의 으뜸가는 신하[宗臣][○ 사고(師古)가 말했다. "후세에도 존경과 숭앙
을 받았기 때문에 종신(宗臣)이라고 한 것이다."]가 돼 그 경사가 자자손손
전수될 만큼 성대했도다."

권

◆

40

장량·진평·왕릉·
주발전

張陳王周傳

장량(張良)은 자(字)가 자방(子房)이고 그 선조는 한(韓)나라 사람이다. 할아버지[大父=祖父] 개지(開地)는 한나라의 소후(昭侯), 선혜왕(宣惠王), 양애왕(襄哀王)의 상국을 지냈다. 아버지 평(平)은 희왕(釐王)[○ 사고(師古)가 말했다. "釐의 발음은 (리가 아니라) 희(僖)다."], 도혜왕(悼惠王)의 상국을 지냈다. 도혜왕 23년에 평이 죽었다[卒]. (평이) 졸한 지 20년 뒤에 진(秦)나라가 한나라를 멸망시켰다. 량(良)은 나이가 어려 한나라에서는 벼슬하지 않았다. 한나라가 망했을 때 량의 집에는 노비[家僮=奴僕]가 300명이었는데 동생이 죽었을 때 장례도 치르지 않고 집안의 재산을 모두 털어 진왕(秦王-진시황)을 찌를 자객을 구해서 한나라의 원수를 갚으려 했다. 할아버지와 아버지가 다섯 임금에 걸쳐 한나라의 상국을 지냈기 때문이었다.

량은 일찍이 회양(淮陽)에서 예(禮)를 배웠는데 동쪽으로 가서 창해군

(倉海君)〔○ 진작(晉灼)이 말했다. "바다의 귀신[海鬼]이다." 여순(如淳)이 말했다. "동이(東夷)의 군장(君長)이다." 사고(師古)가 말했다. "둘 다 아니다. 대개 당시의 현자(賢者)의 칭호일 것이다."〕을 만나뵙고 그를 통해 역사(力士)를 얻어 120근 나가는 철퇴를 만들었다. 진나라 황제가 동방을 순수할 때[東游] 량은 박랑사(博浪沙)〔○ 복건(服虔)이 말했다. "하남(河南) 양무(陽武)의 남쪽 지역이다."〕에 이르러 객(客-역사)과 함께 진나라 황제를 (치기 위해) 숨어 있다가 쳤으나 잘못 조준해 시종이 타는 수레[副車]를 맞추었다. 진나라 황제는 크게 화가 나 천하를 샅샅이 뒤져[大索] 범인을 찾는 것이 아주 심했다. 이에 량은 이름과 성을 바꾸고 도망쳐 하비(下邳)에 숨었다.

량이 한번은 한가한 틈을 타 가만히 하비의 흙다리[圯=橋] 위를 거닐고 있는데 거친 삼베옷을 걸친 한 노인이 량이 있는 곳으로 다가와서 자신의 신발을 다리 아래로 곧장 던져버리고는 돌아보며 량에게 말했다.

"젊은이[孺子], 내려가서 신발 좀 가져오지."

량은 황당해하며[愕然] 때려주려고 했으나 그가 노인이기 때문에 마침내 억지로 참고 내려가 신발을 가져와 무릎을 꿇고 신발을 신겨주었다. 노인은 발을 뻗어 신을 신고는 웃으며 가버렸다. 량은 자못 크게 놀랐다. 노인은 1리쯤[許] 가다가는 다시 돌아와 말했다.

"가르칠 만한 젊은이로다. 닷새 후에 아침 일찍[平明=무朝] 나와 여기서 만나세."

량은 괴이하게 여기며 무릎을 꿇고 "예"라고 답했다. 닷새 뒤 아침 일찍 량이 그곳으로 갔다. 노인은 이미 와 있다가 화를 내며 말했다.

"늙은이와 약속해놓고 늦게 오다니[後] 어째서인가?"

자리를 뜨면서 "닷새 뒤 더 일찍 만나자"라고 했다. 닷새 뒤에 닭이 울 때 그곳으로 갔다. 노인은 또 먼저 와 있다가 다시 화를 내며 말했다.

"늦게 오다니 어째서인가?"

자리를 뜨면서 "닷새 뒤에 다시 더 일찍 오너라"라고 했다. 닷새 뒤에 량은 한밤중에 그곳으로 갔다. 얼마 뒤[有頃] 노인도 나타나서는 기분 좋게 말했다.

"마땅히 이렇게 해야지."

책 한 묶음을 내놓더니 말했다.

"이것을 읽으면 임금이 되려는 자[王者]의 스승이 될 것이다. 10년 후에 누군가 일어날 것이고, 13년 후에 젊은이는 제북(濟北)에서 나를 만날 터인데, 곡성산(穀城山) 아래의 누런 돌[黃石]이 바로 나다."

그러고는 떠났는데 더 이상 볼 수가 없었다. 날이 밝아 그 책을 보았더니 곧 『태공병법(太公兵法)』이었다. 이에 량이 그것을 기이하게 여겨 늘 익히고 외웠다.

(량은) 하비(下邳)에 살 때 임협(任俠)이었다. 항백(項伯)은 일찍이 사람을 죽이고서 량을 따라다니며 숨어 지냈다.

10년 후에 진섭(陳涉) 등이 일어나자 량도 젊은이 100여 명을 모았다. 경구(景駒)가 스스로를 세워 초나라의 가왕(假王-대리 왕 혹은 임시 왕)이 돼 유현(留縣)에 있었다. 량이 가서 그를 따르려 해 가던 길에 패공(沛公)과 마주쳤다. (당시) 패공은 수천 명을 거느리고 하비의 땅을 공략해 마침내 복속시켰다. 패공은 량을 제배해 구장(廐將-관직명)으로 삼았다. 량이 자주 『태공병법』으로 패공에게 유세하자 패공은 기뻐하며 늘 그 계책을 썼다. 량은 다른 사람에게도 똑같이 말했었지만 그들은 모두 제대로 이해하지[省=視] 못했다. 량이 말했다.

"패공은 거의[殆=近] 하늘이 내리신 분이다."

그래서 드디어 패공을 따르며 곁을 떠나지 않았다.

패공이 설(薛-현 이름)로 가서 항량(項梁)을 만나 함께 초나라 회왕(懷王)을 세웠다. 량이 이에 항량을 설득해 말했다.

"당신께서 이미 초나라 후예를 세우셨고 한(韓)나라의 여러 공자들 중에서 횡양군(橫陽君) 한성(韓成)이 뛰어나다 하니 그를 세워 왕으로 삼아 함께할 세력을 더욱 심어야 합니다〔○ 사고(師古)가 말했다. "6국의 후예들을 널리 왕으로 세워 함께 진나라를 공격하자는 것이다."〕."

항량은 량에게 한성을 찾게 해 한왕으로 세웠다. 그리고 량을 한(韓)나라 사도(司徒)로 삼아 한나라 왕과 함께 1,000여 명을 이끌고 서쪽으로 한나라 원래의 땅을 공략하게 해 여러 개의 성을 얻었으나 진나라가 곧바로 다시 빼앗는 등 한나라 군대는 영천(潁川)을 오가며 유격전을 벌였다.

패공이 낙양(雒陽)으로부터 남쪽으로 환원산(轘轅山)으로 출격했을 때 량은 병사를 이끌고 패공을 따라 한나라의 10여 개 성을 떨어뜨리고 양웅(楊熊)의 군대를 깨뜨렸다. 패공은 이에 한나라 왕 한성에게 남아서 양책(陽翟)을 지키게 하고, 자신은 량과 함께 남쪽으로 가서 완(宛-현 이름)을 공격해 떨어뜨리고, 서쪽으로 무관(武關)으로 들어갔다. 패공이 병사 2만으로 진나라 요관(嶢關)의 군대를 치려고 하자 량이 말했다.

"진나라 군대는 여전히 강해 가볍게 볼 수가 없습니다. 신이 듣건대 저들의 장수는 백정의 자식이라 하니 장사꾼[賈豎]은 이득으로 쉽게 움직일 수 있습니다. 바라건대 패공께서는 잠시 성벽에 머물러 계시고, 사람을 보내 먼저 가서 5만 명이 먹을 식량을 준비시키고, 다시 모든 산마다 깃발을 더 꽂아 의병(疑兵-가짜 병사)으로 삼게 하고, 역이기(酈食其)에게 많은 보물을 주어 진나라 장수를 매수하게 하십시오."

진나라 장수가 과연 배반하고서 패공과 연합해 서쪽으로 함양을 치자고 하니 패공은 이 말을 들으려 했다. (이에) 량이 말했다.

"이는 그 장수 혼자만의 배반이지 병졸들은 두려워해 따르지 않을 것입니다. 따르지 않는다면 반드시 위태로울 것이니 그들이 느슨해진[解=懈] 틈을 타서 공격하는 것만 못합니다."

패공이 이에 병사들을 이끌고 진나라의 군대를 쳐서 크게 깨뜨렸다. 그들을 쫓아 북쪽으로 남전(藍田)에 이르러 다시 싸우니 진나라 군대는 결국 패배했다. 드디어 함양에 이르니 진왕 자영(子嬰)은 패공에게 항복했다.

패공이 진나라 궁궐에 들어가 휘장이나 개와 말, 진귀한 보물, 여자 등의 수가 1,000을 헤아리는 것을 보고는 마음속으로 그곳에 머물러 살고 싶어 했다. 번쾌(樊噲)가 패공에게 궁궐 밖으로 나가자고 간언했으나 패공은 듣지 않았다. 량이 말했다.

"무릇 진나라가 무도했기 때문에 패공께서 여기에 오게 된 것입니다. 천하를 위해 남은 도적들을 없애려면 마땅히 검소함을 근본으로 삼아야[資=質] 할 것입니다. 지금 비로소 진나라에 들어오자마자 그 즐거움에 편안함을 느낀다면 이는 이른바 '걸을 도와 포악한 짓을 하는 것'입니다. 또

'충성스러운 말은 귀에 거슬리지만 행동에는 유익하고, 독한 약은 입에 쓰지만 병에는 이롭다'라고 했습니다. 바라건대 패공께서는 번쾌의 말을 들어야 합니다."

패공은 이에 군대를 패상(霸上)으로 되돌렸다.

항우가 홍문(鴻門)에 이르러 패공을 치려 하자 항백이 밤중에 패공의 군대로 내달려와 은밀하게[私] 량을 만나 함께 달아나자고 했다. 량이 말
_사
했다.

"신은 한왕(韓王)을 위해 패공을 호송하고 있는데 지금 사태가 급하다고 해서 도망쳐 달아나는 것은 의리가 아니오."

곧바로 패공에게 모든 것을 갖추어 말했다. 패공이 크게 놀라 말했다.

"어떻게 하면 되겠소?"

량이 말했다.

"패공께서는 정말[誠] 항우를 배반할 것입니까?"
_성

패공이 말했다.

"조무래기들[鯫生=小人輩]이 나에게 함곡관을 막고 제후들을 들이지 않
_{추생} _{소인배}
으면 진나라 땅에서 왕 노릇을 할 수 있다고 하길래 내가 그 말을 들었다."

량이 말했다.

"패공께서 스스로 보시기에[自度] 항왕을 물리칠 수 있겠습니까?"
_{자도}

패공은 말없이 한참을 있다가 말했다.

"지금 어찌 하면 되겠나?"

량은 이에 한사코 항백을 만나게 했다. 항백은 패공을 만났다. 패공은 백과 함께 술을 마시며 장수를 빌고 혼인 관계를 맺었다. 그러고는 항백으

로 하여금 (항우에게) 패공이 항우를 배반하지 않을 것과 그래서 함곡관을 지킨 것은 다른 도적을 막기 위한 것이었다고 갖추어 말하게 했다. 항우는 뒤에 풀어졌는데 상세한 이야기는 「항우전(項羽傳)」에 실려 있다.

한(漢)나라 원년(기원전 206년)에 패공은 한왕(漢王)이 돼 파(巴), 촉(蜀)에서도 왕 노릇을 하면서 량에게 황금 100일(溢)〔○ 복건(服虔)이 말했다. "20냥(兩)이 1일(溢)이다." 사고(師古)가 말했다. "진나라에서는 금을 재는 단위가 일(溢)인데 만일 한나라의 단위로 했다면 근(斤)이라 했을 것이다."〕과 진주 구슬 두 말을 내려주었지만 량은 모두 항백에게 바쳤다. 한왕(漢王)은 또 량으로 하여금 후한 재물을 항백에게 주게 하면서 한중의 땅을 (달라고 항우에게) 부탁하게 했다〔○ 복건(服虔)이 말했다. "애초에 한중의 땅을 다 주지 않았기 때문에 그래서 나머지를 다 달라고 청한 것이다."〕. 항왕은 이를 허락했다. 한왕이 봉국으로 갈 때 량은 배웅하기 위해 포중(襃中)에 이르렀는데, 이때 한왕은 량을 한(韓)나라로 돌아가게 했다. 량은 그 기회에 한왕을 설득해 잔도(棧道)〔○ 사고(師古)가 말했다. "각도(閣道)다."〕를 불태워 끊어버려 천하를 향해 이곳으로 돌아올 마음이 없다는 것을 보여줌으로써 항왕의 마음을 더 확고하게 만들라고 했다. 이에 장량을 돌아가게 하고는 잔도를 불태워 끊어버렸다.

량이 돌아가 한나라에 이르렀을 때 (량은) 항왕(項王)이 량이 한왕(漢王)을 따랐다는 이유로 한왕(韓王) 성(成)을 봉국으로 보내지 않고, 자신을 따라 함께 동쪽으로 데려가 팽성(彭城)에 이르러 그를 죽여버렸다는 소식을 들었다. 이때 한왕은 돌아와 삼진을 평정했고 량은 이에 항우에게 편지를 보내 말했다.

'한왕은 직위를 잃어 관중을 얻고자 해 약속대로 즉각 멈추고서 감히 동쪽으로는 다시 가지 않았습니다.'

또 제(齊)나라(왕 전영)가 반란을 일으켰다는 것을 글로 써서 우(羽)에게 보내 말했다.

'제나라와 조나라가 함께 초나라를 멸하려 합니다.'

항우는 이 때문에 북쪽으로 제나라를 쳤다.

량은 마침내 샛길을 통해 한(漢)나라에 돌아왔다. 한왕은 량을 성신후(成信侯)로 삼고 동쪽으로 초나라를 쳤다. 팽성에 이르러 한왕의 군대는 패해 돌아갔다. 하읍(下邑)〔○ 사고(師古)가 말했다. "양(梁)나라의 현인데 지금의 송주(宋州)에 속한다."〕에 이르러 한왕은 말에서 내려 안장에 기대 물었다.

"내가 함곡관 동쪽 등지를 떼어 상으로 줄 텐데 누가 나와 함께 그 공로를 같이하겠는가〔○ 사고(師古)가 말했다. "아직 그 땅을 차지하지 못했고, 장차 누군가에게 주겠다는 뜻이고, 결국 공로를 세우게 해 초나라를 함께 깨뜨리자는 말이다."〕?"

량이 말했다.

"구강왕(九江王) 경포(黥布)는 초나라의 가장 용맹한 장수[梟將]였으나 지금은 항왕과 틈이 벌어져 있고, 팽월(彭越)은 제나라 왕 전영과 함께 양(梁) 땅에서 반란을 일으켰으니 이 두 사람은 급할 때 쓸 수가 있습니다. 그리고 한왕(漢王)의 장수로는 오직 한신(韓信)만이 큰일을 맡기면[屬=委] 한 방면을 감당할 수 있습니다. 만일 그 땅을 상으로 주시고자 한다면 이 세 사람에게 주어야만 초나라를 깨뜨릴 수 있을 것입니다."

한왕이 마침내 수하(隨何)를 보내 구강왕 경포를 설득하게 하고 사람을 보내 팽월과도 연결을 맺었다. 위왕(魏王) 표(豹)가 반란을 일으키자 한신에게 홀로[特=獨] 군사를 이끌고 북쪽으로 가서 그를 치게 했고, 그 틈에 (한왕은) 연, 대(代), 제, 조나라를 모두 함락시켰다. 그러나 결국 초나라를 깨뜨릴 수 있었던 것은 이 세 사람의 힘 때문이었다.

량은 병이 많아 일찍이 혼자서 군대를 이끈 적이 없고 늘 계책을 내는 신하로 있으면서 수시로[時時] 한왕을 따랐다.

한나라 3년에 항우가 전격적으로 한왕을 형양(榮陽)에서 포위하자 한왕이 두렵고 걱정이 돼서 역이기(酈食其)와 함께 초나라의 힘을 꺾어놓을[橈=弱] 계책을 모의했다. 역생(酈生)이 말했다.

"옛날에 (은나라를 세운) 탕(湯)은 (하나라의 마지막 왕) 걸(桀)을 정벌하고서 그 후손을 기(杞)나라에 봉했고, (주나라를 세운) 무왕(武王)은 (은나라의 마지막 왕) 주(紂)를 주벌하고 그 후손을 송(宋)나라에 봉해주었습니다. 지금은 진나라가 무도해 6국을 정벌하고 멸망시켜 (그 후손들이) 송곳 하나 세울 땅도 없게 만들었습니다. 폐하께서 진정으로 6국의 후세들을 다시 세워주신다면 이들은 모두 다투어 폐하의 다움과 의로움[德義]을 받들어 서로 기꺼이 신첩이 되기를 원할 것입니다. 다움과 의로움이 이미 시행돼 폐하께서 남면해 패왕(覇王)이라고 칭하시면 초나라는 틀림없이 옷깃을 여미고[斂衽] 조회하러 올 것입니다."

한왕이 말했다.

"좋소. 서둘러[趣=促] 인장을 새길 것이니 선생이 그것을 갖고서 6국으로 가시오."

역생이 아직 떠나지 않았을 때 량이 나라 밖에서 돌아와 한왕을 뵈었다. 한왕은 마침 식사를 하려 하다가 말했다.

"어떤 빈객이 있어 나를 위해 초나라의 힘을 꺾어놓을 계책을 내놓았소."

역생의 말을 다 일러준 다음에 말했다.

"자방(子房)이 보기에는 어떻소?"

량이 말했다.

"누가 폐하께 이런 계책을 냈습니까? 폐하의 일[事=大事]은 끝장입니다."
사 대사

한왕이 말했다.

"어째서인가?"

량이 말했다.

"앞에 있는 젓가락을 빌려주시면 대왕을 위해 현재 처해 있는 형세를 하나씩 짚어보도록 하겠습니다."

(그러고는 말했다.)

"옛날에 탕왕과 무왕이 각각 걸(桀)과 주(紂)를 정벌하고 그 후손을 봉해준 것은 능히 걸이나 주의 죽은 명[死命]을 통제할 수 있다고 여겼기 때문입니다. (그런데) 지금 폐하께서 항적의 죽은 명은 목숨을 통제할 수 있습니까? 이것이 그렇게 해서는 안 되는 첫 번째 이유입니다.

무왕이 은나라에 들어가 그 나라의 현자(賢者)인 상용(商容)의 마을에 그를 기리는 표창을 하고, 기자(箕子)의 문에 예를 행하고[式], 비간(比干)의 무덤에 봉분을 만들어주었습니다. (그런데) 지금 폐하께서 그렇게 하실 수 있습니까? 이것이 그렇게 해서는 안 되는 두 번째 이유입니다.

(무왕은) 거교(鉅橋)에 저장된 곡식과 녹대(鹿臺)에 쌓인 재화를 풀어 가난하고 굶주린 사람들에게 나누어주었습니다. (그런데) 지금 폐하께서 그렇게 하실 수 있습니까? 이것이 그렇게 해서는 안 되는 세 번째 이유입니다.

(무왕은) 은나라의 일(殷事-은나라를 정벌하는 일)이 끝나자 전차를 일반 수레로 바꾸고, 무기를 창고에 넣고 가죽으로 덮어 다시는 군대를 사용하지 않겠다는 것을 천하에 보여주었습니다. (그런데) 지금 폐하께서 그렇게 하실 수 있습니까? 이것이 그렇게 해서는 안 되는 네 번째 이유입니다.

(무왕은 전쟁 때 동원됐던) 말들을 화산(華山)의 남쪽[陽]에 풀어놓고 쉬게 해 더는 동원하지 않을 것임을 나타냈습니다. (그런데) 지금 폐하께서는 그렇게 하실 수 있습니까? 이것이 그렇게 해서는 안 되는 다섯 번째 이유입니다.

(무왕은 군용물자를 운반하던) 소를 도림(桃林)의 들판에 풀어놓음으로써 다시는 군대 물자 운송[輜重]에 쓰지 않을 것임을 보여주었습니다. (그런데) 지금 폐하께서는 그렇게 하실 수 있습니까? 이것이 그렇게 해서는 안 되는 여섯 번째 이유입니다.

또 무릇 천하의 유세가들이 그 친척을 떠나 조상의 무덤을 내팽개치고 고향을 버린 채 폐하를 따라 떠도는 것은 그저 낮밤으로 한 자 한 치의 땅이라도 얻기를 바라서입니다. 지금 6국을 복구해 한(韓), 위(魏), 연(燕), 조(趙), 제(齊), 초(楚)나라의 후손을 세우면 천하의 유세가들은 각자 돌아가 그 주인을 섬기면서 그 친척을 따르고 다시 그 친척을 따라 친구와 함께 조상 무덤이 있는 고향으로 돌아갈 것인데 폐하께서는 누구와 함께 천하를 차지하시렵니까? 이것이 그렇게 해서는 안 되는 일곱 번째 이유입니다.

그리고 또 지금은 초나라가 홀로 강자가 될 수 없겠지만 6국이 (나라를 회복하면) 다시 몸을 굽혀 초나라를 따르게 될 것인데 그러면 폐하께서는 어떻게 그들을 신하로 삼을 수 있겠습니까? 정말로 이런 계책을 쓰신다면 폐하의 일은 끝장입니다."

한왕은 식사를 멈추고[輟=止] 씹고 있던 음식을 뱉어내면서 꾸짖어 말했다.

"더벅머리 유생놈[竪儒] 때문에 하마터면[幾=近] 큰일[公事=大事]을 망칠 뻔했도다!"

영을 내려 당장 인장을 녹여버리게 했다.

뒤에 한신이 제나라를 깨뜨리고 스스로를 세워 제나라 왕이 되려 하자 한왕은 화가 났다. 량이 한왕을 설득하니 한왕은 량을 시켜 제왕의 관인을 한신에게 주게 했다. 상세한 이야기는 「한신전(韓信傳)」에 실려 있다.

한나라 5년 겨울에[1] 한왕(漢王)은 초나라를 뒤쫓아 양가(陽夏) 남쪽에 이르렀으나 전세가 불리해 고릉(固陵)에 보루를 쌓고 있었는데, 제후들이 약속한 날짜에 오지 않았다. 량이 한왕을 설득해 한왕이 그 계책을 쓰자 제후들이 모두 왔다. 상세한 이야기는 「고제기(高帝紀)」에 실려 있다.

한나라 6년에 공신을 봉했다. 량은 일찍이 전투에서의 공로는 없었는데 고제가 말했다.

---

1 사마천의 『사기(史記)』 「유후세가(留侯世家)」에는 한나라 4년 가을로 돼 있다.

"장막 안에서 계책[籌策]을 부려 1,000리 밖 승부를 결정지은 것은 자방의 공로다. 스스로 제나라 3만 호를 고르라!"

량이 말했다.

"처음에 신이 하비(下邳)에서 일어나 상과 유(留-현)에서 만났는데 이는 하늘이 신을 폐하께 주신 것입니다. 폐하께서 신의 계책을 쓰셨고 다행히 때에 들어맞았습니다[時中]. 신은 바라건대 유(留)에 봉해지는 것으로 만족합니다. 감히 3만 호는 맡을 수가 없습니다."

이에 량을 유후(留侯)에 봉했는데 소하(蕭何) 등과 함께 봉읍을 받았다.

상이 공로가 큰 공신 20여 명은 봉했지만 그 나머지는 낮밤으로 공로를 다투는 바람에 결정을 못해 아직 봉하지 못하고 있었다. 상이 낙양의 남궁(南宮)에 머물고 있을 때 복도를 따라 걷다가 장수들이 무리를 지어 모래밭에 앉아 숙덕거리는 모습을 보게 됐다. 상이 말했다.

"이들은 무슨 말을 하는가?"

량이 말했다.

"폐하께서 모르고 계십니까? 저들은 반란을 꾀하고 있을 뿐입니다."

상이 말했다.

"천하가 거의[屬=近] 안정을 찾았는데 무엇 때문에 반란을 일으킨단 말인가?"

량이 말했다.

"폐하께서 평민의 신분으로 봉기하시어 저들을 데리고 천하를 차지했습니다. (그런데) 지금 폐하께서 이미 천자가 되시어 봉한 자들이라고는 모두 소하, 조참[蕭曹] 같은 아끼고 친한 친구들이고, 주살한 자들은 모두 평소 원한을 가진 자들이었습니다. (그런데) 지금 군의 관리들의 공로를 따져보니 천하로도 다 봉하기에는 부족하니 저들은 폐하께서 다 봉해주지 못할까 두렵고, 또 평소 자신들의 잘못 때문에 죽지나 않을까 두려워서 서로 모여 반란을 꾀하는 것입니다."

상이 이에 걱정이 돼 말했다.

"장차 어찌하면 좋겠소?"

량이 말했다.

"상께서 평소 미워하는 자로서 여러 신하들도 다 알고 있고 그중에서도 가장 심한 자가 누구입니까?"

상이 말했다.

"옹치(雍齒)가 나와 묵은 감정[故怨]이 있지. 여러 차례 나를 곤혹스럽
　　　　　　　　　　　　　　고원
게 만든 적이 있어〔○ 복건(服虔)이 말했다. "아직 일어나기 전에 자신과 옛 원한이 있었다는 말이다." 사고(師古)가 말했다. "매번 용력(勇力)으로 고조를 곤욕에 빠뜨렸다."〕내가 그를 죽이려 했지만 세운 공이 많아 차마 못 했지."

량이 말했다. "지금 바로 옹치를 먼저 봉해 신하들에게 보이신다면 신하들은 옹치가 봉해지는 것을 보고서 각자 알아서 마음을 잡을[自堅] 것
　　　　　　　　　　　　　　　　　　　　　　　　　　　　　　자견
입니다."

이에 상은 술자리를 마련해 옹치를 봉해 십방후(什方侯)〔○ 소림(蘇林)이 말했다. "(십방은) 한중(漢中)의 현이다." 사고(師古)가 말했다. 「지리지(地理志)」에 따르면 광한(廣漢)에 속하지 한중은 아니다. 지금의 익주(益州)에 속한다."〕로 삼는 한편 급히 승상과 어사를 재촉해 논공행상[定功行封]을
　　　　　　　　　　　　　　　　　　　　　　　　　　　　　　정공　행봉

시행하도록 했다. 여러 신하들은 술자리가 끝나자 모두 기뻐하며 말했다.

"옹치도 후에 봉해졌으니 우리 같은 자들이야 아무것도 걱정할 것이 없다."

유경(劉敬)이 상을 설득해 관중(關中)에 도읍하라고 했으나 상은 이를 의심했다. 좌우 대신들이 모두 산동(山東) 사람들이라 대부분 낙양에 도읍할 것을 권하면서 말했다.

"낙양 동쪽에는 성고(成皐)가 있고, 서쪽에는 효산(崤山)과 민지(澠池)가 있으며, 황하를 등지고 이수(伊水)와 낙수(雒水)를 마주 보고 있어 그 견고함이 충분히 믿을 만합니다."

량이 말했다.

"낙양이 비록 그런 견고함이 있지만 그 중심은 작아 사방 수백 리에 지나지 않으며 땅은 척박하고 사방으로 적의 공격을 받는 곳이므로 무력을 쓸 만한 곳이 아닙니다. 저 관중은 동쪽으로 효산과 함곡관이 있고, 서쪽으로 농산(隴山)과 촉산(蜀山)이 있으며, 기름진 땅이 사방 1,000리이고, 남쪽으로는 파와 촉의 풍요로움이 있으며, 북쪽으로 오랑캐의 드넓은 초원의 이점이 있습니다. 삼면이 막혀 있어 굳게 지킬 수 있으므로 동쪽 한쪽만 제후들을 통제하면 됩니다. 제후들이 안정되면 황하와 위수(渭水)로 천하의 식량을 운송해 서쪽으로 도읍에 공급할 수 있고 만약에 제후들이 변란을 일으키면 물길을 따라 내려가 충분히 물자를 운반할 수 있습니다. 이것이 이른바 금성천리(金城千里)이자 천부지국(天府之國)[○ 사고(師古)가 말했다. "재물을 모아놓은 곳을 부(府)라고 한다. 즉, 관중 땅에는 물산이 풍부하고 많아 필요로 하는 소비를 댈 수 있기 때문에 천부(天府)라고 부른 것이다.")입니다. 유경의 설이 옳습니다."

이에 고제는 바로 그날로 수레를 몰아 서쪽 관중에다 도읍했다. 량도 따라서 관중에 들어갔으나 천성적으로 병이 많아 도인술(導引術)을 하면서 곡기를 끊고 1년 넘게 문 밖을 나오지 않았다.

상(上)이 태자를 폐하고 척부인(戚夫人)의 아들인 조(趙)나라 왕 유여의(劉如意)를 그 자리에 세우고 싶어 했다. 많은 대신들이 다투어 간언했으나 확실한 결단[堅決]을 얻어낼 수 없었다. 여후(呂后)는 두려워서 어찌할 바를 몰랐다. 어떤 사람이 혹 여후에게 일러 말하기를 "유후(留侯)는 계책[計筴]을 잘 짜내기 때문에 상께서는 그를 믿고서 씁니다"라고 했다. 여후는 마침내 건성후(建成侯) 여택(呂澤, ?~기원전 199년)[2]을 시켜 량에게 겁을 주며 말했다.

"그대는 늘 상의 모신(謀臣)이면서 지금 상께서 태자를 바꾸고 싶어 하시는데도 어찌 베개를 높이 하고[高枕] 누워만 있는가?"

량이 말했다.

"애초에 상께서 여러 차례 곤란하고 위급한 상황에 계실 때 다행스럽게도 신의 계책[筴]을 써주셨습니다. (그런데) 지금 천하가 안정돼 아끼는 자식으로 태자를 바꾸려 하시는데 이는 골육 간의 일이므로 비록 신과 같은 사람이 100여 명이 있다 한들 무슨 도움이 되겠습니까?"

---

2   여후(呂后)의 큰오빠다. 유방(劉邦)을 따라 한(漢)에 들어와 삼진(三秦)을 평정하고, 병사를 이 끌고 탕(碭)을 함락했다. 유방이 팽성(彭城)에서 패했을 때 달려가 보좌하면서 천하를 평정하는 일을 도왔다. 주여후(周呂侯)에 봉해졌다.

여택이 강요하며 말하기를 "나를 위해 계책을 짜주시오"라고 하자 량은 이렇게 말했다.

"이는 말[口舌]로 다투기가 어렵습니다. 돌이켜보건대 상께서 뜻대로 부를 수 없는 사람으로 천하에 네 분이 있습니다. 이 네 분은 연로하신데 모두 상께서 사람들을 업신여기신다[慢侮]고 여겨 산속으로 달아나 숨어 지내며 의로움을 지키느라 한(漢)나라의 신하가 되지 않았습니다. 그러나 상께서는 이 네 사람을 높게 여기십니다. 지금 공께서 진실로 능히 황금이나 옥이나 귀한 비단[金玉璧帛]을 아끼지 마시고, 태자로 하여금 편지를 쓰시게 해 말을 공손하게 하고[卑辭] 안거(安車)를 준비한 다음, 말 잘하는 선비[辯士]를 시켜 간곡히 청한다면 마땅히 올 것입니다. 그들이 오거든 빈객(賓客)으로 삼아 수시로 (태자를) 따라서 조정 회의에 들어가게 해 상으로 하여금 그들을 보시게 하면 반드시 이상하다 여기며 그들에 대해 물으실 것입니다. 묻게 되면 상께서는 이 네 분이 뛰어나다는 것을 아시게 될 테니 그러면 (태자에게) 하나의 도움이 될 것입니다."

이에 여후는 여택을 시켜 사람을 보내 태자의 편지를 받들고서 말을 공손하게 하고 예를 두텁게 해[卑辭厚禮] 이 네 사람을 맞아오게 했다. 네 사람은 도착해 건성후의 집에 빈객이 됐다.

한나라 11년 경포(黥布)가 반란을 일으켰을 때 상은 병중이어서 태자를 시켜 장차 가서 그들을 치려고 했다. 네 사람은 서로 말했다.

"무릇 우리들이 이렇게 온 까닭은 장차[將] 태자를 보존하기 위함인데 태자께서 군대를 거느린다면[將] 일이 위태로워질 것입니다."

이에 건성후를 설득해 말했다.

"태자께서 군대를 거느릴 경우 공을 세운다 해도 태자에다가 더할 벼슬이 없고 만일 공을 세우지 못한 채 돌아온다면 이로 인해[從此=由此] 화를 입게 될 것입니다. 또 태자가 함께할 여러 장수들은 모두 일찍이 상과 함께 천하를 평정했던 맹장[梟將=猛將]들입니다. 지금 태자로 하여금 그들을 거느리게 한다면 이는 양에게 이리를 거느리게 하는 것과 다를 바가 없어 그들은 모두 기꺼이 온 힘을 다하려 하지 않을 것이니 아마도 (태자께서) 공을 세우지 못하는 것은 불가피할 것입니다. 신이 듣건대 '어머니가 사랑을 받으면 그 자식도 안게 된다'라고 했는데, 지금 척부인이 낮밤으로 상을 모시니[待御], 조왕 여의도 늘 상 앞에 안겨 있게 되고, 상께서 말씀하시기를 '결국 똑똑지 못한[不肖] 자식을 사랑스러운 자식 위에 있게 할 수는 없다'라고 하시니, 그가 반드시 태자의 자리를 대신하게 되는 것은 명확합니다.

군(君)께서는 어찌 급히 여후에게 청해 틈을 타서[承間=乘間] 상께 눈물을 흘리며 '경포는 천하의 맹장으로 군사를 잘 다루고 지금 여러 장군들은 모두 폐하의 옛 동료들인데, 마침내 태자로 하여금 이런 자들을 거느리게 하시면 양에게 이리를 거느리게 하는 것과 다를 바가 없어 어느 누구도 기꺼이 힘을 다하지 않을 것입니다. 또 포가 이를 듣게 된다면 북을 치며 행군해[鼓行] 서쪽(-장안)으로 올 것입니다. 상께서 비록 병중일지라도 억지로라도 치거(輜車)³에 몸을 싣고 누워서 몸을 보호하며 여러 장수들을 통솔하신다면, 감히 힘을 다하지 않을 수 없을 것입니다. 상께서 비

---

3   덮개가 있어 짐 또는 군수품을 실어 나르는 데 쓰이는 수레로 치중거(輜重車)라고도 한다.

록 힘이 드시겠지만 처자식을 위해 스스로 강해지셔야 합니다'라고 말씀
올릴 것을 말하지 않습니까?"

이에 여택은 곧장 일어나 밤에 여후를 만나니 여후는 틈을 타 상에게
눈물을 흘리면서 말했는데 네 사람의 뜻 그대로였다. 상이 말했다.

"나도 실로 그 어린애[豎子]를 믿고 보내기에는 부족하다고 여기고 있
으니 내가 몸소 가도록 할 것이오."

이리하여 상이 몸소 군대를 거느리고 동쪽으로 가니 여러 신하들은 머
물러 지키며 모두 패상(霸上)까지 배웅했다. 량도 병중이었으나 스스로 억
지로 일어나 곡우(曲郵)까지 따라와 상을 뵙고 말했다.

"신이 마땅히 따라가야 하겠으나 병이 깊습니다. 초나라 사람들은 사납
고 민첩하니[剽疾] 바라건대 상께서는 초나라 사람들과 예봉을 다투어서
는 안 됩니다."

그리고 틈을 타서 상을 설득했다.

"태자에게 영을 내려 장군으로 삼아 관중(關中)의 군대를 감독하게 하
십시오."

상이 말했다.

"자방(子房)이 비록 병중이지만 억지로 누워서라도 태자를 도와주시오
[傅]."

이때 숙손통(叔孫通)은 태부(太傅)였고 유후는 소부(少傅)의 일을 맡고
있었다.

한나라 12년 상이 나아가 포(布)의 군대를 쳐서 깨뜨리고 돌아왔는데
병이 더 심해지자 더욱더 태자를 바꾸고 싶어 했다. 량이 간언했으나 들

어주지 않자 량은 병을 핑계로 정사를 돌보지 않았다. 숙손태부(叔孫太傅)는 고금의 일을 끌어들여 설득하며 죽음을 무릅쓰고 태자를 위하는 간쟁을 했다. 상은 거짓으로[詳] 그러겠노라고 했지만 오히려 어떻게든 바꾸고 싶어 했다. 연회가 열려 술자리가 마련됐는데 태자가 상을 모시게 됐다. 네 사람은 태자를 시종했는데 나이가 모두 80여 살이었고, 수염과 눈썹이 은빛으로 희었으며[皓白], 의관이 몹시 훌륭했다[偉]. 상이 이들을 괴이하게 여겨 "저들은 무엇을 하는 자들인가?"라고 하자 네 사람은 앞으로 나아가 대답하며 각자 자신의 이름과 성을 말하기를 동원공(東園公), 녹리선생(角里先生), 기리계(綺里季), 하황공(夏黃公)이라고 했다.

이에 상은 크게 놀라며 말했다.

"내가 그대들을 찾은 것이 여러 해인데 그대들은 나를 피해 달아나더니 지금은 그대들이 어찌 스스로 내 아이를 따르며 교유하고 있는가?"

네 사람 모두 말했다.

"폐하께서는 선비를 하찮게 여기고 욕도 잘하시니 신들이 욕을 먹지 않을까 걱정했습니다. 그래서 두려운 마음에 달아나 숨었던 것입니다. 남몰래 듣건대[竊聞] 태자께서는 사람됨이 어질고 효성스러우며, 공손하고 삼가면서[仁孝恭敬] 선비를 아끼시니, 천하에서는 목을 빼고서 태자를 위해 죽으려고 하지 않는 자가 없을 정도이므로, 그 때문에 신들이 온 것일 뿐입니다."

상이 말했다.

"번거롭겠지만 그대들은 잘 해서 끝까지 태자를 보살피며 지켜주시오[調護]."

네 사람이 축수를 이미 마치고 총총히 떠나가자 황상은 그들을 멀리 안 보일 때까지 전송하면서[目送] 척부인을 불러 네 사람을 가리키며 말했다.

"내가 태자를 바꾸고자 했으나 저 네 사람이 태자를 보좌를 해 태자의 우익(羽翼)이 이미 성장했으니 그 지위를 바꾸기가 어렵겠소. 여후(呂后)는 진정으로 그대의 주인이오."

척부인이 눈물을 흘리자 상이 말했다.

"나를 위해서 초나라 춤을 추면 나도 초나라 노래를 부르리라."

노래의 가사다.

'큰 기러기와 고니가 높이 날아 단번에 1,000리를 날아가네

날개가 이미 자라서 사해를 가로질러 날아다니는구나

사해를 가로질러 날아다니니 마땅히 어찌하겠는가!

비록 짧은 화살이 있다고 할지라도 오히려 어디에다 쏠 것인가!'

노래를 몇 차례 부른 다음 마치고서[闋] 척부인은 한숨을 내쉬며 눈물을 흘렸다. 상이 일어나 가버리자 술자리는 끝났다. 결국 태자를 바꾸지 못한 것은 근본적으로 량이 이들 네 사람[4]을 불러온 덕분[力]이었다.

량이 상을 따라가 대(代)나라를 치고, 기이한 계책을 내어 마읍(馬邑)을 떨어뜨렸으며, 소상국(蕭相國)을 세우기까지[○ 복건(服虔)이 말했다. "어

---

4 이 네 사람은 섬서성(陝西省) 상산(商山)에 은거했다 해 상산사호(商山四皓)라고 부른다.

느 때 상국이 됐는지는 알 수 없지만 량이 고조에게 권해 그를 세운 것이다.") 상과 함께 조용히 천하의 일을 논한 것이 아주 많았는데, 그것들은 천하의 존속되거나 망하는 이치와 관계된 것이 아니기에 여기서 드러내 기록하지 않았다.

량은 이에 늘 이렇게 말했다.

"집안 대대로 한(韓)나라의 승상을 지냈는데 한나라가 멸망하자 만금의 재물을 아끼지 않고[不愛] 한나라를 위해서 강력한 진나라에 복수를 해 천하를 진동시켰다. 지금은 세 치의 혀로 황제를 위한 스승이 돼 1만 호에 봉해지고 지위는 열후이니, 이는 평민으로서는 끝까지 간 것이라 나 량은 만족한다. 바라건대 세속의 일을 버리고 적송자(赤松子)[5]를 따라 노닐고 싶을 뿐이다."

마침내 도인술을 배워 곡식을 먹지 않았고 몸을 가볍게 했다. (때마침) 고제가 붕하자 여후(呂后)는 량의 은혜에 감사해 그에게 억지로 음식을 먹이며 말했다.

"한 번 사는 인생이란 흰 망아지가 좁은 틈을 지나가는 것과 같은데 〔○ 사고(師古)가 말했다. "이에 대한 풀이는 「위표전(魏豹傳)」에 실려 있다."〕 어찌 스스로에게 이렇게 고통을 준단 말이오?"

량은 어쩔 수 없이 그 말을 듣고서 억지로 음식을 먹었다. 6년 후에 훙하자 시호를 내려 문성후(文成侯)라 했다.

량이 처음에 하비의 다리 위에서 만난 노인이 책을 주고서 13년이 지

---

5 신농씨(神農氏) 때의 우사(雨師)로 뒤에 곤륜산으로 들어가 신선이 됐다는 전설상의 인물이다.

나 고제를 따라 제북(濟北)을 지나는데, 과연 곡성산(穀城山) 아래에서 누런 돌[黃石]을 얻게 되니, 그것을 가지고 와 보배처럼 여기며 그것에 제사를 올렸다. 량이 죽자 누런 돌도 함께 묻었다. 그후로 사람들은 해마다 복일(伏日)과 납일(臘日)에 무덤에 오를 때 누런 돌에도 제사를 지냈다.

아들 불의(不疑)가 뒤를 이어 후가 됐다. 효문(孝文) 3년에 불경죄에 걸려 봉국이 없어졌다.

진평(陳平)은 양무(陽武)〔○ 사고(師古)가 말했다. "현(縣) 이름이고 진류(陳留)에 속한다."〕호류향(戶牖鄉) 사람이다. 어릴 때는 가난했지만 독서를 좋아했고 황제(黃帝)와 노자(老子)의 학술을 익혔다. 30무(畝)의 땅이 있었는데 혼자서 형 백(伯-진백)과 함께 살았다. 백은 늘 밭을 갈면서 평(平)에게 마음껏 돌아다니며 공부할 수 있게 해주었다. 평은 사람됨이 키가 크고 뜻도 컸으며 인물도 잘생겼다. 사람들은 간혹 평에게 "가난한데 무얼 먹고 이렇게 살이 쪘냐?"라고 말하기도 했다.

그의 형수는 평이 집안일을 챙기지 않고 농사일도 돌보지 않는 것을 미워해 이렇게 말했다.

"쌀겨[糠覈]나 먹고 살 수밖에! 있는 시동생[叔]이라고 저 모양이니 없는 편이 낫겠네!"

백은 이 말을 듣고서 결국 자기 아내를 내쫓아버렸다. 평이 자라서 아내를 얻을 때가 됐는데 부자들 중에 딸을 주려는 사람은 없었고 가난한 집 딸(과 혼인하는 것)은 평도 부끄럽게 여겼다. 한참이 지난 뒤에 호류향의 부자인 장부(張負)라는 사람이 있었는데, 그의 손녀딸은 다섯 번 시집을 갔으나 그때마다 남편이 죽어 아무도 아내로 맞이하려는 사람이 없었기에, 평은 그녀를 아내로 맞아들이려 했다. 마을에 큰 초상[大喪]이 나자 평의 집안은 가난했기에 장례를 거들면서[侍喪] 가장 먼저 갔다가 가장 나중에 오는 방식으로 일을 도왔다. 장부는 상갓집에서 평을 보게 됐는데 풍채가 좋은 평을 홀로 눈여겨보았다[獨視]〔○ 사고(師古)가 말했다. "그를 보고서 그의 특출나고 뛰어난 외모에 만족해했다는 뜻이다."〕. 평 역시 일부러 맨 나중에 자리를 떴다. 부(負)가 평을 따라 그 집에 가보니 집은 성곽을 등진[負=偝] 막다른 골목에 있었고 돗자리 같은 것으로 문을 만들어놓았는데, 하지만 문밖에는 인품이 뛰어난 이[長者]들의 수레바퀴 자국이 많았다. 장부가 집으로 돌아와 그의 아들 중(仲)에게 일러 말했다.

"내가 손녀를 진평에게 주려고 한다."

중이 말했다.

"평은 가난하고 생업에 종사하지도 않아 현의 모든 사람들이 그의 행태를 보며 비웃는데, 어찌 홀로 그에게 딸을 주려 하십니까?"

부가 말했다.

"진평처럼 저렇게 멋진 사람[有美]이 언제까지 가난하고 천하게 지내겠느냐?"

결국 손녀딸을 주었다. 평이 가난했기 때문에 이에 폐백에 필요한 돈을 빌려주어 예를 차리게 하고, 술이며 고기를 살 돈도 주어 아내를 맞이하게 했다. 장부는 손녀딸에게 타일러 말했다.

"가난하다고 해서 남편을 섬김에 소홀함이 없도록 해라. 그의 형님 백은 너의[乃=汝] 아버지 모시듯 하고, 그 형수는 너의 어머니 모시듯 해야 한다."

평이 장씨의 딸을 아내로 얻고 나자 집안 재산이 점점 늘었고 교유 범위[游道]도 날로 넓어졌다.

마을 사제(社祭-토지신에게 올리는 제사)가 있어 평이 재(宰)〔○ 사고(師古)가 말했다. "고기를 잘라서 나눠주는 일을 맡았다."〕가 됐는데 고기를 나누는 것이 아주 공평했다. 마을의 부로(父老)들이 말했다.

"잘하는구나, 진씨네 젊은이가 재 노릇을!"

평이 말했다.

"아, 이 평에게 천하를 주재하게 해도 제육을 나누듯 잘할 수 있을 텐데!"

진섭(陳涉)이 일어나 (진(陳)나라의) 왕이 돼 주불(周市)로 하여금 (옛 위나라) 땅을 공략하게 하고서 위구(魏咎)를 세워 위왕(魏王)으로 삼고 진(秦)나라 군대와 임제(臨濟)에서 서로 공방전을 벌였다. 평은 이미 그에 앞서 형 백과 이별하고 젊은이들을 따라 임제로 가서 위왕 구(咎)를 섬겼는데, 위왕은 그를 태복(太僕)으로 삼았다. (이때 평이) 위왕에게 유세했으나 듣지 않았고 사람들 중에 누가 그를 헐뜯자[讒] 평은 달아났다.

항우(項羽)가 각지를 공략하며 황하 가에 이르자 평은 가서 그에게 의탁하고, 그를 따라 (관중으로) 들어가 진나라를 깨뜨리자 (항우는) 경(卿)의 작위를 내려주었다〔○ 장안(張晏)이 말했다. "예우상의 작질이 경(卿)일 뿐 맡은 일은 없었다."〕. 항우가 동쪽으로 가서 팽성(彭城)에서 왕 노릇을 할 때 한왕(漢王)은 군대를 돌려 삼진(三秦)을 평정하고 동쪽으로 나아갔다. 은왕(殷王-사마앙)이 초나라에 반기를 들자 항왕(項王-항우)은 이에 진평을 신무군(信武君)으로 삼아 초나라에 있던 위왕 구의 빈객들을 거느리고 가서 은왕을 치게 하니 그를 항복시키고 돌아왔다. 항왕은 항한(項悍)을 시켜 평을 제배해 도위(都尉)로 삼고 황금 20일(溢)을 내려주었다.

얼마 후에 한왕이 은(殷)을 공격해 떨어뜨렸다[下=陷落]. 항왕은 노해 지난번에 은 땅을 평정했던 자들을 죽이려 했다. 평은 주살될까 두려워 (항우가 내려준) 황금과 도장을 잘 싸서 사람을 시켜 항왕에게 돌려주고, 혼자 샛길로 검 한 자루를 지팡이 삼아[杖劍] 도망쳤다. 황하를 건널 때 뱃사공이 잘생긴 장부가 혼자 다니는 것을 보고는 도망친 장수로 여겨 허리춤에 틀림없이 금이며 옥 따위의 귀중한 보물이 있을 것으로 의심해 눈여겨보다가[目之] 죽이려 했다. 평은 마음속으로 겁이 나 곧장 옷을 벗고 알몸으로[嬴] 배 젓는 것[刺船]을 거들었다. 뱃사공은 그가 아무것도 없다는 것을 알아차리고는 이내 그런 생각을 접었다.

평이 드디어 수무(修武)에 이르러 한나라에 투항했고 위무지(魏無知-한왕의 측근)를 통해 한왕을 만나길 청하자 한왕이 불러들였다. 이때 만석군(萬石君) 석분(石奮)이 한왕의 중연(中涓)이었는데 평의 명함을 받고는 평을 데리고 들어갔다. 평 등 10명이 함께 들어가니 한왕은 그들에게 음식을 내려주고 말했다.

"다 먹으면 숙소로 가라."

평이 말했다.

"신은 일 때문에 왔으니 드려야 할 말씀을 오늘을 넘길 수 없습니다."

이에 한왕이 함께 이야기를 나눠 보고는 기뻐하며 물었다.

"그대는 초나라에서 어떤 관직에 있었는가?"

평이 말했다.

"도위였습니다."

그날로 평을 제배해 도위로 삼고 함께 수레를 탈 수 있는 참승(參乘)으로 임명해 호군(護軍)의 일을 담당하게 했다. 여러 장수들이 시끌벅적[讙=囂而議] (자기들끼리) 이렇게 말했다.
효 이 의

"대왕께서는 하루 만에 초나라에서 도망친 졸병을 얻어 그 능력이 높고 낮은지도 모른 채 곧바로 함께 수레에 탈 수 있게 하시고 호군의 고참들을 감독하게 하시는가!"

한왕은 그 소식을 듣고서도 평을 더욱더[愈益] 총애했고 드디어 함께
유익
동쪽으로 항왕을 정벌하러 갔다. 팽성에 이르러 초나라에 패배하자 군대를 이끌고 돌아왔다. 흩어진 병사들을 거두어 형양(滎陽)에 이르렀을 때 평을 아장(亞將)으로 삼아 한왕(韓王) 신(信)에게 예속시켜 광무(廣武)에 군대를 주둔시켰다. 강(絳)과 관(灌)〔○ 사고(師古)가 말했다. "구설(舊說)에 따르면 강(絳)은 강후(絳侯), 관(灌)은 관영(灌嬰)이라 했다. 그런데 『초한춘추(楚漢春秋)』에 따르면 고조(高祖)의 신하 중에 이들과 별개로 강관(絳灌)이 있어 어느 것이 확실한지 애매한 데 근거를 삼을 만한 것이 없다."〕 등이 간혹 평을 헐뜯어 말했다.

"진평이 잘생긴 장부이긴 하지만 관을 장식하는 옥과 같아 그 속에 반드시 재능이 있다고 할 수는 없습니다. 신들이 듣건대 평이 집에 있을 때 그 형수와 간통했고[盜=私], 위왕을 섬겼으나 받아들여지지 않자 달아나
도 사
초나라로 의탁했고, 초나라에 붙어서도 뜻대로 되지 않자[不中] 또 달아나
부중
한나라로 붙었습니다. (그런데도) 지금 대왕께서 그를 높여 관직을 주고 호

군을 담당하게 했습니다. 신들이 듣건대 평은 장수들에게 금품을 받았는
데, 금품이 많으면 잘 봐주고 금품이 적으면 나쁘게 대한다고 합니다. 평은
왔다 갔다 하는 난신(亂臣)이니 바라건대 왕께서는 그를 잘 살피십시오!"

(이에) 한왕이 평을 의심하게 돼 무지(無知)를 꾸짖으며 물었다.

"(그런 사실이) 있는가?"

무지가 말했다.

"있습니다."[6]

한왕이 말했다.

"(그런데도) 공은 그가 뛰어난 사람[賢人]이라고 말한 것은 어째서인가?"
　　　　　　　　　　　　　　　　　　현인

대답해 말했다.

"신이 말씀드린 바는 그의 능력[能]이고 (지금) 폐하께서 물으신 바는
　　　　　　　　　　　　　　능
행실[行]입니다. 지금 (그에게) 미생(尾生)[7]이나 효이(孝已)〔○ 사고(師古)가
　　　행
말했다. "(은나라) 고종(高宗)의 아들로 효행(孝行)이 있었다."〕와 같은 행
실이 있다고 한들 이기고 지는 수(數)에서는 아무런 이로움이 없는데, 폐
하께서는 어느 겨를에 그런 사람을 쓰실 수가 있겠습니까? 초나라와 한
나라가 서로 맞선 상황에서 신이 기이한 계책을 지닌 인사를 올린 것이니
생각건대[顧=念] 그 계책이 진정으로 나라에 이로운지 아닌지를 따질 뿐
　　　　　　고　염

6　한왕의 질문과 무지의 대답을 그대로 직역한 이유는 이어지는 무지의 대답 때문이다.

7　서주(西周) 때 노(魯) 사람이다. 전설에 따르면 여자와 다리 아래에서 만나기로 했다. 그러나 약
　속한 기일이 돼도 여자가 오지 않았다. 마침 홍수가 나서 강물이 갑자기 불어났는데, 약속을
　지키려고 피하지 않고 다리 기둥을 붙잡고 있다가 익사하고 말았다. 이 이야기에서 고사성어
　미생지신(尾生之信)이 나왔다.

입니다. 형수와 간통하고 금품을 받은 일이 또한 무슨 의심거리가 되겠습니까?"

한왕이 평을 불러 물었다.

"내가 듣건대 선생은 위나라를 섬겼으나 끝까지 따르지 않았고[不遂], 불수 초나라를 섬기다가 떠났으며, 지금은 또 나를 따르려 하는데 신의를 아는 사람이면 정말이지 이렇게 여러 마음을 품겠는가?"

평이 말했다.

"신이 위왕을 섬겼지만 위왕은 신의 말을 쓰지 못했기에 그래서 떠나서 항왕을 섬겼습니다. (그런데) 항왕은 다른 사람을 믿지 못했고, 그가 일을 맡기고 아끼는 사람은 항씨 아니면 처의 형제들뿐이었으니, 설사 특출난 인재가 있어도 쓰일 수가 없었습니다. 신이 초나라에 있으면서 듣건대 한 왕께서 능히 사람을 잘 쓰신다고 하기에 그 때문에 대왕께 몸을 맡긴 것입니다. 신은 맨몸으로 왔기에 금품을 받지 않으면 자금으로 삼을 만한 것이 없습니다. 진실로 신의 계책들 중에 취할 만한 것이 있으면 바라건대 대왕께서는 그것을 쓰십시오. 쓸 만한 것이 없으면 금품은 그대로 있으니 잘 싸서 관청으로 보내고 사직할 것[骸骨]을 청합니다." 해골

한왕이 즉각 사과하고서 두텁게 상을 내리고는 제배해 호군중위(護軍中尉)로 삼아 여러 장수들을 다 감독하게 하니 장수들은 이에 감히 더 이상 말하지 못했다.

그후에 초나라가 급습해 한나라의 용도(甬道-양쪽에 담을 쌓은 식량 보급로)를 끊고 형양성(滎陽城)에서 한왕을 포위했다. 한왕이 이를 걱정하다가 형양 서쪽 땅을 떼어주고 강화를 청했다. 항왕은 듣지 않았다. 한왕이

평에게 일러 말했다.

"천하가 어지러운데[紛紛] 언제쯤 안정되겠는가?"
분분

평이 말했다.

"항왕의 사람됨은 남을 공경하고 아껴주어 선비들 중에서 지조와 절개가 있고 예를 좋아하는 자들이 많이 그에게 몸을 맡깁니다. (그런데) 공로를 행한 자에게 벼슬과 읍을 상으로 주어야 할 때는 그것을 아까워해[重=愛惜] 선비들이 역시 이 때문에 기대지 않는 것입니다. (반면에) 지금 대
중
애석
왕께서는 오만하고 예를 가벼이 여기기 때문에 지조와 절개가 있는 사람들이 오지 않습니다. 하지만 대왕께서는 벼슬과 읍을 넉넉하게 주시니, 선비들 중에서 완고하고 아둔하며, 이익을 탐하고 부끄러움을 모르는 자들이 역시 한나라에 많이 몸을 맡기는 것입니다. 진실로 그 둘의 단점은 각각 버리고 둘의 장점을 모은다면 천하는 손가락만 저어도 곧바로 안정될 것입니다. 그러나 대왕께서는 천성적으로[資=天性] 사람을 모욕 주기 때문
자 천성
에 지조와 절개가 있는 인재들을 얻을 수가 없습니다. 돌이켜보면 초나라에도 어지러워질 요인이 있으니 저 항왕의 강직한[骨鯁] 신하라고 해봐야
골경
아보(亞父), 종리매(鍾離眛), 용저(龍且), 주은(周殷) 등 몇 사람에 지나지 않을 뿐입니다. 대왕께서 만약에 기꺼이 수만 근의 황금을 내놓으시어 이간책[反間]을 행해 임금과 신하들 사이를 갈라놓아 그들로 하여금 서로 의
반간
심하는 마음을 품게 하시면, 항왕은 그 사람됨이 속으로 남을 꺼리고 참소를 잘 믿으니 반드시 안에서 주살할 것입니다. 한나라가 이 틈을 노려군대를 일으켜 공격하면 반드시 초나라를 깨뜨리게 될 것입니다."

한왕은 그렇다고 여기고 곧바로 황금 4만 근을 내어 평에게 주고서 마

음대로 쓸 수 있게 하고 그 사용처[出入]에 대해서는 묻지 않았다.

평은 이미 많은 금으로 초나라 군대에 첩자들을 풀어 썼는데, 공공연하게 종리매 등 장수들이 항왕의 장수가 돼 공로를 많이 세웠는데도 끝내 땅을 떼어 받아 왕이 되지 못했기 때문에 한나라와 하나가 돼 항씨를 멸하고 그 땅을 나누어 그곳의 왕이 되려 한다고 선전했다. 항왕은 과연 종리매 등을 의심하게 돼 한나라에 사신을 보냈다. 한왕은 태뢰(太牢)를 갖추게 해 사신에게 들고 가게 했다. 한왕은 초나라의 사신을 보고 겉으로[陽] 놀란 척하며 말했다.

"아보의 사신인 줄 알았더니 기껏 항왕의 사신이군!"

태뢰를 다시 들고 나가게 하고는 다시 형편없는 음식을 갖추어 초나라의 사신에게 갖추어 바치게 했다. 초나라의 사신이 돌아가 항왕에게 모두 보고하자 과연 아보를 크게 의심했다. (그 당시) 아보는 형양성을 습격해 떨어뜨리려 했으나 항왕은 믿지 않고 그 말을 듣지 않았다. 아보는 항왕이 자신을 의심한다는 말을 듣고는 이에 크게 화를 내며 말했다.

"천하의 일이 대략 정해졌으니 (앞으로는) 군왕이 스스로 알아서 하십시오! 바라건대 해골(骸骨-사직)해 집으로 돌아갈 수 있게 해주십시오."

(아보는) 집으로 돌아가다가 팽성에 미처 이르기도 전에 등창[疽=峭瘡]이 생겨 죽었다.

평은 곧바로 한밤중에 여자 2,000명을 형양성 동쪽 문으로 내보니 초나라는 이들을 공격했다. 평은 이에 한왕과 함께 성의 서쪽 문을 통해 밤중에 달아났다. (한왕은) 이렇게 해서 관중으로 들어가 흩어진 병력을 거두어 다시 동쪽으로 나아갔다.

이듬해 회음후(淮陰侯) 신(信)이 제(齊)나라를 깨뜨리고 스스로를 세워 임시로 제나라 왕이 돼 사신을 보내 한왕에게 그 사실을 말했다. 한왕이 성을 내며 욕을 하자 평은 한왕의 발을 밟았다. 한왕은 깨닫고서 제나라 사신을 두텁게 대접하고, 장량을 보내 신을 세워 제왕으로 삼았다. 이에 평을 봉해 호류향(戶牖鄉)을 주었다. 그의 계책으로 결국 초나라는 멸망했다.

한나라 6년에 어떤 사람이 글을 올려 초왕(楚王) 한신이 모반한다고 했다. 고제가 장수들에게 묻자 장수들이 말했다.

"서둘러[亟=急] 군대를 내서 애송이[豎子]를 파묻어야 합니다!"

고제는 아무 말을 하지 않았다. 평에게 묻자 평은 굳게 사양하다가 말했다.

"장수들은 뭐라 했습니까?"

상이 다 말해주었다.

평이 말했다.

"누군가 글을 올려 신이 모반한다고 했다는데 사람들 중에 이를 듣고서 아는 사람이 있습니까?"

상이 말했다.

"없다."

평이 말했다.

"신은 알고 있습니까?"

상이 말했다.

"모른다."

평이 말했다.

"폐하의 정예병은 초나라와 비교할 때 누가 더 낫습니까?"

상이 말했다.

"(그들을) 넘어설 수가 없다."

평이 말했다.

"폐하의 장수들 중에 용병술에서 한신을 넘어서는 자가 있습니까?"

상이 말했다.

"아무도 못 미친다."

평이 말했다.

"지금 병력은 초나라에 비해 정예군도 아니고 장수도 미치지 못하는데 군대를 일으켜 그를 치는 것은 그들로 하여금 우리와 싸우게끔 부추기는 [趣=促] 것이고 제가 생각할 때는 폐하께서 위험해질 수 있습니다."
   취   촉

상이 말했다.

"어찌하면 좋겠는가?"

평이 말했다.

"옛날에 천자가 순수(巡狩)하면 제후들을 만났습니다. 남방에 운몽(雲夢)〔○ 사고(師古)가 말했다. "초(楚)나라의 큰 늪지다."〕이라는 곳이 있으니 폐하께서는 그냥[弟=但] 운몽으로 순수하신다고 하면서 진(陳)나라에 제
              제   단
후들을 모으십시오. 진나라는 초나라의 서쪽 경계인데 신(信)은 천자께서 순수하는 것을 좋아한다는 말을 듣게 되면 그 형세상 (별다른 상황이 아니라 여기고) 분명 교외에서 맞이해 뵈려고 할 것입니다. 그가 인사를 올릴 때 폐하께서는 그 틈을 타서 잡으면 되는데, 이 일은 단신 역사(力士) 한 사람의 일에 지나지 않습니다."

고제가 그렇다고 여겨 곧바로 사신을 보내 제후들에게 진나라에서 만나자며 "내가 장차 남쪽 운몽으로 순수할 것이다"라고 일렀다. 상은 그러고 나서 길을 나섰다. 행렬이 진나라에 이르렀을 때 초왕 신은 과연 교외로 나와 길에서 맞이했다. 고제는 미리 무사들을 준비시켰다가 신이 인사를 할 때 곧장 붙잡아 결박했다. 상세한 이야기는 「한신전(韓信傳)」에 실려 있다.

드디어 진나라에서 제후들과 만나보았다. 돌아오던 길에 낙양(雒陽)에 이르러 공신들에게 부절(符節)을 나누어주며 봉지(封地)를 정해주면서 평을 봉해 호류후(戶牖侯)로 삼고 (작위와 봉읍이) 대대손손 끊어지지 않도록 했다.

평이 사양하며 말했다.

"이는 신의 공로가 아닙니다."

상이 말했다.

"내가 선생의 계책을 써서 싸워 이겨 적을 무찔렀는데 공로가 아니라니 무슨 말인가?"

평이 말했다.

"위무지가 아니었으면 신이 어찌 여기까지 나아왔겠습니까?"

상이 말했다.

"그대와 같은[若=如] 사람이야말로 근본을 배반하지[背本] 않는 사람이라 할 수 있겠다!"

마침내 다시 위무지에게도 상을 내렸다.

그 이듬해 평은 (호군중위로서) 고제를 따라 반역자 한왕(韓王) 신(信)

을 대(代)에서 쳤다. 평성(平城)에까지 이르렀을 때 흉노에게 포위돼 7일 동안 아무것도 먹을 수 없었다. 고제는 평의 기이한 계책[奇計]을 써서 선우(單于) 연지(閼氏)에게 사람을 보내고서야 포위를 벗어날 수 있었다. 고제가 이미 탈출했지만 그 계책은 비밀에 부쳐져 세상에서는 그 내용을 아무도 들을 수가 없었다. 고제가 남쪽으로 곡역(曲逆)〔○ 맹강(孟康)이 말했다. "중산(中山) 포음현(蒲陰縣)이다."〕을 지나다가 그 성에 올라 성안의 집들이 아주 큰 것을 멀리서 바라보며 말했다.

"정말 이 고을은 장관이로구나! 내가 천하를 다녀봤지만 오직 볼만한 곳은 낙양과 이곳뿐이다!"

고개를 돌려 어사(御史)에게 물었다.

"곡역의 호구 수는 얼마인가?"

어사가 말했다.

"애초에 진(秦)나라 때에는 3만 호가 넘었지만 근래에 전란이 여러 번 있어 많이들 도망치고 숨고 해서 지금은 5,000호 정도만 보입니다."

이에 고제는 어사에게 조(詔)하여 평을 다시 봉해 곡역후(曲逆侯)로 삼고, 곡역현 전부를 식읍으로 주는 한편, 이전에 식읍으로 주었던 호류의 봉작은 없앴다[除].

평은 처음으로 고조를 따라 종군한 이래 천하를 평정한 이후에 이르기까지 늘 호군중위로서 종군해 장도(臧荼), 진희(陳豨), 경포(黥布)를 쳤다. 모두 여섯 번 기이한 계책을 내어 그때마다[輒] 식읍이 더 늘었고 새로이 봉해졌다. 기이한 계책들 중에 어떤 것은 자못 비밀에 부쳐져 세상에서는 그 내용을 들을 수 없었다.

고제가 포(布-경포)를 친 군대를 따라서 돌아오는데 병이 도져 천천히 행군해 장안에 이르렀다. 연왕(燕王) 노관(盧綰)이 반란을 일으키자 상은 번쾌(樊噲)에게 상국(相國)의 신분으로 군대를 거느리고서 그를 치게 했다. 이미 떠났는데 사람들 중에 쾌에 대해 깎아내리고 험담을 하는 사람이 있었다. 고제가 노해 말했다.

"쾌가 내가 병난 것을 보고 마침내 내가 죽기를 바랐단 말인가?"

평의 계책을 써서 강후(絳侯) 주발(周勃)을 병상 아래에서 조서(詔書)를 받게 했다.

'평은 서둘러 주발을 역참의 수레에 태우고 달려가서 쾌를 대신해 군대를 이끌게 하고, 평은 군중에 이르면 곧바로 번쾌의 목을 베어라!'

두 사람은 이미 조서를 받고 역참의 수레를 타고 달려가면서 군중에 이르기 전에 도중에 서로 계책을 내어 말했다.

"번쾌는 제(帝)의 오랜 친구로 공로도 많고, 또 여후의 여동생 여수(呂嬃)의 남편이니 황제의 인척이자 귀한 몸입니다. 제께서 한순간의 분노로 목을 베려 하지만 곧바로 후회하실까 두렵소. 차라리[寧] 그를 묶어 상께 보내 상께서 몸소 죽이게 합시다."

군중에 이르기도 전에 제단을 만들고 부절로 번쾌를 불렀다. 쾌가 조서를 받자 즉시 두 손을 뒤로 묶어[反接] 죄수용 수레에 실어 장안으로 보내고 주발이 대신 장수가 돼 병사를 거느리게 해 연나라를 평정하게 했다. 평이 돌아오던 중에 고제가 붕(崩)했다는 소식을 듣고서 여후와 여수가 화를 낼까 두려워해 역참 수레를 따고 내달려 (번쾌보다) 먼저 들어갔다. 도중에 사자와 마주쳤는데 평과 영(嬰-관영)에게 형양에 주둔하라는 조서를 전했다. 조서를 받은 평은 (그럼에도) 다시 수레를 몰아 궁으로 들어가 특히 슬프게 곡을 하면서 그 틈에 고제가 죽기 전에 있었던 일을 아뢰었다. 태후(太后-여후)는 그를 가엾게 여기며 말했다.

"그대[君]는 (수고했으니) 궁궐을 나가 쉬도록 하시오!"

평은 (자신이 없을 때) 자신에 대한 참소가 일어날까 두려워 그 틈에 한사코 궁궐 숙위로 남기를 청했다. 태후는 이에 그를 낭중령(郎中令-궁궐의 문을 담당)으로 삼고 새로운 황제의 스승으로 보좌하라고 말했다. 그후에는 여수도 마침내 (평에 대한) 참소를 할 수가 없었고 번쾌는 도착하자마자 곧장 사면돼 작위와 봉읍을 되찾았다.

혜제(惠帝) 6년에 상국(相國) 조참(曹參)이 죽자 안국후(安國侯) 왕릉(王陵)이 우승상이 됐고 평은 좌승상이 됐다.

왕릉(王陵)은 패(沛-현) 사람이다. 처음에는 패현의 호걸로 고제가 미미하던 시절 릉(陵)을 형님으로 모셨다. 고조가 패에서 일어나 함양(咸陽)에 들어갈 때 릉도 무리 수천을 모아 남양(南陽)에 머물면서 기꺼이 패공(沛公-유방)을 따르지 않았다. 한왕(漢王)이 군사를 돌려 항적(項籍)을 칠 때가 돼서야 릉은 마침내 군사를 한(漢)에 소속시켰다. 항우(項羽)가 릉의 어머니를 잡아 군중에 두었는데 릉이 사자를 보내자 릉의 어머니를 동쪽으로 바라보며 앉게 하고는 릉을 불러들이려 했다. (그러나) 릉의 어머니는 이미 몰래[私] 사자를 보내 눈물을 흘리면서 말했다.

"바라건대 늙은이[老妾]를 위해 릉에게 한왕을 잘 모시라고 말해주시오. 한왕은 훌륭한 분[長者]이시니 이 늙은이 때문에 두 마음을 품지 말라고 하시오. 이 늙은이는 죽음으로써 사신을 보내주겠소!"

드디어 칼에 엎어져 죽었다. 항왕은 화가 나서 릉의 어머니를 삶아버렸
다. 릉은 끝내 한왕을 따라 종군해 천하를 평정했다. 옹치(雍齒)와 사이가
좋았는데 옹치는 고조(高祖)의 원수인 데다 릉 또한 본래는 한왕을 따르려
는 마음이 없었기 때문에 뒤늦게야 릉을 봉해 안국후(安國侯)로 삼았다.

릉의 사람됨은 소양이 부족하고, 매사를 기분에 따라 했으며[任氣], 곧
은 말 하기를 좋아했다. 우승상(右丞相)이 된 지 2년 만에 혜제(惠帝)가 붕
(崩)했다. 고후(高后)가 여씨(呂氏)들을 세워 왕으로 삼고 싶어 릉에게 물었
다. 릉이 말했다.

"고황제(高皇帝)께서 백마를 베어 맹세해 말씀하시기를 '유씨(劉氏)가
아니면서 왕(王)이 되려 하는 자가 있으면 천하가 함께 그들을 쳐라'라
고 하셨습니다. 지금 여씨를 왕으로 삼으시려는 것은 맹약을 어기는 것
입니다."

태후는 좋아하지 않았다. 좌승상 평(平-진평)과 강후(絳侯) 주발(周勃)
등에게 물었더니 모두 말했다.

"고제(高帝)께서 천하를 평정하시고서 아들과 동생들을 왕으로 삼았습
니다. 지금 태후께서는 칭제(稱制)⁸하시니 형제들인 여러 여씨들을 왕으로
삼는다고 해도 안 될 것이 없습니다."

태후는 기뻐했다. 조회가 끝나자 릉은 평과 발을 꾸짖으며[讓=責] 말
했다.

---

8 황제의 명령을 조(詔)나 제(制)라고 한다. 따라서 이미 칭제(稱帝)하고 있다는 뜻이다.

"애초에 고제와 더불어 피를 핥으며[喋血=歃血=小歃] 맹세할 때 그대들도 있지 않았는가? 지금 고제께서 붕하시고 태후가 여주(女主)가 돼 여씨들을 왕으로 삼으려 하건만, 그대들이 얼렁뚱땅 태후의 뜻에 아첨해 약속을 어긴다면 무슨 면목으로 지하에서 고제를 뵈올 것인가!"

평이 말했다.

"면전에서 다른 사람의 잘못을 질책하고[面折] 조정에서 간쟁을 함에 있어서는 내가 그대만 못할 것이오. (그러나) 사직을 온전히 하고 유씨(劉氏)의 후손을 안정시킴에 있어서는 그대 또한 나만 못할 것이오."

릉도 이에 대해서는 대응을 할 수가 없었다. 이에 태후는 릉을 내치고자 해 마침내 겉으로는[陽] 릉을 승진시켜 제(帝)의 태부(太傅)로 삼았으나 실은[實] 그의 승상의 권력을 빼앗았다. 릉은 화가 나서 병을 핑계로 사직하고 문을 닫아걸고는[杜門=塞門] 끝내 조회에도 나오지 않다가 10년 만에 훙했다.

릉이 승상에서 물러나자 여태후(呂太后)는 평을 옮겨 우승상으로 삼고 벽양후(辟陽侯) 심이기(審食其)를 좌승상으로 삼았다. 이기(食其) 또한 패(沛) 사람이다. 한왕이 팽성(彭城)의 서쪽에서 패배했을 때 초나라가 태상황(太上皇-한왕의 아버지)과 여후(呂后)를 인질로 잡았는데[爲質], (이때) 이기가 사인(舍人-가신)으로서 여후를 모셨다. 그 뒤에 (이기는 고조를) 따라서 항적을 깨뜨리고 후(侯)가 됐으며 여태후의 총애를 받았다. 상(相-승상)이 돼서도 승상으로서의 직무는 하지 않은 채[不治] 마치 낭중령(郎中令)처럼 궁중의 일만 감독했는데도 공경과 백관들은 모두 그의 의향에 따라 일을 집행했다.

여수(呂須)는 늘 평이 전에 고제에게 번쾌를 잡을 계책을 냈던 일로 인해 여러 차례 평을 헐뜯어 말했다.

"승상이 돼 일은 않고 날마다 좋은 술[醇酒]이나 마시고 부녀자를 희롱합니다."

평이 이를 듣고는 날마다 더 심하게 했다. 여태후는 이를 듣고서 은근히 기뻐했다. 여태후는 여수가 있는 자리에서[面質=面對] 평에게 말했다.

"속담[鄙語]에 이르기를 '어린아이와 아녀자의 입은 믿을 수 없다'라고 했으니, 그대와 내가 어떤가를 돌아보면 그만이지 여수의 참소 따위는 두려워하지 마시오."

여태후가 많은 여씨들을 세워 왕으로 삼자 평은 거짓으로 그것을 따랐다[聽=順從]. 여태후가 붕(崩)하자 평은 태위(太尉) 주발과 함께 모의해 결국 여러 여씨들을 죽이고 문제(文帝)를 세웠는데 평이 본래의 모의를 냈다. 심이기가 승상에서 면직됐고 문제가 세워지자 (진평과 주발) 두 사람 다[舉=皆] 승상으로 삼았다.

태위 발은 몸소 병사를 이끌고 여러 여씨들을 죽였기에 공로가 많았다. 이에 평은 발에게 (높은) 자리를 양보하고 마침내 병을 핑계로 사직하려고 했다. 문제가 막 세워져 평이 병을 핑계 대는 것을 이상하게 여겨 물었다. 평이 말했다.

"고제 때 발의 공로는 신만 못했습니다. 그러나 여씨들을 주살한 일에 있어서 신의 공로 또한 발만 못합니다. 바라건대 승상을 발에게 양보하겠습니다."

이에 마침내 태위 발을 우승상으로 삼으니 그 지위가 첫 번째였다. 평을 옮겨 좌승상으로 삼으니 두 번째였다. 평에게 금 1,000근을 내리고 식읍 3,000호를 더 봉해주었다.

시간이 흘러 상(上)이 점점 국가의 일에 훤히 익숙해졌는데 한번은 조회에서 우승상 발에게 물었다.

"천하에 1년 동안 옥송을 결단하는 일[決獄]이 얼마나 되는가?"

발은 사죄하며 모른다고 했다.

상이 물었다.

"천하에 돈과 곡식이 1년 동안 들고 나는 것은 얼마나 되는가?"

발은 또 모른다고 사죄했다. 땀이 나서 등을 적셨는데 제대로 대답하지 못한 것이 부끄러웠다[媿=愧]. 상이 다시 좌승상 평에게 물었다.

평이 말했다.

"각각 그 주관자[主者]가 있습니다."

상이 말했다.

"주관자가 누구인가?"

평이 말했다.

"폐하께서 옥송을 결단하는 일을 물어보시려면 정위(廷尉)에게 물으시고, 돈이나 곡식에 대해 물어보시려면 치속내사(治粟內史)에게 물으십시오."

상이 말했다.

"정말로 각각 주관자가 있다면 그대가 주관하는 바는 무슨 일이오?"

평은 사죄하며[謝] 이렇게 말했다.

"황공하옵니다[主臣]〔○ 문영(文穎)이 말했다. "황공함의 표현이다. 오늘날 죽을 죄를 졌다는 것과 같은 뜻이다." 맹강(孟康)이 말했다. "여러 신하늘을 주관한다는 뜻이다." 진작(晉灼)이 말했다. "주(主)는 격(擊)이고 신(臣)은 복(服)이다. 이는 격복(擊服)이라는 말로 황공함의 표현이다." 사고(師古)가 말했다. "문(文)과 진(晉)의 두 설이 옳다.")]⁹ 폐하께서 신이 노둔한[駑]{노} (○ 사고(師古)가 말했다. "노(駑)는 일반적으로 말이 느리고 둔한 것을 말한다. 스스로를 비유한 것이다.") 사람이란 것을 모르시고 재상이란 자리에서 죄를 기다리게[待罪]{대죄}¹⁰ 만드셨습니다. 재상이란 위로는 천자를 보좌하며 음양(陰陽)을 다스리고 사계절을 순조롭게 하며, 아래로는 만물을 제때에 알맞게 기르고[遂=申]{수 신}, 밖으로는 사방 오랑캐와 제후들을 눌러서 어루만지며, 안으로는 백성들이 서로 화목하게 하고, 경대부로 하여금 각자 그 자리에서 맡은 바 일을 충실하게 하는 것입니다."

상은 좋다고 칭찬했다. 발은 크게 부끄러워 조정에서 나오자 평을 나무라며 말했다.

"그대는 혼자서 어찌 평소에 나에게 그런 대답을 가르쳐주지 않았단 말이오?"

평이 웃으며 말했다.

"그대는 그 자리에 있으면서 홀로 그 맡은 바를 몰랐단 말이오? 그러면 폐하께서 장안의 도둑들의 숫자를 물으면 또 억지로라도 대답하려고 [彊對]{강대} 하셨겠소?"

---

9 앞에 '사죄하며'라는 표현이 있는 것을 보더라도 사고의 결론이 맞는 것 같아 그 설에 따라 옮겼다.

10 실제로 죄에 따른 벌을 받기를 기다린다는 뜻이 아니라 관직 생활하는 것을 비유적으로 표현한 것이다. 실은 재상의 자리에 앉혔다는 뜻이다.

이에 강후는 스스로 자신의 능력이 평에게 훨씬 못 미친다는 것을 깨달았다. 얼마 지나서 발은 병을 이유로 승상을 그만둘 것을 청했고 평이 단독으로[顓=專] 승상을 맡게 됐다.

효문(孝文) 2년에 평이 훙(薨)하니 시호를 내려 헌후(獻侯)라 했다. 아들에게 이어지고 증손 하(何)에 이르러 하가 남의 아내를 강탈한 죄에 연루돼 기시(棄市)됐다. 왕릉도 현손(玄孫)에 이르러 주금(酎金-천자의 제사를 위해 제후가 귀한 술과 금을 준비하는 일)을 어긴 죄에 연루돼 나라가 없어졌다. 벽양후 이기는 면직된 지 3년 후에 회남왕(淮南王)에게 살해됐다. 문제(文帝)는 그의 아들 평(平)으로 하여금 후(侯)의 작위를 잇게 했다. 치천왕(淄川王)이 반란을 일으켰을 때 벽양이 치천과 가까워 평이 그에게 항복했기 때문에 나라를 없앴다.

애초에 평이 말했다.

"내가 은밀한 계모[陰謀]를 많이 냈는데 이는 도가(道家)에서 금하는 바다. 내 자손들이 내쫓겨난다면 그걸로 끝일 뿐 종국에 가서도 다시 일어날 수 없을 것이니, 이는 내가 음모로 인한 재앙[陰禍]을 많이 빚어낸 때문이다."

그의 후손인 증손 진장(陳掌)이 위씨(衛氏)와 친척[11]이라 귀해져서 봉작이 이어가길 원했지만 그러나 결국 그렇게 되지 못했다.

---

11 진장의 아내가 무제(武帝)의 황후인 위자부(衛子夫)의 여형제다. 본래 평양공주 집안의 가녀(歌女)였는데 무제가 받아들였고, 원삭(元朔) 원년(기원전 128년) 태자 거(據)를 낳고 황후가 됐다. 둘 다 대장군 위청(衛靑)의 누이다.

주발(周勃)은 패(沛) 사람이다. 그 선조는 권(卷)〔○ 사고(師古)가 말했다. "현(縣)의 이름이다. 「지리지(地理志)」에 따르면 하남(河南)에 속한다.〕 사람인데 패로 이주했다. 발(勃)은 실을 잣고 누에를 쳐서 생계를 꾸렸는데, 평상시에는 초상집에 가서 사람들을 위해 피리를 불어주었고, 뒤에 강한 활을 쏘는 재관(材官-특수부대원)이 됐다.

고조(高祖)가 패공(沛公)이 돼 막 일어났을 때 발은 중연(中涓)으로 (고조를) 따라서 호릉(胡陵)을 공격하고 방예(方與)를 떨어뜨렸다. 방예가 반란을 일으키자 그들과 싸워 적을 물리쳤다[卻敵]. (또 그는) 풍읍(豐邑)을 공격하고 탕군(碭郡)의 동쪽에서 진(秦)나라 군대를 쳤다. 군대를 돌려 유현(留縣)과 소현(蕭縣)에서 군영을 펼쳤다. 다시 탕군을 공격해 깨뜨렸다. 하읍(下邑)을 떨어뜨릴 때는 가장 먼저 성에 올랐다. (고조가) 오대부(五大夫-20등급 가운데 아홉 번째)의 작위를 내려주었다. 몽읍(蒙邑)과 우현(虞縣)을 공격해 차지했다. (고조가) 장한(章邯)의 전차병과 기병을 칠 때는 맨 나중에 철수했다[殿].[12] 위(魏)나라 땅을 공략해 평정했다. 원척(轅戚-현)과 동민(東緡-현)을 공격하고 율(栗-현)에 이르러 그곳을 차지했다. 설상(齧桑)을 공격할 때에 가장 먼저 성에 올랐다. 진(秦)나라의 군대 아(阿) 아래에서 쳐서 깨뜨렸다. 복양(濮陽)까지 뒤쫓아가서 기성(甄城)을 떨어뜨렸다. 도관(都關)과 정도(定陶)를 공격하고 완구(宛朐)를 기습해 차지하고 선보(單父)의 현령을 사로잡았다. 밤에 임제(臨濟)를 기습해 차지했고, 다시 장현(張縣)을 공격하고, 그의 군대가 선봉이 돼 권현(卷縣)에 이르러

---

12 그만큼 용맹스러웠다는 말이다.

그 성을 깨뜨렸다. 옹구(雍丘) 아래에서 이유(李由)의 군대를 깨뜨렸다. 개봉(開封)을 공격할 때 먼저 성 아래에 이른 사람이 많았다. 그 뒤 장한이 항량(項梁)을 깨뜨리니 패공은 항우(項羽)와 함께 병사들을 이끌고 동쪽 탕군으로 갔다. 처음 패현에서 일어나 탕군으로 돌아올 때까지 1년 2개월이었다.

초나라 회왕(懷王)은 패공을 무안후(武安侯)에 봉하고 탕군의 장으로 삼았다. 패공은 발을 제배해 양분령(襄賁令)으로 삼았다. 패공을 따라 위(魏)나라 땅을 평정했고 성무(城武)에서 동군(東郡) 군위(郡尉)를 공격해 깨뜨렸다. 장사(長社)를 공격할 때 가장 먼저 성루에 올랐다. 영양(穎陽)과 구지(緱氏)를 공격해 황하 나루를 끊었다. 시향(尸鄕) 북쪽에서 조분(趙賁)의 군대를 쳤다. 남쪽으로 남양(南陽)군수 여의(呂齮)를 공격했고 무관(武關)과 요관(嶢關)을 깨뜨렸다. 남전(藍田)에서 진(秦)나라 군대를 공격했다. 함양(咸陽)에 이르러 진(秦)나라를 멸망시켰다.

항우가 (함양에) 이르러 패공을 한왕(漢王)으로 삼았다. 한왕은 발에게 작위를 내려주어 위무후(威武侯)로 삼았다. (한왕을) 따라서 한중(漢中)으로 들어가자 제배해 장군으로 삼았다. 군대를 돌려 삼진(三秦)을 평정하자 (한왕은) 회덕(懷德)을 식읍으로 내려주었다. 괴리(槐里)와 호치(好畤)를 공격할 때 공로가 으뜸이었다. 북쪽으로 가 함양에서 조분(趙賁)과 내사(內史) 보(保)를 공격할 때에도 공로가 으뜸이었다. 북쪽으로 칠(漆)〔○ 사고(師古)가 말했다. "칠은 부풍현(扶風縣)이다."〕을 구원했다. 장평(章平)과 요앙(姚卬)의 군대를 쳤다. 서쪽으로 견(汧)〔○ 사고(師古)가 말했다. "견도 부풍현이다."〕을 평정하고 돌아와 미현(郿縣)과 번양(頻陽)〔○ 사고(師古)가 말했다. "미현은 곧 기주(岐州) 미현이다. 번양은 역양(櫟陽)의 동북쪽에 있다."]을 떨어뜨렸다. 장한(章邯)을 폐구(廢丘)에서 포위해 깨뜨렸다. 서쪽에 있는 익이(益已)〔○ 여순(如淳)이 말했다. "장한의 장수다."]의 군대를 쳐서 깨뜨렸다. 상규(上邽)를 공격하고 동쪽으로 가서 요관(嶢關)을 지켰다. 항적(項籍)을 쳤다. 곡우(曲遇)를 공격할 때에도 공로가 으뜸이었다. 돌아와 오창(敖倉)을 지키다가 적(籍)을 뒤쫓았다. 적이 이미 죽자 그 기세를 몰아 동쪽으로 초나라 땅인 사수(泗水)와 동해(東海) 두 군(郡)을 평정하고 모두 22개 현을 차지했다.

돌아와 낙양(雒陽)과 역양(櫟陽)을 수비했고 (고조는) 종리현(鍾離縣)을 영음후(穎陰侯) 관영(灌嬰)과 공유하는 식읍으로 내려주었다. 장군으로서 고조(高祖)를 따라 (반란을 일으킨) 연왕(燕王) 장도(臧荼)를 쳐서 역(易)의 성(城) 아래에서 깨뜨렸다. 그가 이끄는 장수와 병졸들이 늘 앞서 길을 개척하는[馳道] 경우가 많았다〔○ 사고(師古)가 말했다. "마땅히 고조보다
치도
먼저 길을 개척했다는 뜻이다."]. 열후의 작위를 내려주고 부절을 쪼개어 대대로 끊어지지 않게 했다. 강(絳-현) 8,180호를 식읍으로 삼게 했다.

장군으로서 고제(高帝)를 따라 (반란을 일으킨) 한왕(韓王) 신(信)을 대(代) 땅에서 치고 곽인(霍人)을 항복시켜 떨어뜨렸다. 앞장서서 무천(武泉)〔○ 맹강(孟康)이 말했다. "운중(雲中)에 속한다."]에 이르러 오랑캐의 기병[胡騎]을 쳐서 무천 북쪽에서 깨뜨렸다. 군대를 돌려[轉] 한신의 군대를 동
호기   전
제(銅鞮)에서 공격해 깨뜨렸다. 돌아오면서 태원(太原)의 6개 성을 항복시켰다. 진양성(晉陽城) 아래에서 한신과 오랑캐의 기병을 쳐서 깨뜨리고 진양을 떨어뜨렸다. 그후에 사석(硰石)에서 한신의 군대를 쳐서 깨뜨리고 북

쪽으로 80리를 뒤쫓았다. 돌아와 누번(樓煩)의 성 3개를 공격하고, 그 기세를 이어 평성(平城) 아래에서 오랑캐의 기병을 쳤는데, 그가 거느린 장수와 병졸들이 (고조보다 먼저) 앞서 길을 열어주는 일이 많았다. 발은 승진해 태위(太尉)가 됐다.

진희(陳豨)를 쳐서 마읍(馬邑)을 도륙했다[屠=屠戮]. 그가 거느린 병사들이 희(豨)의 장군 승마강(乘馬降)¹³을 베었다. 군대를 돌려 한신, 진희, 조리(趙利)의 군대를 누번에서 쳐서 깨뜨렸다. 희의 장수 송최(宋最)와 안문군(雁門郡)의 군수 환(圂)을 사로잡았다. 기세가 올라 군대를 돌려 공격해 운중군(雲中郡) 군수 속(遬)〔○ 사고(師古)가 말했다. "속(速)의 옛 글자다."〕, 승상 기사(箕肆)와 장군 박(博)¹⁴을 사로잡았다. 안문군의 17개 현과 운중군의 12개 현을 평정했다. 다시 기세를 몰아 영구(靈丘)에서 희를 쳐서 깨뜨렸고 희의 승상 정종(程縱), 장군 진무(陳武), 도위(都尉) 고사(高肆)의 목을 벴다. 대군(代郡) 9개 현이 평정됐다.

연왕(燕王) 노관(盧綰)이 반란을 일으키자 발은 상국으로 있다가 번쾌(樊噲)를 대신해 장수가 돼 (유주(幽州)의) 계현(薊縣)을 쳐서 떨어뜨렸고 관(綰)의 대장 지(抵), 승상 언(偃), 군수 형(陘), 태위 약(弱)과 어사대부 시도혼도(施屠渾都)〔○ 사고(師古)가 말했다. "성이 시도, 이름이 혼도다."〕를 사로잡았다. 상란(上蘭)에서 관의 군대를 깨뜨리고 뒤에 저양(沮陽)〔○ 사고(師古)가 말했다. "현의 이름으로 상곡(上谷)에 속한다."〕에서 관의 군대

---

13 성은 승마이고 이름은 강이다. 사마천의 『사기(史記)』에는 이름이 치(絺)로 돼 있다.

14 사마천의 『사기(史記)』에는 이름이 훈(勳)으로 돼 있다.

를 쳤다. 장성(長城)까지 뒤쫓아 상곡군(上谷郡)의 12개 현, 우북평군(右北平郡)의 16개 현, 요서(遼西)와 요동(遼東)의 29개 현, 어양군(漁陽郡)의 22개 현을 평정했다. 고제를 따라 모두[最=凡] 상국 1명, 승상 2명, 장군과 2,000석(石) 관리 각 3명을 사로잡았고, 이와 별도로 2개 부대를 깨뜨리고 3개의 성을 떨어뜨렸으며, 5개 군, 79개 현을 평정해 승상과 대장 각 1명을 사로잡았다.

발은 사람됨이 소박하고 강직하며[木强] 돈후해 고제는 큰일을 맡길 만하다고 여겼다. 발은 학문[文學]을 좋아하지 않아 매번 유학자나 유세객들을 불러서는 동쪽을 향해 앉아 다그치며[責]〔○ 여순(如淳)이 말했다. "발이 스스로 동쪽을 향해 앉아 유학자나 유세객들을 다그쳤다는 것은 빈객과 주인의 예로 대하지 않았다는 뜻이다."〕 말했다.

"얼른 나에게 말해보시오!"

그 노둔하고 꾸밈이 없는 것이 이와 같았다. 발이 이미 연(燕)나라를 평정하고 돌아왔을 때 고제는 이미 붕했기에 열후(列侯)로서 혜제(惠帝)를 섬겼다. 혜제 6년에 태위(太尉)의 관직을 두어 발을 태위로 삼았다. 10년 뒤에 여후(呂后)가 붕했다. 여록(呂祿)이 조왕(趙王)으로서 한나라의 상장군(上將軍)이 되고, 여산(呂產)은 여왕(呂王)으로서 한나라의 상국이 돼 권력을 쥐고서[秉權] 유씨(劉氏)를 해치고자 했다. 발은 승상 평(平-진평), 주허후(朱虛侯) 장(章)과 함께 모의해 여러 여씨들을 주살했다. 상세한 이야기는 「고후기(高后紀)」에 실려 있다. 이에 (대신들이) 은밀하게 모의해 마침내 이렇게 의견을 모았다.

"소제(少帝)와 제천(濟川), 회양(淮陽), 항산왕(恒山王)은 모두 혜제(惠帝)

의 (진짜) 아들이 아닌데, 여태후가 계책을 써서 다른 사람의 아들에 거짓으로 이름을 붙인 다음 그 어미를 죽이고, 그들을 후궁에서 길러 효혜(孝惠)의 아들인 것처럼 해, 그들을 세워 후사로 삼아 여씨(呂氏)들을 강하게 하는 데 이용한 것이다. 지금은 이미 여러 여씨들을 주살했으나 소제(少帝)가 곧 자라서 정사를 장악하게 된다면[用事] 우리는 씨도 남지 않을 것이니 제후왕 중에 뛰어난 이를 잘 살펴서 그 사람을 세우는 것만 못할 것이다."

드디어 대왕(代王)을 맞아들여 세우니 그가 바로 효문황제(孝文皇帝)다. 동모후(東牟侯) 흥거(興居)는 주허후 장(章)의 동생인데 이렇게 말했다.

"여러 여씨들을 주살하는 데 신은 아무런 공로가 없으니 청컨대 궁을 비우게[除宮]¹⁵ 해주십시오."

이에 태복 여음후(汝陰侯) 등공(滕公)과 함께 궁에 들어갔다. 등공은 소제 앞에서 이렇게 말했다.

"족하(足下)는 유씨(劉氏)가 아니니 마땅히 세워져서는 안 됩니다."

그러고 나서 좌우에서 무기를 들고 있는 사람들을 돌아보자 모두 무기를 내려놓고 떠났다. 몇 사람이 기꺼이 무기를 내놓으려 하지 않자 환자령(宦者令) 장석(張釋)〔○ 사고(師古)가 말했다. "「형연오전(荊燕吳傳)」에서는 장택(張擇)이라고 했는데 여기서는 장석이라고 했다. 어느 쪽이 옳은지를 알 수가 없다."〕이 타일러 말하니 그들도 무기를 거두었다. 등공이 타는 수레를 불러서 소제를 싣고 나가게 했다. 소제가 말했다.

---

15 이때는 아직 소제가 있었기 때문에, 이 문제를 자신이 처리하겠다는 뜻이다.

"나를 어디로 데리고 가려는 것인가?"

등공이 말했다.

"소부(少府)로 가서 살게 될 것이오."

마침내 천자의 법가(法駕)를 받들어 (장안에 있는) 대(代)의 저택에서 황제를 맞이하고서 보고해 말했다.

"궁을 삼가 깨끗이 비웠습니다."

황제가 미앙궁(未央宮)에 들어가려고 하니 알자(謁者) 10명이 창을 들고서 단문(端門-미앙궁 정문)을 지키며 말했다.

"천자께서 계신데 족하는 누구요?"

들어갈 수가 없었다. 태위가 가서 일깨워주니 이에 병사들을 이끌고 떠났고 황제는 드디어 들어갔다. 이날 밤 유사(有司)가 역할을 나눠 제천, 회양, 상산왕과 소제를 그들의 저택에서 주살했다.

문제(文帝)는 (황제) 자리에 올라 발을 우승상(右丞相)으로 삼고 금 5,000근과 식읍 1만 호를 내려주었다. 10여 개월이 지나 어떤 사람이 발을 설득해 말했다.

"그대는 이미 여러 여씨들을 주살하고 대왕을 세워 그 위세가 천하를 떨게 했습니다. 그런데 그대가 두터운 상과 귀한 자리를 받았으나 이렇게 오래가면 화가 당신 몸에 미칠 것입니다."

발은 이 말이 두려웠고 또 스스로도 위태롭다고 느껴 마침내 사직을 청하고 승상의 인장을 반환했다. 상은 이를 허락했다.

1년 남짓 지나 진(陳)승상 평(平)이 졸(卒)하자 상은 다시 발을 써서 (승)상으로 삼았다. 10여 개월이 지나 상이 말했다.

"지난날에 내가 열후들은 자기 나라로 나아가라[就國]고 조(詔)했는데, 어떤 이들은 자못 아직 떠나지 않고 있는 사람도 있소. 승상은 짐이 소중하게 여기는 사람이니 이에 짐을 위해서 그들보다 먼저 봉국으로 돌아가시오."

이에 승상을 사직하고 봉국으로 갔다.

1년여가 지나 하동군(河東郡)의 군수와 군위(郡尉)가 현을 순시하다가 강현(絳縣)에 이를 때마다 강후 발은 스스로 죽임을 당할까 두려워해 늘 몸에 갑옷을 두르고 집안사람들에게도 병기를 지니고 그들을 만나게 했다. 그 뒤에 누군가가 글을 올려 발이 반역을 꾀하려 한다고 알리자 그를 정위(廷尉)에 내려보내 발을 체포해 다스리게 했다. 발은 겁이 나서 어떻게 말을 해야 할지 몰랐다. 옥리가 점점 더 발에게 모욕을 주었다. 발이 천금을 옥리에게 주자 옥리는 이에 목간의 뒷면을 보여주었는데 거기에 "공주를 증인으로 삼으라"고 씌어 있었다. 여기서 공주란 효문제의 딸로 발의 맏아들 승지(勝之)의 아내[尙=配]였다. 그래서 옥리는 공주를 끌어다 증인으로 삼으라고 한 것이었다.

애초에 발은 더해 식읍으로 받았던 땅[益封]을 모두 박소(薄昭)에게 준 적이 있었다. 일이 급박해지자 박소는 박(薄)태후에게 발을 위해 사정을 말했고, 박태후 역시 반역과 같은 일은 없다고 여겼다. 문제가 조알을 드리러 오자 태후는 두건을 문제에게 던지며 말했다.

"강후는 황제의 옥새를 걸고서[綰] 북군(北軍)을 거느리고 있을 때도 반역하지 않았는데, 지금 작은 현 하나를 갖고서 반역을 꾀하려고 했겠소!"

문제는 이미 발의 옥중 진술서[獄辭]를 보았기에 바로 사죄하며 말했다.

"관리들이 바로 증거를 살펴서 내보낼 것입니다."

이에 사자를 보내 부절을 가지고 가서 발을 사면하고 작위와 봉읍을 회복시켜주었다. 발은 이미 옥에서 나온 뒤에 이렇게 말했다.

"내 일찍이 백만 대군을 거느렸지만 옥리가 이렇게 대단한 줄 어찌 알았으랴!"

발은 다시 봉국으로 나아갔고 효문 11년에 훙(薨)하니 시호를 내려 무후(武侯)라 했다. 아들 승지(勝之)가 작위를 이었는데, 아내인 공주와 사이가 서로 맞지 않았고[不相中], 살인에 연루돼 사형을 당해 나라는 끊어졌다. 1년 뒤 문제는 마침내 발의 아들들 중에서 뛰어난 하내(河內)태수 아부(亞夫)를 골라 다시 후(侯)로 삼았다.

아부가 하내태수로 있을 때 허부(許負)[16]가 그의 관상을 보고 나서 말했다.

"그대는 3년 뒤에 후(侯)에 봉해집니다. 후가 되고 8년 뒤에 장상이 돼 나라의 정권[國秉]을 쥐게 돼 그 귀하고 중하기가 신하들 중에 둘도 없을 것입니다. 그로부터 9년 뒤에는 굶어서 죽을 겁니다."

아부가 웃으면서 말했다.

"나의 형이 이미 아버님의 후를 대신했고, 설사 형이 죽더라도 마땅히 그 아들이 뒤를 이을 것인데, 내가 어찌 후가 된다고 말하시오? 그런데다가 허부 당신 말대로 부귀해진다고 해놓고 또 굶어 죽는다는 것은 무슨 말이오? 내게 자세히 좀 알려주시오."

---

16 노파로, 관상을 볼 줄 알았다.

부(負)는 그의 입을 가리키며 말했다.

"세로 무늬의 근육[從=竪]이 입 주위에 있으니 이것이 굶어 죽을 상입
니다."

그로부터 3년 뒤에 형 강후 승지가 죄를 지었고 문제가 발의 아들 중에
서 뛰어난 자를 고르라 하니 모두 아부를 추천해 이에 그를 봉해 조후(條
侯)〔○ 사고(師古)가 말했다. "조현(條縣)은 발해(勃海)에 있다. 「지리지(地理
志)」에는 수(脩)라고 돼 있다."〕로 삼았다.

문제 후(後) 6년에 흉노가 변경을 대규모로 침입했다. 이에 종정(宗正)
유례(劉禮)를 장군으로 삼아 패상(霸上)에 주둔시키고, 축자후(祝玆侯) 서
려(徐廬)를 장군으로 삼아 극문(棘門)에 주둔시키는 한편, 하내태수 아부
를 장군으로 삼아 세류(細柳)에 주둔시켜 흉노에 대비했다. 상은 직접 군
대를 위무하기 위해 패상에 도착해 극문에 있는 군영에 이르러 곧장 말
을 달려 들어가니 장군 이하의 관리들이 말을 탄 채로 영접하러 나왔다.
이윽고[已而] 세류에 있는 군영으로 가니 군대의 사졸과 장교들이 갑옷을
입고, 각종 무기와 칼 등을 날카롭게 하고 궁노(弓弩)에 화살을 메겨 잔뜩
당기고 있었다. 천자의 선봉대가 그곳에 도착했지만 군영으로 들어갈 수
가 없자 선봉대가 소리쳐 말했다.

"천자께서 도착하실 것이다."

군문도위(軍門都尉)가 말했다.

"군중에서는 장군의 명령을 따르는 것이지 천자의 조서(詔書)를 따르는
것이 아닙니다."

얼마 후에 상이 도착했으나 역시 상도 들어갈 수 없었다. 이에 상은 마

침내 사자로 하여금 지절(持節)로써 장군에게 조서를 내리도록 했다.

'내가 군영으로 들어가 군대를 위무하고자 한다.'

아부는 그때서야 명령을 전하게 해 성벽의 문을 열게 했다. 성벽의 문을 지키는 관리들이 (황제의) 거기병의 속관에게 청해 말했다.

"장군의 규약에는 군영에서는 말을 달릴 수가 없습니다."

이에 천자는 말고삐를 당겨 잡고서 천천히 나아갔고 군영에 이르자 아부가 무기를 소지한 채로 읍(揖)[17]하면서 말했다.

"갑옷을 입은 병사는 절을 하지 않습니다. 청하옵건대 군례(軍禮)[18]로써 알현할 수 있도록 해주십시오."

천자는 감동을 받아 용모를 고치고서 수레의 가로막대를 잡은 채 답례를 하고 사람을 시켜서 미안하다는 뜻을 전하게 했다.

"황제인 내가 삼가 장군을 위로하는 것이오."

예를 마치자 군영을 떠났다. 이미 군영의 군을 나서자 여러 신하들이 모두 경탄했다. 문제가 말했다.

"아! 이 사람이 진정한 장군이도다. 이전에 보았던 패상과 극문의 군영은 마치 아이들의 놀이일 뿐이니 그 장군들은 진짜로 습격을 받는다면 포로가 될 것이다. (하지만 오랑캐들이) 아부가 있는 곳에 이르러서 과연 범할 수 있겠는가?"

---

17 이는 두 손을 마주 잡고 위아래로 가볍게 흔드는 인사법인데 대등한 지위의 사람들끼리 하는 것이다.

18 갑옷을 입은 병사가 절을 하지 않는 것이 군례다.

훌륭하다는 (황제의) 칭찬이 오래갔다. 한 달여가 지나서 (흉노가 요새에서 멀어지니) 세 군영을 모두 철수시켰다. 마침내 아부를 제배해 중위(中尉)로 삼았다.

문제는 장차 붕하기에 앞서 태자에게 타일러 말했다.

"급한 일[緩急]이 있으면 주아부가 진실로 장병을 맡을 만하다."
완급

문제가 붕하자 아부는 거기장군(車騎將軍)이 됐다.

효경제(孝景帝) 3년에 오(吳)나라와 초(楚)나라가 반란을 일으켰다. 아부는 중위로서 태위(太尉)가 돼 동쪽으로 오와 초를 쳤다. 그러면서 직접 상에게 청해 말했다.

"초나라 병사는 사납고 민첩해[剽輕] 맞서 싸우기 어렵습니다. 양(梁)나라에 맡겨놓은 다음 저들의 식량 운송로를 끊으면 제압할 수 있을 것입니다[○ 사고(師古)가 말했다. "「오왕전(吳王傳)」에 이르기를 아부가 회양(淮陽)에 이르러 등도위(鄧都尉)에게 물어보니 이런 계책을 세워주었기에 아부는 마침내 그것을 따랐다고 했다. 그런데 지금 여기서는 직접 청해 시행했다고 하니 어느 쪽이 옳은지 알 수가 없다."]."

상은 이를 허락했다.

아부가 이미 출발해 패상에 이르렀을 때 조섭(趙涉)이 아부를 가로막고서 말했다.

"장군께서 동쪽으로 오나라와 초나라를 주벌하러 가시는데 이기면 종묘는 안정될 것이지만 이기지 못한다면 천하는 위기에 빠질 텐데 신의 말씀을 쓰시겠습니까?"

아부는 수레에서 내려 예를 갖추고 그에게 물었다. 섭(涉)이 말했다.

"오왕은 평소 부유하기 때문에 결사적으로 싸운 병사들을 모으고 품어온 지 오래됐습니다. 저들은 지금 장군께서 출진하신다는 것을 안다면 반드시 효산(殽山)과 민지(黽池)의 좁고 험준한 곳에 복병을 설치해둘 것입니다. 또 용병이란 기밀을 중히 여깁니다. 장군께서는 어찌 이곳에서 서쪽으로 타고 가서 남전(藍田)으로 달려가 무관(武關)을 나가서 낙양(雒陽)에 이르려 하지 않으십니까? (동쪽으로 가는 것과) 차이는 불과 하루 이틀이지만 곧장 무고(武庫-무기고)로 들어가 북을 쳐서 울리십시오. 제후들이 그것을 듣게 되면 장군께서는 하늘에서 내려온 것[○ 사고(師古)가 말했다. "갑자기 들이닥친다는 말이다."]이라 여길 것입니다."

태위는 그 계책을 따랐다. 낙양에 이르러 관리로 하여금 효산과 민지 사이를 수색하게 하니 과연 오나라의 복병을 사로잡을 수 있었다. 이에 청해 섭을 호군(護軍)으로 삼았다.

아부가 도착해 형양(滎陽)에서 병사들을 모았다[會=集]. 오나라가 막 양나라를 공격해 양나라가 위급해지자 구원을 요청했다. 아부는 병사들을 이끌고 동북쪽 창읍(昌邑)으로 달려가서 보루를 두텁게 쌓은 채 수비에 들어갔다. 양왕은 사신을 보내 아부에게 요청했으나 태위는 유리한 지형을 지킨 채 가지 않았다. 양나라가 경제(景帝)에게 글을 올려 상황을 말하자 경제는 사신을 보내 양나라를 구하라는 조서를 내렸다. (그럼에도) 아부는 조서를 받들지 않고 보루를 견고하게 지키면서 나가지 않았고, 그러고는 궁고후(弓高侯-한왕 신의 아들 한퇴당) 등에게 경기병(輕騎兵)으로 오나라와 초나라 군대의 후방 식량 보급로를 끊게 했다. 오나라 군대는 식량이 부족해 굶주리자 몇 번이고 싸움을 걸어왔으나 끝내 나가지 않았다.

한밤에 군중 안에서 아군끼리 서로 치고받는 소란이 일어나 아부의 군막까지 알려졌으나 아부는 끝내 그대로 누워서 일어나지도 않았다. 잠시 뒤 다시 진정됐다.

(얼마 후에) 오나라가 성벽의 동남쪽 모퉁이를 습격하자 아부는 서북쪽을 방어하게 했다. 이윽고 오나라의 정예병이 과연 서북쪽을 공격해왔으나 들어오지 못했다. 오나라와 초나라는 이미 굶주림으로 인해 병사들을 이끌고 철수했다. 아부는 정예병을 내어 뒤쫓아가서 쳐서 오왕 비(濞)를 크게 깨뜨렸다. 오왕 비는 자신의 군대를 버리고 장사 수천 명과 도망쳐서 강남(江南)의 단도현(丹徒縣)에 가서 자신을 지켰다. 한나라 병력은 승세를 타고서 드디어 그들 전부를 포로로 잡고, 그 현을 항복시키는 한편 오왕에게 1,000금을 현상금으로 걸었다[購]. 한 달쯤 지나 월(越)나라 사람이 오왕의 머리를 베어서 알려왔다. 서로 석 달 동안 치고받은 끝에 오나라와 초나라는 무너져 평정됐다. 이에 장수들은 마침내 태위의 계책이 옳다고 여기게 됐다. (하지만) 이로 말미암아 양나라 효왕(孝王)과 태위 사이에는 틈이 생겼다[有隙].

그가 돌아오자 (조정에서는) 다시 태위(太尉)라는 관직을 두었다. 5년 뒤에는 승진해 승상이 됐고 경제(景帝)는 그를 더욱 중하게 여겼다. 상이 율태자(栗太子)를 폐위시키자 아부는 결연하게 간쟁을 했으나 아무런 소용이 없었다. 상은 이 일로 말미암아 그를 멀리했다[疏=遠]. 그런데다가 양나라 효왕은 입조할 때마다 늘 태후에게 아부의 단점을 말했다. 두(竇)태후가 말했다.

"황후의 오빠 왕신(王信)은 후로 봉할 만합니다."

상은 사양하며 말했다.

"애초에 남피후(南皮侯)와 장무후(章武侯)〔○ 사고(師古)가 말했다. "남피는 두팽조(竇彭祖)로 태후의 동생 장군(長君)의 아들이다. 장무는 태후의 친동생 광국(廣國)이다."〕는 선제(先帝-돌아가신 황제)께서 후로 삼지 않으셨고 신이 즉위하고서야 그들을 후로 삼았습니다. 신(信)은 아직 봉할 수 없습니다."

두태후가 말했다.

"임금[19]이란 각기 자기 시대에 맞춰 일을 처리할 뿐입니다. 두장군(竇長君)은 생전에 끝내 후가 되지 못했는데 그가 죽은 뒤에야 그 아들 두팽조(竇彭祖)가 도리어 후가 됐지요. 나는 이 일이 참으로 한이 됩니다. 제께서는 서둘러 신을 후로 삼으세요."

상이 말했다.

"승상과 상의해보겠습니다.

아부는 말했다.

"고제께서 맹약하시길 '유씨(劉氏)가 아니면 왕이 될 수 없고 공로가 없으면 후가 될 수 없다. 맹약대로 하지 않으면 천하가 모두 그를 공격하라'라고 하셨습니다. 지금 신(信)이 비록 황후의 오빠이긴 해도 아무런 공로가 없으니 그를 후로 삼는다는 것은 맹약을 어기는 것입니다."

상은 아무 말이 없었고 일은 그것으로 끝이었다[沮=止].
저 지

---

19 원문은 인생(人生)으로 돼 있다. 그러나 문맥상으로도 그렇고 사마천의 『사기(史記)』에는 인군(人君)으로 돼 있어 임금으로 옮겼다.

그후에 흉노 왕 서로(徐盧)〔○ 사고(師古)가 말했다. "「공신표(功臣表)」에는 유서로(唯徐盧)라고 돼 있다."〕등 다섯 사람이 한나라에 항복해오자 상은 이들을 제후로 삼아 이후에 오게 될 사람들을 고무하려고 했다. 아부가 말했다.

"저들은 자신의 군주를 배반하고 폐하께 항복했는데 폐하께서 저들을 후로 삼는다면 곧 절의를 지키지 않는 신하들을 무슨 수로 나무랄 수 있겠습니까?"

상이 말했다.

"승상의 의견은 받아들일 수 없다."

이에 서로 등을 모두 봉해 열후로 삼았다. 아부는 병을 구실로 승상에서 물러났다.

얼마 후에 상이 궁중에서 아부를 불러 음식을 내려주었다. 그의 자리에는 크게 썬 고기 덩어리[胾=大臠] 하나만 놓고 잘게 썬 고기[切肉]나 젓가락은 놓여 있지 않았다. 아부는 못마땅해[不平] 고개를 돌려 술자리를 주관하는 상석(尙席)에게 젓가락을 가져오게 했다. 상이 이를 보고는 웃으며 말했다.

"이 자리가 그대의 마음에 차지 않는 모양이오?"

아부는 모자를 벗고 사죄했다. 상이 "일어납시다"라고 말하자 아부도 잰걸음으로 나가버렸다. 상은 눈으로 전송하며[目送] 말했다.

"저렇게 불만이 많은 자[鞅鞅]는 (나처럼) 어린 군주의 신하가 될 수 없도다!"

그후 얼마 안 되어 아부의 아들이 아버지를 위해 공관(工官)과 상방(尙

方)에서 500개의 순장용 갑옷과 방패를 사들였다. 이것을 옮기느라 수고한 사람들에게 품삯을 주지 않았다. 품팔이꾼들은 이것이 나라의 기물을 몰래 사들인 것임을 알고는 원망을 품어 아부의 아들을 위에다 고발했고, 그 일은 아부에게까지 불똥이 튀었다. 이미 보고가 상에게까지 올라가자 상은 담당 관리에게 내려보냈다. 관리가 문서를 가지고 아부에게 따졌으나 아부는 아무런 대답도 하지 않았다. 상은 (이를 전해 듣고) 욕을 하며 말했다.

"나는 쓰지 않겠다[不用]〔○ 맹강(孟康)이 말했다. "너의 대답을 쓰지 않고 그냥 죽이겠다는 말이다." 사고(師古)가 말했다. "맹강의 말이 옳다. 또 한편으로는 제가 이 관리가 (혹시라도 아부가 다시 권력을 장악하게 될까 두려워) 그 책임을 다하지 못하는 것을 꾸짖어 이렇게 말한 것이라고도 볼 수 있다. 그렇기 때문에 아부를 불러 정위에게 나아가게 한 것이다.")!"

아부를 불러 정위에게 나아가도록 했다.

정위가 문책했다.

"그대가 반란을 일으키려 했소?"

아부가 말했다.

"내가 사들인 기물들은 순장품인데 무슨 반란이란 말인가?"

관리가 말했다.

"당신은 설사 지상에서는 반란을 꾀하지 않았는지 모르겠지만 지하에서 모반하려 했던 것 아니냐는 말일 뿐이오."

관리의 다그침은 갈수록 심해졌다. 애초에 관리가 아부를 체포했을 때 아부는 자살하려고 했으나 부인이 그를 말리는 바람에 죽지 못하고 드디어 정위에게 넘겨진 것이다. 이렇게 해서 닷새 동안을 먹지 않다가 피를 토하고[歐血] 죽었다. 나라는 끊어졌다.

1년이 지나 상은 마침내 강후 발의 다른 아들 견(堅)을 다시 봉해 평곡후(平曲侯)로 삼아 강후의 뒤를 이어주었다. 아들 건덕(建德)에게 전해졌고 태자태부(太子太傅)가 됐으나 주금(酎金)에 연루돼 관직을 빼앗겼다. 뒤에 죄가 있어 나라를 빼앗겼다.

아부는 과연 굶어 죽었다. 그가 죽은 뒤에 상은 마침내 왕신을 봉해 개후(蓋侯)로 삼았다. 평제(平帝) 원시(元始) 2년에 끊어진 세계(世系)를 이어주어 다시 발의 현손의 아들 공(恭)을 봉해 식읍 1,000호의 강후(絳侯)로 삼았다.

찬(贊)하여 말했다.

"장량(張良)의 지혜와 용기에 관해 듣건대 그 풍모는 신체가 크고 특출날 것이라고 여겼는데 도리어 (초상화를 보니) 아녀자처럼 예뻤다. 그래서 공자(孔子)도 말하기를 '용모로 사람을 취한다면 자우(子羽)[○ 사고(師古)가 말했다. "공자의 제자 담대멸명(澹臺滅明)의 자(字)로 그는 외모가 안 좋았음에도 행실이 좋아 그렇게 말한 것이다."]에 대해 오판을 하게 될 것이다'라고 했던 것이다. 학자들은 대부분 귀신에 대해 의심하지만 량(良)이 노인에게서 책을 받은 일은 참으로 기이하다. 고조가 여러 차례 고립돼 곤경에 처했지만 량은 그때마다 늘 힘을 발휘했으니 하늘의 도우심이 아니라고 말할 수 있으랴!

진평(陳平)의 뜻은 고향의 제단에서 재(宰)로 일할 때 이미 드러났고 초나라와 위나라 사이에서 위태롭게 어지러이 떠돌아다니다가 마침내 한나라에 몸을 맡겨 모신(謀臣)이 됐다. 여후(呂后) 때에 이르러 사건·사고가 무척 많았지만 평(平)은 끝내 스스로 화를 면했고 지혜롭게 삶을 마쳤다.

왕릉(王陵)은 조정에서 간쟁하고 문을 닫아걸고 스스로를 단절시켰으니 역시 나름대로 뜻이 있었다 할 것이다.

주발(周勃)은 포의(布衣) 시절 비루하고 소탈하며 평범한 사람이었으나 천자를 보좌하는 자리에 올라 국가의 어려움을 바로잡고[匡] 여러 여씨(呂氏)들을 주살해 효문(孝文)을 세워 한나라의 이윤(伊尹)이자 주공(周公)[伊周]이 됐으니 어찌 그보다 성대하겠는가! 애초에 여후가 재상을 시킬 만한 사람에 관해 묻자 (임종을 앞둔) 고제(高帝)가 말했다.

'진평의 지혜는 남들보다 나음이 있고 왕릉(王陵)은 조금 고지식하니 [少戇=少愚] 평이 그를 도울 수 있을 것이오. 하지만 우리 유씨(劉氏)를 안전하게 해줄 수 있는 사람은 반드시 주발이오.'

여후가 다시 그다음은 누가 있냐고 묻자 상이 말했다.

'그 이후는 진실로 당신이 알 바가 아니오.'

결국 모든 것이 (고조의) 이 말대로 다 됐으니 (고조는) 참으로 빼어났도다[聖]."

권
◆
41

번쾌·역상·하후영· 관영·부관· 근흡·주설전

樊酈夏灌傅靳周傳

번쾌(樊噲)는 패(沛) 사람이다. 그는 개 도살〔○ 사고(師古)가 말했다. "당시 사람들은 개고기를 양고기나 돼지고기와 함께 먹었기 때문에 쾌는 개 도살을 전문적으로 해서 팔았다."〕을 생업으로 삼았고 뒤에는 고조와 함께 망탕산(芒碭山)의 늪지대 안에 숨어 지냈다.

진승(陳勝)이 처음에 일어났을 때 소하(蕭何)와 조참(曹參)은 쾌(噲)를 시켜 고조(高祖)를 찾아서 맞이해 오도록 해 그를 세워 패공(沛公)으로 삼았다. 쾌는 사인(舍人-가신)으로서 패공을 따라 호릉(胡陵)과 방예(方與)를 공격하고 돌아와 풍읍(豐邑)을 지키면서, 사수군(泗水郡)의 군감(郡監)을 풍현 부근에서 쳐서 깨뜨렸다. 다시 동쪽으로 가서 패현을 평정하고 설현(薛縣) 서쪽에서 사수군(泗水郡)의 군수(郡守)를 깨뜨렸다. (진나라 장한의 장수) 사마이(司馬尸)와 탕현(碭縣)의 동쪽에서 전투를 벌여 적을 물리쳐 적군 15명의 머리를 베어 그 공로로 국대부(國大夫)¹의 작위를 받았다.

그는 늘 패공을 따랐는데 패공이 복양현(濮陽縣)에서 장한(章邯)의 군대를 칠 때 성을 공격하면서 가장 먼저 성에 올라 적군 23명의 머리를 베고 열대부(列大夫)²의 작위를 받았다. 패공을 따라 성양(城陽)을 공격할 때도 가장 먼저 성에 올랐다. 호류향(戶牖鄉)을 떨어뜨리고, 이유(李由)의 군대를 깨뜨려 적군 16명의 머리를 베고, 상문작(上聞爵)³의 벼슬을 받았다. 패공을 따라 성무현(成武縣)에서 동군(東郡)의 수(守)와 위(尉)를 공격하고 포위해 적을 물리쳐서 적군 14명의 머리를 베고, 포로 16명을 잡아 오대부(五大夫)⁴의 작위를 받았다. 패공을 따라 진(秦)나라 군대를 공격하기 위해 박(亳) 땅 남쪽으로 나아갔다. 강리(杠里)에 주둔하고 있던 하간군(河間郡) 군수의 군대를 깨뜨렸다. 개봉(開封) 북쪽에 주둔하고 있던 조분(趙賁)의 군대를 깨뜨림으로써 적을 물리치고 성에 가장 먼저 올라가 척후병 1명과 적군 68명의 머리를 베고 27명을 포로로 잡아 경(卿)의 작위를 받았다.

패공을 따라 곡우(曲遇)에 주둔하고 있던 양웅(楊熊)의 군대를 깨뜨렸다. 완릉(宛陵)을 공격할 때도 가장 먼저 성에 올라 적군 8명의 목을 베고 44명의 포로를 잡아 작위를 하사받고 봉해져 현성군(賢成君)이라는 봉호

---

1 진(秦)나라의 20등급 작위 중 여섯 번째 작위다. 관대부(官大夫)와 같다.

2 진(秦)나라의 20등급 작위 중 일곱 번째 작위다. 공대부(公大夫)와 같다.

3 진(秦)나라의 20등급 작위 중 여덟 번째 작위다. 공승작(公乘爵)과 같다. 사마천의 『사기(史記)』에는 상간작(上間爵)으로 돼 있다.

4 진(秦)나라의 20등급 작위 중 아홉 번째 작위다.

를 받았다. 패공을 따라서 장사(長社)와 환원(轘轅)을 공격하고 황하의 나루를 끊었으며, 동쪽으로 시향(尸鄉)에서 진(秦)나라 군대를 공격하고, 남쪽으로 주(犨)에서 진나라 군대를 공격했다. 양성현(陽城縣)에서 남양군(南陽郡) 군수 여의(呂齮)를 깨뜨렸다. 동쪽으로 완현(宛縣)의 성을 공격할 때도 가장 먼저 성에 올랐다. 서쪽으로 역현(酈縣)에 이르러 적을 물리칠 때는 적군 24명의 목을 베고 포로 40명을 잡아 추가로 녹봉을 받았다. 무관(武關)을 공격하고, 패상(霸上)에 이르러 도위(都尉) 1명과 적군 10명의 목을 베었으며, 포로 146명을 잡고, 병졸 2,900명을 항복시켰다.

항우(項羽)가 희하(戲下)에 있으면서 패공을 공격하려고 했다. 패공은 100여 명의 기병을 이끌고 항백(項伯)을 통해 항우를 만나보고서 함곡관(函谷關)을 봉쇄하는 일이 없도록 하겠다고 사죄했다. 항우는 이미 군사들에게 주연을 베풀었고, 술자리가 적당히 무르익자[中酒] 아보(亞父)[5]는 계_{중주}책을 세워 패공을 죽이고자 해, 항장(項莊)에게 영을 내려 좌중에서 칼춤을 추다가 패공을 치라고 했지만, 항백이 늘 패공을 가려서 막고 있었다. 이때 패공과 장량(張良)만이 연회에 들어갈 수 있었고, 쾌는 밖에 있다가 사태가 급박하다는 소식을 듣고서 마침내 방패를 들고 병영 안으로 뛰어들었다. 처음에 들어가려 하니 병영의 보초가 쾌를 저지하니 쾌는 곧장 그를 방패로 밀치고서 들어가 장막 아래에 섰다.

항우가 그를 보고서 누구냐고 물었다.

장량이 말했다.

5　항우의 모신(謀臣) 범증(范增)을 가리킨다. 아버지에 버금간다는 존경의 뜻을 담은 이름이다.

"패공의 참승(驂乘) 번쾌라고 합니다."

항우가 말했다.

"장사로다."

그에게 큰 술 잔에 술을 따라주고 돼지 다리를 내려주었다. 쾌는 술을 다 마시고 나서 칼을 뽑아 고기를 잘라서 다 먹어치웠다. 항우가 말했다.

"더 마실 수 있는가?"

쾌가 말했다.

"신은 죽음도 사양하지 않거늘 어찌 기껏 술 한잔을 사양하겠습니까? 그런데 패공께서 먼저 관중에 들어와 함양(咸陽)을 평정하시고서도 패상(覇上)에서 병사들을 노숙시키면서 대왕을 기다리고 계셨습니다. 한데 대왕께서는 오늘날에 이르러 소인배들의 말만 듣고 패공과의 사이에 틈을 만들고 계십니다. 신은 이 일로 천하가 분열돼 사람들이 대왕을 의심하지 않을까 걱정입니다."

항우는 아무 말이 없었다[默然]. 패공이 변소로 가면서 손짓으로 쾌를 불러냈다. 병영을 나오자 패공은 수레를 남겨둔 채 혼자 말에 올랐고, 쾌 등 네 사람은 걸어서 뒤를 따랐으며, 산 아래 샛길을 따라 패상의 군영으로 도망쳐 돌아온 뒤 장량을 시켜 항우에게 사과하게 했다. 우(羽) 역시 마음이 흡족해 패공을 죽이려는 마음을 먹지 않았다. 이날 만일 쾌가 병영에 달려들어 항우를 나무라지 않았다면 패공은 거의 큰 위험에 처했을 것이다. 여러 날 후에 항우는 함양에 들어가 도륙을 했고 패공을 세워 한왕(漢王)으로 삼았다. 한왕(漢王)은 쾌(噲)에게 작위를 내려 열후로 삼고 임무후(臨武侯)의 칭호를 주었다. (번쾌는) 낭중(郞中)으로 승진해 한왕을 따라서 한중(漢中)으로 들어갔다.

　(한왕은) 돌아와서 삼진(三秦)을 평정했고, 이와 별도로 (번쾌는) 백수(白水)의 북쪽에서 서현(西縣)의 승(丞)을 쳤고, 옹현(雍縣) 남쪽에서 옹왕(雍王)의 경(輕)전차 및 기마병을 무너뜨렸다. 한왕을 따라가 옹현과 태성(斄城)을 공격할 때 가장 먼저 성에 올랐다. 호치현(好畤縣)에서 장평(章平)의 군대를 칠 때도 성을 공격해 가장 먼저 성에 올라 적진을 함락시켰고, 현령과 현승 각 1명과 적 11명의 목을 베고, 20명을 포로로 잡아 낭중기장(郎中騎將)으로 승진했다. 한왕을 따라가 양향(壤鄕) 동쪽에서 진나라 전차 및 기병부대를 쳐서 적을 물리쳐 승진해 장군(將軍)이 됐다. 조분(趙賁)을 공격해 미(郿), 괴리(槐里), 유중(柳中), 함양(咸陽)을 떨어뜨렸고 폐구(廢丘)를 수몰시킬 때는 전공이 최고였다. 역양현(櫟陽縣)에 이르러 식읍(食邑)으로 두릉현(杜陵縣)의 번향(樊鄕)을 하사받았다. 한왕을 따라가 항적(項籍)을 공격해 자조(煮棗)를 도륙했고, 외황현(外黃縣)에서 왕무(王武)와 정처(程處)의 군대를 쳐서 깨뜨렸으며, 추현(鄒縣)과 노성(魯城)과 하구(瑕丘)와 설현(薛縣)을 공격했다. 항우(項羽)는 팽성(彭城)에서 한왕을 무찌르고 [敗] 노(魯)와 양(梁) 땅을 모두 다시 차지했다. 쾌는 형양(滎陽)으로 돌아와 식읍으로 평음(平陰)의 2,000호를 더 받았고 장군이 돼 광무산(廣武山)을 지켰다. 1년 뒤에 항우가 군대를 이끌고 동쪽으로 가자 고조를 따라서 항적을 쳐서 양가현(陽夏縣)을 함락시켰고 초나라 주장군(周將軍)의 병사 4,000명을 포로로 잡았다. 진현(陳縣)에서 항적을 포위해 크게 깨뜨렸고 호릉(胡陵)을 도륙했다.

　항적이 이미 죽자 한왕은 황제의 자리에 올랐고 이로써 쾌는 공로가 있어 식읍 800호를 더 받았다. 그 해 가을에 연(燕)나라 왕 장도(臧荼)가 반란을 일으키자 쾌는 한왕을 따라가 도(荼)를 쳐서 포로로 잡고 연나라를 평정했다. 초(楚)나라 왕 한신(韓信)이 반란을 일으켰을 때 쾌는 진현(陳縣)에 이르러 신(信)을 붙잡아 초나라를 평정했다. 다시 열후의 작위가 내려졌고, 부절을 나누어 가졌으며, 대대손손 작위가 끊어지지 않게 됐고, 무양(舞陽)을 식읍으로 받아 무양후(舞陽侯)라 불렸으며, 기존의 식읍은 모두 해제됐다. 장군으로서 고조를 따라가 대(代) 땅에서 반란을 일으킨 한(韓)나라 왕 신(信)을 공격했고, 곽인읍(霍人邑)에서 시작해 운중군(雲中郡)으로 나아가며 이들 지역을 강후(絳侯) 등과 함께 평정해 식읍 1,500호가 더해졌다. 이어 진희(陳豨)를 쳤고, 만구신(曼丘臣)의 군대와 양국성(襄國城)에서 싸워 백인현(柏人縣)에서 깨뜨릴 때 가장 먼저 성에 올라가 청하군(淸河郡)과 상산군(常山郡) 등지의 모두 27현(縣)의 항복을 받아 평정했고, 동원현(東垣縣)을 쑥대밭으로 만들어 그 공으로 승진해 좌승상(左丞相)이 됐다. 무종현(無終縣)과 광창현(廣昌縣)에서 기무앙(綦毋卬)과 윤반(尹潘)의 군대를 깨뜨렸고, 희(豨-진희)의 별장(別將)인 오랑캐 왕황(王黃)의 군대를 대(代) 땅의 남쪽에서 무찔렀으며, 이어 삼합현(參合縣)에서 한신(韓信)의 군대를 칠 때 그가 거느리고 있던 병사가 한신의 목을 베었다. 희(豨)가 이끄는 오랑캐 기마병을 황곡현(橫谷縣)에서 깨뜨렸고, 장군 조기(趙旣)의 목을 베었으며, 대(代)나라 승상(丞相) 풍량(馮梁), 군수(郡守) 손분(孫奮), 대장 왕황(王黃), 장군 태복(太僕)·해복(解福) 등 10명을 포로로 잡았고, 여러 장수들과 함께 대(代) 땅의 향읍(鄕邑) 73개를 평정했다.

그 뒤에 연(燕)나라 왕 노관(盧綰)이 반란을 일으키자 쾌는 상국으로서 관(綰)을 쳐서 계현(薊縣) 남쪽에서 그의 승상 저(抵)를 깨뜨려 연나라 땅을 평정하니 모두 18개의 현(縣)과 향읍 51개였다. 식읍 1,300호를 더 받으니 무양현(舞陽縣)의 식읍은 모두 5,400호가 됐다. 고조를 따라서 적 176명의 목을 베고 288명을 포로로 잡았다. 이와는 별개로 7개 군대를 깨뜨리고, 5개 성을 함락시켰으며, 6개 군(郡)과 53개 현(縣)을 평정해 승상 1명, 장군 12명, 2,000석 이하 300석에 이르는 관리 12명을 사로잡았다.

쾌는 여후(呂后)의 동생 여수(呂須)를 아내로 맞아 아들 항(伉)을 낳았기 때문에 다른 여러 장군들에 비해 고조와 가장 가까웠다. 앞서 경포(黥布)가 반란을 일으켰을 때 고제는 일찍이[○ 사고(師古)가 말했다. "경포가 반란을 일으키기 전부터라는 뜻이다."] 병이 깊어 사람 만나기를 싫어하고, 궁중에서 누워 있으면서 문지기 병사를 불러 여러 신하들을 들어오지 못하게 명했다. 여러 신하들 중에 강후(絳侯)와 관영(灌嬰)도 감히 들어갈 수가 없었다. 10여 일이 지나 쾌가 궁중의 작은 문을 열어젖히고 바로 들어가니 대신들이 뒤를 따랐다. 상(上)은 홀로 한 환관을 베고 누워 있었다. 쾌 등이 상을 보자 눈물을 흘리며 말했다.

"처음에 폐하께서 신 등과 함께 패현(沛縣)의 풍읍(豐邑)에서 일어나 천하를 평정하셨을 때 그 얼마나 씩씩하셨습니까? 이제 천하가 이미 평정됐는데 어찌 그리 지쳐 보이시는지요[憊=力極]? 폐하의 병이 깊어져 대신들
비   역   극
이 놀라 두려워하고 있는데 신 등을 만나 국사를 논의하시지 않으시고, 환관 한 사람과 세상을 회피하고 계십니까? 폐하 홀로 조고(趙高)의 일[○ 사고(師古)가 말했다. "시황제가 붕하자 조고(趙高)는 조명(詔命)을 고치

고 속여 부소(扶蘇)를 죽이고 호해(胡亥)를 황제로 세웠다.")을 알지 못하십니까?"

고제는 웃으면서 일어났다.

그후에 노관(盧綰)이 반란을 일으키자 고제(高帝)는 쾌에게 상국으로서 연(燕)나라를 치게 했다. 이때 고제의 병이 심했는데 어떤 사람이 와서 쾌가 여씨(呂氏)들과 작당한다고 악담을 했다[惡=毁讒]. 즉, 상이 어느 날 세상을 떠나면[晏駕] 쾌가 군대를 이끌고 척씨(戚氏)와 조왕(趙王) 여의(如意)의 일족을 다 주살하려 한다는 것이다. 고제는 크게 화가 나서 곧바로 진평(陳平)을 시켜 강후(絳侯)를 싣고 가서 쾌를 대신해 군대를 통솔하고 군중에 나아가[卽=就] 쾌의 목을 베라고 했다. 진평은 여후(呂后)가 두려워 쾌를 묶어 장안(長安)으로 압송했다. 고제가 이미 붕(崩)하고 나자 여후는 쾌를 풀어주었고[釋=解] 작위와 식읍을 되돌려주었다.

효혜(孝惠) 6년에 쾌가 홍(薨)하자 시호를 내려 무후(武侯)라고 했고 아들 항(伉)이 후(侯)를 이어받았다. 그리고 항의 어머니 여수(呂須) 역시 임광후(臨光侯)가 돼 고후(高后) 시대에 정사를 다루면서 전권을 휘둘러 대신들이 모두 그를 두려워했다. 고후(高后)가 붕하자 대신들은 여수 등을 주살했고, 더불어 항도 주살하니 이로써 무양후의 가통은 도중에 몇 개월 동안 끊어졌다. 효문제(孝文帝)가 세워지자 마침내 쾌의 서자 불인(市人)을 봉해 (무양)후로 삼아 옛 식읍을 돌려주었다. 불인이 홍하자 시호를 내려 황후(荒侯)라고 했다. 그의 아들 타광(佗廣)이 뒤를 이었다. 6년 뒤에 그 집안의 가신이 글을 올려 말했다.

'황후(荒侯) 불인은 병이 들어 사람 구실을 할 수 없어 자신의 부인으

로 하여금 자기 동생과 정을 통하게 해 타광을 낳았으니 타광은 사실은 황후의 아들이 아닙니다.'

이 사안을 관리에게 내려 타광의 작위를 빼앗았다. 평제(平帝) 원시(元始) 2년에 끊어진 가계(家系)를 이어주어 쾌의 현손의 아들 장(章)을 봉해 식읍 1,000호의 무양후(舞陽侯)로 삼았다.

역상(酈商)은 고양(高陽) 사람이다. 진승(陳勝)이 일어났을 때 상(商)도 젊은이들을 모아 수천 명을 얻었다. 패공(沛公)이 여러 지역을 공략하며 진류현(陳留縣)에 이른 지 6개월 남짓 될 무렵 상(商)은 병졸 4,000명을 이끌고 기현(岐縣)에서 패공에게 귀속했다. 패공을 따라서 장사(長社)를 공격할 때 가장 먼저 성에 올라 (그 공을 인정받아) 작위를 하사받고 신성군(信成君)에 봉해졌다. 패공을 따라서 구지현(緱氏縣)을 공격하고 황하의 나루(-평음진(平陰津))를 끊어 낙양(洛陽) 동쪽에서 진나라 군대를 깨뜨렸다. 패공을 따라서 완(宛)과 양(穰)을 공격해 떨어뜨려 17개 현(縣)을 평정했다. 이와는 별개로 군대를 이끌어 순관(旬關)을 공격했고 서쪽으로 한중(漢中)을 평정했다.

패공이 한(漢)나라 왕이 돼 상(商)에게 신성군(信成君)의 작위를 내리자 이로써 (역상은) 장군으로서 농서도위(隴西都尉)가 됐다. 이와는 별개로 군대를 이끌어 북지군(北地郡)을 평정했고, 오지현(烏氏縣), 순읍(栒邑), 이양(泥陽)에서 장한(章邯)의 별장들을 깨뜨려 무성현(武成縣)의 6,000호를 식읍으로 하사받았다. 한왕을 따라서 항적의 군대를 쳤으며 (거야현(鉅野縣)으로 나아가) 종리매(鍾離眛)와 전투를 벌여 양(梁)나라 상국의 도장을 받았고 식읍 4,000호가 더해졌다. 한왕을 따라서 2년 동안 항우를 쳐서 호릉(胡陵)을 공격했다.

한왕이 제위(帝位)에 나아갔을 때 연나라 왕 장도(臧荼)가 반란을 일으키자 상은 장군으로서 고제를 따라서 도(荼)를 쳤는데, 용탈(龍脫)에서 싸울 때 가장 먼저 성에 올라 진지를 함락시켰고, 역현(易縣) 아래에서 도의 군대를 깨뜨렸다. 적을 물리치자 승진해 우승상(右丞相)이 됐고, 열후(列侯)의 작위를 받았으며, 부절을 나누어 갖고 대대손손 이어지도록 했으며, 식읍으로 탁현(涿縣)의 5,000호를 받았다. 이와는 별개로 상곡(上谷)을 평정했으며 연이어 대군(代郡)을 공격해 조(趙)나라 상국의 도장을 받았다. 강후(絳侯) 등과 더불어 대군(代郡)과 안문(鴈門)을 평정했고, 대(代)의 승상 정종(程縱), 수상(守相-임시 수상) 곽동(郭同)과 장군 이하 600석 관리에 이르기까지 19명을 사로잡았다. 돌아와서 장군으로서 태상황(太上皇)의 궁궐의 위사(衛士-호위병)들을 통솔한 것이 1년이다. 10월에 우승상으로서 진희(陳豨)를 쳐서 동원(東垣)에 치명타를 입혔다. 또 고제를 따라서 경포를 쳐서 성곽의 앞에 있는 담을 공격해 그 두 진영을 함락해 포(布)의 군대를 깨뜨릴 수 있었기 때문에 다시 봉해져 곡주후(曲周侯)가 됐고, 식읍 5,100호를 받았으며, 기존의 식읍은 없앴다. 모두 (고제와는) 별도로 군대를 깨뜨린 것이 3개이고, 군(郡)을 항복시켜 평정한 것이 6개, 현(縣)은 73개, 사로잡은 승상, 수상, 대장군이 각각 1명씩이고, 소장군이 2명이며, 2,000석 관리부터 600석 관리에 이르기까지가 19명이다.

상은 효혜제와 여후를 섬겼다. 여후가 붕했을 때 상은 병이 나서 일을 처리할 수가 없었다. 그 아들 기(寄)는 자(字)가 황(況)인데 여록(呂祿)과 친하게 지냈다. 여후가 붕하자 대신들이 여씨 일족을 주살하려고 했는데 여록은 장군이 돼 북군(北軍)에 주둔하고 있었다. 태위(太尉) 발(勃)은 북군으로 들어갈 수가 없자 이에 마침내 사람을 시켜 상을 겁박해 그의 아들 기가 여록을 유인하게 했다[紿]. 여록은 그것을 믿고 그와 함께 외출했고, 그 사이에 태위 발은 곧바로 북군에 들어가 장악하고, 드디어 여러 여씨들을 주살했다. 상은 이 해에 훙(薨)했는데 시호를 내려 경후(景侯)라고 했다. 아들 기가 뒤를 이었다. 천하에서는 역황(酈況)을 친구를 팔아먹었다고 욕했다.

효경(孝景) 때 오(吳), 초(楚), 제(齊), 조(趙)나라가 반란을 일으키자 상은 기를 장군으로 삼아 조나라의 성을 포위하게 했으나 7개월이 지나도 떨어뜨리지 못했다. 난포(欒布)가 제나라를 평정하고 돌아와서 구원해 마침내 조나라를 멸망시켰다. 효경(孝景) 중(中) 2년에 기가 평원군(平原君)〔○ 소림(蘇林)이 말했다. "경제의 왕(王)황후의 어머니 장아(臧兒)를 가리킨다."〕을 부인으로 삼으려고 하자 경제(景帝)가 화가 나서 기를 형리에게 내려 작위를 빼앗았다. 상은 곧바로 상의 다른 아들 견(堅)을 봉해 목후(繆侯)로 삼아 상의 뒤를 잇게 했다. 작위는 현손 종근(終根)에까지 이르렀고, 무제(武帝) 때 태상(太常)이 됐으나 무고(巫蠱)에 연루돼 주살되고, 봉국은 없어졌다. 원시(元始) 연간에 고조 때의 공신이라 해 역상 이하의 자손들에게 작위를 내려주었는데, 모두 관내후(關內侯)로 삼았고, 식읍을 받은 이가 모두 100여 명이었다.

하후영(夏侯嬰)은 패(沛) 사람이다. 패의 마구간 사어(司御)가 돼 매번 사신과 빈객을 태워 전송하고 돌아올 때, 패의 사상(泗上)의 역정(驛亭)을 지나면서 고조와 이야기를 나누었는데, 일찍이 날밤을 새지 않은 적이 없었다. 얼마 후에 영(嬰)은 현의 아전이 됐는데도 고조와 서로 사이좋게 지냈다. 고조가 장난을 치다가 영을 다치게 했는데 어떤 사람이 그것을 가지고 고조를 고발했다. 고조는 당시 정장(亭長)이었기 때문에 (관리로서) 남을 다치게 하면 가중처벌을 받게 돼 있었다. 고조는 영을 다치게 한 적이 없다고 진술했고 영은 이를 증언했다. 그후에 이 사건은 다시 심의를 받게 됐고, 영은 고조의 죄에 대한 위증죄에 걸려 1년 남짓 옥살이를 했고, 수백 대의 매질을 당했다. 그러나 결국 (영이 끝까지 진술을 번복하지 않아) 고조는 이 사건에서 벗어날 수 있었다.

고조가 애초에 자기 무리들과 함께 패를 공격하려고 했는데 영은 그때 패현의 영사(令史-서기)로서 고조의 편이 돼 일했다. 상은 하루 만에 패를 항복시켰고〔○ 사고(師古)가 말했다. "마을 부로들이 성문을 열어 고조를 맞이했을 때를 말한다."〕 고조가 패공이 되자 칠대부(七大夫)의 작위를 내려주어 영을 태복(太僕)으로 삼고 항상 패공의 수레를 몰도록 했다. 패공을 따라 호릉(胡陵)을 공격할 때 영은 소하(蕭何)와 함께 사수(泗水)의 군감(郡監) 평(平)을 항복시켰는데, 이때 평은 호릉을 가지고 투항했고, 그 공로로 영에게 오대부(五大夫)의 작위를 내려주었다. 그는 또 패공을 따라 탕현(碭縣)의 동쪽에서 진(秦)나라 군대를 쳤고, 제양(濟陽)을 공격했으며, 호향(戶鄕)을 떨어뜨렸고, 옹구(雍丘)에서 이유(李由)의 군대를 깨뜨렸는데, 전차로 질주하면서 치열하게 전투를 벌인 공로로 집백(執帛)의 작위를 받았다. 패공을 따라 개봉(開封)에서 조분(趙賁)의 군대를, 곡우(曲遇)에서 양웅(楊熊)의 군대를 쳤다. 영은 종군해 68명을 포로로 잡고, 군졸 850명을 항복시켰으며, 인장 한 궤짝을 얻었다. 또 낙양(雒陽) 동쪽에서 진(秦)나라 군대를 칠 때 전차로 질주하면서 치열하게 전투를 벌인 공로로 작위를 받아 등공(滕公)이 됐다. 연이어 수레에 패공을 모시고 따라가 남양(南陽)을 공격해 평정했고, 남전(藍田)과 지양(芷陽)에서 전투를 하고, 패상(覇上)에 이르렀다. 패공이 한왕(漢王)이 되자 영에게 열후의 작위를 내려주고, 소평후(昭平侯)라고 불렀으며, 다시 태복이 돼 한왕을 따라 촉한(蜀漢)으로 들어갔다.

돌아와 삼진(三秦)을 평정했고 한왕을 따라 항적을 쳤다. 팽성(彭城)에 이르러 항우가 한나라 군대를 크게 깨뜨렸다. 한왕은 형세가 불리해 급히 달아났다. (달리는 중에) 효혜(孝惠)와 노원(魯元-공주)을 발견하고는 수레에 실었다. 한왕은 사태가 급하고 말이 지친 데다가 적들이 바로 뒤에서 추격해오면 그때마다 두 아이를 발로 차서 내버리려고 했다. 그럴 때 영은 수레 아래에서 이들을 받아 겨우 싣고 느릿느릿 달리면서 두 자녀가 자기 목을 끌어안게 했다. 한왕은 화가 나서 도중에 영을 목 베려 한 것이 10여 차례였으나 마침내 탈출하게 되자 효혜와 노원을 풍(豐)으로 데려다주었다.

한왕은 이미 형양(榮陽)에 도착해 흩어진 병사를 거두어 다시 세력을 회복하고서 영에게 기양(祈陽)을 식읍으로 하사했다. 항적을 하읍(下邑)에서 쳐서 진(陳)까지 뒤쫓아가 결국 초(楚)나라를 평정했다. 노(魯) 땅에 이르러 자지(玆氏)〔○ 사고(師古)가 말했다. "현(縣)의 이름으로 「지리지(地理志)」에서는 태원(太原)에 속한다고 했다."〕를 식읍으로 더 받았다.

한왕이 제위(帝位)에 오르고서 연왕(燕王) 장도(臧荼)가 반란을 일으키자 영은 고제를 따라 도를 쳤다. 이듬해 고제를 따라 진(陳)에 이르러 초왕(楚王) 신(信)을 붙잡았다. 고제는 여음현(汝陰縣)을 식읍으로 내려주고 부절을 나누어주어 대대로 끊어지지 않게 했다. 고제를 따라 대(代) 땅을 치고 무천(武泉)과 운중(雲中)에 이르러 그 공로로 식읍 1,000호를 더 받았다. 연이어 고조를 따라 진양현(晉陽縣) 부근에 있던 한신(韓信)의 군대의 흉노 기마병을 쳐서 크게 깨뜨렸다. 계속 북쪽으로 뒤쫓아 평성(平城)에 이르렀다가 오랑캐에게 포위돼 7일 동안 연락이 끊겼다. 고제가 사자를 시켜 연지(閼氏)에게 후한 예물을 보내자 묵돌(冒頓)은 마침내 한쪽 포위망을 열어주었다. 고제는 밖으로 나와 내달리려고 했으나 영은 일부러 천천히 걸으면서 쇠뇌를 마음껏 당겨 밖으로 향하게 해[○ 사고(師古)가 말했다. "한가로움을 보여줌으로써 병사들의 마음을 안정시키고 동시에 적으로 하여금 상황을 알 수 없게 만들기 위함이었다."] 마침내 벗어날 수 있었다. 그 공로로 세양현(細陽縣)의 1,000호를 식읍으로 더 받았다. 고조를 따라 구주산(句注山) 북쪽에서 흉노의 기마병을 쳐서 크게 깨뜨렸다. 평성(平城)의 남쪽에서 흉노의 기마병을 쳐서 진지를 세 차례 함락했는데 공로가 많아, 죄가 있어 식읍을 박탈당한 자들의 읍[所奪邑] 500호를 받았다. 고제를 따라 진희(陳豨)와 경포(黥布)의 군대를 쳐서 진지를 함락시키고 적을 물리쳐 1,000호의 식읍을 더 받았으며 여음현(汝陰縣)의 6,900호의 식읍을 확정하고 이전의 식읍은 없앴다.

　영은 상(上)이 처음 패(沛)에서 일어날 때부터 늘 태복으로서 따랐고 고조(高祖)가 붕(崩)할 때까지 변함이 없었다. 태복으로서 혜제(惠帝)를 섬겼다. 혜제와 고후(高后)는 영이 하읍(下邑) 부근에서 효혜와 노원을 구해준 것에 감사해[德] 마침내 영에게 궁궐 북쪽에 제일 좋은 저택을 지어주면서 "가깝게 지냅시다"라며 그를 각별히 존중했다. 혜제가 붕하자 태복으로서 고후를 섬겼다. 고후가 붕하고 대왕(代王)이 들어오자 영은 태복으로서 동모후(東牟侯)와 함께 궁중으로 들어가 잔당을 말끔히 정리하고, 소제(少帝)를 폐위시킨 다음 천자의 어가를 가지고 가서 대왕(代王)을 대저(代邸-장안에 있는 대왕의 관저)에서 맞이해 대신들과 함께 문제(文帝)를 세웠고, 다시 태복이 됐다. 8년 뒤에 훙(薨)하니 시호를 내려 문후(文侯)라고 했다. 작위는 증손 파(頗)에게까지 이어졌고, 평양공주(平陽公主)와 혼인했는데[尚], 아버지가 황제로부터 물려받은 하녀[御婢]와 간통죄에 연루돼 자살했고, 봉국은 없어졌다.

애초에 영은 등(滕)의 현령으로서 패공의 수레를 받들었기에 칭호를 등공(滕公)이라 했다. 증손 파가 주(主-공주)와 혼인을 하게 되자 공주는 외가의 성을 따라 손(孫)공주라 했고, 그래서 등공의 자손들은 성을 고쳐 손씨(孫氏)가 됐다.

관영(灌嬰)은 수양(睢陽)의 비단 장수였다. 고조(高祖)가 (예전에) 패공(沛公)이 돼 여러 곳을 공략하면서 옹구(雍丘)에 이르렀을 때 장한(章邯)이 항량(項梁)을 죽이자 패공은 군대를 돌려 탕현(碭縣)에 진을 쳤다[軍=陣]. 영(嬰)은 처음에 중연(中涓-시종관)으로서 패공을 따라 성무(成武)에서 동군(東郡)의 군위(郡尉)를 깨뜨리고, 또 강리(扛里)에서 진나라 군대를 쳐부쉈는데 힘껏 싸운 공으로 칠대부(七大夫)의 벼슬을 내려받았다. 또 패공을 따라 박(亳)의 남쪽과 개봉(開封)과 곡우(曲遇)에서 진나라 군대와 전투할 때 온 힘을 다했기에 집백(執帛)의 작위와 함께 선릉군(宣陵君)의 칭호를 받았다. 패공을 따라 양무(陽武)의 서쪽에서 낙양(雒陽)에 이르는 지역을 공격해 진나라 군대를 시(尸)의 북쪽에서 깨뜨렸고, 북쪽으로 하진(河津-황하의 나루)을 끊었으며, 남쪽으로는 남양군수(南陽郡守) 여의(呂齮)를 양성(陽城)의 동쪽에서 깨뜨리고, 드디어 남양군(南陽郡)을 평정했다. 서쪽으로는 무관(武關)으로 들어가 남전(藍田)에서 싸웠는데 온 힘을 다해 패상(霸上)에 이르러 집규(執珪)의 작위와 함께 창문군(昌文君)이라는 칭호를 받았다.

패공이 한왕이 되자 영을 제배해 낭중으로 삼으니 (관영은 한왕을) 한중(漢中)으로 따라 들어가 10월에 제배를 받고 중알자(中謁者-황제 시종관)가 됐다. 한중에서 따라 되돌아나와 삼진(三秦)을 평정하고, 역양(櫟陽)을 떨어뜨렸으며, 새왕(塞王-사마흔)의 항복을 받았다. (영은) 돌아와 폐구(廢丘)에서 장한(章邯)을 포위했으나 아직 뽑아버리지는 못했다[未拔]. 한왕을 따라 동쪽으로 임진관(臨晉關)을 나와 은(殷)왕을 쳐서 항복시키고 그 땅을 평정했다. 항우의 장군 용저(龍且)와 위나라 재상[魏相] 항타(項他)의 군대를 쳐서 정도(定陶)의 남쪽에서 치열하게 싸워 그들을 깨뜨렸다. 영은 열후(列侯)의 작위와 함께 창문후(昌文侯)의 칭호를 받았는데 식읍은 두현(杜縣)의 평향(平鄉)이었다.

(영은) 다시 중알자로서 유방을 따라 탕현(碭縣)을 떨어뜨리고 그리하여 북쪽으로 가서 팽성(彭城)에 이르렀다. 항우가 한왕을 쳐서 크게 깨뜨리니 한왕이 달아나 서쪽으로 가자 영은 (한왕을) 따라 돌아와 옹구(雍

丘)에 군진을 쳤다. 왕무(王武)와 위공(魏公) 신도(申徒)가 반란을 일으키자 (한왕을) 따라가 그들을 쳐서 깨뜨렸다. 하황현(下黃縣)을 공격해 떨어뜨렸으며 서쪽으로 병사들을 거두어 형양(滎陽)에 진을 쳤다. 초나라 기병이 대거 쳐들어오자 한왕은 이에 맞서 군대 안에서 전차부대나 기병부대의 장수[車騎將]가 될 만한 사람을 뽑으니 모두 추천하기를 "옛날 진나라 기마병 출신인 중천(重泉) 사람 이필(李必)과 낙갑(駱甲)은 기병에 능했는데 지금은 교위(校尉)로 있으니 기병의 장수로 삼을 만합니다"라고 했다. 한왕이 그들을 제배하려 하자 필(必)과 갑(甲)이 말했다.

"신들은 본래 진나라 백성이라 군사들이 신들을 믿지 않을까 두렵습니다. 신들이 바라건대 대왕의 좌우에 있는 사람들 중에서 말을 잘 타는 사람을 구하시면 저희들은 그를 돕겠습니다."

영이 비록 어리기는 하지만 여러 차례 힘써 싸웠기 때문에 마침내 영을 제배해 중대부(中大夫)로 삼고 이필과 낙갑을 좌우 교위로 삼았다. (관영은) 낭중(郎中)의 기병(騎兵)을 이끌고 형양의 동쪽에서 초나라 기병을 쳐서 크게 깨뜨렸다. (그는) 조서를 받고 별도로 초나라 군대의 후미를 쳐서 군량 보급로[饟道=餉道]를 끊었는데, 무양(陽武)에서 시작해 양읍(襄邑)에 이르는 곳이었다. 노현(魯縣) 아래에서 항우의 장군 항관(項冠)을 쳐서 깨뜨렸고, 그가 이끄는 병사가 우사마(右司馬)와 기병대장 각각 1명씩을 베었다. 자공(柘公)과 왕무(王武)의 군대를 쳐서 깨뜨리고, 연(燕)나라 서쪽에 진을 쳤는데, 그가 이끄는 병사가 누번(樓煩)의 장수 5명과 연윤(連尹) 1명을 베었다. 백마현(白馬縣) 아래에서 왕무의 별장(別將) 환영(桓嬰)을 쳐서 깨뜨렸고, 그가 이끄는 병사가 도위(都尉) 1명을 베었다. 이어 기마병을 이끌고 황하를 건너 남쪽으로 내려와 낙양으로 가는 한왕을 전송했고, 사신이 돼 북쪽으로 나아가 한단(邯鄲)에서 상국 한신(韓信)의 군대를 맞았다. 오창(敖倉)으로 돌아온 영은 승진해 어사대부(御史大夫)가 됐다.

3년 뒤 열후(列侯)로서 두현(杜縣)의 평향(平鄕)을 식읍으로 받았다. 어사대부로서 조서를 받고, 낭중의 기마병을 이끌고 동쪽으로 상국 한신에게 소속돼, 역성(歷城) 아래에서 제(齊)나라 군대를 쳐서 깨뜨렸으며, 그가 이끄는 병사가 거기장군(車騎將軍) 화무상(華毋傷)과 장수 및 관리 46명을 포로로 잡았다. 임치(臨菑)를 항복토록 해 떨어뜨렸고[降下] 제나라 임시 재상[守相]인 전광(田光)을 사로잡았다. 제나라 재상 전횡(田橫)을 뒤쫓아 영(嬴)과 박(博)에까지 이르러 그 기병부대를 깨뜨렸고, 그가 이끄는 병사가 기병대장[騎將] 1명을 베고, 기병대장 4명을 산 채로 잡았다. 영(嬴)과 박(博)을 공격해 떨어뜨렸고, 천승현(千乘縣)에서 제나라 장군 전흡(田吸)을 깨뜨렸으며, 그가 이끄는 병사가 흡(吸)을 베었다. 동쪽으로 한신을 따라가 가밀현(假密縣)에서 용저(龍且)와 유공(留公) 선(旋)을 공격해 그의 병사가 용저를 베고, 우사마와 연윤 각 1명과 누번(樓煩)의 장수 10명을 산 채로 잡았으며, 그 자신은 아장(亞將) 주란(周蘭)을 산 채로 잡았다.

제나라 땅이 이미 평정되자 한신은 스스로를 세워 제나라 왕이 됐고 영을 별장으로 삼아 초나라 장군 공고(公杲)를 노(魯) 땅 북쪽에서 치게 해 깨뜨렸다. 남쪽으로 방향을 바꿔 설군(薛郡) 수장을 깨뜨리고 자신은 기병대장 1명을 포로로 잡았다. 부양(傅陽)을 치고 앞으로 나아가 하상(下相)과 그 동남쪽의 동(僮), 취려(取慮), 서(徐)에 이르렀다. 회수(淮水)를 건너 그 일대의 성읍들을 다 항복시키고 광릉(廣陵)에 이르렀다. 항우가 항성(項聲), 설공(薛公), 담공(郯公)을 시켜 다시 회수의 북쪽을 평정토록 하자 영은 회수의 북쪽을 건너 항성(項聲)과 담공(郯公)을 하비(下邳)에서 쳐 설공(薛公)을 베고 하비(下邳)와 수춘(壽春)을 떨어뜨렸다. 평양(平陽)에서 초나라 기병을 쳐서 깨뜨리고 마침내 팽성(彭城)을 항복시켰다. 주국(柱國)의 항타(項佗)를 포로로 잡았고 유(留), 설(薛), 패(沛), 찬(酇), 소(蕭), 상(相) 등(의 현(縣))을 항복시켰다. 고(苦)와 초(譙)를 공격해 다시 아장(亞將)을 사로잡았다. 이향(頤鄉)에서 한왕과 만나 그를 따라 진성(陳城) 아래에서 항적의 군대를 쳐서 크게 깨뜨렸다. 그가 이끄는 병사가 누번의 장수 2명을 벴고 장수 8명을 포로로 잡았다. 식읍 2,500호를 더 내려받았다.

항적(項羽)이 해하(垓下)에서 패해 달아나자 영은 어사대부로서 조서를 받아 별도로 전차 및 기병부대를 이끌고 항적을 뒤쫓아 동성(東城)에 이르러서 그들을 깨뜨렸다. 그가 이끄는 병사 5명이 함께 항적을 베자 그들 모두에게 열후(列侯)의 작위가 내려졌다. 좌우 사마 각 1명과 병사 1만 2,000명을 항복시켰고, 그 군대의 장군과 장교들을 모두 사로잡았다. 동성(東城)과 역양(歷陽)을 떨어뜨렸다. 양자강을 건너 오군(吳郡)의 수장을 오(吳)의 성 아래에서 깨뜨려 오군의 군수를 사로잡았으며 드디어 오군, 예장군(豫章郡), 회계군(會稽郡)을 평정했다. 돌아와서 회수(淮水)의 북쪽 지역을 평정했는데 모두 52개 현이었다.

한왕이 황제(皇帝)가 되자 영에게 식읍 3,000호를 더 내려주었다. 거기장군(車騎將軍)으로서 (황제를) 따라가 연(燕)나라 임금 장도(臧荼)를 깨뜨렸다. 이듬해 (황제를) 따라가 진(陳)에 이르러 초(楚)나라 임금 한신(韓信)을 붙잡았다. (본국으로) 돌아와서 (황제는) 부절을 쪼개어주고 대대손손 (작위를) 끊어지지 않게 했으며 영음(潁陰)의 2,500호를 식읍으로 내려주었다.

(거기장군으로서 고제를) 따라가 반란을 일으킨 한(韓)나라 임금 신(信 -한신)을 대(代) 땅에서 쳤고, 마읍(馬邑)에 이르러 조서를 받고 (고제와) 별도로 누번의 북쪽에 있는 6개 현을 항복시켜 대(代)나라 좌장(左將)을 베었으며, 무천(武泉) 북쪽에서 오랑캐(-흉노) 기마병[胡騎]을 깨뜨렸다. 다시 따라가 한신의 흉노 기마병을 진양(晉陽) 아래에서 쳤는데 그가 이끄는 병사가 오랑캐 백제(白題)의 장수 1명을 벴다. 또 조서를 받고 연(燕), 조(趙), 제(齊), 양(梁), 초(楚)나라의 전차 및 기병부대를 함께 지휘해 사석(硰石)에서 오랑캐 기마병을 쳐서 깨뜨렸다. 평성(平城)에 이르렀다가 오랑캐에게 곤욕을 당했다.

(고제를) 따라가 진희(陳豨)를 쳤고, (고제와) 별도로 곡역(曲逆) 아래에서 희(豨)의 승상 후창(侯敞)의 군대를 공격해 깨뜨렸고, 그의 병사가 창(敞)과 특장(特將) 5명을 벴다. 곡역(曲逆), 노노(盧奴), 상곡양(上曲陽), 안국(安國), 안평(安平)을 항복시켰고, 동원(東垣)을 공격해 떨어뜨렸다.

경포(黥布)가 반란을 일으키자 거기장군으로서 선봉에 나서 상(相)에서 포의 별장을 쳐 이를 깨뜨렸고 아장(亞將)과 누번의 장수 3명을 벴다. 또 나아가 쳐서[進擊] 포의 상주국(上柱國) 군대와 대사마(大司馬) 군대를 깨뜨렸다. 또 나아가 포의 별장 비수(肥銖)를 깨뜨렸으며, 영 자신은 좌사마 1명을 산 채로 잡았고, 그가 이끄는 병사는 소장(小將) 10명을 벴으며, 북쪽으로 회수(淮水) 변까지 뒤쫓았다. 식읍 2,500호가 더해졌다. 포를 이미 깨뜨린 고제(高帝)가 돌아와 영에게 영음(潁陰) 땅 5,000호를 식읍으로 정해 영을 내렸고 앞서 내렸던 식읍은 없앴다. 총괄적으로 (영은 고제를) 따라가 2,000석 관리 2명을 사로잡았고, 별도로 16개 (군(郡)의) 군대를 깨뜨렸으며, 46개 성(城)을 함락시켜 나라 하나와 군(郡) 두 곳, 현(縣) 52개를 평정했고, 장군 2명, 주국(柱國)과 상국(相國) 각 1명, 그리고 2,000석 관리 10명을 사로잡았다.

영이 포를 깨뜨리고 돌아왔을 때 고조는 (이미) 붕(崩)했고 영은 열후(列侯)로서 혜제와 여후를 섬겼다. 여후가 붕하자 여록(呂祿) 등이 난을 일으키려 했다. 제(齊)나라 애왕(哀王)은 이 소식을 듣고 군대를 동원해 서쪽으로 진격하니 여록 등은 영을 대장군으로 삼아 가서 그들을 치도록 했다. 영이 형양에 이르러 마침내 강후(絳侯) 등과 모의해 형양에서 병사를 주둔시키고서 제왕(齊王)에게 여씨를 죽일 것이라는 소문을 퍼뜨리니[風=諷] 제나라 군대가 더 이상 전진하지 않았다. 강후 등이 이미 여러 여씨들을 죽이자 제왕은 군대를 거두어 돌아갔다. 영도 형양에서 돌아와 강후 및 진평과 함께 공동으로 문제(文帝)를 세웠다. (효문황제는) 이에 영에게 3,000호의 식읍을 더 봉하고, 금 1,000근을 내려주었으며, 태위(太尉)로 삼았다.

3년 후에 강후 발(勃)이 승상에서 면직돼 봉국으로 돌아가자 영이 승상이 됐고 태위라는 관직은 없어졌다. 이 해에 흉노들이 대거 북지(北地)로 침입하자 상은 승상 영에게 기마병 8만 5,000명을 거느리고 가서 흉노를 치도록 했다. 흉노가 물러가고 나서 제북왕(濟北王)이 반란을 일으키자 조서를 내려 영의 군대를 해산토록 했다. 1년여 뒤에 영이 승상으로 있다가 훙(薨)하니 시호를 내려 의후(懿侯)라고 했다. 아들 평후(平侯) 관아(灌阿)가 후작을 계승했다.

그가 28년 뒤에 죽자, 아들 관강(灌强)이 후작을 계승했다. 13년 뒤에 관강이 죄를 지어 2년 동안 후작 계승이 단절됐다. 손자 강(彊)에게까지 이어졌으나 죄가 있어 끊어졌다. 무제(武帝)가 다시 영의 손자 현(賢)을 봉해 임여후(臨汝侯)로 삼아 영의 뒤를 잇게 해주었는데 뒤에 죄가 있어 봉국을 없앴다.

부관(傅寬)은 위(魏)나라 오대부(五大夫)의 기장(騎將)으로 패공(沛公)을 따랐고 사인(舍人-가신)이 돼 횡양(橫陽)에서 일어났다. 패공을 따라 안양(安陽)과 강리(杠里)를 공격했고 개봉(開封)에서 조분(趙賁)의 군대를, 그리고 곡우(曲遇)와 양무(陽武)에서 양웅(楊熊)을 공격해 적의 목 12명을 베자 (패공은) 경(卿)의 작위를 내려주었다. 패공을 따라 패상(霸上)에 이르렀다. 패공이 한왕(漢王)이 되자 관(寬)에게 공덕군(共德君)이라는 봉호를 내려주었다. 패공을 따라 한중(漢中)에 들어가 우기장(右騎將)이 됐다. 삼진(三秦)을 평정하자 조음(雕陰)〔○ 맹강(孟康)이 말했다. "현(縣)의 이름이며 상군(上郡)에 속했다."〕을 식읍으로 내렸다. 패공을 따라 항적을 치고 회(懷-현)에서 패공을 기다리니 통덕후(通德侯)의 작위를 내렸다. 패공을 따라 항관(項冠), 주란(周蘭), 용저(龍且)를 공격했는데 그가 거느린 병사가 오창(敖昌)에서 적의 기장 한 사람을 죽이니 그의 식읍은 더 많아졌다.

회음(淮陰-한신)에 소속돼 제나라 역하(歷下-읍)의 군대를 쳤고 또 전해(田解)를 쳤다. 상국(相國) 조참(曹參)에 소속돼 (태산현(太山縣)의) 박(博)을 쳐서 식읍이 늘어났다. 제나라 땅을 평정에 공으로 한왕은 부절(符節)을 나누어주어 자손 대대로 끊어지지 않게 했으며, 양릉후(陽陵侯)에

봉해 식읍 2,600호를 내려주고, 이전의 식읍을 없앴다. 제나라의 우승상(右
丞相)이 돼 (아직 항복하지 않은) 제나라(의 전횡(田橫))에 대비했다. 5년 뒤
에 제나라 상국이 됐다.

4월에 진희(陳豨)를 칠 때 태위(太尉) 발(勃)에게 속해 있었는데 (제나
라) 상국으로서 승상 쾌(噲-번쾌)를 대신해 희(豨)를 쳤다. 1월에 옮겨서
대(代)의 상국이 돼 주둔군을 지휘했다. 2년 뒤에 (대의) 승상이 돼 주둔
군을 지휘했다. 효혜(孝惠) 5년에 훙(薨)하니 시호를 내려 경후(景侯)라고
했다. 증손자 언(偃)까지 이어졌으나 반란을 모의해 주살됐고 봉국은 없
어졌다.

근흡(靳歙)은 중연(中涓)으로서 패공을 따라 완구(宛朐-현)에서 일어났
다. 제양(濟陽)을 공격해 이유(李由-이사의 아들)의 군대를 깨뜨렸다. 개봉
의 동쪽에서 진(秦)나라 군대를 쳐서 기병 1,000명과 장군 한 명을 죽이고,
적 57명을 목 벴으며, 73명을 포로로 잡으니 작위를 내려 임평군(臨平君)에
봉했다. 또 남전(藍田) 북쪽에서 전투를 벌여 거사마(車司馬) 두 사람과 기
장 한 사람의 목을 베고, 적 28명을 목 벴으며, 57명을 포로로 잡았다. 패
상(覇上)에 이르렀다. 패공이 한왕이 되자 흡(歙)에게 건무후(建武侯)의 작
위를 내리고 기도위(騎都尉)로 승진시켰다.

한왕을 따라 삼진(三秦)을 평정했다. (한왕을) 별도로 서쪽으로 가서 농
서(隴西)에서 장평(章平)의 군대를 깨뜨리고, 농서의 6개 현을 평정했으며,
그가 거느린 병사들은 거사마와 군후(軍候) 각각 네 사람과 기장 12명을
목 벴다. 패공을 따라 동쪽으로 가서 초(楚)나라를 치고 팽성(彭城)에 이

르렀다. 한나라 군대는 패해 옹구(雍丘)에 머물면서 배반한 장군 왕무(王武) 등을 쳤다. 양(梁)나라 땅을 공략했는데, 별도로 서쪽으로 가서 치(菑-현)의 남쪽에서 형열(邢說)의 군대를 쳐서 깨뜨렸는데, 직접 형열의 도위(都尉) 두 사람과 사마, 군후 12명을 사로잡고, 관리와 병사[吏卒] 4,680명을 항복시켰다. 형양(滎陽)의 동쪽에서 초나라 군대를 깨뜨렸다. 식읍 3,200호를 받았다.

(패공과) 별도로 하내(河內)로 가서 조가(朝歌)에서 조(趙)나라 장군 분학(賁郝)의 군대를 쳐서 깨뜨렸고 그가 거느린 병사들은 기장 두 사람과 수레와 말 250필을 얻었다. 패공을 따라서 안양(安陽) 동쪽을 공격해 극포(棘蒲-현)에 이르러 10개 현을 떨어뜨렸다. (패공과) 별도로 조나라 군대를 쳐서 깨뜨려 조나라 장수와 사마 두 사람 및 군후 네 사람을 얻고 관리와 병사 2,400명을 항복시켰다. 패공을 따라서 한단(邯鄲)을 함락시켰다. 별도로 평양(平陽)을 떨어뜨리고 몸소 수상(守相)의 목을 베었으며, 그가 거느린 병사들은 군위(郡尉)와 군수(郡守) 한 사람씩을 베고, 업(鄴)을 항복시켰다. 패공을 따라서 조가와 한단을 공격했고 별도로 조나라 군대를 쳐서 한단군(邯鄲郡)의 6개 현을 항복시켰다. 오창(敖倉)으로 회군해 성고(成皐)의 남쪽에서 항적(項籍)의 군대를 깨뜨리고, 초나라의 식량 보급로를 쳐서 끊었는데, 그 보급로는 형양(滎陽)에서 시작해 양읍(襄邑)까지 이어진 것이다. 노(魯) 부근에서 항관(項冠)의 군대를 깨뜨렸다. 여러 곳을 공략하며 동쪽으로는 증(繒), 담(郯), 하비(下邳)에, 남쪽으로는 기(蘄), 죽읍(竹邑)에 이르렀다.

제양(濟陽) 부근에서 항한(項悍)을 쳤다. 군대를 돌려 진(陳)의 성 아래에서 항적을 쳐서 깨뜨렸다. 별도로 강릉(江陵)을 평정했고, 강릉의 주국(柱國), 대사마(大司馬) 이하 관리 8명의 항복을 받았으며, 직접 강릉왕(江陵王)을 사로잡아 낙양(洛陽)으로 압송했고, 이렇게 해서 남군(南郡)을 평정했다. 패공을 따라 진(陳)에 이르러 초왕(楚王) 신(信)을 붙잡으니, 고제는 그에게 부절을 나눠주어 자손 대대로 끊어지지 않게 하고, 식읍을 4,600호로 정했으며, 신무후(信武侯)로 삼았다. 기도위(騎都尉)로서 고조를 따라 대(代)를 쳤고, 평성(平城) 부근에서 한신(韓信)을 공격했으며, 동원(東垣)으로 회군했다. 이때 공로가 있어 승진해 거기장군(車騎將軍)이 됐고, 아울러 양(梁), 조(趙), 제(齊), 연(燕), 초(楚)나라의 거기(車騎)를 통솔했으며, (고조와) 별도로 진희의 승상 후창(侯敞)을 쳐서 깨뜨리고, 그로 인해 곡역(曲逆)을 항복시켰다. 고조를 따라 경포(黥布)를 치는 데 공로가 있어 익봉(益封)돼 식읍이 5,300호로 정해졌다. 모두 해서 적 90명의 목을 베었고, 132명을 포로로 잡았으며, 고조와 별도로 14개 군대를 깨뜨렸고, 59개의 성을 항복시켰으며, 군과 나라를 각각 하나씩, 그리고 23개의 현을 평정했고, 왕과 주국(柱國)을 각각 한 사람씩 2,000석 관리 이하에서 500석 관리까지 39명을 얻었다.

고후(高后) 5년에 훙(薨)하니 시호를 내려 숙후(肅侯)라고 했다. 아들 정(亭)이 이었는데 죄가 있어 봉국은 없어졌다.

주설(周緤)은 패(沛) 사람이다. 사인(舍人)으로서 고조(高祖)를 따라 패에서 일어났다. 패상(霸上)에 이르러 서쪽으로 촉한(蜀漢)에 들어갔으며, 돌아와 삼진(三秦)을 평정해 항상 참승(參乘-마차 동승자)으로 있었고, 지양(池陽)을 식읍으로 받았다. 고조를 따라 동쪽으로 가서 형양(滎陽)에서 항우를 쳤고 (초나라) 식량 보급로[甬道]를 끊었다. 고조를 따라 출병해 평음(平陰)에서 황하를 건너 양국(襄國)에서 한신의 군대와 마주쳤는데, 전세가 유리할 때도, 불리할 때도 있었지만 그는 끝까지 고조를 배반할 마음을 먹지 않았다. 상은 설(緤)을 신무후(信武侯)로 삼고 식읍 3,300호를 내려주었다.

상(上)이 직접 진희(陳豨)를 치려고 하자 설이 울면서 말했다.

"애초에 진(秦)나라가 천하를 공격해 깨뜨릴 때 시황제는 일찍이 한 번도 몸소 군대를 인솔한 적이 없었는데 지금 폐하께서 몸소 나가려 하시니 이는 보낼 만한 사람이 없어서 그러시는 것입니까?"

상은 설이야말로 자신을 진정으로 위한다고 여기고서 궁궐 문을 들어와서 종종걸음을 하지 않아도 되는 특전을 내려주었다.

한나라 12년에 설을 다시 봉해 괴성후((蒯城侯)로 삼았고 효문(孝文) 5년에 훙(薨)하니 시로를 내려 정후(貞侯)라고 했다. 아들 창(昌)이 이어받았는데 죄가 있어 봉국은 없어졌다. 경제(景帝)가 설의 아들 응(應)을 다시 봉해 단후(鄲侯)로 삼았고 훙하자 시호를 내려 강후(康侯)라고 했다. 아들 중거(仲居)가 이어받았는데 태상(太常)으로 있으면서 죄가 있어 봉국은 없어졌다.

찬(贊)하여 말했다.

"중니(仲尼-공자)가 '얼룩소 새끼가 색깔이 붉고 또[且] 뿔이 제대로 났다면 비록 (사람들이) 쓰지 않으려 해도 산천의 신(神)이 어찌 그것을 (쓰지 않고) 버려두겠는가?"라고 말한 것은 (진정한) 선비란 세상의 흐름에 구애되지 않는다는 뜻이다. 옛말에 '호미나 괭이가 있다 해도 때를 제대로 만나는 것만 못하다'라고 했으니 참으로 그렇도다! 번쾌, 하후영, 관영의 무리들은 칼로 개를 잡고 있을 때, 혹은 마구간 일꾼이거나 비단 장수였을 때, 모기가 준마의 꼬리에 붙듯이 천자에 붙어 공로가 천자의 명부에 기록되고 그 경사로움이 넘쳐 자손에게까지 흘러가게 될 줄을 스스로 어찌 알았으랴? 효문제 때 천하는 역기(酈寄)를 친구를 팔아먹은 자라고 했다. 무릇 친구를 팔아먹었다는 것은 이익에 눈이 멀어 의로움을 잊었다는 뜻이다. (그러나) 만약에 기(寄)처럼 아버지가 공신이면서도 또 (주발 등에게) 겁박을 당했다면 설사 여록(呂祿)을 (속여서) 꺾었다고는 하나 그렇게 함으로써 사직을 안정시키고 마땅히 임금과 아버지를 살아남게 했으니 옳은 일[可]이다."
가

---

6 『논어(論語)』「옹야(雍也)」편에 나오는 말이다. 원래 이 말은 공자의 제자 중궁(仲弓)을 평해 한 말이다. 중궁의 아버지는 미천한 데다 행실까지 악했다. 얼룩소란 중궁의 아비, 얼룩소 새끼는 자연히 중궁이다. 아버지가 악하다고 해도 그 자식의 선함을 버릴 수 없다는 뜻이다. 악행을 범한 아버지와 어진 아들의 경우는 고대 중국에도 종종 있었다. 순(舜)임금의 경우도 그렇다.

권

◆

42

장창·주창·조요· 임오·신도가전

張周趙任申屠傳

장창(張蒼)은 양무(陽武) 사람으로 그는 책과 음률(音律), 그리고 역법
(曆法)을 좋아했다. 진(秦)나라 때 어사(御史)가 돼 궁중에서 사방으로부
터 올라오는 책과 문서를 관리하는 일을 맡았다. 죄를 지어 도망쳐 고향으
로 갔다. 패공(沛公)이 여러 지역을 공략하면서 양무를 지날 때 창(蒼)은
빈객(賓客)으로 따라가 남양(南陽-군)을 공격했다. 창이 (죄를 범해) 참형
을 받게 돼 옷을 벗긴 채 (처형대로 쓰이는) 모루[質=鑕=鑕]에 엎어놓았는
데, 그 몸집이 크고 살이 쪄 피부가 하얀 박속 같았다. 이때 왕릉(王陵)이
보고 이 잘생긴 모습을 기이하게 여겨 마침내 패공에게 참수하지 말 것을
잘 이야기했다. 드디어 패공을 따라 서쪽으로 무관(武關)에 들어갔다가 함
양(咸陽)에 이르렀다.

패공이 세워져 한왕(漢王)이 되자 (창은) 한중(漢中)에 들어갔다가 돌아
와 삼진(三秦)을 평정했다. 진여(陳餘)가 상산왕(常山王) 장이(張耳)를 치자

이(耳)는 한나라에 귀순했고 한나라는 창을 상산태수(常山太守)로 삼았다. 한신(韓信)을 따라 조(趙)나라를 쳤고 창은 진여를 얻었다. 조나라 땅이 이미 평정되자 한왕은 창을 대(代)의 상국으로 삼아 변방의 오랑캐에 대비했다.

얼마 뒤에[已而] 옮겨 조나라 상국이 돼 조왕(趙王) 이(耳-장이)를 도왔다. 이가 졸(卒)하자 그의 아들 오(敖)를 도왔다. 다시 옮겨 대(代)의 상국이 됐다. 연왕(燕王) 장도(臧荼)가 반란을 일으키자 창은 대의 상국으로서 한왕을 따라가 도를 공격하고 공로를 세웠다. (한 고조 6년) 북평후(北平侯)에 봉해졌고 1,200호의 식읍(食邑)을 받았다.

승진해 계상(計相)〔○ 문영(文穎)이 말했다. "회계에 능해 칭호를 계상이라고 한 것이다." 사고(師古)가 말했다. "회계장부를 전담으로 주관했기 때문에 칭호를 계상이라고 한 것이다."〕이 됐고, 한 달 만에 다시 열후(列侯)로서 4년 동안 주계(主計)〔○ 사고(師古)가 말했다. "계상을 주계로 이름만 바꾼 것이다."〕로 일했다. 이때 소하(蕭何)가 상국(相國)이었는데, 창이 진나라 때부터 주하어사(柱下御史)가 돼 천하의 도서와 재정, 호적에 밝고, 또 산학(算學), 음률, 역법을 잘 활용했기에, 창으로 하여금 열후로서 상부(相府-상국 관청)에 있으면서 군국(郡國)의 회계 보고 담당자[上計者]들을 관리하고 주관하게 했다. 경포(黥布)가 반란을 일으켰다가 패망하자 한나라에서는 황자(皇子) 장(長-유장)을 세워 회남왕(淮南王)으로 삼고 창을 그곳의 상국으로 삼았다. 14년 후에 승진해 어사대부(御史大夫)가 됐다.

주창(周昌)이라는 자는 패(沛) 사람이다. 그의 사촌형이 하(苛)〔○ 사고

(師古)가 말했다. "苟는 (발음이 가가 아니라) 하(何)다."였는데 진(秦)나라 때 둘 다 사수(泗水)의 졸사(卒史)였다. 고조(高祖)가 패에서 일어나 사수의 군수(郡守)와 군감(郡監)을 쳐서 깨뜨릴 때, 이에 하(苟)와 창은 졸사로서 패공을 따랐고, 패공은 창을 직지(職志-휘장이나 깃발을 관리하는 자리)로 삼고, 하를 빈객〔○ 장안(張晏)이 말했다. "막하(幕下)의 빈객이라 관직을 맡지 않았다."〕으로 삼았다. 패공을 따라 관중(關中)에 들어가 진(秦)나라를 깨뜨렸다. 패공이 세워져 한왕이 되자 하를 어사대부로 삼고 창을 중위(中尉-수도 치안 담당)로 삼았다.

한나라 3년[1]에 초(楚)나라가 한왕을 형양(滎陽)에서 포위해 형세가 위급했는데 이때 한왕은 포위망을 뚫고 도망가면서 하에게 형양성을 지키게 했다. 초나라가 형양성을 점령하고 하를 초의 장수로 삼으려고 하자 하가 욕하며 말했다.

"너[若=汝]는 서둘러[趣=促] 한왕에게 항복해야 할 것이야! 그렇지 않으면 이제 곧 포로가 될 것이다!"

항우(項羽)는 화가 나서 하를 삶아버렸다. 한왕은 이에 창을 제배해 어사대부로 삼았다. 항상 한왕을 따라다니며 항적을 쳐서 깨뜨렸다. 한나라 6년 8월에 소하(蕭何), 조참(曹參) 등과 함께 봉해져 분음후(汾陰侯)가 됐다. 하의 아들 성(成)이 아버지가 죽은 일 때문에 고경후(高景侯)에 봉해졌다.

창은 사람됨이 강직해 과감하게 곧은 말[直言]을 했기 때문에 소하와 조참을 비롯한 모든 신하들이 그에게는 몸을 굽혔다. 창이 일찍이 고제(高

---

1 사마천의 『사기(史記)』에는 4년으로 돼 있다.

帝)가 한가롭게 쉬고 있을 때 들어가 일을 아뢰었는데 고제는 마침 척희(戚姬)를 안고 있어 창이 뒤돌아서 달아났다. 고제가 뒤쫓아와서 붙잡더니 창의 목에 타고 앉아[騎] 물었다.

"나는 어떤 임금이냐?"

창이 고개를 쳐들고 말했다.

"폐하는 바로 걸(桀)이나 주(紂)[2]와 같은 임금입니다."

이에 상은 그를 보고 웃기는 했지만 이 일로 인해 창을 더욱 꺼리게 됐다. 고제가 태자를 폐위하고 척희의 아들 여의(如意)를 세워 태자로 삼으려고 했을 때, 대신들이 굳게 간쟁했으나 뜻을 이룰 수 없었는데, 상은 유후(留侯-장량)의 계책으로 인해 그쳤다. 그 전에 창이 이 문제에 대해 조정에서 강하게 간언한 적이 있었기 때문에 상은 그의 생각을 물었는데, 창은 본래 말을 더듬는[吃] 데다 몹시 성이 나 있었기 때문에 이렇게 말했다.

"신이 비록 입으로 말을 잘하진 못하지만 그러나 신은 그, 그[期期] 그것이 옳지 않다는 것은 대략 알고 있습니다. 폐하께서 태자를 폐위하려 하셔도 신은 조, 조[期期] 조서를 받들 수가 없습니다."

상이 흔쾌하게 웃고는 곧바로 조회를 마쳤다. 여후가 동상청(東廂廳-편전의 동쪽 측실)에서 벽에 기대어 귀 기울여 듣고 있었는데 여후는 주창을 보고서 무릎을 꿇고 감사하며 말했다.

---

2 걸은 하나라를 망하게 만든 임금이고, 주는 은나라를 망하게 만든 임금으로 둘 다 여색에 빠져 국사를 내팽개쳤다가 불행한 종말을 맞았다.

"그대가 아니었다면[微=無] 태자는 거의 폐위될 뻔했소."

이 해에 척희의 아들 여의(如意)가 조왕(趙王)이 되니 나이가 10세였기 때문에 고조는 자기가 죽은 뒤에[萬歲之後] 여의의 생명이 온전하지 못할 것임을 근심했다.

조요(趙堯)는 어린 나이로 부새어사(符璽御史)가 됐는데 조(趙)나라 사람인 방예현(方與縣)의 신망 있는 한 원로[公]가 어사대부 주창에게 말했다.

"그대의 사(史) 조요는 나이가 비록 어리지만 뛰어난 인재이니 그대는 반드시 그를 특별하게 대하십시오. 이 사람은 장차[且] 그대의 직위를 대신할 것이오."

창이 웃으면서 말했다.

"요(堯)는 나이 어린 도필리(刀筆吏)일 뿐인데 어찌 이 자리에 오른단 말이오?"

얼마 후에 요가 고조를 모시게 됐는데, 어느 날 고조가 홀로 마음이 즐겁지 않아 슬픈 노래를 불렀으나 여러 신하들은 상이 왜 그런지를 알지 못했다. 요가 나아가 물었다.

"폐하께서 즐거워하시지 않는 이유는 조왕(趙王)이 나이가 어리고 척(戚)부인과 여후(呂后)의 사이가 좋지 않아 폐하의 만년 뒤에 조왕이 스스로 몸을 보전할 수 없을 것이라고 여기시기 때문이 아닙니까?"

고조가 말했다.

"내가 남몰래 그 일을 염려하고 있는데 어찌 해야 좋을지 모르겠다."

요가 말했다.

"폐하께서는 오로지 조왕을 위해 지위가 높고 강력한 상국을 두어야 하는데, 여후와 태자와 군신들이 평소 존경하고 두려워하는 사람을 마침내 그 자리에 두시면 좋을 것입니다."

고조가 말했다.

"그렇다. 짐도 그렇게 생각해 그처럼 하고자 하는데 여러 신하들 가운데 누가 좋겠는가?"

요가 말했다.

"어사대부 창은 그 사람됨이 굳세고 강직해 여후와 태자로부터 대신들에 이르기까지 모두 다 평소 그를 존경하고 두려워합니다. 오직 창만이 괜찮습니다."

고조가 말했다.

"좋다."

이에 창을 불러 말했다.

"내가 참으로 그대를 괴롭히고자 하오. 그대는 힘을 다해서 나를 위해 조왕의 상국이 돼주시오."

창이 울면서 말했다.

"신은 처음 군사를 일으킬 때부터 폐하를 따랐습니다. 폐하께서는 어찌하여 홀로 중도에 저를 제후들 사이에 버리려고 하십니까?"

고조가 말했다.

"나도 그것이 좌천(左遷)[○ 사고(師古)가 말했다. "이때는 우(右)를 높이고 좌(左)를 낮추어보았다. 그래서 지위가 깎이는 것을 좌천(左遷-왼쪽으로 옮겨감)이라고 했다."]인 것을 잘 아오[極知]. 그러나 남몰래[私] 조왕
극지   사

의 장래를 생각해보니 공이 아니고는 좋은 사람이 없소. 어쩔 수 없으니 [不得已] 공이 억지로라도 가주시오.”
부득이

이에 어사대부 창을 옮겨 조나라 상국으로 삼았다.

창이 이미 조나라로 떠나간 지 한참 뒤에 고조가 어사대부의 인장을 손에 쥐고 어루만지면서 말했다.

“어사대부로 앉힐 만한 사람이 누굴까?”

요를 한참 동안 뜯어보다 말했다.

“요를 대신할[易=代] 만한 사람은 없지.”
역 대

드디어 요를 제배해 어사대부로 삼았다. 요 또한 이전에 군공(軍功)으로 받은 식읍이 있었고, 또 어사대부가 된 뒤에 고조를 따라가 진희(陳豨)를 치는 데 공로가 있었기에 강읍후(江邑侯)에 봉해졌다.

고조가 붕(崩)하자 태후는 사자를 보내 조왕을 불렀는데 그의 상국 창은 왕으로 하여금 병을 핑계 대고 가지 못하게 했다. 사자가 세 번이나 오자 창은 말했다.

“고제께서 신에게 조왕을 맡기셨는데[屬=委] 조왕은 나이가 어리오. 내
속 위
가 가만히 듣건대 태후께서는 척부인을 원망해 조왕을 불러 함께 다 주살하려 한다고 하오. 신은 감히 왕을 보낼 수가 없고 왕은 게다가 또 병이 있으니 조서를 받들 수가 없소이다.”

태후가 노해 사자를 보내 조나라 상국을 불렀다. 상국이 장안(長安)에 와서 고후를 뵈니 태후가 창을 몹시 꾸짖으며 말했다.

“너[爾=汝]는 내가 척씨(戚氏)를 몹시 미워하고 있다는 것을 모르는가?
이 여
그런데도 조왕을 보내지 않아?”

창이 이미 불려온 뒤에 고후는 사자를 보내 조왕을 불렀다. 왕은 결국 왔는데 장안에 온 지 1개월여 만에 짐독으로 살해됐다. 창은 병을 핑계 삼고 조정에 나오지 않다가 3년 만에 죽으니 시호를 내려 도후(悼侯)라고 했다. 아들 손의(孫意)에게 이어졌는데 죄가 있어 봉국이 없어졌다. 경제(景帝)가 창의 손자 좌거(左車)를 다시 봉해 안양후(安陽侯)로 삼았는데 죄가 있어 봉국이 없어졌다.

애초에 조요가 이미 주창을 대신해 어사대부가 됐는데 고조가 붕하자 혜제가 세상을 떠날 때까지 섬겼다. 고후 원년에 고후는 요가 고조 때에 조왕 여의를 보호하기 위한 계책을 도모한 것에 대해 원망을 품고서 마침내 요에게 죄를 뒤집어씌우고 광아후(廣阿侯) 임오(任敖)를 어사대부로 삼았다.

임오(任敖)는 패(沛) 사람으로 젊어서는 옥리(獄吏)였다. 고조(高祖)가 일찍이 (죄를 범해) 관리들을 피해 다닐 때 관리는 (그 대신 아내인) 여후(呂后)를 옥에 가두고 그를 대우하는 것이 거칠었다. 임오는 평소에 고조와 사이가 좋았기에 이를 보고서 화가 나 여후를 담당하는 옥리를 때려 상처를 입혔다. 고조가 처음 일어났을 때 오(敖)는 빈객으로서 고조를 따라 어사가 돼 2년 동안 풍읍(豐邑)을 지켰다. 고조가 세워져 한왕(漢王)이 돼 동쪽으로 항우를 칠 때 오는 승진해 상당(上黨)의 군수가 됐다. 진희(陳豨)가 반란을 일으켰을 때 오는 상당을 견고하게 지켜 그 공으로 광아후(廣阿侯)에 봉해져 1,800호의 식읍을 받았다. 고후(高后) 때 어사대부가 됐다가 3년 만에 면직됐다. 효문(孝文) 원년에 홍(薨)하니 시호를 내려 의후(懿侯)라고 했다. 아들에게 전해져 증손 월인(越人)에까지 이어졌는데, 태상(太常)으로 있으면서 종묘의 술을 상하게 하는 불경죄를 지어 봉국이 없어졌다.

앞서 임오가 면직되자 평양후(平陽侯) 조줄(曹窋)이 어사대부가 됐다. 고후가 붕하자 조줄은 대신들과 함께 여러 여씨들을 주살했지만 뒤에 어떤 일에 연루돼 면직됐고, 회남의 상국 장창(張蒼)이 조줄을 대신해 어사대부가 됐다. 창이 강후(絳侯) 등과 함께 효문황제를 세웠고 4년 후에 관영을 대신해 승상이 됐다.

한나라가 일어난 지 20여 년이 되자 천하가 비로소 안정되기 시작했지만 공경(公卿)이 모두 다 군리(軍吏) 출신이었다. 창(蒼)은 계상으로 있을 때 음률과 역법의 계통을 찾아내[緒=尋] 바로잡았다. 고조가 10월에 처음 패상(霸上)에 이르렀다고 해서 원래 진(秦)나라 때 10월을 한 해의 시작[歲首]으로 삼았던 것을 고치지 않았다. 오덕(五德)의 운행에 비추어 헤아려보면 한나라는 수덕(水德)의 시대에 해당한다고 해 흑색을 숭상하는 것은 예전과 그대로 했다. 12율(十二律)의 관악기를 불어 음악을 바로잡고 5음(五音)에 맞게 했다. (경중대소의) 비례로써 법령을 정했으며 모든 장인들은 일정한 규격을 정해 물품을 만들게 했다. 창이 승상이 되고서야 마침내 이것들이 이루어졌다. 그런 까닭에 한나라 때 율력을 말하는 자는 (모두) 장창의 설을 근거로 삼았다. 창은 본래 좋아해보지 않은 책이 없고 능통하지 않은 것이 없었는데, 그중에서도 음률과 역법에 더욱 조예가 깊었다[邃=深].

창은 안국후(安國侯) 왕릉(王陵)에게 은덕을 입었기에〔○ 사고(師古)가 말했다. "사형을 앞두고 구해주었다."〕 창은 귀하게 된 후에도 릉을 아버지처럼 섬겼다. 릉(陵)이 죽은 뒤에 창이 승상이 되자 목욕을 하고 가장 먼저 왕릉의 부인을 뵙고 음식을 올린 뒤에야 집으로 돌아가곤 했다.

창이 승상이 된 지 10여 년이 됐을 때 노(魯) 사람 공손신(公孫臣)이 글을 올려 오행(五行)의 덕(德)이 끝나고 시작하며 순환하는 순서를 진술해 이렇게 말했다.

"한나라는 토덕(土德)의 시대이니 그 조짐으로는 황룡(黃龍)이 나타날 것이기 때문에 마땅히 정삭(正朔)을 바꾸고 복색(服色)을 고쳐야 합니다."

이 일을 창에게 내리니 창은 옳지 않다고 해 그 의견을 폐기했다. (그런데) 그 뒤에 황룡이 성기(成紀)에 나타나자 이에 문제(文帝)는 공손신을 불러 박사(博士)로 삼아 토덕(土德)의 역법제도를 기초하게 하고[草=創始] 원년(元年)을 바꾸었다. 창은 이로 말미암아 스스로 위축돼 병을 핑계 삼아 늙어서 그랬던 것이라고 말했다. 일찍이 창이 추천해 중후(中候)가 된 사람이 있었는데 그가 매우 부정한 이득을 취했다. 상이 그 일로 창을 문책하자 창은 드디어 병을 핑계로 벼슬에서 물러났다. 효경(孝景) 5년에 훙하니 시호를 내려 문후(文侯)라고 했다. 아들에게 전해지고 손자 류(類)에 이르렀는데 죄가 있어 봉국이 없어졌다.

애초에 창의 아버지는 키가 5척(五尺)도 못 됐는데 창은 키가 8척이 넘었으며 손자 류에 이르러서도 키가 6척을 넘었다.

창은 승상을 그만둔 뒤 입 안에 치아가 없어 젖을 먹고 살았는데 그때마다 나이가 젊은 여인을 유모로 삼았다. 처첩이 모두 100여 명이나 됐는데 일찍이 임신한 적이 있는 여인은 두 번 다시 총애하지 않았다. 나이가 100세가 넘어서 마침내 졸했다. 저서가 18편인데 음양(陰陽)과 음률과 역법의 일에 관한 것이다.

신도가(申屠嘉)는 양(梁)나라 사람이다. 힘이 세고 용감한 강궁(强弓)의 특별사수[材官]로서 고제를 따라가 항적을 쳐서 승진해 대솔(隊率)[○ 사고(師古)가 말했다. "1개 대(隊)를 통솔한다."]이 됐다. 고제를 따라 경포를 쳐서 도위(都尉)가 됐다. 효혜(孝惠) 때 회양(淮陽)군수가 됐다. 효문(孝文) 원년에 옛날에 2,000석 관리로서 고조(高祖)를 수행했던 자들은 모두 다 관내후(關內侯)가 되고 식읍을 받았는데 이들은 총 24명이었고 가(嘉)도 (이때) 식읍 500호를 받았다. 16년 후에 승진해 어사대부가 됐다. 장창이 승상에서 면직됐을 때 문제는 황후의 동생 두광국(竇廣國)이 뛰어난 데다가 행실이 있어 승상으로 삼을 생각을 하고 말했다.

"천하 사람들이 나를 보고 광국에게 사사로운 정을 베푼다고 할까 봐 두렵다."

오랫동안 생각해보니 그것은 아니었고 더구나 고제 때의 대신들 중에는 맡을 만한 사람이 없었다. 이에 어사대부 가를 승상으로 삼고 이리하여 그의 원래 식읍을 그대로 봉해 고안후(故安侯)로 삼았다.

가는 사람됨이 깐깐하고 곧아[廉直] 사사로운 청탁[私謁]을 받지 않았다. 이때 태중대부(太中大夫) 등통(鄧通)이 바야흐로 총애를 받아 하사받은 재물만 수 거만(鉅萬)이었다. 문제는 늘 통(通)의 집에서 연회를 즐겼으니 그 총애가 이와 같았다. 하루는 가가 입조했는데 통이 상의 곁에 있으면서 승상을 대하는 예절을 태만하게 하니 가가 보고를 마치고 곧이어 말했다.

"폐하께서 신하를 총애하시어 그를 부귀하게 하는 것은 좋습니다만 조정의 예절에 관한 한은 엄숙하지 않으면 아니 되옵니다."

상이 말했다.

"그대는 말하지 마시오. 짐이 살짝 말하겠소."

조회를 마치고 승상부에 와서 자리에 앉은 가는 가는 격서(檄書)³를 써서 통을 불러 승상부에 오게 하고 만약 오지 않으면 장차 통의 목을 베겠다고 했다. 통은 두려워서 궁궐로 들어가 상에게 이 사실을 아뢰었다.

상이 말했다.

"너는 일단은[弟=但] 가라. 내가 곧 사람을 시켜 너를 꺼내올 것이다."

통은 승상부에 이르자 갓을 벗고 맨발로 머리를 조아려 가에게 사과했다. 가가 태연하게 앉아 고의로 예의를 갖추지 않고 꾸짖어 말했다.

"조정은 고황제의 조정이다. 등통은 보잘것없는 신하로서 어전을 능멸했다. 이는 큰 불경죄이니 참형을 받아 마땅하다. 형리는 지금 당장 그의 목을 베라."

통이 머리를 조아리느라 머리에서 온통 피가 났지만 풀어주지 않았다. 상은 승상이 이미 충분히 통을 괴롭혔을 것이라고 생각하고 사자에게 부절(符節)을 주어 통을 불러오게 했다. 그리고 승상에게 사과했다.

"그는 내가 총애하는 신하이니 그대가 놓아주시오."

등통이 풀려나 문제 앞에 이르자 울면서 말했다.

"승상은 신을 거의 죽이려 했사옵니다."

---

3 당시 종이 대신 글을 쓰던 나무판이며 길이가 2척이다.

가가 승상이 된 지 5년째 되는 해에 문제가 붕(崩)하고 효경(孝景)이 (황제의) 자리에 나아갔다. 효경제 2년에 조조(晁錯)가 내사(內史)가 돼 총애를 받으며 정사를 주도하자[用事] 각종 법령제도를 대폭 고칠 것을 주청하고, 잘못을 찾아 처벌하는 방법으로 제후들의 권력과 봉지를 삭감할 것을 건의했다. 반면에 승상 가는 스스로 위축돼 자신의 의견이 채용되지 않자 조(錯)를 미워했다. 조는 내사가 되자 문이 동쪽에 있어 출입에 불편하다 해 다시 남쪽 낮은 담을 뚫어 문을 만들었다. 남쪽으로 나오면 태상황(太上皇) 사당의 바깥 담장에 이르게 된다. 가는 조가 종묘의 담장을 뚫었다는 소식을 듣고서 조를 처벌할 것을 주청했다. 조의 문객 중에 그 이야기를 해준 사람이 있었는데 조는 두려워서 밤에 궁궐에 들어가 상을 뵙고 자신의 죄를 털어놓았다[自歸＝自首]. 아침이 되자 가는 내사 조를 주벌할 것을 청했다. 상이 말했다.

"조가 뚫은 곳은 진짜 종묘의 담이 아니고 바깥의 낮은 담이다. 그러므로 다른 관리들이 그 안에서 살았다. 또 내가 그렇게 하라고 시켰으니 조에게는 죄가 없다."

조회를 마치고 가는 장사(長史)에게 이렇게 말했다.

"먼저 조를 베어 죽이고 나서 청했어야 하는데[4] 그렇지 않아 조에게 매도당하는 것이 후회스럽소."

집에 이르러 이 때문에 피를 토하고 죽었다. 시호를 내려 절후(節侯)라고 했다. 아들에게 전해지고 손자 유(臾)에 이르러 죄가 있어 봉국이 없

---

4 선참후계(先斬後啓)하지 않았다는 말이다.

어졌다.

가가 죽은 뒤 (경제 때에는) 개봉후(開封侯) 도청(陶靑)과 도후(桃侯) 유사(劉舍)가 승상이 됐으며, 무제(武帝) 때에는 백지후(柏至侯) 허창(許昌), 평극후(平棘侯) 설택(薛澤), 무강후(武彊侯) 장청적(莊靑翟), 상릉후(商陵侯) 조주(趙周) 등이 승상이 됐다. 이들은 모두 열후(列侯)로서 아버지의 뒤를 이어받은 사람들로 청렴하고 근신해 충분한 겉모습이 있어 승상이 되기는 했으나 자리만 채웠을 뿐 공적과 이름이 그 시대에 훤히 드러날 만한 사람은 없었다.

찬(贊)하여 말했다.

"장창(張蒼)은 글을 좋아했고 음률과 역법에 뛰어난 한(漢)나라의 명재상이었다. 그러나 (가생(賈生)과 공손신(公孫臣) 등이 건의한 역법 거마(車馬) 복색(服色)의 개혁을 채택하지 않고) 진(秦)나라의 전욱력(顓頊曆) 사용을 고집한 것은 어째서인가? 주창(周昌)은 질박하고 강직한[木强] 사람
목강
이다. 임오(任敖)는 옛날의 은덕으로 인해 등용됐다. 신도가(申屠嘉)는 굳세고 곧아[剛毅] 절조를 지켰다고 말할 수 있겠지만 그러나 그에게는 술학
강의
(術學)⁵이 없어 소하(蕭何), 조참(曹參), 진평(陳平)과는 (차원이) 다르다."

---

5 좁게는 처세술로 볼 수 있지만 크게는 제왕학이나 경세술로 볼 수도 있다.

역이기·육가·주건·
누경·숙손통전

酈陸朱婁叔孫傳

역이기(酈食其)〔○ 사고(師古)가 말했다. "食은 (발음이 식이 아니라) 이 (異)다.")는 진류(陳留) 고양(高陽) 사람이다. 독서를 좋아했으나 집안이 가난해 뜻한 바를 이루지 못해 당장 먹고 입을 것도 없었고 생계도 막막했다. (그래서) 마을의 문을 관리하는 하급 관리가 됐으나 진류현의 관리나 뛰어난 이나 호걸들은 그를 감히 부리려 하지 않았고 사람들은 모두 그를 미치광이[狂生]라고 불렀다.
_{광생}

진승(陳勝)과 항량(項梁) 등이 일어나자 여러 장수들은 각지를 공략하면서[徇=略] 고양을 지나간 사람이 수십 명이나 됐지만, 이기(食其)는 그들 _{순   략} 장수들이 모두 도량이 작고[握齷] 시시콜콜한 예절[苛禮]이나 좋아하며, _{악추} _{하례} 자기만 옳다고 여길 뿐[自用] 도량이 큰 말을 들어주지 않는다는 것을 듣 _{자용} 고서, 이에 자신의 계략을 깊이 감추고 있었다. 뒤에 패공(沛公)이 각지를 공략하면서 진류의 교외를 친다는 말을 들었다. 그때 패공 휘하의 한 기병

(騎兵)이 마침 이기와 같은 마을 사람이라 패공은 종종 그 기병에게 읍 사람들 가운데 뛰어난 선비와 호걸이 누구인지를 묻곤 했다. 그 기병이 마을로 돌아오자 이기가 그를 보고서 말했다.

"나는 패공이 거만하고 남을 업신여기지만[易=狎] 원대한 뜻[大略]을 갖고 있다고 들었네. 그분이 바로 내가 따르고 싶은 사람이지만 나를 그분에게 소개해주는[先=紹介] 사람이 아무도 없었다네. 혹시 패공을 뵙게 되거든 '제 고향에 역생(酈生)이라고 있는데, 나이는 60세 남짓이고, 키는 8척이며, 사람들은 다 그를 일러 미치광이라고 부르지만 본인 스스로는 미치광이가 아니라고 합니다'라고 말해주게!"

기병이 말했다.

"패공은 유생[儒]을 좋아하지 않습니다. 여러 빈객 중에 유생의 관[儒冠]을 쓰고 오는 사람이 있으면 패공은 곧장 그 빈객의 관을 벗겨 그 안에 오줌을 싸버립니다[溺=尿]. 다른 사람과 이야기할 때 늘 큰 소리로 욕을 합니다. 유생으로서 유세하기는 어려울 것입니다."

이기가 말했다.

"일단은[第=但] 말을 해주시게."

기병은 이기가 부탁한 말을 조용히 패공에게 아뢰었다.

패공은 고양의 객사[傳舍]에 이르자 사람을 보내 이기를 불렀다. 이기가 이르러 들어가 알현하려는데, 패공은 때마침 침상에 걸터앉은 채 두 여자에게 발을 씻기고 있었고, 그 자세대로 이기를 만났다. 이기는 들어가서 곧장 길게 읍만 하고 절은 하지 않은 채 말했다.

"족하(足下)께서는 진(秦)나라를 도와 제후들을 공격하려 하십니까? 제후들을 이끌고 진나라를 공격하려 하십니까?"

패공은 욕을 하며 말했다.

"이런 빌어먹을 유생을 봤나[豎儒]! 무릇 천하가 모두 진나라에게 고초를 당한 지가 오래됐다. 그래서 제후들이 서로 힘을 합쳐 진나라를 치려고 하는데 네놈은 어찌 진나라를 도와 제후들을 친다고 말하는 것이냐?"

이기가 말했다.

"반드시 무리를 모으고 의병을 한데 모아 무도한 진나라를 주벌하고자 하신다면 그렇게 걸터앉아서 나이 든 사람[長者]을 만나보아서는 안 됩니다."

이에 패공은 발 씻기를 멈추고 일어나 옷을 단정히 하고 이기를 이끌어 윗자리에 앉힌 뒤에 사과했다. 이에 이기는 (전국시대) 6국의 합종연횡(合縱連橫)에 대해 말했다. 패공은 기뻐하며 이기에게 음식을 내려주고 물었다.

"어떤 계책을 써야겠소?"

이기가 말했다.

"족하께서는 오합지졸 중에서 일어나 뿔뿔이 흩어진 병사를 거두셨지만 그 수는 1만 명을 넘지 못하는데, 그것 갖고서 막강한 진나라에 쳐들어가는 것은 호랑이 입안으로 뛰어드는 격입니다. 무릇 진류는 천하의 요충지[衝]이고, 사방으로 통하는 길목이며, 지금 성안에는 많은 식량이 쌓여 있습니다. 제가 진류현령과 아는 사이이니 저를 사신으로서 보내주시면 족하께 항복하게[下=降] 만들겠습니다. 만일 그가 제 말을 듣지 않는다면 족하께서 군대를 일으켜 공격하십시오. 제가 성안에서 호응하겠습니다[內應]."

이에 패공은 이기를 사신으로 가게 하고, 패공은 군대를 이끌고 그의 뒤를 따라가서 드디어 진류를 떨어뜨렸다. 이에 이기에게 칭호를 내려 광야군(廣野君)이라고 했다.

이기는 동생 상(商)을 패공에게 추천해 수천 명의 군사를 거느리고 패공을 따라서 서남쪽으로 가서 그곳 땅을 공략하게 했다. 역생은 언제나 유세객[說客]이 돼 제후들의 나라를 사신으로서 왕래했다.

한왕(漢王) 3년 가을에 항우(項羽)가 한(漢)을 쳐서 형양(滎陽)을 뽑아버리니 한나라 군대는 공(鞏)으로 달아나 그곳에 주둔했다[保=屯]. (그 무렵) 초(楚)나라 사람들은 한신(韓信)이 조(趙)나라를 깨뜨리고, 팽월(彭越)이 여러 차례 양(梁) 땅에서 반란을 일으켰다는 소식을 듣고서 군대를 나눠 보내 조와 양을 구원했다. 한신은 마침 동쪽으로 제(齊)나라를 치려고 했고, 한왕(漢王)은 형양(滎陽)과 성고(成皐)에서 수차례 고전했기 때문에 성고 동쪽의 땅을 버리고, 군대를 공(鞏)과 낙양(洛陽)에 주둔시키고서 초나라를 막으려 했다. 이에 이기(食其)가 말했다.

"신이 듣건대 하늘이 하늘인 까닭을 아는 자는 임금의 일[王事]을 (얼마든지) 이룰 수 있고, 하늘이 하늘인 까닭을 알지 못하는 자는 임금의 일을 이룰 수 없으며, 임금다운 임금은 백성을 하늘로 삼고 백성은 먹을 것을 하늘로 삼는다고 했습니다. 저 오창(敖倉-오산에 있는 큰 창고)에는 천하의 곡식을 옮겨 실어다 놓은 지 오래인지라 신이 듣건대 그곳에는 쌓아놓은 식량이 엄청나게 많다고 했습니다. 초나라 사람들이 형양을 뽑아버리고서도 오창은 굳게 지키지 않아, 마침내 군사들을 이끌고 동쪽으로 가면서 죄를 지어 변방으로 쫓겨나 군인이 된 자들에게 성고를 나눠서 지키게 하고 있으니, 이는 곧 하늘이 한나라를 돕는 것입니다. 바야흐로 지금이야말로 초나라를 쉽게 차지해야 하는데 한나라가 도리어 물러나는 것은 스스로 좋은 기회를 버리는 것입니다. 신이 가만히 생각해보건대 이는 잘못된 것입니다.

또 두 영웅[兩雄]은 함께 설 수가 없습니다. 초나라와 한나라가 오랫동안 맞서면서 (승패를) 결정짓지 않는다면 백성들은 안정을 찾지 못하고 온 나라 안은 요동칠 것입니다. 그리하여 농민은 쟁기를 버리고 길쌈하는 여인네는 베틀에서 내려와 천하의 민심이 불안정해질 것입니다. 바라건대 족하(足下)께서는 서둘러 군대를 다시 진격시켜 형양을 탈환하고, 오창의 식량을 확보한 뒤 성고의 험지를 막고, 태항산으로 가는 길을 끊고, 비호(蜚狐)의 어귀를 가로막고, 백마 나루터를 지켜 제후들에게 힘을 과시하고, 유리한 지형으로 적을 제압하는 형세를 보여주셔야 합니다. 그리하면 천하는 어디에 의지해야 하는지[歸=依]를 알게 될 것입니다. 바야흐로 지금 연(燕)나라와 조(趙)나라는 이미 평정됐지만 제(齊)나라만 아직 밑으로 들어오지 않고 있습니다. 지금 전광(田廣)은 사방 1,000리의 제나라를 갖고서 버티고 있고, 전간(田間)은 20만 군대를 거느리고서 역성(歷城)에 진을 치고 있습니다. 여러 전씨(田氏) 일족들은 막강한 데다가 바다를 등지고 황하와 제수(濟水)를 앞에 두고서, 남쪽으로는 초나라와 가깝고, 사람들은 변덕과 속임수[變詐]에 능합니다. 족하께서 비록 수십만 명의 군사를 보내더라도 짧은 기간에 격파할 수는 없을 것입니다. 신이 밝은 조서를 받들어 유세해 제나라 왕이 한나라에 속하고 동쪽의 번국이 되도록 설득하겠습니다."

상이 말했다.

"좋다."

마침내 그 계책을 따라 다시 오창을 지키면서 이기로 하여금 제나라 왕에게 가서 유세하게 했다.

(이기가 제나라 임금에게 가서) 말했다.

"임금께서는 천하가 어디에 의지해야 하는지를 아십니까?"

(제나라 왕이) 말했다.

"알지 못하오."

"천하가 어디에 의지해야 하는지를 아시면 제나라는 보존될 수 있지만 만일 천하가 어디에 의지해야 하는지를 알지 못하신다면 곧장 제나라는 보존할 수 없을 것입니다."

제나라 왕이 말했다.

"천하는 어디에 의지해야 하는 것이오?"

이기가 말했다.

"천하는 한나라에 의지하게 될 것입니다."

제나라 왕이 말했다.

"선생은 무슨 근거로 그렇게 말하는 것이오?"

"한나라 왕과 항왕(項王-항우)은 힘을 합쳐[戮力=合力] 서쪽으로 진나라를 쳐서 먼저 함양에 입성하는 자가 왕이 되기로 약속했습니다. (그런데 한나라 왕이 먼저 함양에 들어갔지만) 항왕은 약속을 어기고 함양은 주지 않은 채 한중(漢中)의 왕으로 삼았습니다. (게다가) 항왕은 의제(義帝)를 내쫓아 죽였습니다. (이에) 한나라 왕은 촉(蜀)나라와 한(漢)나라의 군사를 일으켜 삼진(三秦)을 치고, 함곡관을 나와 (항왕에게) 의제를 죽인 죄를 따지고 천하의 병사들을 거둬들여 제후들의 후예를 세워주었습니다. 한나라 왕은 성을 함락시키면 곧바로 그 공을 이룬 장수를 후(侯)로 봉하고 재물을 얻으면 병사들에게 나눠주면서 천하와 더불어 그 이익을 함께 했습니다. 호걸과 영웅과 현인과 재사[豪英賢材]들이 다 기꺼이 한나라 왕에게 쓰이고자 했습니다. 제후들의 군사가 사방에서 몰려들었으며 촉과 한의 곡식을 실은 배가 다투어 내려오고 있습니다. (반면에) 항왕은 약속을 어겼다는 오명과 의제를 죽였다는 죄를 갖고 있습니다. 다른 사람의 공로에 대해서는 기억하는 바가 없으면서 다른 사람의 죄에 대해서는 잊어버리는 바가 없습니다. 싸워 이겨도 상을 주지 않고 성을 함락시켜도 봉읍을 주지 않습니다. 항씨(項氏)가 아니면 중요한 자리에 쓰일 수도 없고 사람을 봉하기 위해 도장[印]을 새겨놓고도 아까워하며 기꺼이 주지를 못합니다. 성을 공격해 재물을 얻어도 쌓아두기만 할 뿐 상으로 주지 못합니다. 그래서 천하 사람들은 그에게 반기를 들었고 뛰어난 재주를 가진 사람들은 그를 원망하면서 그에게 쓰이기를 바라지 않습니다. 따라서 천하의 선비들이 한나라 왕에게 의지하게 될 것이라는 것은 앉아서도 알아차릴 수가 있습니다. 무릇 한나라 왕은 촉과 한에서 군사를 일으켜 삼진을 평정하고, 서하(西河) 밖을 건너 상당(上黨)의 군사들을 모아 정형(井陘)을 함락시키고, 성안군(成安君-진여)을 주살했으며, 북위(北魏)를 격파해 32개의 성을 거두었습니다. 이는 황제(黃帝)[1]의 군대나 가능한 것으로 사람의 힘

---

1 판본에 따라 황제와 싸웠던 치우(蚩尤)로 돼 있는 경우도 있다.

이 아니라 하늘이 내린 복입니다. 지금 이미 (한나라는) 오창의 곡식을 차지했으며, 성고의 험지를 막고, 백마 나루터를 지키며, 태항산으로 가는 길을 끊고, 비호(蜚狐)의 어귀를 가로막고 있습니다. 천하에서 (한나라 임금에게) 뒤늦게 항복하는 자는 먼저 망하게 될 것입니다. 왕께서 서둘러[疾] 한나라 왕에게 항복한다면 제나라의 사직은 보존할 수 있겠지만 한나라 왕에게 항복하지 않을 경우 나라가 망해가는 것을 그냥 서서 지켜보게 될 것입니다."

전광도 그렇게 여기고 이에 이기의 말을 따르기로 하고서 역하(歷下)의 병사를 거둬들인 뒤 이기와 날마다 마음껏 술을 마셨다.

한신은 이기가 수레 위에 앉은 채로 제나라의 70여 성을 떨어뜨렸다는 소식을 듣고, 이에 밤을 틈타 군대를 평원(平原)에서 황하를 건너게 해 제나라를 급습했다. 제나라 왕 전광은 한나라 군대가 쳐들어왔다는 소식을 듣고 이기가 자신을 속였다고 생각하고서 마침내 이기를 삶아 죽이고 군대를 이끌고 달아났다.

한나라 12년에 곡주후(曲周侯) 역상은 승상으로서 군대를 거느리고 경포(黥布)를 쳐서 공로가 있었다. 고조는 열후(列侯)와 공신들에게 봉토를 나누어줄 때 이기를 떠올렸다. 이기의 아들 개(疥)는 여러 차례 군대를 지휘했고 상은 그 아버지를 생각해 개를 봉해 고량후(高梁侯)로 삼았다. 그 뒤에 고쳐서 무양(武陽)을 식읍으로 주었고 그가 졸(卒)하자 아들 수(遂)가 이었다. 3대까지 이어지다가 후(侯), 평(平)이 죄가 있어 봉국이 없어졌다.

육가(陸賈)²는 초(楚)나라 사람이다. 빈객으로 고조를 따라 천하를 평정했다. 그는 말재주[口辯=言辯]가 있어 이름이 나 고조 곁에 있으면서 늘 제후들에게 사신으로 갔다.

이때 중국(中國)이 처음으로 안정됐는데 위타(尉他)는 남월(南越)을 평정하고서 그 기세로 왕이 됐다. 고조(高祖)는 가(賈)를 보내 위타에게 인(印)을 주고 남월왕으로 삼았다. 가가 도착하자 위타는 상투를 방망이 모양으로 틀고 두 다리를 벌리고 앉은 채 가를 만났다. 가는 앞으로 나아가 설득하며 말했다.

"족하(足下)께서는 중국 사람으로 친척과 형제의 무덤이 진정(眞定)에 있습니다. (그런데) 지금 족하께서는 천성(天性)을 위반하고[○ 사고(師古)가 말했다. "부모의 나라를 배반하고 형제의 정이 없으니 천성을 위반했다는 뜻이다."], 관과 속대³를 내팽개치고, 보잘것없는[區區] 월(越)나라를 근거지로 삼아 천자에 맞서 적국이 되려고 하니, 재앙이 장차 그 몸에 미칠 것입니다. 저 진(秦)나라는 그 바름을 잃었기 때문에 제후와 호걸들이 다투어 일어났고, 우리 한왕께서 가장 먼저 함곡관에 들어가 함양을 점거하셨습니다. 항적이 약속을 저버리고 스스로를 세워 서초(西楚)의 패왕이 되자 제후들이 모두 거기에 귀속했으니 지극히 강력했다고 말할 수 있을 것입니다만 그러나 결국 한왕께서 파(巴)와 촉(蜀)에서 일어나 천하를 채찍질하고 제후들을 겁박해 드디어 항우를 주살했습니다.

---

2 '육고'로 읽기도 한다.

3 중국의 관직을 상징한다.

그로부터 5년이 지나는 사이에 해내(海內-나라)가 평정됐으니 이는 사람의 힘이 아니라 하늘이 그렇게 만들어준 것이라 하겠습니다. 천자께서는 군왕(君王)께서 남월의 왕이 된 뒤에 천하를 도와 폭도와 반역자들을 주살하지 않았기에 한나라의 장군과 재상들이 군대를 움직여 당신을 죽이려고 한다는 것을 들으시고, 천자께서는 백성들이 또다시 고달파지는 것을 가엽게 여기시어 일단 장상들을 도닥이시고, 신을 보내어 군왕께 왕의 인장을 주고 부절(符節)을 나누어 사신을 통하게 하신 것입니다. 군왕께서는 마땅히 교외에 나와 사신을 맞이하고 북면(北面)해 신하라고 칭해야 할 텐데, 이제 막 새로 세워져 아직 안정되지도 않은 월나라를 갖고서 우리에게 강경하게 대했습니다.

한나라에서 만일 이것을 안다면 군왕의 선조들의 무덤을 파헤쳐 불태우고 종족을 모두 죽일 것이며[夷種], 편장(偏將) 한 사람을 시켜 10만 군대를 이끌게 해 월나라를 공격하게 할 것이니, 그리되면 곧바로 월나라 사람들이 왕을 죽이고 한나라에 항복하는 것은 손바닥 뒤집는 것처럼 쉬울 뿐입니다."

이에 타(佗)는 마침내 벌떡 일어나 앉으며 가에게 사과하고서 말했다.

"오랑캐의 땅에 산 지 오래다 보니 거의 예의를 잃어버렸습니다."

그러고는 가에게 물었다.

"나를 소하(蕭何), 조참(曹參), 한신(韓信)과 비교한다면 누가 더 뛰어납니까[賢]?"

가가 말했다.

"왕께서 아마도[似] 더 뛰어날 겁니다."

다시 물었다.

"나를 황제와 비교한다면 누가 더 뛰어납니까?"

가가 말했다.

"황제께서는 패현(沛縣) 풍읍(豊邑)에서 일어나시어 포악한 진나라를 주토하고 강력한 초나라를 주벌했으며, 천하를 위해 이로운 것을 일으키시고 해로운 것을 없앴으며, 오제(五帝)와 삼왕(三王)의 대업을 계승해 천하를 통일해 중국을 다스리고 계십니다. 중국의 인구는 억에 이르고, 땅은 사방 1만 리에 이르며, 천하의 기름진 땅에 살고 있어 사람도 많고 수레도 많으며 물산이 풍부하고, 정치는 황제의 한 집안에서 나오니 천지가 개벽한[剖判=開闢] 이래로 일찍이 없었던 일입니다.
부판 개벽

(그런데) 지금 왕께서는 인구가 수십만 명에 불과하며 모두 오랑캐들이고, 영토는 험한 산과 바다 사이에 끼어 있어 비유컨대 한나라의 일개 군(郡)에 불과한데, 왕께서는 어찌 한나라 황제와 비교하겠습니까?"

타가 크게 웃으며 말했다.

"나는 중국에서 일어나지 않았기 때문에 여기에서 왕 노릇을 하는 것이오. 만일 내가 중국에 살았다면 어찌 한나라의 황제만 못하겠소?"

이에 타는 가가 크게 마음에 들어 그를 몇 달 동안 머물게 하고서 늘함께 술을 마셨다. 타가 말했다.

"월에는 제대로 더불어 이야기를 나눌[與語] 만한 사람이 없소. 선생이 여어
이곳에 오신 뒤로 나는 매일 그동안 듣지 못했던 것을 들을 수 있었소."

가에게 천금이나 나가는 보물을 자루에 넣어주고 별도로 또 천금을 주었다. 가는 마침내 타를 제배해 남월왕으로 삼고 신이라 칭하면서[稱臣]
칭신

한나라(황제)를 받들기로 약속했다. 돌아와 보고하자 고제(高帝)는 크게 기뻐하며 가를 제배해 태중대부(太中大夫)로 삼았다.

가는 수시로 고제 앞에서 『시경(詩經)』과 『서경(書經)』을 높이 평가하며 강술하려 하자 고제(高帝)는 그를 욕하며 말했다.

"내가 말 위에서 (천하를) 얻었지 어찌 『시경』과 『서경』이 도움을 주었겠는가?"

가가 말했다.

"말 위에서 (천하를) 얻었다고 해서 어찌 말 위에서 다스릴 수 있겠습니까? 그래서 (은나라를 세운) 탕왕(湯王)과 (주나라를 세운) 무왕(武王)은 도리를 거슬러 천하를 차지했지만[逆取] 도리에 순응해 나라를 지켰습니다. 문무(文武)를 함께 쓰는 것이야말로 장구한 계책[術]입니다. 옛날에 오왕(吳王) 부차(夫差)와 진(晉)의 지백(智伯)은 무력을 지나치게 사용해 멸망했으며, 진(秦)은 형법만 쓰고 바꾸지 않아서 결국 조씨(趙氏)가 멸망시켰습니다. 예전에 만일 진(秦)나라 시황제가 천하를 얻고 나서 어짊과 의로움[仁義]을 닦으며, 옛 성인(聖人)이나 성군(聖君)들을 본받았다면 (진나라를 망하지 않았을 터이니) 폐하께서는 어찌 천하를 얻어 소유하실 수 있었겠습니까?"

이에 고제는 못마땅했지만[不懌] 부끄러워하는 듯한 모습을 보이면서 가에게 말했다.

"그대는 나를 위해 진나라가 천하를 잃게 된 까닭, 내가 그로부터 얻어야 할 교훈, 그리고 옛날 왕조들의 성공과 실패 등에 관해 책을 짓도록 하라."

가는 모두 12편을 썼다. 매번 한 편씩 올릴 때마다 고제는 "처음 듣는 말[新語]"이라며 칭찬을 아끼지 않았고, 좌우의 신하들은 모두 만세를 부르면 그 책의 이름도 『신어(新語)』[4]라고 지어주었다. 효혜(孝惠) 때 여태후(呂太后)가 정사를 좌우하면서[用事] 여러 여씨들을 왕으로 세우고 싶었으나 대신과 입 가진 자[有口者=辯士]들이 두려워했다. 가는 스스로 헤아려 볼 때[自度] 이에 대해 다툴 수 없다고 여기고서 마침내 여병을 핑계로 벼슬을 그만두었다. 호치(好畤)〔○ 사고(師古)가 말했다. "지금의 옹주(雍州) 호치(好畤)현이다."〕에 있는 전답이 좋아 집안을 그리로 옮겼다. 아들 다섯이 있었는데 마침내 그가 월에 사신으로 갔을 때 얻었던 자루 속의 보물을 팔아 1,000금을 만들어 아들들에게 200금씩 나누어주어 생업을 마련하게 했다. 가는 늘 4마리의 말이 끄는 안거(安車)를 타고 거문고를 타는 시종 10명을 거느리고서 100금짜리 보검을 차고 다니면서 그 아들들에게 말했다.

"내 너희들과 약속을 하겠다. 너희들 집에 들르면 내가 데리고 온 사람과 말에게 술과 먹을 것을 주도록 해라. 실컷 놀다가 열흘이 되면 다음 아들 집으로 갈 것이다. 내가 죽는 집에서 보검과 수레와 말, 그리고 시종들을 갖도록 해라. 1년 중에 다른 집에 손님이 돼 오가는 일도 있으니 대략 두세 번 정도 너희들 집에 들를 것이다. 자주 보게 되면 반갑지 않을 테니

---

4 『신어』는 지금까지 전해지는데 도기(道基), 술사(術事), 보정(補政), 무위(無爲), 변혹(辨惑), 신미(愼微), 자질(資質), 지덕(至德), 회려(懷慮), 본행(本行), 명성(明誠), 사무(思務) 12편으로 이뤄져 있다.

오래 묵어 너희들을 귀찮게[溷=辱=煩] 하지는 않겠다."

여태후 때 여러 여씨들을 왕으로 세우니 여러 여씨들이 정권을 마음대로 휘두르며[擅權=顓權] 어린 황제를 협박해 유씨(劉氏)들을 위태롭게 했다. 우승상(右丞相) 진평(陳平)이 이 일을 근심했으나 힘으로는 맞설 수가 없고 화가 자신에게 미칠까 두려워했다. 평은 늘 한가로이 지내는 척하면서 깊은 생각만 했을 뿐이었다. (한번은) 가가 찾아가 별도로 청하지도 않고 곧장 들어가 앉았지만 평은 마침 깊은 생각에 잠겨 있어 가를 바로 발견하지 못했다. 가가 말했다.

"무슨 생각을 그리 깊이 하고 계십니까?"

평이 말했다.

"선생은 내가 무슨 생각을 하고 있는지 맞춰보시오[揣=度]."

가가 대답했다.

"족하의 지위는 상상(上相-최고위 재상)이고 식읍이 3만 호인 열후이시니 말 그대로 부귀는 극에 달해 더 이상의 욕심이 없다고 할 수 있습니다. 그런데도 근심거리가 있다면 여러 여씨와 어린 군주의 일뿐입니다."

진평이 말했다.

"그렇소. 이 일을 어떻게 했으면 좋겠소?"

가가 말했다.

"천하가 안정돼 있을 때에는 재상을 주시하고 천하가 위태로울 때에는 장군을 주시합니다. 장군과 재상이 화목하고 협력한다면 모든 선비들이 평소에[豫=素] 따를 것이고, 선비들이 평소에 따르게 되면 천하에 변고가 있더라도 권력은 흩어지지 않을 것이니, 사직을 위한 계책은 두 분이 손을 잡는 데 있을 뿐입니다. 신은 항상 태위(太尉) 강후(絳侯)에게 이런 말을 하고자 했으나 강후와 저는 농담을 잘하는 사이라 저의 말을 가볍게 받아들입니다. 그대는 어찌해 태위와 친교[交驩]를 맺어 서로 깊게 교결하지 않으십니까?"

진평을 위해 여씨 일족에게 대처하는 몇 가지 계책을 일러주었다. 평은 그 계책을 써서 500금으로 강후의 장수를 축하하고, 음악과 음식을 성대하게 준비하니 태위 역시 이와 같이 답례했다. 이 두 사람이 서로 깊게 결속하자 여씨들의 음모는 점차 움츠러들었다. 진평은 이에 노비 100명과 수레와 말 50승, 500만 전(錢)을 음식 비용으로 가에게 주었다. 가는 이것으로 한나라 조정의 공경(公卿)들과 교유해 명성이 더욱 자자해졌다[籍甚]. 여러 여씨들을 주살하고 효문(孝文)을 세우는 데 있어서 가(賈)는 상당한 역할을 했다.

효문이 즉위해 남월(南越)에 사신을 보내려고 하니 승상 평 등이 이에 가를 추천하니 가를 태중대부(太中大夫)로 삼아 위타에게 사신으로 가게 했다. 그가 가서 위타에게 (황제의 상징인) 황색 비단 수레 덮개의 사용[黃屋]과 제(制-황제의 명령)를 칭하는 것[稱制]을 못하게 하고, 또 (등급을) 제후와 동등하게 하고 돌아왔는데, 그것들이 다 황제의 뜻에 맞았다. 상세한 이야기는 「남월전(南越傳)」에 실려 있다. 육생(陸生)은 끝까지 천수를 누리고 삶을 마쳤다[壽終].

주건(朱建)은 초(楚)나라 사람이다. 일찍이 그는 회남왕(淮南王) 경포(黥布)의 재상을 지낸 적이 있었는데, 죄를 지어 벼슬을 그만두었다가 뒤에 다시 포(布)를 섬겼다. 포가 반란을 일으키려고 할 때 건(建)에게 물으니 건은 그것에 반대했다. 포는 그의 말을 듣지 않고 양보후(梁父侯)의 말을 듣고 드디어 반란을 일으켰다. 한나라는 이미 경포를 죽이고 난 다음 건이 경포에게 (반란을 일으키지 말라고) 간언했다는 것을 듣고서 그를 죽이지 않았고, 고조(高祖)는 건에게 평원군(平原君)의 칭호를 내려주고 가족을 장안으로 옮겨 살게 했다.

사람됨이 말재주가 좋고 준엄하고 청렴하며 굳세고 곧아, 그의 행실은 구차하게 남의 비위를 맞추지 않았고 의리에 벗어나는 일은 용납하지 않았다. 벽양후(辟陽侯)-심이기(審食其)-는 행실이 바르지 않았지만 여태후의 총애를 얻었는데 건(建)과 사귀고 싶어 했으나 건은 그를 기꺼이 만나주려 하지 않았다. 건의 어머니가 죽었을 때 집이 가난해 아직 장례도 치르지 못하고 마침 상복과 장례 도구를 빌리려 했다. 육가는 평소 건과 사이가 좋아 이에 벽양후를 찾아가 축하하며[賀] 말했다.
하

"평원군의 어머니께서 돌아가셨소."

벽양후가 말했다.

"평원군의 어머니께서 돌아가셨는데 어찌 나에게 축하를 하시오?"

육생이 말했다.

"예전에 그대는 평원군과 사귀려 했지만 평원군이 의리를 지키느라 그대와 사귀려 하지 않았는데 그것은 그의 어머니 때문이었소. (그런데) 지금 그의 어머니께서 돌아가셨으니 그대가 진실로 두텁게 조문한다면 [送葬] 그는 당신을 위해 죽을 수도 있는 사람이오."
송장

이에 벽양후는 조문을 가서 수의를 만드는 데[禭] 100금을 내니, 열후
세

와 귀인들도 벽양후가 하는 것을 보고서 평원군을 찾아가 부의[賻=布帛부 포백]를 냈는데 모두 500금에 이르렀다. 얼마 후에 어떤 사람이 벽양후를 헐뜯자 혜제(惠帝)가 크게 노해 옥리에게 넘겨 벽양후를 죽이려 했다. (그러나) 태후는 부끄러워서 말을 할 수 없었다(○ 사고(師古)가 말했다. "스스로 그 것에 관해 입에 담을 수 없었다는 뜻이다."). 대신들은 대부분 벽양후의 행실을 미워했기 때문에 끝내 그를 죽이려고 했다. 벽양후는 사태가 급박해지자 사람을 보내 건을 만나려고 했다. 건이 사양하며 말했다.

"재판이 임박해 있어 감히 그대를 만날 수 없습니다."

건은 이에 효혜의 총신 굉적유(閎籍孺)를 찾아가 설득하며 말했다.

"당신이 황제의 총애를 받고 있다는 것을 천하에 모르는 사람이 없소. 그런데 지금 벽양후가 태후에게 총애를 받았다고 해서 형리에게 넘겨졌고, 길거리의 사람들은 모두 당신이 중상해서 그를 죽이려 한다고 말하고 있소. 지금 벽양후가 죽임을 당한다면 일단은 태후께서 분노를 감추시겠지만 결국에는 역시 당신을 죽일 것이오. 그런데 어찌해 당신은 옷을 벗어 어깨를 드러내놓고, 벽양후를 위해 제(帝)께 용서를 부탁하지 않는 것이오? 만일 제께서 당신의 청을 듣고 벽양후를 풀어준다면 태후께서 크게 기뻐하실 것이오. 그렇게 된다면 제와 태후 두 분께서 모두 당신을 총애할 것이니 당신은 부귀가 더욱 늘어날 것이오."

그 계책을 따라 제에게 진언하니 제는 과연 벽양후를 풀어주었다. 벽양후는 감옥에 끌려갈 때 건을 만나려 했으나 건이 만나주지 않자 자기를 배반한 것으로 여기고 크게 화를 냈다. 그러나 건이 계책을 성공시켜 나오게 해주자 크게 놀랐다.

여태후가 붕(崩)하자 대신들은 여러 여씨 일족을 죽였는데 벽양후는 여러 여씨들과 지극히 가까웠음에도 불구하고 끝내 주살되지 않았다. 계책을 세워 몸을 보전할 수 있게 해준 것은 다 육생과 평원군의 힘 덕분이었다.

효문(孝文) 때 회남(淮南)의 여왕(厲王)이 벽양후를 죽였는데 이는 여러 여씨들과 당여를 맺은 때문이었다. 효문은 벽양후의 빈객인 평원군이 그 계책을 세웠다는 것을 듣고 옥리에게 평원군을 체포하게 해 그 죄를 다스리려고 했다. 옥리가 집에 도착했다는 말을 듣고 건은 자살하려고 했다. 이에 여러 아들들과 형리들이 모두 말했다.

"일을 아직 알 수 없는데 어찌해서 자살하려 하십니까?"

건이 말했다.

"내가 죽으면 재앙이 끊어져 화가 너희들 몸에까지 미치지 않을 것이다."

마침내 자신의 목을 찔렀다. 문제가 이 소식을 듣고서 안타까워하며 말했다.

"나는 건을 죽일 뜻이 없었다."

이에 그의 아들을 불러 제배해 중대부(中大夫)로 삼았다. 그는 흉노(匈奴)에 사신으로 갔다가 선우(單于)가 무례한 것을 보고서 선우를 나무랐다가 결국 흉노 땅에서 죽었다.

누경(婁敬)은 제(齊)나라 사람이다. 한(漢)나라 5년(기원전 202년) 누경이 농서(隴西-감숙성)에서 수(戍)자리를 서게 돼 낙양(雒陽)을 지나가는데 거기에 고제(高帝)가 있었다. 경(敬)은 수레의 가로지른 막대를 벗겨놓고 같은 제 땅 출신인 우장군(虞將軍)을 만나서 말했다.

"신은 상을 만나뵙고 도움이 될 만한 것에 관해 드릴 말씀이 있습니다."

우장군이 그에게 새 옷[鮮衣]을 주려고 하자 경이 말했다.
　　　　　　　　　　선의

"제가 비단옷을 입고 있으면 비단옷을 입은 채 뵐 것이고, 베옷을 입고 있으면 베옷을 입은 채로 뵐 것입니다. 감히 옷을 바꿔 입지 않겠습니다."

이에 우장군이 안으로 들어가 상에게 아뢰니 상이 불러서 만나보고 음식을 내려주었다. 이윽고 경에게 묻자 경이 유세해 말했다.

"폐하께서 낙양에 도읍하신 것[都]은 혹시 주(周)나라 왕실과 비교해
　　　　　　　　　　　　　　　　도
누가 더 융성한지를 비교하려는 것입니까?"

이에 상이 말했다.

"그렇다."

이에 경이 말했다.

"폐하께서 천하를 취하신 것은 주나라와 다릅니다. 주나라의 조상은 후직(后稷)으로부터 시작해 요임금이 후직을 태(邰-섬서성 무공현) 땅에 봉해준 이후 다움을 쌓고, 좋은 일을 더해 10여 세대를 거친 후 공유(公劉)는 (하나라의 마지막 임금이자 폭군인) 걸(桀)왕을 피해 빈(豳)나라로 가서 살았고, (공유의 9세손인) 태왕(太王-고공단보)은 융적(戎狄)의 공격을 받자 빈나라를 떠나 말을 달려 기(岐) 땅으로 가서 사니, 빈나라 사람들이 다투어 태왕을 따랐습니다. (태왕의 손자인) 문왕(文王)이 (상나라 천자의 제후인) 서나라 임금[西伯]이 되자 우(虞)와 예(芮) 두 나라의 분쟁을 조정
　　　　　　　　　서백

해냄으로써 비로소 천명을 받았고,[5] 여망(呂望)과 백이(伯夷)가 (그동안 숨어 지내던) 바닷가에서 나와 문왕에게 귀부했습니다. (문왕의 아들인) 무왕(武王)이 (은나라의 마지막 임금이자 폭군인) 주(紂)왕을 토벌하기로 하고 얼마 안 가서 맹진(孟盡) 위에서 800여 제후들과 회맹을 하니 모두 다 말하기를 주왕을 토벌해야 한다고 했고 마침내 은나라를 멸망시켰습니다. (무왕의 아들인) 성왕(成王)이 즉위하자 (무왕의 아우인) 주공(周公)이 재상이 돼 마침내 주(周)의 낙읍(洛邑)을 경영해 이곳을 천하의 중심으로 삼았고, 제후들이 사방에서 공물을 바쳤는데, 큰 길이나 작은 길이나 구분이 없을 정도로 가득 찼습니다. (이처럼) 다움[德]이 있으면 쉽게 왕 노릇을 할 수 있는 반면에 다움이 없으면 쉽게 망하는 것입니다. 지금 말한 임금들은 모두 다 주나라로 하여금 다움으로써 사람을 다스리게 하는 데 힘을 쓰고 위험한 방법에 의존하지 않도록 강조한 반면, 후세의 임금들은 교만과 사치[驕奢]로 백성들을 학대했습니다. 주나라가 번성했을 때는 천하가 기꺼이 하나가 되고, 사방의 오랑캐들도 중국의 풍속을 따라서 의로움을 흠모하고 다움을 마음속에 품어[慕義懷德], (돌궐의) 부리(附離)족조차도 함께 천자를 섬겨, 한 명의 병졸도 주둔하지 않았고 한 명의 병사도 싸움을 하지 않아, 여덟 오랑캐[八夷]의 큰 나라들의 백성들도 빈객의 예를 갖춰 복종하지[賓服] 않는 자가 없었으니, 그 효험이 공물 헌납으로 나타

---

5 실제로 천명을 받은 것은 아니다. 문왕이 주나라를 개국한 것은 아니기 때문이다. 후대에 와
   서 이 분쟁 해결이 마침내 제후들 사이의 주도권을 잡는 계기가 됐기 때문에 그렇게 해석한
   것이다.

났던 것입니다. (그러나) 주나라가 쇠퇴했을 때는 천하가 나뉘어 둘이 되고〔○ 사고(師古)가 말했다. "이는 동주(東周)의 임금과 서주(西周)의 임금이 있게 된 것을 가리킨다."〕 어디에서도 조회를 하러 오지 않았는데도 주나라는 그들을 통제할 수가 없었습니다. 이는 (천자)다움이 엷어진 때문이 아니라 형세가 약해진 때문이었습니다.

지금 폐하께서는 풍(豐)과 패(沛)에서 일어나시어 병졸 3,000명을 거두어서 그들을 보내 촉(蜀-사천성)과 한(漢-섬서성 남부의 한중군(漢中郡))을 석권하시고 삼진(三秦)⁶을 평정하셨으며, 항적(項籍-항우)과 형양(滎陽)에서 큰 전투 70번, 작은 전투 40번을 해 천하의 사람들로 하여금 간과 뇌가 땅에 떨어지고, 아버지와 자식의 뼈가 들판 한가운데 드러나게 한 것을 이루 다 헤아릴 수 없으며, 곡하고 우는 소리가 끊이질 않고 다친 사람들은 아직 일어서지도 못하는데, (주나라의 번성기인) 성왕(成王)과 강왕(康王)의 시대와 그 융성함을 비교하시니 신은 남몰래 그렇게 해서는 안 된다[不侔]고 생각합니다.
불모

또 무릇 진(秦)나라의 땅은 산으로 덮여 있고 황하가 띠를 두르는 형상이라 사방이 요새이므로 견고해, 설사 갑자기 위급한 사태가 생기더라도 100만 대군을 갖출 수가 있습니다. 이 때문에 진나라는 예전에 심히 아름답고 기름진 땅을 자산으로 삼고 있었으니 이것이 이른바 천부(天府)

---

6 중국의 관중(關中)을 달리 이르는 말로 오늘날의 섬서성(陝西省) 일대를 가리킨다. 항우(項羽)가 진(秦)나라로 쳐들어가서 관중을 셋으로 나누고, 장한(章邯)을 옹왕(雍王)으로, 사마흔(司馬欣)을 새왕(塞王)으로, 동예(董翳)를 적왕(翟王)으로 봉해 한때 진나라가 세 나라로 나뉘어졌는데, 이후 이 지역을 뜻하는 말로 사용됐다.

〔○ 사고(師古)가 말했다. "부(府)는 모인다[聚]는 뜻으로 천하의 좋은 것들이 다 모여든 곳이라는 뜻이다."〕라는 것입니다. 폐하께서 관(關-함곡관)으로 들어가시어 이곳을 도읍으로 삼으신다면 산동(山東)이 비록 어지러워진다고 해도 진나라의 옛 땅은 온전하게 보전해 소유하실 수가 있습니다. 무릇 다른 사람들과 싸우면서 그 사람의 목을 조이지 않고 그 사람의 등이나 친다면 아직 그 승리를 온전하게 할 수가 없습니다. 지금 폐하께서 관으로 들어가시어 그곳을 도읍으로 삼으신다면 이것이야말로 천하의 목을 조이는 것이고 그 천하의 등을 치는 것이 될 것입니다." 고제가 여러 신하들에게 묻자 신하들은 모두 산동 사람들이어서 다투어 말했다.

"주나라는 수백 년 동안 왕 노릇을 했는데 진나라는 2세황제 때 곧장 망했습니다. 주나라 수도(-낙양)에 도읍을 정하는 것만 못합니다."

상은 의심해 결정을 하지 못했다. 유후(留侯-장량)가 관중으로 들어가서 보는 것이 좋겠다고 분명히 말하자 그날로 거가를 내어 서쪽으로 가서 관중(-함곡관 내 장안)을 도읍으로 정했다. 이에 고조가 말했다.

"본래 진나라 땅에 도읍하자고 말한 것은 바로 누경이다. 누(婁)라는 글자의 음은 유(劉)와 통한다."

누경에게 유씨(劉氏) 성을 하사하고 제배해 낭중(郎中)으로 삼고 봉춘군(奉春君)〔○ 장안(張晏)이 말했다. "봄은 한 해의 시작이니 가장 먼저 관중에 도읍할 것을 권했기 때문이다."〕이라고 불렀다. 한나라 7년에 한왕(韓王) 신(信)이 반란을 일으키자 고제(高帝)는 몸소 가서 쳤다. 진양(晉陽)에 이르러 신이 흉노(匈奴)와 함께 한나라를 치려 한다는 소문을 듣고 상은 크게 노해 흉노에 사신을 보냈다. 흉노는 그들의 장사와 살찐 소와 말을 숨겨두고 노약자와 야윈 가축만을 보여주었다. (이렇게) 사신들이 10명이나 흉노에 다녀왔는데 모두 흉노를 쉽게 칠 수 있을 것이라고 했다. 상은 다시 유경을 사신으로 삼아 흉노에 보내니 돌아와서 이렇게 보고했다.

"두 나라가 싸우려 할 때는 장점을 과시하고 자랑하는 것이 마땅합니다. 이번에 신이 흉노에 가서 단지[徒=但] 여위고 지쳐 보이는 노약자만을 보았으니, 이는 반드시 단점을 드러내고 정예병을 숨겨두었다가 승리를 얻으려는 것입니다. 어리석은 신이 볼 때는 흉노를 쳐서는 안 된다고 생각합니다."

이때 한나라의 군대는 이미 구주산(句注山)을 넘어 30만여 명의 군사가 행군하고 있었다. 상은 노해 경을 꾸짖으며 말했다.

"제의 포로 놈아! 혓바닥을 놀려 벼슬을 얻더니 마침내 이제는 망령된 말로 나의 군대를 가로막는구나."

경을 형틀에 채워서 광무(廣武)〔○ 사고(師古)가 말했다. "현(縣)의 이름이며 안문(雁門)에 속한다."〕에 가두었다. 마침내 계속 행군해 평성(平城)에 이르렀는데, 흉노는 과연 정예병을 내보내 백등산(白登山)에서 고조를 포위해 7일이 지난 뒤에야 포위를 벗어날 수 있었다. 고제는 광무에 이르러 경을 용서하고 이렇게 말했다.

"내가 그대의 말을 쓰지 않았다가 평성에서 곤경을 당했다. 내가 이미 예전에 흉노를 공격해도 좋다고 말한 10명의 사신을 모두 목 베었다."

이에 경을 2,000호에 봉하고 관내후(關內侯)로 삼아 건신후(建信侯)라고 불렀다.

고조는 평성에서 군대를 거두어 돌아왔고 한왕 신은 흉노로 도망쳤다.

이 무렵 묵돌(冒頓)이 선우(單于)가 됐는데 군사들이 강해 활 잘 쏘는 군사 30만 명을 거느리고 자주 북방 변경을 괴롭혔다. 고조는 이 일을 근심하며 경에게 물으니 경이 대답했다.

"천하가 이제 막 평정된지라 군사들이 전쟁에 지쳐 있으므로 무력으로는 흉노를 복종시킬 수 없습니다. 묵돌은 자기 아비를 죽이고 스스로 선우가 돼 아비의 많은 첩을 아내로 삼았고, 무력으로 위세를 떨치고 있으니 어짊과 의로움[仁義]으로는 설득시킬 수 없습니다. 다만 그의 자손을 영원히 한나라의 신하로 만드는 계책을 쓰는 것밖에 없는데 폐하께서는 그렇게 하시지 못하실 것입니다."

상이 말했다.

"정말로 가능하다면야 무엇인들 할 수 없겠는가? 어떻게 해야겠는가?"

경이 말했다.

"폐하께서 만일 본처(-여후) 소생의 맏공주를 묵돌에게 시집을 보내시고 후한 예물을 내려주신다면, 그는 한이 본처 소생의 공주를 시집보내고 예물이 두터운 것을 알고, 비록 오랑캐라고 할지라도 반드시 공주를 존중해 연지(閼氏-흉노 왕후)로 삼을 것이고, 공주께서 아들을 낳으면 반드시 태자로 삼아 선우의 자리를 잇게 할 것입니다. 왜냐하면 그는 한나라의 많은 예물을 탐내기 때문입니다.

폐하께서는 해마다 한나라에서는 남아돌지만 그들에게는 드문 물건으로 자주 위문하시고, 그때마다 변사를 보내 예절을 가르치신다면 묵돌은 살아 있는 동안에는 폐하의 사위가 되고, 죽을 경우에는 외손자가 선우가 되는 것입니다. 폐하께서는 외손자가 감히 외할아버지와 대등한 예를 주장했다는 말을 들으신 적이 있으십니까? 이렇게 하면 군대로 싸우지 않고도 점차 신하로 만들 수 있습니다. 만일 폐하께서 맏공주를 보내실 수 없어 종실과 후궁의 딸을 공주라고 속여 보내신다면 그도 눈치를 채고서 귀하게 여기고 가까이하지 않을 터이니 아무런 이익이 없습니다."

고조는 "좋다"라고 말하고 맏공주를 시집보내려고 했다. 여후(呂后)가 울면서 말했다.

"첩에게는 오로지 태자 하나와 딸 하나밖에 없는데 어찌해 흉노에다 내버리시려 하십니까?"

고조는 결국 맏공주를 보내지 못하고 가인(家人)의 딸 중에 한 사람을 공주라고 하며 선우에게 시집을 보냈다. 경을 사신으로 보내 화친을 맺게 했다.

경은 흉노에서 돌아와서 이렇게 말했다.

"흉노의 하남(河南)에 있는 백양왕(白羊王)과 누번왕(樓煩王)은 장안(長安)에서 가깝게는 700여 리 정도밖에 떨어져 있지 않습니다. 날랜 말로 하루 밤낮을 달리면 진중(秦中)에 도달할 수 있습니다. 진중은 최근 전쟁으로 파괴돼 백성들이 적지만 토지가 비옥해 백성들을 더 채울 수 있습니다. 저 제후들이 애초에 일어났을 때 제나라의 전씨(田氏), 초나라의 소씨(昭氏), 굴씨(屈氏), 경씨(景氏) 등 유력 가문의 도움이 아니었다면 일어날 수가 없었습니다. 지금 폐하께서 비록 관중에 도읍을 하셨으나 사실 사람이 적고, 북쪽으로는 흉노와 가까이 접해 있고, 동쪽으로는 세력이 강한 6국의 종족이 있습니다. 그들 종족이 강해 변란이라도 있는 날에는 폐하께서도 베개를 높이 베고 편안하게 누워 있을 수 없으실 것입니다.

신이 바라건대 폐하께서 제나라의 전씨, 초나라의 소씨, 굴씨, 경씨, 그리고 연나라, 조나라, 한나라, 위나라 왕족들의 후손 및 호걸과 명문가의 사람들을 관중으로 이주시켜 살게 하십시오. 이렇게 하면 나라에 아무 일이 없을 때는 흉노를 대비할 수 있고 제후들의 변란이 일어나도 그들을 이끌고 동쪽으로 가서 너끈히 정벌하실 수 있습니다. 이것이 바로 (나라의) 근본을 튼튼히 하고 말단을 약화시키는 방법입니다."

상이 말했다.

"좋다."

이에 유경을 보내 그가 말한 대로 관중에 10만여 명을 옮겨 살게 했다.

숙손통(叔孫通)은 설(薛) 땅 사람이다〔○ 진작(晉灼)이 말했다. "『초한춘추(楚漢春秋)』에서는 그의 이름을 하(何)라고 했다." 사고(師古)가 말했다. "설은 현의 이름이며 노국(魯國)에 속한다."〕. 진(秦)나라 때에는 유학[文學=儒學]에 뛰어나 부름을 받아 박사(博士)에 제수한다는 조서를 기다리고 있었다. 몇 년 뒤에 진승(陳勝)이 (산동에서) 일어나자 2세(二世-2세황제)는 박사들과 여러 유생(儒生)들을 불러 물었다.

"초나라의 국경에서 수자리 서던 병사들이 기(蘄-현)를 공격하고 진(陳)에까지 이르렀다 하니 경들은 어떻게 생각하시오?"

박사와 유생 30여 명이 앞에서 이렇게 말했다.

"남의 신하 된 자[人臣]는 군사를 거느려서는 안 되고, 만일 군사를 거느린다면 바로 반역이니 그 죄는 죽어도 용서할 수가 없습니다. 폐하께서 급히 군대를 내어 그들을 치시기 바랍니다."

2세는 화가 나서 안색이 변했다. 통(通)이 앞으로 나아가 말했다.

"여러 유생들의 말은 모두 틀린 것이옵니다. (진시황께서는) 천하가 통일돼 한집이 되게 하고, 각 군과 현의 성을 허물고 무기를 녹여, 다시는 사용하지 않겠다는 뜻을 천하에 보였습니다. 또한 위로는 밝은 군주가 계시고, 아래로는 법령이 갖추어져 있어 사람들은 각자 자기 생업에 충실하고, 사방에서 사람들이 모여들고 있는데 어찌 감히 반란을 일으키는 자가 있겠습니까? 이것은 단지 떼도둑들로서 쥐나 개가 물건을 훔쳐가는 것에 불과하니 어찌 이야기할 가치가 있겠습니까? 현재 군수(郡守)들과 군위(郡尉)들이 그들을 잡아들여 죄를 다스리고 있는데 어찌 걱정하시옵니까?"

2세황제는 기뻐하며 여러 유생들에게 죄다 물으니 어떤 유생은 혹 반란이라고 말하고 어떤 유생은 혹 도적 떼라고 말했다. 이에 2세황제는 어사(御史)에게 명해 유생들 중에서 반란이 일어난 것이라고 말한 사람들을 옥리에게 넘겨 조사하게 했으니, (숙손통의 말은) 마땅히 했어야 할 말은 아니었다. 유생들 가운데 도적이라고 말한 사람은 모두 다 그대로 두었다. 그러고 나서 2세는 통에게 비단 20필과 옷 한 벌을 내려주고 제배해 박사로 삼았다. 통이 이미 궁전을 나와 숙사로 돌아오자 유생들이 말했다.

"선생은 어찌해 그렇게 아첨하는 말을 하셨습니까?"

통이 말했다.

"공들은 모르오. 나는 거의 호랑이의 입에서 벗어나지 못할 뻔했소."

그러고는 도망을 쳐서 설(薛)로 갔는데 설은 이미 초에 항복한 뒤였다.

항량(項梁)이 설에 이르자 통은 그를 따랐다. (항량이) 정도(定陶)에서 패하자 (초나라) 회왕(懷王)을 따랐다. 회왕이 의제(義帝)가 돼 장사(長沙)

로 옮기자 통은 남아서 항왕을 섬겼다. 한나라 2년에 한왕이 다섯 제후들을 이끌고 팽성(彭城)에 들어오자 통은 한왕에게 항복했다. 한왕이 패해 서쪽으로 물러가자 끝까지 한을 따랐다. 통은 늘 유생의 옷을 입고 있었는데 한왕이 몹시 싫어했기 때문에, 이에 짧은 옷으로 갈아입었는데, 초나라 복식이었다. 한왕이 기뻐했다.

통이 한나라에 항복했을 때 제자 100여 명이 그를 따랐으나 그러나 그들 중에 (숙손통의 천거로) 자리에 나아가는 사람은 없었고, 오로지[剚] 과거의 도적 떼나 장사(壯士)만을 천거했다. 제자들이 모두 말했다.

"선생을 여러 해 동안 섬겼는데 다행히도 선생을 따라 한나라에 항복할 수 있었습니다. 그런데 지금 저희들을 천거하지 않고 오로지 매우 교활한 자만을 천거하니 무슨 까닭입니까?"

통은 이 말을 듣고서 말했다.

"한왕은 지금 바야흐로 화살과 돌을 무릅쓰고 천하를 다투고 있는데, 여러분들이 어찌 제대로 싸울 수 있겠는가? 그래서 우선 적장을 베고 적기를 빼앗을 수 있는 사람을 천거한 것이다. 여러분들이 잠시 나를 믿고 기다리면 내가 잊지 않을 것이다."

한왕은 통을 제배해 박사로 삼고 직사군(稷嗣君)〔○ 장안(張晏)이 말했다. "후직(后稷)은 요임금을 보좌했기에 그처럼 해주기를 바라는 마음을 담은 것이다."〕이라고 불렀다.

한왕이 이미 천하를 통일하자 제후들은 정도(定陶)에서 한왕을 공동으로 높여 황제로 추대했는데, 이때 통이 의식과 호칭을 제정했다[就=成]. 고제는 진나라의 의례와 법도를 모두 없애고 간편하고 쉽게 했다. 여러 신하들은 술을 마시면 공로를 다투었고, 취하면 함부로 큰 소리를 지르고, 칼을 뽑아들고, 기둥을 치기도 했다. 상이 이를 걱정하자 통은 상이 이러한 것들을 매우 싫어한다는 것을 알고서 상을 설득해 이렇게 말했다.

"무릇 유자(儒者)란 함께 나아가 천하를 얻기는 어렵지만 함께 천하를 지키는[守成] 일은 할 수 있습니다. 신이 바라건대 노(魯) 땅의 여러 유생들을 불러 신의 제자들과 함께 조정의 의례[朝儀]를 제정할 수 있게 해주십시오."

고제가 말했다.

"어렵지 않겠는가?"

통이 말했다.

"오제(五帝)는 악(樂)을 서로 달리했고 삼왕(三王)은 예(禮)를 서로 달리했습니다. 예란 시대와 인정에 따라 제정하는 예절 규범[節文]입니다. (공자가) 하(夏), 은(殷), 주(周)의 예는 이전의 예를 따르면서 줄이거나 더했음[損益]을 알 수 있다고 한 것은 바로 중복되지 않았음을 말하는 것입니다.[7] 신이 바라건대 자못 고대의 예와 진나라의 의(儀)를 섞어서 새로운 예를 만들도록 해주십시오."

---

7 『논어(論語)』「위정(爲政)」 편에 나오는 말이다. 자장이 물었다. "10왕조 이후의 일도 알 수 있습니까?" 공자는 말했다. "은나라는 하나라의 예를 이어받았으니 은나라에 들어와 사라진 것과 새롭게 생겨난 것[損益]은 하나라와 비교해보면 얼마든지 알 수 있고, 주나라는 은나라의 예를 이어받았으니 주나라에 들어와 사라진 것과 새롭게 생겨난 것은 은나라와 비교해보면 얼마든지 알 수 있으니, 혹시라도 주나라를 계승하는 자가 있다면 비록 100왕조 뒤의 일이라도 그 모습을 알 수 있을 것이다."

상이 말했다.

"시험 삼아 만들어보시오. 사람들이 알기 쉽고 내가 얼마든지 실행할 수 있도록 헤아려서 만드시오."

이에 통이 노(魯)에 가서 유생 30여 명을 불렀다. 노의 유생 두 명이 가고 싶지 않다면서 말했다.

"공이 섬긴 사람이 거의 열 사람인데, 모두 앞에서 아첨해 가깝게 됐고, 귀하게 됐습니다. 지금 천하가 막 평정돼 죽은 사람은 아직 장례도 치르지 못했고 다친 사람은 아직 일어나지도 않았는데, 이런 판에 예악(禮樂)을 일으키려고 하십니다. 예악은 100년 동안 다움을 쌓은[積德] 뒤에야 일으킬 수 있는 것입니다. 우리들은 차마 공이 하려고 하는 바를 할 수 없습니다. 공이 하려고 하는 일은 옛 도리[古=古道]에 부합된 것이 아니니 우리들은 가지 않겠소. 공은 돌아가시오, 우리를 더럽히지 마시오!"

통이 웃으며 말했다.

"당신들은 참으로 고루한 선비[鄙儒]들이구려. 세상의 변화를 모르고 있소."

드디어 모집한 30명의 선비들과 함께 서쪽으로 돌아와서 상의 좌우에서 평소 학술이 있는 사람들과 숙손통의 제자 100여 명이 함께 교외에 긴 새끼줄과 풀을 엮어 예법을 제공할 곳을 만들고서 한 달여 동안 예식을 강습한 다음 통이 말했다.

"상께서 시험 삼아 한번 살펴보십시오."

상이 가서 예식을 행하게 하고는 말했다.

"짐도 이것은 얼마든지 할 수 있겠다."

마침내 뭇 신하들에게 예식을 익히게[習肄] 하고 10월에 모이라고 했다.

한나라 7년(기원전 200년) 장락궁(長樂宮)이 완성되자 제후들과 여러 신하들이 모두 10월에 조회를 했다. 의식은 날이 밝기에 앞서 알자(謁者)가 예법을 주관했는데, 참례자들을 인도해 차례대로 전문(殿門)으로 들어오게 하고, 뜰 중앙에는 전차 및 기병부대와 보병과 위병(衛兵)이 포진하며, 각종 병기를 배열하고 휘장과 깃발이 펼쳐졌다. 큰 소리로 "뛰시오!"라고 말했다. 전(殿) 아래에는 낭중들이 계단을 사이에 두고 양옆으로 늘어서는데 계단마다 수백 명씩이었다. 공신과 열후와 장군과 장교들은 서열에 따라서 서쪽에 늘어선 채 동쪽을 바라보고, 문관인 승상 이하 관리들은 동쪽에 늘어선 채 서쪽을 바라보았다. 큰 행사[大行]였기에 9명의 빈상[九賓]을 두어 황제의 명을 아래로 전했다[臚傳]. 이때 황제가 봉련(鳳輦)을 타고 방을 나서면 백관은 깃발을 들어 정숙하게 대기했고, 제후왕 이하 600석 관리까지는 인도를 받아 차례대로 하례를 올렸다. 이에 제후왕 이하 모든 관리들이 두려움에 떨며 엄숙하게 삼가지 않는 자가 없었다. 예가 끝나고 나서 다시 정식 연회[法酒]가 열렸다. 전 위에서 모시는 사람들[侍坐]은 모두 엎드려 머리를 조아리고 있다가 벼슬의 높고 낮음의 차례에 따라 일어나 만수무강을 비는 술잔을 올렸다[上壽=獻壽]. 술잔[觴]이 아홉 차례 돈 뒤에 알자가 "술을 거두시오[罷酒]"라고 말했다. 어사는 예법을 집행하면서 의식대로 하지 않는 사람이 있으면 보는 즉시 끌고 나갔다. 마침내 조정에서 주연이 열렸는데 감히 시끄럽게 떠들며[讙譁] 예를 잃는 자가 아무도 없었다. 이에 고제가 말했다.

"나는 마침내 오늘에야 황제가 존귀하다는 것을 알게 됐도다."

그러고는 숙손통을 제배해 태상(太常)으로 삼고 금 500근을 내려주었다. 통은 이 기회를 틈타[因] 말했다.

"신의 여러 제자인 유생들이 신을 따른 지가 오래됐는데 함께 의법을 만들었으니 폐하께서 관직을 내려주시기 바라옵니다."

고제는 그들을 모두 낭관(郎官)으로 삼았다. 통은 궁을 나와 500근의 황금을 모두 여러 유생들에게 나누어주었다. 여러 유생들이 마침내 기뻐하며 말했다.

"숙손생(叔孫生)은 빼어나신 분[聖人]이라 세상의 중요한 일을 다 알고 계시는구나!"

한나라 9년에 고제는 통을 옮겨 태자태부(太子太傅)로 삼았다. 한나라 12년에 고제가 태자를 조왕(趙王) 여의(如意)로 바꾸려 하자 통이 간언해 말했다.

"옛날에 진(晉)나라 헌공(獻公)은 여희(驪姬) 때문에 태자를 폐하고, 해제(奚齊)를 태자로 세웠다가 진나라는 수십 년 동안 혼란스러웠고 천하에 웃음거리가 됐습니다. 진(秦)나라는 부소(扶蘇)를 일찍이 태자로 정하지 않았기 때문에 (조고(趙高)가 황제의 명을) 사칭해 호해(胡亥)를 태자로 세워 스스로 조상의 제사를 끊어지게 했으니 이 일은 폐하께서 친히 보신 일입니다. 지금 태자께서 어질고 효성스러운 것은 천하 사람들이 다 알고 있습니다. 그리고 여후께서는 폐하와 함께 보잘것없는 음식을 드시면서 고생을 하셨는데 어찌 여후를 저버릴 수 있겠습니까? 만약 폐하께서 굳이 적자를 폐하고 어린 여의를 세우시려 하신다면 먼저 신을 죽여 저의 목에서 나오는 피로 이 땅을 더럽히십시오."

고제가 말했다.

"공은 그만하시오! 짐이 단지[特=只] 농담을 했을 뿐이오."

통이 말했다.

"태자는 천하의 근본이니, 근본이 한번 흔들리면 천하는 진동합니다. 그런데 어떻게 천하를 가지고 농담을 하십니까?"

고제가 말했다.

"내가 공의 말을 따르겠소."

상이 술자리를 베풀 때 유후(留侯-장량)가 불러온 빈객들이 태자를 따라와 알현하는 것을 보고서 상은 드디어 태자를 바꾸려는 뜻을 버렸다.

고제(高帝)가 붕(崩)하고 효혜(孝惠)가 즉위해 마침내 통에게 말했다.

"선제(先帝-돌아가신 아버지 황제)의 원릉(園陵)과 침묘(寢廟)(의 예법)에 대해 뭇 신하들이 잘 모르고 있다."

그리고 통을 봉상(奉常)으로 옮겨 종묘의 의법을 제정하게 했다. 이후 한나라의 여러 의법들이 점차 갖추어졌는데 이것들은 모두 통이 논하고 지은 것들이다.

혜제가 동쪽에 있는 장락궁에 조알을 가거나 가끔 들를 때 자주 통행을 금지해[蹕] 백성들을 번거롭게 했기 때문에 따로 복도(復道)를 만들기로 하고 바야흐로 무기고(武器庫)의 남쪽에 조성했다. 통이 정사에 대해 보고할 때 틈을 타서 이렇게 말했다.

"폐하께서는 어찌해 복도를 축조하십니까? 고제(高帝)의 사당에 간직돼 있는 의관은 한 달에 한 번 고묘(高廟)로 옮기게 돼 있습니다. 고묘는 한나라의 시조를 제사 지내는 사당인데 어찌 후손들이 종묘로 가는 길 위로

다니게 할 수 있습니까?"

효혜는 매우 두려워하며 말했다.

"당장 헐어버리도록 하라."

통이 말했다.

"다른 사람의 군주[人君] 된 자는 잘못된 행동이 있어서는 안 됩니다. 지금 복도를 이미 만들었다는 것을 백성들이 모두 알고 있습니다. 바라건 대 폐하께서 위수(渭水)의 북쪽에 따로 사당[原廟=重廟]⁸을 만들고 고제 의 의관을 매월 그리로 옮기십시오. 종묘를 더 넓히고 많이 짓는 것은 대 효(大孝)의 근본입니다."

상은 이에 유사(有司)에 관리에게 조서를 내려 사당을 세우도록 했다.

혜제가 일찍이 봄에 이궁(離宮)으로 놀러 나갈 때 통이 말했다.

"옛날에는 봄이 되면 햇과일을 종묘에 바쳤는데 마침 지금 앵두가 익어 바칠 만합니다. 폐하께서 놀러 나오셨으니 내친김에 앵두를 가져다 종묘에 바치시기 바랍니다."

상(上)은 그렇게 하겠다고 했다. 온갖 과일들을 종묘에 바치는 일은 이 로부터 시작됐다.

찬(贊)하여 말했다.

"고조(高祖)는 정벌을 통해 천하를 평정하고 진신(縉紳)[○ 사고(師古) 가 말했다. "유자(儒者)의 옷이다."]의 무리들은 그 지혜와 말재주를 구사

---

8 또 하나의 사당을 더 만들었다는 뜻이 담겨 있다.

해 함께 대업을 이루었다. 『신자(愼子)』에 이르기를 '낭묘(廊廟)의 재목이란 한 나무의 가지로 되지 않고, 제왕(帝王)의 공업이란 한 선비의 지략만으로 되지 않는다'라고 했으니 참으로 믿을 만한 말이로다! 유경(劉敬)은 수레 끄는 가로막대를 내던지고 금성(金城-수도)의 견고한 방책을 세웠고, 숙손통(叔孫通)은 진군을 알리는 북을 거둬들이고 한나라의 임금다운 의례를 만들었으니 그 때를 만난 것이다. 역생(酈生)은 스스로 문지기로 숨어 지내며 주군을 기다린 연후에야 세상으로 나왔으나 오히려 솥에 삶기는 형벌은 면하지 못했다. 주건(朱建)은 애초 청렴하고 곧아서 이미 벽양후와 거리를 두었으니 그 절의를 끝까지 지키지 못하는 바람에 역시 몸을 상하고 말았다. 육가(陸賈)는 지위가 대부에 있었으면서도 여러 여씨들을 피해 벼슬에서 스스로 물러났기 때문에 (그후에) 우환과 책임 추궁을 당하지 않았고, 가만히 진평과 주발 사이를 화목하게 해 장상(將相)이 하나가 되는 데 도움을 주어 사직(社稷)을 강하게 만들었으니 몸과 이름 모두 영예로웠다. 아마도 육가가 (이들 중에는) 최고라 할 것이다!

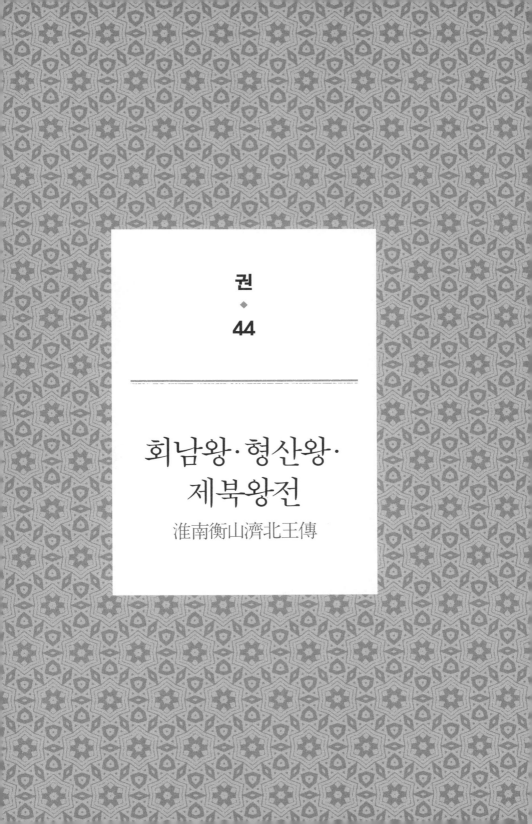

권
◆
44

회남왕·형산왕·
제북왕전

淮南衡山濟北王傳

회남(淮南)의 여왕(厲王) 장(長)은 고제(高帝)의 막내아들[少子=末子]이
고, 그 어머니는 고(故) 조왕(趙王) 장오(張敖)¹의 (후궁인) 미인(美人)이었
다. 고제(高帝) 8년에 (고제가) 동원(東垣)에서 조(趙)나라를 지나갈 때 조
왕(趙王)이 자신의 미인을 바쳤으니 그가 여왕의 어머니로 요행히 임신을
하자 조왕은 두 번 다시 그녀를 자신의 궁에 들이지 않았고 별도로 궁실
을 지어 거기에 머물게 했다. 관고(貫高) 등이 반란을 모의하다가 일이 발
각돼 아울러 왕도 함께 붙잡아 다스렸고, 왕의 어머니, 형제, 미인들을 모
두 붙잡아 하내(河內)의 감옥에 집어넣었다. 여왕의 어머니도 연루가 됐는
데 옥리에게 이렇게 말했다.

---

1 고제의 사위로 본래 전한의 제후국 조나라의 왕이었으나 부하의 황제 암살 혐의로 인해 왕위
   를 잃고 고제의 공신 제3위로 격하됐다.

"지난날 상의 은총을 입어 자식이 있다."

옥리가 이를 보고하자 상(上)은 조왕(의 반란사건)에 화가 나 있는 터라 여왕의 어머니의 일은 제대로 처리하지를 못했다. 여왕의 어머니의 동생 조겸(趙兼)은 벽양후(辟陽侯-심이기)를 통해 여후에게 말해줄 것을 청했으나, 여후는 질투해[妬] 기꺼이 (고조에게) 말해주려 하지 않았고, 벽양후도 힘써 변호할 생각이 없었다.

여왕의 어머니는 이미 여왕을 낳았으나 분통만 터졌다[恚]. 곧 자살했다. 옥리가 여왕을 받들어 상에게 이르니 상은 (그 어머니를 챙기지 못한 것을) 후회하며 여후에게 아이를 기르게 하고[母=養育], 여왕의 어머니는 진정(眞定)에 묻어주었다. 진정은 원래 여왕의 어머니 집안이 조상 대대로 살던 현(縣)이다.

고조 11년(서기전 196년)에 회남왕 포(布)가 반란을 일으키자 상은 몸소 군대를 이끌고 포를 쳐서 멸하고 곧바로 장(長)을 세워 회남왕으로 삼았다. 왕은 일찍 어머니를 잃었기 때문에 늘 여후에게 의지했다. 효혜(孝惠)와 여후 시절에 그는 여후의 총애를 얻었던 까닭에 아무런 해가 없었지만, 그러나 늘 마음속으로 벽양후에 대한 원한을 품고 있었으나 감히 함부로 표현할 수는 없었다. 효문(孝文)이 처음에 즉위하자 회남왕은 자신이 가장 가까운 지친(至親)이라고 여기고 더욱 교만 방자해져서 자주 나라의 법을 받들지 않았다. 상은 그를 관대하게 용서해주었다.

효문제 3년에 여왕이 입조했는데 방자함이 너무 심했다. 그는 상을 따라 원유(苑囿)에 들어가 사냥을 했는데, 상과 나란히 수레를 탔고, 늘 황제에게 큰형[大兄]이라고 불렀다. 여왕은 재주와 힘이 있어 그의 힘은 능히 쇠솥[鼎]을 들어 올릴 정도였다. 이에 그가 벽양후를 찾아가 만나기를 청했다. 벽양후가 나오자 그는 곧바로 소매 속에서 철추를 꺼내 벽양후를 치고, 수행했던 위경(魏敬)으로 하여금 그의 목을 자르게 했다. 그리고 여왕은 바로 대궐 앞으로 달려가 상의를 벗고 사죄하며 이렇게 말했다.

"신의 모친은 조왕의 사건에 연루되지 않았는데, 그때 벽양후가 여후의 총애를 받고 있으면서도 힘써 변론하지 않은 것이 첫 번째 죄입니다. 또한 조왕 여의(如意) 모자는 죄가 없는데, 여후가 그들을 죽였건만 벽양후가 힘써 변론하지 않은 것이 두 번째 죄입니다. 여후가 여러 여씨(呂氏)들을 왕으로 봉해 유씨(劉氏) 왕실을 위태롭게 했지만, 벽양후가 힘써 변론하지 않은 것이 세 번째 죄입니다. 신은 삼가 천하를 위해 간신 벽양후를 주살해 모친의 원수를 갚았으니 삼가 대궐 앞에 엎드려 죄를 청합니다."

문제는 그의 뜻을 가엽게 여기고 또한 형제간이라는 이유로 처벌하지 않고 여왕을 용서했다. 이 당시 박태후(薄太后)와 태자(太子), 그리고 모든 대신들이 모두 여왕을 기피했다. 여왕은 자신의 봉국으로 돌아갔는데 방자함이 더욱 심해졌고, 한나라 법을 쓰지 않으면서 들고 날 때는 경필(警蹕)[2]을 시행했으며, 스스로 황제임을 칭하면서[稱制] 독자적으로 법령을 제정했고, 자주 상께 편지를 올렸는데 그 내용이 공순하지 않았다. 문제는 이를 엄하게 꾸짖기를 어려워했다[重=難]. 이때 황제의 외삼촌인 장군 박소(薄昭)가 장군으로서 존중을 받고 있었기 때문에 상은 그를 불러 여왕

---

2 황제가 거동할 때 백성들의 통행을 막는 것인데, 황제가 나갈 때는 경(警)한다고 했고 들어올 때는 필(蹕)한다고 했다.

에게 편지를 보내 여러 차례 간언하게 했다. 그중 하나다.

'남몰래 듣건대 대왕(大王)께서는 굳세고 곧아서 용맹스러우시고[剛直
而勇] 인자하고 은혜로워 두터우시며[慈惠而厚] 참으로 과단성이 있으니,
이는 하늘이 빼어난 이의 자질을 내려주신 것이라 참으로 그 성대함을 누
구나 헤아려 알아차리지 않을 수 없습니다. (그런데) 지금 대왕께서 행하
시는 바[所行]는 하늘이 부여한 자질에 어울린다고 할 수 없습니다.

황제께서 처음 즉위하시어 회남의 봉국 안에 있는 열후의 봉읍[侯邑]
을 (다른 군으로) 바꾸려 하셨을 때 대왕께서는 그것을 승낙지 않으셨고,
황제께서 결국 그것을 바꾸시어 대왕께 3개의 현을 실질적으로 더 늘려주
어 참으로 큰 두터움을 베푸셨습니다[甚厚]. 하지만 대왕께서는 일찍이 황
제 폐하와 서로 만나지 않으시고, 도성에 들어와 조현(朝見)을 청하지 않
으시어 형제간의 즐거움을 충분히 나누지도 못했는데, 열후를 살해해 그
것을 스스로의 명분으로 삼으셨습니다. (그런데도) 황제께서는 관리들로
하여금 이를 다스리게 하지 않으시고 대왕을 용서하셨으니 참으로 큰 두
터움을 베푸셨습니다. 한나라 법률에 따르면 2,000석 관리가 결원이 되면
곧장 한나라 조정에 말해 보충하도록 돼 있는데, 대왕께서는 한나라에서
배치한 관리를 내쫓으시고 오히려 (봉국의) 재상과 2,000석 관리를 스스로
둘 수 있도록 청하셨습니다. 황제께서는 천하의 바른 법을 굽히시어[訹=飢
=曲] 대왕께 허락해주셨으니 참으로 큰 두터움을 베푸셨습니다. 대왕께서
는 나라를 다른 사람에게 맡기고 포의(布衣)가 돼 어머니의 묘소나 지키
며 살고자 했지만 황제께서는 그것을 허락지 않으시고 대왕께서 남면하는

존엄[南面之尊]³을 잃지 않게 하셨으니 참으로 큰 두터움을 베푸셨습니다. (따라서) 대왕께서는 마땅히 낮밤으로 법도를 받들고 맡은 바 직책[貢職]을 잘 닦으시어 황제의 두터움과 다움[厚德]에 보답하셔야 할 터인데, (오히려) 지금은 마침내 말을 가벼이 하고 행실을 마음대로 해 천하와 등을 지고 비방을 받고 있으니, 이는 너무나도 잘못된 계책이라 하겠습니다.

무릇 대왕께서는 사방 1,000리를 집안으로 삼고 만백성을 신첩(臣妾)으로 삼고 계시니 이는 고황제의 두터운 다움 덕분입니다. 고제께서는 서리와 이슬을 덮어쓰고 비바람을 맞으며 화살과 돌을 뚫고 나아가서 들판에서 싸우며 성을 공략하셨고, 온몸이 무기로 상처를 입어[創痍] 그 결과 자손을 위한 만세의 대업을 이루셨는데, 그 힘듦과 어려움[艱苦]은 참으로 심했다고 하겠습니다. 대왕께서는 돌아가신 황제의 힘듦과 어려움에 대해 낮밤으로 마음 아파하며[怵惕] 몸을 닦고 행실을 바로 하며, 희생에 쓸 양을 기르며, 제사에 쓸 곡식[粢盛]을 깨끗이 준비하고, 제사를 받듦으로써 선제의 공적과 다움을 잊지 말아야 하는데, 그런 생각은 아니 하신 채 나라를 다른 사람에게 맡기고 포의(布衣)가 되고자 하시니 그 잘못이 심합니다[甚過].

또 무릇 나라와 땅을 양보했다는 멋진 이름[美名]을 탐내 선제의 대업을 가볍게 폐기하시니 그것은 효(孝)라고 할 수 없습니다. 아버지가 그 기초를 쌓았는데도 그것을 지키지 못하니 이는 뛰어난 것이 아닙니다[不賢].

---

3 남면한다는 것은 남쪽을 보고 앉는다는 말로 임금의 자리에 있다는 뜻이다. 즉, 봉국의 임금으로 삼아주었다는 것이다.

장릉(長陵-고황제의 능)은 지키려고 하지 않으면서 진정(眞定)에는 가겠다고 하시어 어머니를 앞세우고 아버지를 뒤로하시니 올바른 것이 아닙니다 [不誼]. 여러 차례 천자의 명령을 거슬렀으니 이는 고분고분하지 못한 것 [不順]입니다. (어머니의 무덤을 지키겠다고 청하는) 절의와 행실을 내세워 형님에게 대드셨으니[高] 이는 예가 없는 것[無禮]입니다. 총애하는 신하에게 죄가 있으면 죄가 커도 세운 채로 참수하고, 죄가 작아도 육형(肉刑)에 처하시니 이는 어질지 못한 것[不仁]입니다. 한 개의 검만으로도 맡을 수 있는 포의의 임무는 귀하게 여기면서 왕후의 지위는 천하게 여기시니 이는 일을 모르는 것[不知]입니다. 큰 도리를 배우고 묻는 것은 좋아하지 않으면서 감정에 따라 마구 행동을 하시니 이는 상서롭지 못한 것 [不祥]입니다.

이상의 여덟 가지는 위태로움과 멸망으로 가는 길인데, 대왕께서 지금 이 길로 가시어 남면하는 자리를 버리시고, 전제(專諸)와 맹분(孟賁)의 용맹을 떨치시어 늘 위태로움과 멸망으로 가는 길을 들락날락하고 있으십니다. 신이 보건대 고황제의 신령은 반드시 대왕의 손으로 올리는 제사 음식은 드시지 않을 것이 명백합니다.

옛날에 주공(周公)은 (동생인) 관숙(管叔)을 주살하고 채숙(蔡叔)을 내쫓음으로써 주나라를 안정시켰고, 제(齊)나라 환공(桓公)은 그 동생을 죽여 봉국으로 돌려보냈으며, 진시황은 동생 둘을 죽이고 그 어머니를 옮기고서야 진나라를 안정시켰습니다. (친형인) 경왕(頃王)이 봉국을 지키지 않아 대(代) 땅을 잃자 고제께서는 그의 나라를 빼앗아버림으로써 일을 올바르게 처리하셨고, 제북왕(濟北王-유흥거)이 군사를 일으키자 황제께서는 그를 주살함으로써 한나라를 안정시켰습니다. 그래서 주나라와 제나라는 그것을 옛날에 행했고, 진나라와 한나라는 그것을 지금에 썼는데, 대왕께서는 옛날과 지금의, 나라를 안정시키고 일을 올바르게 처리하는 이치를 살피시지는 않은 채 친척의 뜻에 따라 천자를 원망하는 마음을 품으시니 이는 결코 안 될 말입니다. (죄를 짓고) 도망쳐서 제후의 관할로 들어간 자, 떠돌아다니며 벼슬하면서 사람을 섬기는 자, 또 이런 자들을 받아주고 숨겨주는 자들에게는 그것을 단죄하는 국법이 있는 것입니다. 또 이런 자들은 왕의 거처에 있어도 관리가 그것을 바르게 다스린다면 처벌을 받을 수밖에 없습니다. 지금 제후의 자식으로 관리가 된 자는 어사가 그것을 주관하고 있고, (제후의 자식으로) 장교[軍吏]가 된 자는 중위(中尉)가 그것을 주관하고 있습니다. 또 대궐문을 들락거리는 빈객은 위위(衛尉)와 대행(大行)이 주관하고 있고, 그밖에 오랑캐로서 귀순해 온 자나 유민(流民)으로 있다가 다시 호적을 회복해 백성이 된 자는 내사(內史)와 현령(縣令)이 그것을 주관하고 있습니다. 재상은 그것을 관리에게 떠넘겨 그 재앙을 피하고 싶어 하지만 결코 그럴 수가 없습니다. 만약에 대왕께서 고치시지 않는다면 한나라는 대왕을 저택에 연금하고서 재상 이하의 죄를 논죄할 터인데 그리하면 어찌 되겠습니까? 무릇 아버지의 큰 공업을 실추시키고, 조정에서 물러나 포의에게 연민을 느끼며, (대왕의) 총애하는 신하들은 모두 법에 엎드려 주살돼, 천하의 웃음거리가 됨으로써 선제의 다움을 욕되게 할 것이니, 대왕께서는 결코 그리 해서는 안 될 것입니다.

서둘러 뜻을 고치고 행동을 바꿔 글을 올려 사죄하기를 "신은 불행하게도 일찍 선제를 잃고 어려서 고아가 돼 여씨(呂氏)의 치하에서는 일찍이 한순간도 죽음을 잊지 못했습니다. 폐하께서 즉위하시게 되자 신은 폐하의 은혜와 다움[恩德]을 믿고서[怙] 교만을 부리고 수많은 불법을 일삼았습니다. 지은 죄과를 돌아보니 두려움이 너무 심해 땅에 엎드려 주벌을 기다리며 감히 일어날 수가 없습니다”라고 하십시오. 황제께서 그것을 들으신다면 반드시 기뻐하실 것입니다. 위로는 대왕의 형제분께서 흔연히 기뻐하실 것이고, 아래에서는 여러 신하들이 모두 수명을 연장하게 될 것이니[延壽] 위아래가 모두 마땅함을 얻게 되고, 온 나라 안이 항상 안정될 것입니다. 바라건대 깊이 생각하시되 서둘러 실행에 옮기십시오. 이를 실행하는 데 조금이라도 의혹이 있으시다면 재앙은 발사된 화살처럼 빨리 찾아올 터이니 결단코 뒤를 돌아보지 마셔야 할 것입니다.'

왕은 편지를 받고서 불쾌해했다. 효문제 6년에 남자(男子) 단(但) 등 70명과 극포후(棘蒲侯) 시무(柴武)의 태자 기(奇)와 모의해 큰 수레 40승(乘)을 가지고 곡구(谷口)〔○ 맹강(孟康)이 말했다. "곡구는 장안의 북쪽에 있는 옛 현이다. 지역이 험준하다."〕에서 반란을 일으키게 하고 민월(閩越)과 흉노(匈奴)에 사자를 보냈다. 이 일이 발각되자 상은 그 사건을 처리하기 위해서 마침내 사자를 보내 회남왕을 소환했다. 회남왕이 장안(長安)에 도착하자 승상(丞相) 장창(張倉), 전객(典客) 풍경(馮敬)이 어사대부(御史大夫)의 일을 대행했고, 종정(宗正)과 정위(廷尉)가 공동으로 아뢰었다[雜奏].

"장(長)은 선제(先帝)께서 세운 법을 폐하고, 천자의 조칙을 받들지 않으며, 거처하는 궁궐에 법도가 없고, (황제만 사용하는) 황색으로 치장한 수레로 출입하면서 황제처럼 행세하고 있으며[儗], 법령을 제멋대로 제정하고 한나라의 법을 시행하지 않고 있습니다. 또한 관리를 두는 일에 이르러서는 자신의 낭중(郎中) 춘(春)을 승상으로 삼고, 한나라와 제후국의 사람들 중에 죄가 있어 도망한 자들을 모아 거두어 숨겨주고 살게 했으며, 그들을 위해 재물, 작위, 봉록, 전지(田地), 저택을 내려주었는데, 그중에는 어떤 이는 작위가 관내후(關內侯)에까지 이르고, 2,000석 관리의 봉록을 주는 자도 있습니다.

대부(大夫) 단(但), 사오(士伍) 개장(開章) 등 70명은 극포후의 태자 시기(柴奇)와 함께 모반해 종묘와 사직을 위태롭게 하고, 민월과 흉노로 하여금 군사를 동원하게 했습니다. 일이 발각되자 장안위(長安尉) 기(奇) 등이 가서 개장을 잡으려 했으나 장은 그를 숨겨두고 내어주지 않았으며, 예전에 중위(中尉)였던 간기(簡忌)와 모의해 개장을 죽여 입을 틀어막고서 관곽(棺槨)과 옷을 갖추어 비릉읍(肥陵邑)에 장례 지내고, 한나라 관리를 속여 '어디에 있는지 모른다'라고 말했습니다.

또 거짓으로[陽] 흙을 쌓아 묘를 만들고, 그 위에 '개장이 죽어 이곳에 묻히다'라는 팻말을 세웠습니다. 장은 그 자신이 죄 없는 한 사람을 죽이고, 관리를 시켜 죄 없는 여섯 사람을 논죄해 죽게 했으며, 기시(棄市)해야 할 죄인을 숨겨주기 위해 죄를 짓지도 않은 자를 거짓으로 사로잡아 처벌하고, 그 죄인의 죄를 면해주었습니다. 제멋대로 사람에게 죄를 주고 한나라 조정에 알리지도 않은 채 잡아 가둔 죄인들 가운데 성단용(城旦春) 이상이 14명이었고, 멋대로 죄인을 사면한 자 중 죽을죄를 지은 사람이 18명, 성단용 이하가 58명입니다. 또 마음대로 작위를 내려준 사람들 가운데 관내후 이하가 94명입니다.

예전에 장이 병이 났을 때 폐하께서 진심으로 걱정하시어 사자를 보내

친서와 대추 및 육포를 내려주셨는데, 그럼에도 장은 하사품을 기꺼이 받으려고 하지 않고, 사자를 만나려고도 하지 않았습니다. 또 남해(南海)에 사는 백성으로 여강(廬江) 경내에 있는 자가 반란을 일으키자 회남의 관리와 병사들이 그를 쳤습니다. (이때도) 폐하께서는 사자를 보내 비단 50필[4]을 싸가지고 가서 관리와 병사들 중 노고가 많은 자에게 내려주도록 하셨습니다. (그런데) 장은 하사품을 받으려고 하지 않고 도리어 '아무도 고생한 이가 없다'라고 거짓말을 했습니다. 남해(南海)의 왕직(王織)이라는 사람이 글을 올려 황제에게 벽옥을 바치려고 했을 때, 간기는 제멋대로 그 글을 불태워 없애고 제대로 보고하지도 않았습니다. 이에 관리가 간기를 다스리려고 그를 소환할 것을 청했으나 장은 그를 보내지 않고 거짓으로 '간기는 와병 중이다'라고 둘러댔습니다. 장이 저지른 것들은 불궤(不軌)이니 마땅히 기시(棄市)에 처해야 합니다. 신들은 법대로 논할 것을 청합니다."

제(制)하여 말했다.

"짐은 차마 왕을 법으로 다스릴 수 없으니 그 일은 열후(列侯) 및 2,000석 관리들과 함께 토의하도록 하라!"

열후와 2,000석 관리 신(臣) 영(嬰-하후영) 등 43명이 토의하니 모두 말하기를 "마땅히 법대로 논해야 합니다"라고 했다.

제하여 말했다.

"장의 죽을죄를 면하게 하고 왕위를 폐하라!"

---

4 사마천의 『사기(史記)』에는 5,000필로 돼 있다.

유사(有司)가 아뢰었다.

"청하건대 그를 촉군(蜀郡) 엄도(嚴道-현)의 공우(邛郵)에 두고, 그의 아들과 그 아들을 낳은 희첩을 함께 딸려 보내 살게 하며, 현에서는 그들을 위한 집을 새로 장만하고 그들 모두에게 하루 세 끼의 양식을 주게 하며, 땔나무, 채소, 소금, 된장, 그리고 취사도구와 잠자는 자리를 주게 하십시오."

제하여 말했다.

"장이 먹을 것으로는 하루에 고기 다섯 근, 술 두 말을 주도록 하라! 그리고 예전의 미인, 재인(材人) 등 그가 총애하는 10명은 따라가 살게 하라."

이에 왕과 함께 반란을 모의했던 자들은 모두 주살했다. 그러고 나서 장을 보냈는데 덮개가 있는 수레[輜車]에 태우고 각 현마다 차례로 호송해 보내게 했다.

원앙(袁盎)이 간언을 올렸다.

"상께서는 평소 회남왕을 교만하게 내버려두고 곁에 엄한 승상과 사부를 두지 않아서 그 때문에 이 지경에 이르게 됐습니다. 또 회남왕은 사람됨이 강한데[剛=彊], 지금에 와서 갑자기[暴] 그를 꺾어버리면, 신은 그가 안개와 이슬을 만나 길에서 죽을까 두려우니, (그랬다가) 폐하께서 아우를 죽였다는 이름을 얻게 되면 어떻게 되겠습니까?"

상이 말했다.

"나는 다만 그를 좀 고생시키고자 할 뿐이고 곧 그를 회복시켜주려 한다."

회남왕은 자신을 모시는 자들에게 말했다.

"누가 나를 용감한 사람이라고 했는가? 나는 교만해 내 허물을 듣지 않으려 하다가 이렇게 됐구나!"

그러고는 음식을 먹지 않다가 곧 죽었다. 현들에서 이송하는 자들은 감히 치거를 둘러친 포장을 걷지 못했다. 옹(雍-현)에 이르러서야 옹현의 현령이 포장을 걷어보니 그 안에 죽어 있었다. 이 소식을 듣고 상은 슬프게 곡한 다음 원앙에게 말했다.

"내가 공의 말을 듣지 않아 끝내 회남왕을 죽게 만들었도다."

앙(盎)이 말했다.

"회남왕의 일은 어찌 할 수가 없는 것이었습니다. 바라건대 폐하께서는 스스로에 대해 너그러운 마음을 가지십시오[自寬]."
_{자관}

상이 말했다.

"장차 어떻게 하면 되겠는가?"

원앙이 말했다.

"오로지 승상과 어사의 목을 베어 천하에 용서를 비는 것이 좋을 것입니다."

상은 즉각 승상과 어사에게 명을 내려 여러 현들에서 회남왕을 이송하면서 수레의 포장을 열어 음식을 제공하지 않은 자들을 모두 잡아들여 기시하게 했다. 이어 회남왕을 (복위시켜) 열후(列侯)의 자격으로 옹에 장사를 지내고 무덤을 지키는 30호를 두었다. 효문(孝文) 8년에 (상은) 회남왕을 가엽게 여겼는데 왕에게는 아들이 4명 있었다. 나이는 다 7, 8세였는데, 마침내 안(安)을 부릉후(阜陵侯), 발(勃)을 안양후(安陽侯), 사(賜)를 양주후(陽周侯), 량(良)을 동성후(東城侯)로 봉해주었다.

효문 12년에 어떤 백성이 회남왕을 위해 이런 노래를 지어 불렀다.

'베 한 척이라도 꿰매 입을 수 있고
곡식 한 말이라도 찧어 나눌 수 있건만
형제 두 사람은 서로를 용납하지 못했네'

상이 이를 듣고는 말했다.

"옛날에 요순(堯舜) 두 임금도 골육을 내쫓았고, 주공(周公)은 동생 관숙(管叔)과 채숙(蔡叔)을 죽였음에도, 천하는 그들을 빼어나다[聖]고 칭송하니, 이는 사(私)를 위해 공(公)을 해친 것이 아니기 때문이다. 그런데 천하는 어찌 내가 회남왕의 땅을 탐냈다고 하는가?"

그러고는 즉시 성양왕(城陽王)을 옮겨 회남의 옛 땅의 왕으로 삼았고, 죽은 회남왕을 추존해 여왕(厲王)이라는 시호를 내렸으며, 능원을 조성해 제후의 의례를 따르도록 했다.

효문 16년에 상은 회남왕이 한나라 법을 폐하고 불궤를 저지르다가 나라를 잃고 일찍 세상을 떠난 것을 가슴 아파해, 마침내 회남왕 희(喜)를 옮겨 옛날의 성양 땅의 왕으로 삼았고, 여왕의 세 아들을 세워 회남의 옛 땅의 왕으로 삼아 그곳을 세 지역으로 나눴다. 부릉후(阜陵侯) 안(安)은 회남왕(淮南王), 안양후(安陽侯) 발(勃)은 형산왕(衡山王), 양주후(陽周侯) 사(賜)는 여강왕(廬江王)으로 삼았다. 동성후(東城侯) 량(良)은 그 전에 죽은 데다가 후사가 없었다.

효경(孝景) 3년에 오초(吳楚) 7국이 반란을 일으켰을 때 오(吳)의 사자가 회남에 이르니 회남왕은 군사를 일으켜 그들에게 호응하려고 했다. 회남왕의 승상[5]이 말했다.

"왕께서 반드시 오나라와 호응하시고 싶다면 신을 장수로 삼아주시길 바랍니다."

이에 왕은 군사를 승상에게 맡겼다[屬=委].
　　　　　　　　　　　　　　　　　　　　속　위

승상은 일단 군사를 이끌게 되자 성을 굳게 지키며 회남왕의 명은 따르지 않고 한나라를 도왔다. 한나라도 곡성후(曲城侯) 충첩(蟲捷)으로 하여금 군사를 이끌고 가서 회남을 구원하도록 했다. 회남은 이 때문에 나라를 온전히 보존할 수 있었다. 오(吳)의 사자가 여강에도 이르렀으나 여강왕은 호응하려 하지 않았고, 월(越)나라에 사자를 보내 왕래했다. 또 형산에도 이르렀으나 형산왕은 성을 굳게 지키며 두 마음을 품지 않았다[無二心].
　　무　이심

효경 4년에 오나라와 초나라가 이미 격파되자 형산왕이 조회를 했는데, 상은 그가 절개와 믿음이 있다[貞信]고 여겨 그의 노고를 위로해 말했다.
　　　　　　　　　　　　　　　　정신

"남방은 지대가 낮고 습하다."

왕을 옮겨 제북왕(濟北王)으로 삼아 그를 포상했다. 훙(薨)하자 드디어 시호를 내려 정왕(貞王)이라고 했다. 여강왕은 월나라와 국경을 접하고 있어 여러 차례에 걸쳐 사신을 보내 서로 통교했기 때문에 그를 옮겨 형산왕으로 삼아 강북(江北)을 다스리게 했다.

형산왕이 죽자 황제는 정왕(貞王)이란 시호를 내려주었다. 황제는 여강

5　장석지(張釋之)다.

왕의 관할 국경 부근에 월(越)나라가 있어 여러 차례 사자를 보내 서로 왕래한 것을 염려해 그를 형산왕으로 삼아 강북(江北)을 다스리게 했다.

회남왕 안(安)은 사람됨이 책 읽기나 거문고 타기를 좋아하고, 활 쏘며 사냥하거나 말 달리는 것[馳騁]을 싫어했으며, 또 백성들에게 음덕(陰德)을 베풀어 어루만지고 위로해[拊循] 자신의 명성을 알리고 싶어 했다. 빈객이나 방술(方術)에 능한 자 수천 명을 불러서 『내서(內書)』[6] 21편을 지었고, 『외서(外書)』[7]도 아주 많았으며, 또한 『중편(中篇)』 8권이 있고, 신선(神仙)과 황백(黃白)의 술(術)[8]에 관한 것도 저술해 이 또한 20여만 자가 됐다. 이때 무제(武帝)가 마침 예문(藝文)을 좋아했고, 안은 집안 숙부 격인 데다가 명석하고 박식해 문사(文辭)를 잘하니 특별히 높이고 귀하게 대우했다. 매번 편지에 답하거나 편지를 내려줄 때면 항상 사마상여(司馬相如) 등을 불러 초안을 보게 하고서 그 다음에 보냈다. 애초에 안이 입조해 자신이 지은 『내편(內篇)』을 바쳤고, 그후에도 새로운 책이 나올 때마다 상은 그것을 아껴 비밀리에 보관했다. 안에게 『이소전(離騷傳)』[○ 사고(師古)가 말했다. "『모시전(毛詩傳)』처럼 이소를 해설한 것이다."]을 짓게 했는데 아침에 조서를 받으면 점심 식사 때에는 그것을 지어 올렸다. 또 「송덕(頌德)」과 「장안도국송(長安都國頌)」을 바쳤다. 매번 한가로울 때 알현하게 되면 일의

---

6 『회남자(淮南子)』의 원래 이름이다.

7 모두 33편인데 전하지 않는다.

8 황금과 백금을 가리킨다. 일종의 연금술이다.

득실과 방기(方技-방술), 부송(賦頌)에 대해 담론하느라 어둠이 짙어진 다음에야 자리가 파했다.

안이 처음 입조했을 때 평소 태위(太尉) 무안후(武安侯)[○ 사고(師古)가 말했다. "전분(田蚡)이다."]와 가깝게 지냈는데 무안후가 패상(覇上)에서 그를 맞이하면서 이렇게 말했다.

"바야흐로 지금 상에게는 태자가 없고, 왕께서는 고황제의 친손(親孫)으로 어짊과 의로움[仁義]을 행하시어 천하에 모르는 사람이 없습니다. 궁거(宮車)가 하루아침에 안가(晏駕)하게 된다면,[9] 왕이 아니고서 마땅히 누가 세워질 수 있겠습니까!"

회남왕은 크게 기뻐하며 무안후에게 돈과 재물을 후하게 보내주었다. 장강과 회수[江淮] 일대의 여러 신하들과 빈객들은 대부분 경박스러운 사람들인데, 여왕(厲王)이 옮겨지던 도중에 죽게 된 일을 들먹여 안의 감정을 들끓게 만들었다. 건원(建元) 6년에 혜성이 나타나자 회남왕은 마음속으로 그것을 괴이하게 여겼다. 어떤 사람이 왕에게 유세해 말했다.

"이전에 오나라가 군사를 일으켰을 때 혜성이 나타났는데, 그 길이가 몇 자에 불과했지만, 전쟁으로 희생된 자의 피가 1,000리나 흘렀습니다. 지금은 혜성의 길이가 하늘을 가로지르니 천하의 군사들이 마땅히 크게 일어날 것입니다."

회남왕은 내심 상에게 태자가 없으니 천하에 변란이 일어나면 제후들이 서로 다투게 될 것이라고 여기고서, 무기와 전쟁에 필요한 것들을 제작

---

9 황제가 세상을 떠난다는 것을 우회적으로 표현한 것이다.

하고 손질하는 데 더욱 힘쓰고 돈을 모아 군(郡), 국(國)에 뇌물로 보냈다. 떠돌이 유세객들은 함부로 요사스러운 말을 지어 왕에게 아첨하니 왕은 기뻐하면서 그들에게도 많은 금전을 내려주었다.

왕에게는 지혜롭고 말재간[口=口辯]이 좋은 릉(陵)이라는 딸이 있었다. 왕은 릉을 아껴 늘 많은 돈을 주어 장안에 기거하면서 황실의 주변을 염탐하게 하고[=偵] 상의 좌우 측근들과 친교를 맺게 했다.

원삭(元朔) 2년에 상은 회남왕에게 안석(安席)을 내려주고 더 이상 입조하지 않아도 된다고 했다. (회남왕의) 왕후 도(荼)는 총애를 받았는데, 아들 천(遷)을 낳자 태자로 삼았고, 천은 황태후(皇太后-왕씨)의 외손인 수성군(修成君)의 딸을 태자비(妃)로 삼았다. 왕은 그동안 준비해온 반란의 무기와 도구들을 태자비가 알게 돼 안에서 일이 발설될까 두려워해, 이에 태자와 모의하고서 거짓으로 그녀를 사랑하지 않은 척하며 석 달 동안 잠자리를 같이하지 않게 했다. 왕은 겉으로[陽] 태자에게 화가 난 척하며 그를 유폐시키고, 강제로 태자비와 함께 같은 방에서 석 달을 지내게 했으나, 태자는 끝내 태자비를 가까이하지 않았다. 태자비가 친정으로 돌아갈 것을 청하니 왕은 이에 글을 올려 사죄하고 그녀를 돌려보냈다. (이렇게 되자) 왕후 도, 태자 천과 딸 릉이 나라의 권력을 제멋대로 휘두르며[擅], 백성들의 밭과 집을 강탈하고, 사람들을 함부로 잡아 감옥에 가두었다.

태자는 검술을 배워 스스로 어느 누구도 자신을 따를 자가 없다고 여겼는데, 낭중(郎中) 뇌피(雷被)가 검술에 뛰어나다[巧]는 소문을 듣고 불러서 겨뤘다[戲]. 피(被)가 한두 차례 사양하다가 잘못해서 태자를 찔렀다[中]. 태자가 화를 내자 피는 두려웠다. 이때에는 종군을 지원하는 자가 있으면 바로 장안으로 가게 했는데, 피는 곧바로 종군해 흉노와 싸워 물리치기를 바랐다. 태자가 여러 차례 (왕에게) 피를 악담하자 왕은 낭중령에게 피를 파면시키게 했는데, 이는 뒷사람들이 감히 피를 따라 하지 못하게 하기 위함이었다.

원삭(元朔) 5년에 피는 마침내 도망쳐 장안으로 가서 (황제에게) 글을 올려 자신의 입장을 밝혔다. 이 일을 정위와 하남에 내려보냈다. 하남에서 조사를 하며 회남의 태자를 체포하려고 하자 왕과 왕후는 태자를 보내고 싶지 않았기에 드디어 군대를 동원했다. 계획이 미처 정해지지도 않은 상태에서 10여 일이 흘러갔다. 마침 태자를 심문하라는 조서가 내려왔다. 이때 회남의 승상은 수춘(壽春)의 승(丞)이 태자를 머물러 두고 체포해 보내지 않은 것에 노해 불경죄로 탄핵했다. 왕은 승상에게 선처를 부탁했으나 승상은 따르지 않았다. 이에 왕은 사람을 시켜 글을 올려 승상을 고발하니 그 일을 정위에 내려보내 다스리게 했다. 일을 추적해 올라가보니 왕에게까지 연루되자 왕은 사람을 시켜 한나라 조정의 동태를 살펴보게 했다. (그 결과) 공경들은 왕을 체포해 죄를 다스리기를 원한다는 사실을 알게 되자 왕은 두려워해 군대를 발동시켰다. 태자 천이 꾀를 내어 말했다.

"한나라에서 사자를 보내 왕을 체포하려고 하면, (왕께서는) 사람을 시켜 위사(衛士)의 옷을 입혀 창을 가지고 어전에 머무르게 하다가, 왕의 주변에서 시비가 생기거든 즉시 그를 찔러 죽이게 하십시오. 신도 사람을 시켜 회남의 중위를 찔러 죽이고 그때 가서 군사를 일으켜도 늦지 않을 것입니다."

이때 상은 공경들의 청을 허락하지 않고 한나라의 중위 굉(宏)을 보내 왕을 심문 조사하게 했다. 왕이 한나라 중위의 안색을 살펴보니 온화했고, 심문하는 것도 뇌피를 배척한 일만 물을 뿐이어서, 왕은 별다른 일이 없을 것으로 여기고 군사를 발동하지 않았다. 중위가 돌아가서 이 사실을 보고했다. 공경들 중에 왕을 치죄할 것을 주장했던 이들이 말했다.

"회남왕 안은 흉노를 힘써 물리치기 위해 종군하려는 뇌피를 막아 밝은 조서가 제대로 실시되지 못하게 했으니 마땅히 기시(棄市)돼야 합니다."

조서를 내려 불허했다. (그러자 공경들은) 왕을 폐위시켜야 한다고 청했으나 상은 불허했다. (공경 대신들이 회남국의) 5개 현을 깎아낼 것을 청하자 (황제는) 2개 현만 깎아낼 수 있다고 했다. 중위 굉(宏)을 시켜 왕의 죄를 사면하게 하고, 그 대신 봉지를 깎아내는 것으로 처벌을 대신했다. 중위가 회남의 경계 안에 들어가 왕의 죄를 사면한다고 선포했다. 왕은 애초에 공경들이 자신을 주살하라고 청했다는 소식은 들었으나 봉지를 깎아낸다는 소식은 알지 못하고 한나라의 사자가 온다는 소식을 듣고 이전에 태자와 모의했던 계획대로 사자를 찔러 죽이려고 했다. 중위가 도착해 바로 왕에게 축하의 말을 전하자 왕은 이로 인해 군사를 발동시키지 않았다. 그후에 스스로 애통해하며 말했다.

"내가 어짊과 의로움을 행했다가 봉지를 깎였으니 과인은 참으로 부끄럽도다!"

반란을 도모하려는 시도는 더욱 심해졌다. 많은 사자들이 장안으로부터 와서 터무니없는 말들을 해댔는데 특히 상에게는 아들이 없다고 하면 곧바로 기뻐했고, 반면에 한나라 조정이 잘 다스려지고 있고 아들이 있다고 하면 즉시 화를 내면서 그것은 망언으로 사실이 아니라고 여겼다.

밤낮없이 좌오(左吳) 등과 더불어 여지도(輿地圖)〔○ 소림(蘇林)이 말했다. "여(輿)란 지도 안에 남김 없이 실었다[載]는 뜻이다."〕를 들여다보면서 각 부서의 군사들이 어디를 통해 한나라로 진입할 것인가를 생각했다.

왕이 말했다.

"상께는 태자가 없으시니 만약 궁거(宮車)가 갑자기 안가(晏駕)하시게 되면 대신들은 반드시 교동왕(膠東王)을 부를 것이고, 그렇지 않으면 상산왕(常山王)을 부를 것이며, 제후들도 서로 다툴 것이니 내가 준비를 하지 않을 수 있겠는가! 게다가 나는 고조의 손자로 몸소 어짊과 의로움을 행했고, 폐하께서 나를 대우하시는 것이 두터워 나는 얼마든지 참을 수 있었다. 그러나 만세(萬世) 뒤에[10] 내가 어찌 북면(北面)하는 신하가 돼 풋내기 어린것[豎子]들을 섬길 수 있겠는가!"

왕에게는 얼자(孽子) 불해(不害)가 있었는데, 서열상 장남이었지만 왕은 그를 사랑하지 않았고, 왕후와 태자 모두 그를 자식이나 형제로 쳐주지[數] 않았다. 불해의 아들 건(建)은 재능이 뛰어나고 기개가 있었는데, 항상 태자가 자기 아버지를 형제로 대하지 않은 것에 대해 원망을 품고 있었다. 이때 제후들은 (추은령(推恩令)으로 말미암아) 자제들에게 봉지를 나누어주고 제후로 삼았는데, 회남왕은 아들이 둘밖에 없으면서도 한 명만 태자로 삼고, 건의 아버지는 후로 삼지 않았다. (그래서 건은) 은밀하게 외부 사람과 결탁해 태자를 해치고, 그 아버지로 하여금 태자를 대신

---

10 앞서 나온 '궁거(宮車)가 갑자기 안가(晏駕)하시게 되면'이라는 표현과 마찬가지로 '황제가 죽으면'이라는 표현을 에둘러서 한 것이다.

하게 하려고 했다. 태자가 그 사실을 알고 건을 여러 차례 잡아 묶고 매질을 했다.

건은 태자가 한나라 중위를 죽이려 했던 음모를 소상히 알고 있었기에 곧바로 자신과 친한 수춘현(壽春縣)의 엄정(嚴正)이라는 사람을 시켜 천자에게 글을 올려 말했다.

'독약은 입에 쓰지만 병에는 이롭고, 충언은 귀에 거슬리지만 의로움을 행하는 데 이롭습니다. 지금 회남왕의 손자 건은 재능이 뛰어나지만, 회남왕의 왕후 도(茶)와 그녀의 아들인 천(遷)이 항상 건을 시기해 해치려고 합니다. 건의 아비 불해는 죄가 없는데도 제멋대로 여러 차례 잡아 가두고 그를 죽이려고 했습니다. 지금 건이 있으니 불러 심문하시면 회남왕의 은밀한 일을 다 아실 수 있을 것입니다.'

이 글을 다 읽은 상은 그 일을 정위에게 내려보내 하남에서 다스리게 했다. 이 해는 원삭(元朔) 6년이다. 고(故) 벽양후(辟陽侯-심이기)의 손자인 심경(審卿)은 승상 공손홍(公孫弘)과 가까웠는데, 회남 여왕이 자신의 조부[大父]를 죽인 것에 대해 원망을 품고 있어, 은밀하게 홍(弘)에게 회남왕의 일을 들춰내 매우 과장해 이야기했다. 홍은 이에 회남에서 반역의 계획이 있다고 의심하고, 그 옥사를 뿌리까지 깊이 파고들었다. 하남에서 건을 다스리자 태자와 그 무리를 함께 끌어들였다.

회남왕이 이를 근심해 군사를 일으키려고 오피(伍被)를 불러 물었다.

"한나라 조정이 잘 다스려지고 있는가?"

이에 오피가 대답했다.

"천하는 잘 다스려지고 있습니다."

회남왕은 내심 짜증이 나서 오피에게 다시 물었다.

"공은 무슨 연고로 천하가 잘 다스려지고 있다고 말하는가?"

오피는 다음과 같이 대답했다.

애초에 왕은 여러 차례 군사를 일으키는 문제와 관련해 오피에게 물었는데, 피는 그때마다 오초(吳楚) 7국의 사례를 들어 (그렇게 해서는 안 된다고) 간언했다. 왕은 진승(陳勝)과 오광(吳廣)의 사례를 들어 군사를 일으킬 것을 말했고, 피는 다시 형세가 그때와는 같지 않아 반드시 패망할 것이라고 말했다. 그런데 건(建)이 붙잡혀 조사를 받게 되자 왕은 나라의 음모가 새어나갈 것을 두려워해 군대를 발동하고자 다시 피에게 물었고, 그는 군대를 발동했을 경우의 임기응변 조치에 대해 말해주었다. 상세한 이야기는 「오피전(伍被傳)」에 실려 있다.

이에 왕은 어떻게 해서든지[銳] 군대를 발동하려 하고서 마침내 관노(官奴)를 궁중에 들여보내 황제의 옥새와 승상, 어사, 대장군, 군리(軍吏), 중 2,000석(中二千石), 도관(都官)의 영(令)과 승(丞)의 인장(印章)과 인근 군(郡)의 태수와 도위의 인장, 그리고 한나라의 사절(使節)이 사용하는 법관(法冠)〔○ 사고(師古)가 말했다. "어사관(御史冠)이다. 본래 초왕(楚王)의 관인데 진나라가 초나라를 멸망시키고 나서 그 관을 어사에게 내려주었다."〕을 만들게 했다. 그러고 나서 오피가 (임기응변 차원에서) 일러준 계책을 써서 사람을 시켜 거짓으로 죄를 짓게 해 서쪽의 경사(京師)로 들여보내 대장군과 승상을 섬기게 했다가, 하루아침에 군사가 일어나거든 즉각 대장군 위청(衛靑)을 죽이고 승상 홍을 설득해 항복하게 한다면, 일은 머리 위에서 수건을 벗는 것처럼 쉬울 것이라고 생각했다.

왕은 (자기) 나라 안의 군사를 발동할까 생각도 했지만, 상국(相國)과 2,000석 관리들이 따르지 않을 것을 두려워해 마침내 오피와 모의해 먼저 궁중에 불을 지르고, 상국과 2,000석 관리들이 불을 끄러 오면 그때 그들을 죽이기로 했다. 또 사람들에게 도둑 잡는 포졸의 옷을 입혀 우격(羽檄 -긴급 격문)을 가지고 동쪽으로부터 와서 "남월(南越)의 군사들이 국경을 침범했다"라고 외치게 한 뒤 그것을 빌미로 군사를 발동하려고 했다. 이에 사람들을 여강(廬江)과 회계(會稽)에 가서 도둑 잡는 포졸로 가장하게 했으나 미처 실행하지는 못했다.[11]

(이러는 와중에) 정위가 건의 말에 따라 태자 천이 역모에 연루돼 있다고 보고하자 상은 정위감(廷尉監)과 회남의 중위를 보내 태자를 체포하게 했다. 두 사람이 도착하자 회남왕은 그 소식을 듣고 태자와 모의해 상국과 2,000석 관리들을 불러 모두 죽이고 군사를 발동하려고 했다. 상국을 부르자 상국은 도착했지만 내사(內史)는 마침 밖에 나갔다며 오지 않았다. 중위가 말했다.

"신은 조서를 받들어 사자로 왔기 때문에 왕을 뵐 수가 없습니다."

왕이 내심 비록 상국을 죽인다 해도 내사나 중위가 오지 않는다면 소용없으므로 상국을 그냥 돌려보냈다. 계책을 미적거리며 결정을 짓지 못했다. (한편) 태자는 자신이 죄에 연루된 까닭은 한나라의 중위를 죽이려고 모의한 것 때문인데 함께 모의했던 사람들이 이미 죽었으니 더 이상 입을 열 사람은 없어졌다고 여기고 마침내 왕에게 이렇게 말했다.

---

11 군사를 일으키지는 못했다는 말이다.

"여러 신하들 가운데 쓸 만한 자들은 전에 모두 옥에 갇혀 지금은 함께 일을 일으킬 만한 자들이 없습니다. 왕께서 때가 아닌데 군사를 일으켰다가 성공하지 못할까 두려우니 제가 체포당하게 두시기 바랍니다."

왕도 그렇다고 여기고 거사를 일단 멈추고 태자의 청을 허락했다. 태자는 스스로 목을 찔렀으나 죽지는 않았다[不殊=不死]〔○ 사고(師古)가 말했다. "수(殊)는 끊어진다[絶]는 뜻이니 스스로 목을 베었으나 몸과 목이 끊어지지 않았다는 뜻이다."]. (이때) 오피는 스스로 관리에게 찾아가서 회남왕과 함께 모반했던 사실을 낱낱이 고했다. 관리는 이를 바탕으로 태자와 왕후를 체포하고 왕궁을 포위해 왕과 함께 모반에 참가한 빈객들 가운데 나라 안에 있는 자들을 다 체포하고, 반역에 쓰려던 무기들을 찾아내 이를 보고했다. 상은 공경들에게 명해 이들을 다스리게 하고, 회남왕과 함께 연루돼 모반한 열후, 2,000석 관리, 호걸 수천 명을 모두 각자의 죄의 경중에 따라서 처벌했다.

형산왕 사(賜)는 회남왕의 동생이니 마땅히 연좌돼 처벌받아야 했다. 유사에서 형산왕을 체포할 것을 청하자 상은 이렇게 말했다.

"제후들은 각기 그 나라를 근본으로 삼으니 서로 연좌하는 것은 마땅하지 않다. 이 문제는 제후왕 및 열후와 함께 토의하라."

조왕(趙王) 팽조(彭祖), 열후 조양(曹讓) 등 43명이 토의해 모두 말했다.

"회남왕 안은 심히 대역무도해 모반의 죄가 명백하니 마땅히 주살해야 합니다."

교서왕(膠西王) 단(端)이 의견을 내어 말했다.

"안은 법도를 내팽개치고 간사한 짓을 일삼았으며, 거짓된 마음을 품어 이로써 천하를 어지럽히고 백성들을 현혹시켰으며, 종묘를 배반하고 망령되게도 요상한 말을 지어냈습니다. 『춘추(春秋)』에 이르길 '신하는 임금을 범하려는 마음[將=犯上]이 없어야 하니 만일 범하려 하면 반드시 죽인다[臣毋將 將而(必)誅]'[12]라고 했습니다. 안의 죄는 임금을 범하려는 마음보다 무겁고 모반의 형세는 이미 정해진 것입니다. 신(臣) 단이 보았던 문서, 부절, 인장, 지도와 그밖의 대역무도한 일의 증거가 분명하고, 그 대역무도함이 심하니 마땅히 법대로 죽여야 합니다. 또 나라(-회남)의 관리들 가운데 봉록이 200석 이상인 자와 이에 준하는 자, 종실과 가까워 총애를 받던 신하로서 법을 어기지는 않았지만 서로 일깨워주며, 가르치지 못한 자들은 마땅히 모두 관직에서 파면시키고, 작위를 깎아내 사졸로 삼아 다시는 관리가 될 수 없게 해야 합니다. 그중 관리가 아닌 나머지 사람들은 속죄금으로 황금 2근8냥을 바치도록 해야 합니다. 이로써 안의 죄를 알려 천하로 하여금 신하의 도리를 분명히 알게 해서 감히 다시는 간사한 모반의 뜻을 갖지 못하도록 해야 할 것입니다."

승상 홍(弘), 정위 탕(湯-장탕) 등이 보고하니 상은 종정(宗正)으로 하여금 부절을 가지고 가서 왕의 죄를 다스리게 했다. 종정이 아직 도착하지 않았는데 왕 안은 스스로 목을 찔러[自刑] 죽었다[殺=死]. 왕후 도(荼), 태자 천, 그리고 모반에 함께 가담한 많은 자들은 모두 붙잡혀 멸족당했다[收夷]. (회남)국(國)을 없애 구강군(九江郡)으로 삼았다.

---

12 『춘추공양전(春秋公羊傳)』 장공(莊公) 32년에 나오는 말이다. 흔히 이를 춘추(春秋)의 대의(大義)라고 한다.

형산왕 사(賜)는 왕후 승서(乘舒)에게서 자식 셋을 낳았는데, 첫째 아들은 태자 상(爽)이고, 둘째는 딸 무채(無采)이며, 막내아들은 효(孝)다. 희(姬-첩) 서래(徐來)에게서는 자식으로 아들딸 넷을 낳았고, 미인(美人) 궐희(厥姬)에게서는 자식 둘을 낳았다. 형산과 회남은 서로 책망하며 예절을 잃어 서로 화목하지 못했다. 형산왕은 회남왕이 반역을 준비한다는 소식을 듣고, 그 또한 마음속으로 빈객들과 결탁해 그에 호응하려고 했는데, 이는 그에게 병합되는 것을 두려워했기 때문이다.

원광(元光) 6년에 입조할 때 그의 알자인 위경(衛慶)이 방술을 잘 알고 있어 글을 올려 천자를 섬기려고 하니, 왕은 화가 나서 의도적으로 경(慶)에게 죽을 죄가 있다고 탄핵해 억지로 매질해 그의 죄를 승복하게 만들려 했다. 형산의 내사(內史)는 그 일이 옳지 않다고 여겨 그 옥사를 받아들이지 않았다. 왕은 사람을 시켜 내사를 고발하는 상서를 올렸는데 내사가 조사를 받게 되자 조사 결과 (내사가 아니라) 왕이 곧지 못한 것으로 드러났다. 왕은 또 여러 차례 사람들의 밭을 침범해 빼앗고 남의 무덤을 파헤쳐 전답으로 만들었다. 유사에서 형산왕을 체포해 그의 죄를 다스리기를 청했으나 상은 이를 허락하지 않고, 다만 200석 이상의 관리는 중앙 조정에서 직접 임명하도록 했다. 이 때문에 형산왕은 분한 마음을 품고[恚], 해_에자(奚慈), 장광창(張廣昌)과 모의해 병법에 능하고 별의 기운[星氣]을 살필_{성기} 줄 아는 자를 구했으며, 밤낮으로 왕을 몰래 꼬드겨[縱臾=慫慂] 모반의_{종용 종용} 일을 꾀했다.

왕후 승서가 죽자 서래를 세워 왕후로 삼았는데 궐희도 함께 총애를 받았다. 두 사람 다 서로 질투가 심했는데 궐희가 마침내 태자에게 서래를 악담해 말했다.

"서래가 계집종을 시켜 태자의 어머니를 저주해 죽게 만들었습니다 [蠱殺]."
고살

태자는 마음속으로 서래를 원망했다. 서래의 오빠가 형산을 방문하자 태자는 함께 술을 마시다가 그를 칼로 찔러 다치게 했다. 왕후가 이 때문에 태자를 원망해 여러 차례 왕에게 태자를 헐뜯었다.

태자의 여동생 무채는 시집을 갔으나 남편에게 버림받고 친정으로 돌아와 지내다가 빈객과 간통했다. 태자는 여러 차례 그 일로 인해 무채를 책망했고, 무채는 화가 나서 태자와 왕래하지 않았다. 왕후가 그 소식을 듣고 이내 무채와 효를 잘 대해주었다. 효는 어려서 어미를 잃어 왕후를 따랐기 때문에 왕후는 계획적으로 그들을 아껴주는 척하면서 함께 태자를 비방했는데, 이 때문에 왕은 여러 차례 태자에게 매질을 했다.

원삭(元朔) 4년 연간에 어떤 사람이 왕후의 계모[假母]를 찔러 다치게 가모 하자 왕은 태자가 사람을 시켜 그를 다치게 한 것으로 의심하고 태자를 매질했다. 뒤에 왕이 병이 나자 태자도 병을 핑계로 시중을 들지 않았다. 그러자 효와 왕후, 무채 모두 태자를 헐뜯어 말했다.

"태자는 실제로 병든 것이 아니고 스스로 병이 있다고 말했지만 얼굴에는 도리어 기뻐하는 빛이 있습니다."

왕은 이에 크게 노해 태자를 폐하고 그의 동생 효를 태자로 세우려고 했다. 왕후는 왕이 태자를 폐하기로 결심한 것을 알고 효도 함께 폐하려고 했다. 왕후에게는 춤 잘 추는 시녀가 있었는데 형산왕이 그녀를 총애했다. 왕후는 그 시녀를 시켜 효와 함께 음란한 행위를 하게 해, 그의 명예를 더럽혀 두 형제를 함께 폐하고, 자신의 아들인 광(廣)을 태자로 삼으려고 했다.

태자 상은 이를 알고 왕후가 여러 차례 자신을 헐뜯는 것을 멈추지 않을 것으로 생각해 그녀와 함께 음란한 일을 벌여 그녀의 입을 막으려고 했다. 그래서 왕후가 참석한 주연에서 왕후의 축수를 위한다고 다가가 왕후의 넓적다리를 어루만지면서 왕후와 함께 동침하기를 청했다. 왕후는 노해 이를 왕에게 고했다. 이에 왕은 그를 불러 결박하고 매질하려고 했다. 태자는 왕이 자신을 폐하고 동생인 효를 세우려고 하는 것을 알고 있었기 때문에 마침내 왕에게 이렇게 말했다.

"효는 왕의 시녀와 간통을 하고, 무채는 종과 간통을 했으니 왕께서는 부디 몸조리에 힘써 주십시오. 저는 상께 글을 올리려고 하오니 허락하시기를 청합니다."

그리고 바로 왕을 등지고 밖으로 나갔다. 왕이 사람을 시켜 그를 막으려고 했으나 막을 수 있는 자가 없어 마침내 직접 수레를 몰고 뒤쫓아가 태자를 붙잡았다. 태자가 제멋대로 욕을 하자 왕은 족쇄와 수갑을 사용해서 태자를 묶고 궁중에 가두었다.

효는 날로 더욱 왕의 총애를 받았다. 왕은 효의 재능을 기특하게 여기고 마침내 그로 하여금 왕의 인(印)을 차게 하고 장군이라고 호칭했으며, 궁궐 밖의 저택에 살게 하고, 많은 금전을 주어 빈객을 불러 모으게 했다. 빈객으로 오는 자들은 회남왕과 형산왕이 모반의 계획을 갖고 있다는 것을 어렴풋하게나마 짐작하고 있어 밤낮으로 반역에 참여하길 종용하고 권했다. 형산왕은 결국 효의 빈객인 강도(江都) 사람 구혁(救赫)과 진희(陳喜)

를 시켜 전차와 화살촉, 그리고 화살을 만들게 하고, 황제의 옥새와 장상(將相)과 군리(軍吏)의 인장을 새기게 했다. 왕은 평소에 주구(周丘) 등과 같은 장사를 구했고, 때때로 오·초가 반란을 일으킬 때의 계획을 칭찬하거나 인용함으로써 후일을 도모했다. 형산왕은 감히 회남왕과 같이 황제의 지위를 구한 것은 아니며 다만 회남이 일어나면 자신의 나라가 병합될 것을 두려워했을 뿐이었다. 회남왕이 서쪽으로 진군하면 자신도 군사를 일으켜 강수(江水)와 회수(淮水) 사이를 평정하고 그 땅을 점령할 계획이었으니 그가 원했던 것은 이 정도였다.

원삭 5년 가을에 입조를 하게 돼 6년에 회남을 지나게 됐다. 회남왕이 이에 형제에게 말하기를 예전의 서로 간의 틈을 없애고 반란의 준비를 같이하자고 약속했다. 형산왕은 곧바로 (상에게) 글을 올려 병을 핑계로 입조할 수 없다고 하니 상은 입조하지 않아도 된다고 허락했다. 마침내 사람을 시켜 글을 올려 태자 상(爽)을 폐하고 효(孝)를 세워 태자를 삼도록 청하도록 했다. 상이 이 소식을 듣고 곧 자신과 친한[所善] 백영(白嬴)을 시켜 장안에 가서 글을 올려 형산왕이 아들과 함께 역모를 꾸몄다는 것, 효가 전차와 화살촉, 그리고 화살을 만든 일, 왕의 시녀와 간통한 일 등을 말하게 했다. 영(嬴)이 장안에 이르러 미처 글을 올리기도 전에 관리가 영을 체포하고 회남의 일을 그에게 연계시켜 감옥에 가두었다.

왕은 이를 듣고서 나라에서 자신이 꾸민 음모가 누설될 것을 두려워해 곧바로 글을 올려 태자가 부도한 일을 저질렀다고 고발했다. 이 사건을 패군(沛郡)에 내려 다스리게 했다.

원수(元狩) 원년 겨울에 유사는 회남왕과 함께 모반에 참여한 자들을 잡아 가두는 과정에서 그간 체포하지 못했던 진희를 효의 집에서 붙잡았다. 관리는 효가 진희를 숨긴 우두머리라고 탄핵했다. 효는 진희가 평소 여러 차례 형산왕과 함께 모반을 계획했던 것을 알고 그가 그 일을 폭로할 것을 두려워했다. 또 법에 먼저 자수한 사람은 그 죄를 용서받는다고 했고 또 태자가 백영을 시켜 글을 올렸기에 그 일이 발각될 것으로 의심해 자진 출두해 함께 모반했던 구혁, 진희 등을 고발했다.

정위는 이를 증거로 삼고 조사를 진행해 형산왕을 당장 체포해 다스릴 것을 청했다. 상은 "체포하지 말라"라고 하고서 바로 중위 사마안(司馬安)과 대행(大行) 이식(李息)을 보내 왕을 심문하니 왕은 사건의 실상을 전부 털어놓았다. 이에 관리는 왕궁을 포위해 엄중하게 지켰다. 중위와 대행이 돌아와 보고했다. 공경들은 종정, 대행을 보내 패군과 함께 왕의 죄를 공동으로 다스릴 것[雜治]을 청했다. 왕은 이 소식을 듣고 곧바로 자살했다. 효
잡치
는 먼저 자수해 모반을 털어놓았기에 그 죄를 용서해주라고 했다. 그러나 효는 왕의 시녀와 간통한 일로 인해, 왕후 서래는 전 왕후 승서를 저주해 죽게 만든 일로 인해, 태자 상은 부왕을 고발한 불효로 인해 모두 기시됐다. 이로써 형산왕의 모반 사건에 연루된 자들은 모두 주멸됐다. 국(國-형산국)을 없애 군(郡-형산군)으로 삼았다.

제북(濟北) 정왕(貞王) 발(勃)은 경제(景帝) 4년에 옮겼다. 옮겨진 지 2년 만에 과거 형산왕으로 있었던 기간을 포함해 재위 14년 만에 훙했다. 아들 식왕(式王) 호(胡)가 뒤를 이어 54년 만에 훙했다. 아들 관(寬)이 이어받았다. 12년 만에 관이 아버지 식왕의 왕후 광(光), 희(姬-후궁) 효아(孝兒)와

간음을 해 인륜을 어지럽혔고[詩=亂], 또 사당에서 제사를 지내면서 상
(上)을 저주한 죄에 연루돼 유사에서 주살할 것을 청했다. 상이 대홍려 리
(利)¹³를 보내 왕을 부르니 왕은 칼로 목을 찔러 죽었다. 국을 없애 북안현
(北安縣)으로 삼고 태산군(泰山郡)에 속하게 했다.

찬(贊)해 말했다.

"『시경(詩經)』에 이르기를 '융적(戎狄)은 이에 정벌하고 형서(荊舒)는 이
에 응징한다'¹⁴라고 했으니 참으로 옳은 말이다. 회남(淮南)과 형산(衡山)은
친하기가 뼈와 살을 함께한 사이로 그 강토는 사방 1,000리이며, 제후의 반
열에 당당하게 올랐으나 번신(藩臣)의 직무를 준수해 천자를 보좌하는 데
힘쓰지 않고, 오히려 간사하고 부정한 계획을 품어 반역의 일을 도모했다
가 거듭해서[仍=頻] 부자(父子)가 두 차례나 나라를 망하게 해 각기 그 몸
을 제대로 마치지 못했다.

이는 왕 혼자만의 잘못은 아니고 그곳의 풍속이 부박해 신하들에게 점
차 물들다가 그렇게 된 것이다. 무릇 형초(荊楚)의 사람들이 용맹스럽고 경
박해[剽輕] 난(亂)을 빚기를 좋아한다는 것은 예로부터 기록된 바이다."

---

13 당시 시점을 보면 전광명(田廣明)이 대홍려였기 때문에 명(明)을 리(利)로 잘못 쓴 것으로 보인다.

14 「노송(魯頌)」 '비궁(閟宮)' 편의 구절이다.

KI신서 9068

완역 한서 ❺ 열전列傳 1

1판 1쇄 인쇄 2020년 4월 3일
1판 1쇄 발행 2020년 4월 17일

지은이 반고
옮긴이 이한우
펴낸이 김영곤
펴낸곳 (주)북이십일 21세기북스

출판사업본부장 정지은 **서가명강팀장** 장보라
서가명강팀 강지은 안형욱
서가명강사업팀 엄재욱 이정인 나은경 이다솔
교정 및 진행 양은하 **디자인 표지** 김승일 **본문** 김정자
영업본부이사 안형태 **영업본부장** 한충희 **출판영업팀** 김수현 오서영 최명열
마케팅팀 배상현 김윤희 이현진
제작팀 이영민 권경민

출판등록 2000년 5월 6일 제406-2003-061호
주소 (10881) 경기도 파주시 회동길 201(문발동)
대표전화 031-955-2100 **팩스** 031-955-2151 **이메일** book21@book21.co.kr

(주)북이십일 경계를 허무는 콘텐츠 리더

21세기북스 채널에서 도서 정보와 다양한 영상자료, 이벤트를 만나세요!
페이스북 facebook.com/jiinpill21 **포스트** post.naver.com/21c_editors
인스타그램 instagram.com/jiinpill21 **홈페이지** www.book21.com
유튜브 youtube.com/book21pub
서울대 가지 않아도 들을 수 있는 명강의! 〈서가명강〉
유튜브, 네이버 오디오클립, 팟빵, 팟캐스트, AI 스피커에서 '서가명강'을 검색해보세요!

© 이한우, 2020

ISBN 978-89-509-8750-3 04900
    978-89-509-8756-5 (세트)